KB186660

퇴계선생상제례답문

이황, 삶의 도리를 말하다

대우고전총서
Daewoo Classical Library

060

퇴계선생상제례답문
이황, 삶의 도리를 말하다

退溪先生喪祭禮答問
••
이황 지음 | 조진 엮음 | 한재훈 옮김

아카넷

차례

· · · · · · · · · · · · · · · · · ·

초간본

보본

일러두기

1. 이 책의 번역은 연세대학교 학술정보원 국학자료실 소장본 『退溪先生喪祭禮答問』(목판본 1책. 도서번호 MF〔古書貴〕7010)을 저본으로 하였다.

2. 이 저본은 서로 다른 두 개의 판본이 합쳐진 것으로, 이 책의 처음부터 퇴계의 제자 조진(趙振)이 쓴 「후지(後識)」까지를 '초간본(初刊本)', 그 이후 덧붙여진 부분을 '보본(補本)'이라고 부른다.

3. 표점과 교감은 옮긴이에 의한 것이며, 이에 관한 설명이 필요한 경우 역주를 달았다.

4. 인명의 경우 퇴계(이황), 주자(주희), 정자(정호. 정이), 이천(정이), 소강절(소옹)을 제외하고 모두 이름을 드러내었다.

5. 원문과 번역문 중간에 작은 글씨로 된 글은 저본에서 문답 가운데 삽입되어 있는 원주(原註)이다.

6. 원문 및 번역문과 달리 옅은 글씨로 된 글은 저본에서 실제로 주고받은 문답과 구별하여 붙인 주석이다. 특히 이 책을 엮은 조진이 덧붙인 주석의 경우에는 역주를 달아 발화자가 조진임을 표시하였다.

7. 원문 위에 있는 아라비아숫자는 옮긴이가 문답의 내용이 구별될 때마다 번호를 매긴 것이며, 이렇게 나누어진 부분을 각각 '조목'이라고 부른다. 숫자 대신 별표(*)로 나눈 구역은 각 편지의 앞 또는 뒤에 함께 있는 부분이지만 조목에 포함하지 않는다.

8. 편지에 퇴계가 받은 질문이 첨부되어 있을 때에는 번역문에서 질문 앞에 問, 답변 앞에 答을 붙였다. 퇴계의 말만 있을 때에는 별도로 표시하지 않았다.

9. 책 제목을 표시할 때에는 겹낫표(『 』)를, 책 안의 편명이나 하나의 글을 표시할 때에는 홑낫표(「 」)를, 책 안에 들어 있는 그림이나 조목을 표시할 때는 작은따옴표(' ')를 사용하였다.

10. 번역문에서 대괄호(〔 〕)는 내용의 이해를 돕기 위해, 옮긴이가 문장을 보충했을 때와 번역한 문장에 해당하는 원문을 표시할 때 사용하였다.

초간본

陶山書院

不樂文齋

隴雲

巖棲軒

淨友塘

節友社

門道進

霽月門

谷口山石

月艇

이담에게 답하다 1564

答李仲久甲子

1

有後母生存而遭父喪者, 前後子孤哀之稱, 果似互有嫌礙, 而未有經據可斷. 然鄙意來示所舉一朝官 "只稱孤子" 者爲得之. 蓋士大夫後娶者, 亦媒幣所聘, 固爲正室, 非如嫡妾之間殊等之分, 故禮 "於後母, 生事喪祭, 一如己母而無異", 何可以非己出而遽稱哀於其生之日乎? 况人子孤哀之稱, 出於至痛而不得已也. 其稱出於不得已, 則其猶可不稱處, 所不忍稱之, 無疑矣. 父亡而稱孤, 母亡而稱哀, 俱亡而稱孤哀, 所謂至痛而不得已也. 一母亡而一母在, 是正所謂猶可不稱哀處, 豈可忍而猶稱哀乎? 前母之子, 旣不敢稱哀於後母之存, 則後母之子不稱哀, 又何嫌於前母之亡乎? 前之子非忘己出, 後母之存, 猶己出之存也. 後之子非不母前母, 爲存母諱哀, 而前母之爲我母自若也. 或人所謂 "聯書則同稱, 分書則異稱",

13

甚苟而無理, 恐不可從也.

후모後母[1]가 생존해 계시는데 아버지 상喪을 당한 경우에, 전모前
母의 자식과 후모의 자식이 '고애孤哀'[2]라고 칭하는 것은 과연 둘 모
두 혐의와 장애 요소가 있을 듯한데 단정할 만한 경전적 근거가 없
습니다. 그러나 제 생각에는 편지에서 예로 들었던, "'고자孤子'라
고만 칭해야 한다"라고 한 어떤 관리의 견해가 마땅하다고 여겨집
니다. 대개 사대부의 후취後娶 역시 중매를 두고 폐백을 주고받는
과정을 통해 맞이한 사람이니 정실正室임이 틀림없으며, 적嫡과 첩
妾 사이의 등급이 현격히 다른 경우와 같지 않습니다. 그러므로 예
禮에서는 "후모에 대해 생존해 계실 때 섬기는 것이나 돌아가신 뒤
상례와 제례를 자신을 낳아 주신 어머니와 똑같이 하여 차이가 없
게 하라"라고 했습니다. 그런데 어떻게 자신을 낳아 준 분이 아니
라고 하여 그분이 살아 계시는데도 '애哀'라고 칭할 수 있단 말입니
까? 하물며 사람에게 '고애'라는 표현은 지극히 애통하여 부득이함
에서 나온 것입니다. 그 표현이 부득이함에서 나왔다면 칭하지 않
아야 할 곳에 차마 칭하지 못하는 것은 의심할 수 없습니다. 아버
지가 안 계실 때 '고孤'라 칭하고, 어머니가 안 계실 때 '애'라 칭하
며, 모두 안 계실 때 '고애'라고 칭하는 것이 이른바 '지극히 애통하
여 부득이하다'는 것입니다. 한 분의 어머니는 안 계셔도 또 다른
한 분의 어머니가 계시는 것이 바로 이른바 '칭하지 않아야 할 곳'

입니다. 어찌 이런 상황에서 차마 '애'라고 칭할 수 있단 말입니까? 전모의 아들이 이미 후모가 계시기 때문에 '애'라고 감히 칭하지 못한다면, 후모의 아들이 '애'라고 칭하지 못하는 것이 전모의 안 계심에 무슨 혐의가 된단 말입니까? 전모의 아들은 낳아 주신 어머니를 잊은 것이 아니라 후모가 살아 계심을 낳아 주신 어머니가 살아 계심과 똑같이 여기는 것이고, 후모의 아들이 전모를 어머니로 여기지 않는 것이 아니라 살아 계시는 어머니 때문에 '애'라는 표현을 피한 것일 뿐 전모가 자신의 어머니임은 변함이 없습니다. 혹자가 "함께 쓸 때는 동일하게 칭하고, 따로 쓸 때는 다르게 칭한다"[3]라고 한 것은 심히 구차스러울뿐더러 도리에도 어긋나니 따라서는 안 될 듯합니다.

2

母喪身死其子代喪之疑, 此中亦有數家遭此故來問者, 考之前籍, 未有可擬, 其一家, 答以 "不知", 其後一家, 則答以如所示甲者之言, 而致疑於其間, 令其 "自擇而處之", 未知其人終何如也. 然以事理言之, 甲者所謂 "祝文及奉祀之類, 皆當以長孫名行之, 所以不可不追服", 此恐不易之理也. 乙者所謂 "其子已服, 其孫不追服", 雖似近之, 其柰喪不可不終三年而又無無主之喪? 其於祝文, 不可無名而行之, 又禮無婦人主喪之文, 則冢婦主喪之說, 又不可行也. 如何如何? 然古今人家, 比比遭此變故, 而禮文所苹如『儀禮經傳」等書, 乃無一言及此, 何耶? 以是益疑而不敢決, 然至於不得已而⁴處此事, 則終不過如前所云爾.

'어머니 상을 치르던 상주가 죽었을 경우에 그 아들이 대신 상을 치를 것인가'에 관한 의문은 이곳에서도 여러 집이 이런 일을 당하여 물어 왔지만, 기존의 자료들을 살펴보아도 참고할 만한 데가 없었습니다. 그리하여 어떤 집에는 "어찌해야 할지 모르겠다"라고 답해 주었고, 그 뒤 또 다른 집에는 그대의 편지에서 예시한 갑의 경우로 말해 주었으나 의심스러움이 남아 "스스로 선택해 대처하라"라고 했습니다. 그 사람이 결국 어떻게 했는지는 모르겠습니다. 그러나 사리로 말한다면, 갑이 말한 "축문을 쓸 때나 신주에 봉사奉祀⁵를 쓰는 등에는 모두 당연히 장손의 이름으로 행해야 하니 추복追服⁶하지 않을 수 없다"라는 것은 바꾸지 못할 이치인 듯합니다. 을이 말한 "그 아들(죽은 상주)이 입었으니 그 손자는 추복하지 않는다"라는 것은 비록 그럴듯하지만, '상이란 3년을 마치지 않을 수 없다'는 점과 '상주 없는 상이란 없다'는 점에 대해 어찌할 것입니까? 축문에 〔주재하는 사람의〕이름 없이 행할 수 없고, 그렇다고 부인이 상을 주재한다는 예문도 없으니 총부家婦가 상을 주재한다는 설도 행할 수 없습니다. 어떻게 생각하십니까? 그러나 예나 지금이나 사람 사는 집안에 흔하게 이런 변고를 만남에도 예문들을 모두 모아 놓은 『의례경전통해儀禮經傳通解』 등에 이에 관한 언급이 하나도 없는 것은 왜일까요? 이 때문에 더욱 의심스러워 감히 결정하지 못하는 것입니다. 그렇지만 부득이하게 이 일에 대처함에 이르러서는 결국 앞에서 말한 것처럼 하는 것에 지나지 않을 것입니다.

주

1   후모(後母) 아버지가 첫 번째 부인과 사별한 뒤 맞이한 두 번째 부인을 첫 번째
      부인의 자식 입장에서 부르는 호칭이다. 이에 비해 전모(前母)는 두 번째 부인의
      자식이 첫 번째 부인을 일컫는 호칭이다.

2   고애(孤哀) 아버지만 돌아가신 경우에는 '고(孤)', 어머니만 돌아가신 경우에는
      '애(哀)', 아버지와 어머니 모두 돌아가신 경우에는 '고애'라고 칭한다.

3   함께 쓸… 칭한다 전모의 아들과 후모의 아들이 연명으로 함께 써야 할 때는 '고
      애'라고 동일하게 칭하고, 각자 따로 쓸 때는 전모의 아들은 '고애', 후모의 아
      들은 '고'라고 칭한다는 것이다.

4   而 『정본 퇴계전서(定本 退溪全書)』에는 이 글자가 없다. 경자본(庚子本), 의경자본
      (擬庚子本), 갑진본(甲辰本)에도 없다.

5   봉사(奉祀) 신주를 만들 때 '아무개 봉사'라고
      명기하여, 해당 신주에 제사를 받들 주체를
      밝힌다. 〈그림 1〉 참고.

6   추복(追服) 어려서 부모의 상을 치르지 못한 사
      람이 장성한 다음 뒤늦게 상복을 입는 것처
      럼, 상을 당했을 당시에 부득이한 사정으로
      집상(執喪)하지 못한 사람이 추후에 상복을 입
      고 상을 치르는 것을 말한다. 이와 비슷한 것
      으로 태복(稅服)이 있다. 태복은 상을 당한 지
      한참이 지난 다음에 그 소식을 듣고 뒤늦게
      상복을 입고 상을 치르는 것이다.

그림 1 신주에서 '봉사'를 적는 위치
(출처: 『가례』 「가례도」)

이담에게 답하다 1565

答李仲久乙丑

3

按『儀禮』「喪服」篇 '齊衰三月' 條, "爲舊君、君之母、妻." 註: "舊蒙
恩深, 今雖退歸田野, 不忘舊德, 此則致仕者也." 其傳曰: "舊君者,
仕焉而已止也者也. 何以服齊衰三月也? 言與民同也. 君之母、妻,
則小君也." 註: "爲小君服者, 恩深於民也." 此, 言庶人爲小君無服, 今致
仕之臣服三月者, 恩深於民故也. 以此禮言之, 或人之爲, 非禮也. 蓋禮所
云者, 致仕者也. 雖退而恩數在, 故非徒服君, 亦服小君, 如或人非
致仕帶職銜之比, 是當以庶人之義處之, 至成服於闕下, 則恐 "非
禮之禮"也.

『의례儀禮』「상복喪服」의 '자최 삼월齊衰三月'조를 살펴보면, "구군舊
君7과 구군의 어머니 그리고 구군의 처를 위해 〔자최 삼월로 복을〕 한

19

다"라고 하였고, 주註[8]에 "예전에 입은 은혜가 깊어서 지금은 비록 물러나 초야로 돌아왔지만 예전의 은덕을 잊지 못한 것이니, 이는 벼슬을 그만둔 사람이다"라고 했으며, 그 전傳에서는 "구군을 위해 복을 하는 사람은 벼슬을 하다가 그만둔〔已〕 '이已'는 '그만두다'라는 뜻이다. 사람이다. 왜 자최 삼월로 복을 하는가? 백성들과 동일하게 복을 함을 말한 것이다. 군주의 어머니와 처는 소군小君이다"라고 했고, 주에 "소군을 위해 복을 하는 것은 은혜를 입은 것이 백성들보다 깊기 때문이다"라고 했습니다. 이는 서인은 소군을 위해서는 복이 없지만, 이제 벼슬을 그만둔 신하가 삼월복을 하는 것은 은혜가 백성보다 깊기 때문임을 말한 것입니다. 이 예를 가지고 말한다면, 혹자가 한 행위는 비례非禮입니다. 『의례』에서 말한 경우는 벼슬을 그만둔 사람에 관한 것입니다. 비록 물러났으나 입은 은혜가 있기 때문에 군주에 대해서만 복을 하는 것이 아니라 소군에 대해서도 복을 한다는 것입니다. 그 사람이 벼슬을 그만둬서 직함을 가지고 있는 경우가 아니라면 마땅히 서인의 의리로 대처해야 함에도, 궐하에서 성복成服을 하기에 이르렀다면 아무래도 "예가 아닌 예〔非禮之禮〕"[9]라 할 수 있을 것입니다.

7 **구군(舊君)** 지금은 다른 나라에서 벼슬을 하거나 은퇴하여 향리에서 지내는 사람
이 예전에 자신이 섬겼던 군주를 가리킨다.

8 **주(註)** 인용문은 정현(鄭玄)의 주가 아니고, 소(疏)에 나오는 '석왈(釋曰)' 부분이다.

9 **예가 아닌 예** 『맹자(孟子)』 「이루하(離婁下)」에 나오는 "예가 아닌 예와 의가 아닌
의를 대인은 하지 않는다(非禮之禮, 非義之義, 大人弗爲)"에서 인용한 말이다.

송언신에게 답하다 1570

答宋寡尤 庚午

4

竊意, 長子無子, 次子之子承重, 應指適子孫而言, 雖有妾産, 恐未可遽代承也. 冢婦奉祀, 當代者不得受, 則祭無主人, 事事皆難處, 所不可行也, 而國法決訟, 率用冢婦奉祀法. 中間, 尹彦久爲大憲, 欲改其法, 滉謂尹曰: "此法固可改, 但薄俗無義, 長子死肉未寒, 或驅逐冢婦, 無所於歸者有之, 當如之何? 故今若欲改此法, 必幷立令冢婦有所歸之法, 然後乃可." 尹極以爲然, 未知其後能卒改與否耳.

가만히 생각해 보니, 장자가 자식이 없으면 차자의 자식이 승중承重[10]하는 것은 응당 정적正適의 자손을 가리켜 말하는 것이다. 비록 첩의 소생이 있더라도 느닷없이 대신하여 승중하게 할 수는 없다. 총부家婦[11]가 제사를 받듦으로 인해 마땅히 대신해야 할 사람이 승중하지 못하게 된다면, 제사에 주인이 없어서 사사건건 난처할 것이므로 행해서는 안 된다. 그런데도 국법에서 관련 송사를 처결할 때 대체로 '총부봉사법家婦奉祀法'[12]을 원용하였다. 중간에 윤춘년 尹春年[13]이 대사헌이 되어 그 법을 고치려 하기에, 내가 그에게 "이 법은 틀림없이 고쳐야 하지만, 각박한 풍속은 의리가 없기 때문에 장자의 죽은 몸이 아직 식지도 않았는데 간혹 총부를 내쫓아서 돌아갈 곳이 없게 된 경우도 있으니 어찌해야 좋겠는가? 그러므로 지금 이 법을 고치려 한다면 반드시 '총부가 돌아갈 곳이 있게 하는 법'도 함께 제정한 뒤에나 가할 것"이라고 말해 주었다. 윤춘년이 전적으로 동의하였으나, 그 뒤에 개정을 했는지 여부는 모르겠다.

5

祖母及母生存而孫奉祀, 廟主遞遷之疑, 世人亦多有之. 然苟如是不可改, 則『家禮』大祥前一日, 何故不論祖母或母之存否, 而直行改題、遞遷之禮乎? 夫莫重於昭穆之繼序, 而或子或孫旣當主祭, 則世代之變, 已無可奈何. 雖有所大悲感者, 而亦不得不隨以改遷也.

할머니와 어머니가 생존해 계시는 상황에서 손자가 봉사奉祀할 경우, 사당의 신주를 체천遞遷[14]해야 하는지에 대한 의문을 사람들이 많이 가지고 있다. 그러나 만일 이대로 고칠 수 없다면,[15] 『가례 家禮』에서는 어찌하여 대상大祥 하루 전에 할머니나 어머니의 생존 여부를 논하지 않은 채 곧바로 개제改題[16]하고 체천하는 예를 행하 게 했겠는가? 소목昭穆[17]의 계승 순서보다 중한 것은 없으며, 자식 이든 손자이든 이왕 제사의 주인이 되었다면 세대의 변경은 어쩔 수 없는 일이다. 〔신주를 체천한다는 것은〕 크게 슬퍼할 만한 일이다. 하지만 그렇더라도 상황에 따라 개제하고 체천하지 않을 수도 없 는 것이다.

6

士大夫祭三代, 乃時王之制, 固當遵守, 而其祭四代, 亦大賢義起 之禮, 非有所不可行者. 今世孝敬好禮之家, 往往謹而行之, 國家 之所不禁也, 豈不美哉? 但其疏數不同之說, 古者廟各爲一, 故可 如此. 今同奉一堂之內, 而獨疏擧於高一位, 事多礙理, 如何如何?

사대부가 3대까지만 제사를 받들게 한 것은 시왕時王[18]의 예제이 니 진실로 마땅히 준수해야 한다. 하지만 4대까지 제사를 지내는 것 역시 대현大賢께서 의기義起[19]한 예이므로 행하면 안 되는 것은 아니다. 지금 세상에 효도와 공경이 지극하고 예를 선호하는 집안 에서 왕왕 조심스럽게 〔4대 봉사를〕 행하고 있으며, 국가에서도 이를 금하지 않으니 어찌 아름답지 아니한가? 다만 제사의 횟수를 신주에 따라 차이를 두는 것에 관한 설은 옛날에 〔신주마다〕 사당(廟)[20]이 각각 하나씩이었기 때문에 가능했다. 현재는 한 건물 안에 함께 모셔져 있는데 대수가 높은 신위에 대해서만 드물게 제사를 지낸다면 사리에 맞지 않는 점이 많을 것이다. 어떠한가?

7

祭之儀節饌品, 從禮文爲當, 而古今異宜, 亦有不得一一從禮文處, 循祖先所行, 恐無不可也.

제사의 의절과 찬품은 예문禮文대로 하는 것이 마땅하겠으나, 옛날과 오늘의 적당함이 다르니 일일이 예문대로 할 수 없는 문제도 있다. 조상 대대로 해오던 바를 따라도 불가할 것은 없을 듯하다.

8

婦女參祭, 如示甚善.

부녀자들의 제사 참여[21]는 편지 내용처럼 하는 것이 매우 좋겠다.

9

神主旁題之左右, 古亦有兩說. 然滉謂『家禮』, 朱子之制;『大明會典』,『五禮儀』, 時王之制, 皆題在人左, 今當依此而書之. 近又見

『濂洛風雅』張南軒「武侯贊」下記朱子「跋」, 云: "題其左方", 此亦必指人左而言, 不亦爲明證乎?

신주神主의 방제旁題[22]가 왼쪽인지 오른쪽인지에 관해서는 옛날에도 두 가지 설이 있었다. 그러나 나는 『가례』는 주자朱子께서 제정한 예제이고, 『대명회전大明會典』과 『국조오례의國朝五禮儀』는 시왕時王이 제정한 예제인데, 이들 모두가 〔신주를 바라보는〕 사람의 왼쪽에 썼으니 마땅히 이에 의해 써야 한다고 생각한다. 근래에는 또 『염락풍아濂洛風雅』에 수록된 남헌南軒 장식張栻[23]의 「무후찬武侯贊」 아래에 기재된 「발문」에 "그 왼쪽에 쓰다"라고 한 주자의 말씀을 보았다. 이 역시 사람의 왼쪽을 가리켜 말씀하심이 분명하니, 분명한 증거가 아니겠는가?

주

10 **승중(承重)** 종법제도(宗法制度)에서 종통(宗統)을 계승하는 것을 일컫는 말이다.

11 **총부(冢婦)** 적장자(嫡長子)의 아내인 맏며느리를 가리킨다.

12 **총부봉사법(冢婦奉祀法)** 적장자가 죽었을 경우, 그의 아내인 총부에게 제사를 받들 수 있는 권리를 허용하는 법을 가리킨다.

13 **윤춘년(尹春年, 1514~1567)** 자는 언구(彦久), 호는 학음(學音)·창주(滄洲), 본관은 파평(坡平)이다. 1534년 생원이 되고, 1543년 식년문과에 갑과로 급제한 뒤 이조정랑(吏曹正郎), 장령(掌令), 교리(校理), 대사간(大司諫), 이조판서(吏曹判書), 예조판서(禮曹判書)를 역임하였다.

14 **체천(遞遷)** 아버지가 돌아가시고 그 아들이 제사의 주인(主人)이 됨에 따라 사당에 모신 신주의 위치(位次)도 옮겨서 조정하는 종법제도를 일컫는다.

15 이대로 고칠 수 없다면 아버지가 돌아가심으로 인해 그 아들이 제사의 주인이 되었으나, 할머니 또는 어머니가 살아 계신다는 이유로 사당의 신주를 체천하는 것이 이루어지지 않는 상황을 말한다.

16 **개제(改題)** 제사의 주인이 바뀜에 따라 신주의 호칭을 주인과의 관계에 맞춰 고쳐 쓰는 것을 일컫는다. 예를 들면, 갑이 주인이었을 때 신주의 호칭이 아버지였다면, 갑의 아들이 주인이 됨에 따라 신주의 호칭을 할아버지로 고쳐 쓰는 것을 말한다.

17 **소목(昭穆)** 사당의 신주를 배치하는 위차를 일컫는다. 보통 주향(主享)의 신주는 사당의 북쪽에서 남향을 향하도록 배치되며, 주향의 왼쪽(동쪽)에서 오른쪽(서쪽)을 향하도록 배치되는 신주를 소(昭)라 하고, 주향의 오른쪽(서쪽)에서 왼쪽(동쪽)을 향하도록 배치되는 신주를 목(穆)이라고 한다. 이때 소목을 배치하는 방식은 2세가 소에 배치되었다면 3세는 목에 배치되고, 4세는 다시 소, 5세는 다시 목에 배치되는 방식을 취한다. 이를 좌소우목(左昭右穆)이라고 한다.

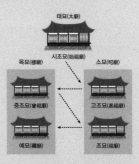

그림 2 소목제도

18 **시왕(時王)** 특정한 시기에 세상을 통치하는 당대의 임금을 가리킨다. 예(禮)의 제정이나 시행과 관련하여 권위를 갖는 주체는 크게 둘이다. 하나는 통치 권력을 가진 제왕(帝王)이고, 다른 하나는 도덕적 권위를 가진 성현(聖賢)이다. '시왕'은 이 둘 가운데 제왕을 가리키는 표현이다.

19 **의기(義起)** 의리(義理)에 비추어 새롭게 예(禮)를 제기함을 일컫는다. 인간 세상의 모든 상황에 맞는 예가 기존의 예서(禮書)나 예제(禮制)의 내용으로 포괄할 수 없기 때문에, 기존에 없던 새로운 예를 제정할 필요가 있다. 이때 새롭게 제기되는 예의 정당성을 확보하는 기준이 바로 '의리'이며, 이 의리의 권위자가 바로 성현(聖賢) 또는 대현(大賢), 선현(先賢)이다. 이 의리의 권위자들은 예의 제정과 시행에 있어서 통치 권력을 가진 제왕(帝王) 또는 시왕(時王)과 다른 권위를 갖는다.

20 **사당(廟)** 고대(古代)의 묘제(廟制)에 따르면, 천자(天子)는 칠묘(七廟), 제후(諸侯)는 오묘(五廟), 대부(大夫)는 삼묘(三廟)이다. 이때 묘의 숫자는 사당에 모실 수 있는 조상의 대수를 가리킨다. 예를 들면, 천자의 칠묘에는 시조(始祖)와 6대의 조상을 모시고, 제후의 오묘는 시조와 4대의 조상을 모시는 방식이다. 사당(廟) 하나에는 각각 1대씩 모셨다. 하지만 후대에 와서는 한 채의 사당(祠堂) 안에 여러 개의 감실(龕室)을 두고 감실 안에 조상의 신주를 모셨다. 이런 제도를 '동당이실(同堂異室)'이라고 한다.

21 **부녀자들의 제사 참여** 〈그림 3〉은 사당에 사용하는 물건들과 참여하는 구성원들의 위치를 표시한 '사당지도(祠堂之圖)'이다. 왼쪽 점선 안에는 여자 구성원들의 자리가, 오른쪽 점선 안에는 제사에 참여하는 남자 구성원의 자리가 제시되어 있다. 여기서 확인할 수 있는 것처럼 부녀자들의 제사 참여는 당연하다.

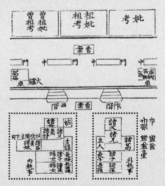

그림 3 사당에서 여자와 남자의 위치
(출처: 『격몽요결』 「제의초」)

22 **방제(旁題)** 신주(神主)의 아래 측면에 제사를 받드는 봉사자(奉祀者)의 관계와 이름을 쓰는 것을 일컫는다.

23 **장식(張栻, 1133~1180)** 남송의 사상가로, 자는 경보(敬甫), 경부(敬夫), 흠부(欽夫), 호는 남헌(南軒)이다. 그는 스승인 호굉(胡宏)의 학문을 이어받아 호상학파(湖湘學派)를 이끄는 영수가 되었다. 성리학에 관한 지식이 깊고 경(敬) 문제에 관해서는 주자와 자주 논쟁을 벌여 주자의 학문 형성에 영향을 많이 주었다.

김태정의 문목에 답하다 1569

答金亨彦問目己巳

10

今人廬墓成俗, 葬不返魂, 故卒哭明日而祔, 率不得依禮文, 退至
於祥畢返魂之後, 是與程子 "喪須三年而祔" 之說, 名雖同, 而其實
則大遠矣. 其失不在於三年而祔, 乃在於葬不返魂一事也. 今謹喪之家, 若能
依古禮而返魂, 則事皆順矣. 旣不能 然, 而行於祥後, 則不卜日,
當以返魂到家之日行之. 來諭疑禫日而祔, 非也. 又疑時祭日而祔, 亦非也. ○
按 『五禮儀』, "大祥祭行於靈座, 畢即詣祠堂, 行祔祭." 同堂異室, 羣主皆遷, 而
獨祔祖一位, 朱子亦以爲 "無意義", 而猶以 "愛禮存羊" 之意處之,
今當從之. 但 『家禮』 祔在卒哭後, 則遷廟尚遠, 猶或可也, 今在祥
後, 正當諸位遞遷之日, 而不及他位, 尤爲未當. 『五禮儀』 "曾祖考妣以
下合祭", 恐當如此. 告遷題主, 大祥前一日行之, 禮也. 若墓遠, 非一日
所可往返, 又不可喪主在彼而使他人攝行, 則前期數日, 來行告題,

而還及祥祭, 勢出於不得已也, 如何如何? 如來喻返魂之明日行
之, 亦無不可, 但欲依禮文前期而行之故耳.

右數段說, 移祔於祥後, 而據『家禮』本文, 『丘氏家禮』及『五禮儀』士大
夫祔禮, 參酌爲言, 其節文詳於『五禮儀』, 乃時王之制, 考而行之, 可也.

요즘 사람들은 여묘廬墓[24]가 풍속이 되어 장례를 치르고도 반혼返魂[25]
을 하지 않는다. 그러므로 졸곡卒哭[26]을 한 이튿날 부묘祔廟[27]하는
것도 대부분 예문대로 하지 못하고, 한참 뒤인 대상大祥이 끝나고
반혼을 한 다음에야 한다. 이것은 "상喪은 3년이 된 다음에 부묘를
한다"라는 정자程子의 설[28]과 이름은 비록 같지만 그 실상은 크게
먼 것이다. 잘못은 '3년이 된 다음에 부묘를 한다'에 있는 것이 아니라, '장례를 치
르고 반혼을 하지 않은' 이 한 가지 사안에 있다. 이제 상례를 신중히 치르는
집안에서 만일 고례古禮에 따라 반혼을 한다면 모든 일이 순조로울
것이다. 이미 그렇지 못하고 대상 이후에 행한다면, 좋은 날을 점
치지 말고 마땅히 반혼해서 집에 도착하는 당일에 행해야 한다. 보
내온 편지에 '담제禫祭를 지내는 날 부묘를 해야 하는가'라고 의문을 표한 것도 잘못
이고, '시제時祭를 지내는 날 부묘를 해야 하는가'라고 의문을 표한 것도 잘못이다. ○
『국조오례의』를 살펴보면, "대상의 제사는 영좌靈座에서 행하고, 마친 즉시 사당에 이
르러 부제祔祭를 행하라"라고 되어 있다.

같은 건물에 감실龕室만 달리하는(同堂異室)[29] 구조에서, 여러 신주가 모두 위차를 옮기는데 할아버지 한 분의 신위에만 부祔하는 것은 주자께서도 "의의가 없다"라고 여기셨으나 "예를 아까워하여 양 희생을 존속한다(愛禮存羊)"[30]하는 의미로 대처하셨으니[31], 지금 이 방식을 따라야 할 것이다. 다만 『가례』에는 부묘가 졸곡제를 지낸 뒤에 있으니 천묘遷廟까지는 아직 (날짜가) 멀어서 그나마 괜찮지만, 지금은 대상 뒤에 부묘를 해야 하는데 사당의 모든 신위를 체천하는 날에 바로 당해 있으니 다른 신위에 부묘의 예가 미치지 못함이 더욱 타당치 않게 된다. 『국조오례의』에 "증조고, 증조비 이하 합제合祭를 하는 경우"는 마땅히 이와 같이 해야 할 것이다.

고천告遷[32]과 개제改題는 대상 하루 전에 행하는 것이 예이다. 하루 만에 왕복할 수 없을 만큼 묘가 멀더라도 상주는 그곳에 있으면서 타인에게 대신 행하도록 해서는 안 되니, 며칠 전에 와서 고천과 개제를 행하고 돌아가서 대상을 치르는 것은 형편상 어쩔 수 없다. 어떠한가? 말한 것처럼 반혼을 한 이튿날 행해도 불가할 것은 없으나, 예문대로 정해진 기일보다 앞서 행하려는 것뿐이다.

이상의 여러 설은 부묘를 대상 뒤로 옮긴 것에 대해 『가례』 본문과 구준丘濬의 『가례의절家禮儀節』 그리고 『국조오례의』의 '사대부부례士大夫祔禮'를 참고해서 참작하여 말한 것이다. 그 절문節文은 『국조오례의』에 상세하다. 시왕의 예제를 참고하여 행함이 가하다.

11

若欲從朱子「與學者書」云云之說, 俟祫祭而行遷廟禮, 則大祥前告遷、改題等禮皆且停退. 返魂日祔祭, 亦只請出當祔之主, 祭畢, 奉新主隨入其祖室, 以俟喪畢後祫祭. 前期一日, 乃以酒果告遷, 改題主, 猶各仍入于其室, 厥明合祭, 新主同祭. 畢, 還主時, 乃依朱子及楊氏說行之.

竊詳朱子之意, 初述『家禮』, 惟 "以酒果告遷"者, 豈不以喪三年不祭禮也, 而合祭羣室, 乃祭之大者, 非喪中可行故也歟. 後來, 又以謂世次迭遷, 昭穆繼序, 其事至重, 但以酒果告, 遽行迭遷, 爲不合情禮, 故引張子語及鄭氏註, 以爲 "禮當如此." 此古人所謂 "禮雖先王未之有, 可以義起"者也. 其用意婉轉, 得禮之懿, 今如右行之, 則於祔旣不失 "孫祔于祖"之文, 於遷又以見 "迭遷繼序"之重, 亦無古今異宜難行之事, 在人所擇也.

所謂 "三年後祫祭"之三年, 謂禫後也. 未禫, 不可謂喪畢, 又不可以吉服入廟, 故俟禫後行祫祭. 但士大夫祫禮, 不可考, 今以時祭當之.

만일 「학자에게 주는 글」[33]에서 주자께서 말씀하신 대로 협제祫祭[34]를 기다려 천묘례遷廟禮를 행하려 한다면, 대상 전의 고천과 개제 등의 예도 모두 중지하고 뒤로 물린다. 반혼하는 날의 부제 역시 부묘에 해당하는 〔돌아가신 분의 할아버지〕 신주만 모셔 나오기를 청하고, 제사가 끝나면 새로운 신주를 받들어 그의 할아버지 감실로 따라 들어갔다가, 상례를 모두 마친 뒤에 지내는 협제 하루 전날 술과 과일을 준비하여 고천을 하고 개제를 한 다음 다시 그 〔예전에 따라 들어갔던 할아버지의〕 감실로 들어갔다가 그 이튿날 합제祫祭를 하고 이때 새로운 신주도 함께 제사를 한다. 제사가 끝난 다음 신주를 사당으로 봉환할 때라야 주자와 양복楊復의 설에 의하여 행하는 것이다.

곰곰이 주자의 뜻을 검토해 보니, 처음에 『가례』를 저술하실 때 "술과 과일을 준비하여 고천을 하라"라고만 했던 것은 '삼년상을 치르는 동안에는 제사를 지내지 않는다'가 예인데, 여러 감실의 신주를 합제하는 것은 제사 중에서도 큰 제사이므로 상중에 행할 수 있는 것이 아니라고 여겼기 때문이었을 것이다. 나중에는 다시 '대수에 따라 위차를 조정하여 옮기고 소목昭穆의 순서를 계승하는 일은 지극히 중대하다. 그런데 단지 술과 과일만 준비하여 고한 다음 갑자기 옮기기를 감행하는 것은 인정과 예의에 맞지 않다'고 여기셨기 때문에 장재張載의 말씀과 정현鄭玄의 주를 인용하여 "예는 마땅히 이와 같이 해야 한다"라고 하신 것이다. 이것이야말로 옛사람이 말한 "비록 선왕先王의 시대에 없던 예일지라도 의리에 비추어 제기할 수 있다"에 해당하는 것으로, 그 용의가 완전하여 예의 아름다움을 얻었다. 이제 이상과 같이 행하면 '부묘'에 대해서는 "손자는 할아버지에게 부묘한다"라는 예문에 벗어나지 않고, '체천'에 대해서도 "위차를 옮기고 순서를 계승한다"라는 중대함을 드러내면서도, 옛날과 오늘의 적당함이 달라서 행하기 어려운 일도 없게 될 것이다. 사람의 선택에 달려 있다.

이른바 "3년 뒤에 협제를 지낸다"라고 할 때의 '3년'이란 담제 이후를 말하는 것이다. 담제를 지내지 않았다면 '상례를 마쳤다'라고 말하지 못한다. 또 길복吉服으로 사당에 들어가는 것은 불가하므로 담제를 지낸 뒤에 협제를 행한다. 다만 사대부의 협제에 관한 예는 고증할 수 없어 지금은 시제時祭로 한다.

12

祠堂三龕, 欲增作四龕, 而患狹隘, 與其取東壁添作一龕, 愚意不如取西壁添一龕爲得之. 蓋西壁東向, 本始祖居尊之位, 今以爲高祖之室, 非但有居尊之義, 仍不失遞遷而西之次, 未有不可. 若考妣居東西向, 古禮無可據矣.

사당의 감실 세 개를 네 개로 늘리려고 하는데 공간이 좁아서 걱정이라면, 내 생각에는 동쪽 벽에 감실 하나를 늘리는 것보다, 서쪽 벽에 늘리는 것이 타당하다. 서쪽 벽에서 동쪽을 향하는 곳은 본래 시조께서 높은 자리에 계시는 곳이다. 그러므로 이제 그곳에 고조高祖의 감실을 만든다면 '높은 자리에 계신다'는 의의가 있을 뿐만 아니라, '서쪽으로 체천한다'는 차서도 잃지 않게 되니 불가함이 없다. 돌아가신 아버지와 어머니가 동쪽에서 서쪽을 향하는 것과 관련하여 고례에는 근거할 만한 것이 없다.

주

24 여묘(廬墓) 돌아가신 분을 땅에 묻는 장례의식을 치른 다음, 돌아가신 분의 체백
(體魄)이 묻힌 그곳을 차마 떠나지 못해 상주 자신도 그 분묘(墳墓) 근처에 여막
(廬幕)을 지내면서 상을 치르는 것을 여묘라고 한다. 여묘의 또 다른 표현으로
수분(守墳), 시묘(侍墓), 거려(居廬) 등이 있다.

25 반혼(返魂) 『가례』에 따르면, 돌아가신 분의 신혼(神魂)을 나무로 제작한 신주에
빙의(憑依)하도록 하는 의식인 제주(題主)를 거행한 다음, 신주(神主)를 받들고 집
으로 돌아온 상주는 반곡(反哭)과 우제(虞祭)를 차례로 행한다. 반혼이란 이러한
일련의 과정을 통틀어서 표현한 말이다.

26 졸곡(卒哭) 장례의식을 마치고 삼우제를 지낸 뒤에, 슬픔이 복받칠 때마다 곡을
하는 무시애곡(無時哀哭)을 끝내는 것을 말한다. 졸곡은 초상으로부터 3개월이
지난 뒤에 지낸다.

27 부묘(祔廟) 졸곡제를 지낸 이튿날 돌아가신 분의 신주를 사당으로 모시고 들어가
서, 소목(昭穆)의 반차(班次)에 따라 조부의 신주에 부속(祔屬)하는 것을 말한다.
부묘의 의식이 끝나면 돌아가신 분의 신주는 다시 궤연(几筵)이 마련된 침(寢)으
로 돌아와 대상(大祥)을 마친 뒤에 사당에 봉안된다. 부묘를 하는 이유는 2년 뒤
대상을 치르고 다시 사당에 봉안되기 전에 미리 돌아가신 분과 그분의 조부에
게 이 사실을 고하기 위해서이다.

28 "상(喪)은 3년이 된 다음에 부묘를 한다"라는 정자(程子)의 설『가례』「상례(喪禮)」'부
(祔)'조, "축이 신주를 받들어 각각 원래 있던 곳으로 돌려놓는다(祝奉主各還故處)"
아래 부주에서 확인할 수 있다.

29 같은 건물에 감실(龕室)만 달리하는(同堂異室)
한 채의 사당 안에 여러 개의 감실을 두
고 감실 안에 조상의 신주를 모시는 방식
을 말한다. 4대를 모시는 경우 〈그림 4〉
와 같이 사당 안에 감실이 네 개가 있고,
감실에 고조, 증조, 조부, 부친의 신주를 모신다.

사당감실지도(祠堂龕室之圖)

고조감 (高祖龕)	증조감 (曾祖龕)	조감 (祖龕)	예감 (禰龕)

그림 4 동당이실 제도

30 예를 아까워하여 양 희생을 존속한다(愛禮存羊) 예법을 유지하기 위해서 절차가 형식적이더라도 남겨놓는다는 뜻으로, 『논어』 「팔일(八佾)」편에 나오는 고사에서 유래하였다. 자공(子貢)이 매달 종묘에서 초하루를 고하는 의식이 거행되지 않는 것을 보고 그 의식에서 양(羊)을 희생으로 바치는 절차를 없앴으면 했다. 그러자 공자(孔子)는 "너는 그 양을 아까워하느냐? 나는 그 예를 아까워한다"라고 하였다. 공자는 양을 희생물로 바치는 절차를 없애면 종묘에서 초하루를 고하던 의식의 흔적마저 없어질까 우려했던 것이다.

31 이에 관한 자세한 내용은 『가례』 「상례」 '부(祔)'조, "축이 신주를 받들어 각각 원래 있던 곳으로 돌려놓는다(祝奉主各還故處)" 아래 부주에서 확인할 수 있다.

32 고천(告遷) 대상(大祥)을 지내면서 신주를 사당에 옮기는 체천(遞遷)을 하고, 그 사실을 선조에게 고하는 절차이다.

33 『학자에게 주는 글』 『가례』 「상례」 '대상(大祥)'조, "영좌를 치우고 지팡이를 부러뜨려 구석진 곳에 버리고, 옮겨온 신주를 받들어 묘 옆에 묻는다(撤靈座斷杖, 棄之屏處, 奉遷主埋于墓側)" 아래 부주에 실린 이효술(李孝述)의 질문에 주자가 답한 내용을 말한다.

34 협제(祫祭) 『예기(禮記)』 「증자문(曾子問)」에 "(공자가 말하였다.) 태조(太祖)의 묘(廟)에 협제(祫祭)를 지낼 때는 축(祝)이 네 개의 묘(廟)의 신주를 맞이한다. 신주가 사당을 나가거나 들어올 때 반드시 길가는 사람들을 멈추게 한다. 이상은 노담(老聃)이 말한 것이다(祫祭於祖, 則祝迎四廟之主. 主出廟·入廟, 必躍, 老聃云)"라고 하였다. 이에 관해 공영달(孔穎達)은 다음과 같이 소(疏)를 달았다. "협(祫)은 조상에게 합동 제사를 지내는 것이다. '태조의 묘에서 3년에 한 번 협제를 지낸다'라는 것은 협제를 지내야 하는 해가 되면 축(祝)이 고조(高祖)·증조(曾祖)·조(祖)·녜(禰)의 사당에서 신주를 맞이하여 태조의 묘에서 제사를 지내는 것을 말한다. 천자는 여섯 개의 묘(廟)의 신주를 맞이해야 하는데, 이제 '네 개의 묘'라고 한 것은 제후를 예로 들어 말한 것이다.(祫, 合祭也. '大祖三年一祫', 謂當祫之年, 則祝迎高·曾·祖·禰四廟, 而於大祖廟祭之. 天子祫祭, 則迎六廟之主, 今言'四廟'者, 舉諸侯言也)" 사대부가에서도 사당 안에 모시고 있는 4대의 신주를 한곳에 모셔 놓고 합동으로 지내는 제사를 '협제'라고 한다. 이 제사가 끝나면 새로운 신주를 조묘(祖廟)로 들이는데, 이를 입묘(入廟)라고 한다. 새로운 신주가 입묘를 하게 되면, 친진(親盡)한 신주는 사당에서 조천(祧遷)을 하게 된다.

이순의 문목에 답하다 1564
答李淳問目 甲子

13

繼祖之小宗, 固不敢祭曾祖. 若與大宗異居, 時物所得, 獨祭吾祖, 似未安, 奈何?

🔲 조부를 잇는 소종小宗은 감히 증조께 제사를 지내지 못하는 것이 맞습니다. 그런데 만일 대종大宗과 따로 사는데 제철 음식을 얻었다면 자신의 조부에게만 올리는 것이 온당치 못한 듯합니다. 어찌해야 합니까?

獨祭祖雖未安, 越祖而及曾祖, 恐尤未安. 若是支子, 則雖權宜殺禮而祭禰, 亦未可及祖.

答 조부에게만 올리는 것이 비록 온당치 못하더라도 조부를 넘어 증조에게까지 미치는 것은 더욱 온당치 못한 일이다. 지자支子[35]의 경우는 비록 임시방편으로 예식을 간소화하여 아버지에게만 올리더라도 조부에까지 미치는 것은 역시 안 된다.

14

有叔父恩愛無異親父而無後, 使侍養子奉之, 欲於四時之祭, 以紙榜祔祭於祖廟, 何如?

問 은애恩愛가 아버지와 다름없는 숙부인데 후사가 없어서 시양자侍養子[36]로 하여금 제사를 받들도록 했습니다. 〔그렇지만 마음에 걸려서〕 사시제四時祭에 지방紙榜으로 사당에 모신 할아버지에게 부제祔祭를 하고 싶은데 어떻습니까?

旣有侍養子奉祀, 則祔祭亦未穩. 不若以物助奉祀, 時時參祭而已.

答 이미 시양자가 있어서 봉사奉祀를 한다면, 부제를 한다는 것도 온당치 못하다. 물품으로 봉사를 돕고 시간 나는 대로 제사에 참여하는 것만 못하다.

15

父母墳與外祖同託一山, 則祭之當何先?

🔖 부모의 묘소가 외조부와 같은 산에 계시면 어디에 먼저 제사를
지내야 합니까?

先外祖.

🔖 외조부 묘소에 먼저 하라.

16

驛館寺壁, 有先人遺墨或姓名, 拜之, 何如?

🔖 역관驛館이나 사찰의 벽에 아버지나 조상 등, 선인先人의 유묵遺墨이
나 성명이 적혀 있는 경우에 절을 올리는 것이 어떻습니까?

但致敬慕爲可, 拜之, 過當.

🔖 공경과 사모의 뜻을 표하는 것만으로 가하며, 절을 올리는 것
은 지나치다.

17

祥期已過, 襄事未畢, 則不當變服否?

🗄 상기祥期[37]가 이미 지났는데도 장례를 마치지 못했다면, 상복을
바꿔 입는 것은 부당합니까?

不變.

🗄 상복을 바꿔 입지 않는다.

18

無子而有兄弟姪婿, 則喪葬祝文, 宜書何名? "夙興夜處, 小心畏
忌" 等語, 當何云云?

🗄 아들은 없고 형, 동생, 조카, 사위만 있을 경우에, 상장喪葬의
축문은 누구의 이름을 써야 합니까? 또 〔축문에 나오는〕"이른 새벽
부터 늦은 밤까지 조마조마하며 조심합니다" 등의 말은 뭐라고 해
야 합니까?

其中必有主其喪者, 當書其名. 祝辭, 則當量宜改之.

答 사람들 중에 반드시 그 상을 주재할 사람이 있을 테니 마땅히 그의 이름을 써야 한다. 축문의 내용은 상황에 적합하게 고치면 된다.

19

無子妻喪, 雖有姪壻, 夫當自告否?

問 아들이 없는 아내의 상에는 비록 조카나 사위가 있더라도 남편이 마땅히 스스로 고해야 합니까?

夫告.

答 남편이 고해야 한다.

20

未嫁之殤, 亦可祔廟否?

問 시집가지 않고 일찍 죽은 딸도 사당에 부묘해도 괜찮습니까?

何可不祔? 若已嫁者, 不可謂殤.

답 어찌 부묘하지 않을 수 있겠는가? 만일 이미 시집을 간 사람이라면 '일찍 죽음〔殤〕'이라고 해서는 안 된다.[38]

21

父臨子喪, 亦當拜否? 子若無子, 則父當告否?

문 아버지가 아들의 상에 마땅히 절을 해야 합니까?〔죽은〕아들이 만일 아들이 없다면 아버지가 마땅히 고해야 합니까?

禮, "同居者各主其妻子之喪." 註, "妻則當拜, 子不當拜."

답 예禮에 "〔종자와〕함께 사는 자는 각각 그 아내와 자식의 상을 주재한다"라고 했고, 주註에 "아내에게는 마땅히 절을 하고, 자식에게는 절을 하지 않는다"라고 했다.

22

若有乳下兒, 猶以兒名告否?

문 만일 아이가 젖먹이더라도 그 아이의 이름으로 고합니까?

兒名, 攝主告.

42

답 아이의 이름을 쓰고, 섭주攝主[39]가 고한다.

23

叔父祭姪, 亦可拜否?

문 숙부가 조카에게 제사를 지낼 때도 절을 해야 합니까?

亦不當拜.

답 역시 절을 하지 않는다.

35 **지자**(支子) 종자(宗子)에 상대되는 말로, 적처(嫡妻)의 차자(次子) 이하와 첩의 아들 모두를 일컫는 말이다. 종자는 적장자나 선조를 계승한 적계(嫡系)의 아들을 말한다.

36 **시양자**(侍養子) 동성(同姓)과 이성(異姓)을 가리지 않고, 부양할 사람이 없는 세 살 넘은 아이를 거두어 기른 아들 즉, 수양아들을 일컫는다.

37 **상기**(祥期) 상제(祥祭)까지의 기간을 말한다. 상제는 상(喪)을 벗는 제사인데 만 1년이 되는 날에 치르는 소상(小祥)과 만 2년이 되는 날에 치르는 대상(大祥)이 있으나, 상제라고 하면 대개 대상을 가리키며, 소상은 연제(練祭)라 한다.

38 관련 내용은 『가례』 「통례(通禮)」 '사당(祠堂)'조에 다음과 같이 나온다. "방친 가운데 후사가 없는 자는 반차(班次)에 따라 부묘(祔廟)한다.〔旁親之無後者, 以其班祔.〕"

39 **섭주**(攝主) 주인을 대신하여 일을 주관하는 사람을 가리킨다. 소식(蘇軾)의 『동파지림(東坡志林)』 「섭주편(攝主篇)」에 "무엇을 섭주라 하는가? 옛날에 대를 이을 아들이 아직 태어나지 않은 상태에서 천자, 제후, 경, 대부가 죽었을 경우, 그 아우나 형제의 자식 중에 차순위 후계자에 해당하는 자가 섭주가 된다. 그러다가 태어난 아이가 딸일 경우에는 섭주가 즉위하고 아들일 경우에는 섭주가 물러나는 것이니, 이것을 섭주라고 한다〔何謂攝主? 曰: 古者天子,諸侯,卿,大夫之世子未生而死, 則其弟若兄弟之子次當立者爲攝主. 子生而女也, 則攝主立; 男也, 則攝主退. 此之謂攝主.〕"라고 하였다. 여기에서도 대를 이을 아들이 아직 젖먹이인 상태에서 주인이 죽었을 경우, 상주인 어린 아들을 대신하여 상례 주관을 대행할 사람을 가리킨다.

안동부관에게 답하다 1565[40]

答安東府官乙丑

24

前者兩大喪, 皆所親經, 老病昏忘, 細微曲折, 全不記憶, 深用慙
罪. 所疑數條中麻帶、布帶,『家禮』、『五禮儀』"齊衰皆用布帶", 則恐
當用布也.『五禮儀』只有麻帶之文, 而不稱布帶者, 其上註中有 "內喪則齊衰"之語.
旣云齊衰, 則布帶在其中, 故不別言布帶耳. 疑禮曹未及詳察, 仍以麻帶行移也.

　전번에 두 번의 큰 상[41]을 모두 친히 겪으셨으나, 내가 늙고 병들
어서 기억이 가물가물하여 자잘한 곡절을 전혀 기억하지 못해 깊
이 부끄럽고 죄송합니다. 문의하신 여러 조항 중에 마대麻帶를 사
용해야 하는지 포대布帶를 사용해야 하는지에 관해서는 『가례』와
『국조오례의』에서 "자최齊衰에는 모두 포대를 사용한다"라고 했으
니 포를 사용함이 마땅할 것입니다. 『국조오례의』에 '마대'라는 내용만 있

고 '포대'를 칭하지 않은 것은, 그 위에 있는 주에서 "부인의 상은 자최이다"라는 말이 있어서입니다. 이미 '자최'라고 했으면 포대는 그 안에 포함되므로, 포대를 따로 말하지 않은 것뿐입니다. 아마 예조에서 이런 부분을 미처 상세히 살피지 못하고 마대를 사용하라고 공문을 보냈을 것입니다.

25

騣網巾、段匜頭、燕居服、出入服、馬裝.

종망건, 단감투, 연거복, 출입복, 마장

右件事, 禮官旣不言, 處之實難. 然嘗見朱子「君臣服議」及答黃商伯、余正甫等書所言, 則今之『五禮儀』所定國恤臣服, 似依朱子說參酌而定之也. 其答正甫書有曰: "燕居, 許用白絹巾、白涼衫、白帶云云." 以此觀之, 燕居只白衣, 布木皆不妨. 帶, 或絛或布皆用白; 冠, 則疑卒哭前布裹笠, 卒哭後易白. 騣網巾, 則雖布裹, 紗帽中, 不易. 但段匜頭, 不可不易. 凡華盛之物, 皆去故也. 笠纓, 用白布木之類, 似無妨. 如何如何? 鞋履, 宜用白. 出入服, 京官皆著衰服, 外官恐與京官不異也. 馬裝, 諸具中華盛者, 權處之, 或易故件, 或雖塗裹, 恐亦無妨. 然此皆妄料如此, 深覺未安, 須博謀知禮者處之, 至當至當. 出入, 別制生布直領, 似無妨. 然時王之制, 無所據, 未敢定行. 君喪, 古云方喪, 實與親喪同之. 後世廢之久矣, 盛宋猶未復, 朱子慨嘆而有議. 其後稍復, 而本朝尤謹. 然尙多遺制, 私中難以一從古禮.

이상의 것들에 대해 예관禮官이 이미 언급하지 않았으므로 대처하기가 실로 어렵습니다. 그러나 일찍이 주자께서 「군신복의君臣服議」와 「황상백에게 답하다〔答黃商伯〕」, 「여정보에게 답하다〔答余正甫〕」 등의 편지에서 언급하신 것을 보니, 오늘날의 『국조오례의』에서 정한 국휼國恤을 당했을 때 신하들의 상복이 주자의 설에 의거해서 참작하여 정한 것인 듯합니다.

여정보余正甫에게 답하는 글에 "평소에는 흰색 견건絹巾, 흰색 양삼涼衫[42], 흰색 띠를 착용하는 것을 허락한다"라는 말이 나오는데, 이로 살펴보면 평소에는 흰색 옷이기만 하면 포목布木도 모두 무방하고, 띠는 조條[43]로 만든 것이든 포布로 만든 것이든 모두 흰색을 사용하며, 관冠은 졸곡卒哭 이전에는 포과립布裹笠[44]으로 하다가 졸곡 이후에는 흰색으로 바꿉니다. 말총으로 만든 종망건은 비록 베로 싸더라도 사모紗帽 안에 쓸 때는 바꾸지 않습니다. 다만 단감투는 바꾸지 않을 수 없습니다. 화려하고 성대한 것들은 모두 제거해야 하기 때문입니다. 갓끈은 흰색 포목 종류를 사용하는 것이 무방할 듯합니다. 어떻습니까? 신발은 흰색을 사용하는 것이 적당하고, 출입복으로는 서울에 있는 관리들은 모두 최복衰服을 입는데, 외지에 있는 관리도 서울의 관리들과 다르지 않아야겠습니다. 말을 꾸미는 마장의 모든 장식들 중에 화려하고 성대한 것은 헤아려 대처하시되 낡은 것으로 바꾸든지 혹은 칠하거나 〔헝겊 같은 것으로〕싸든지 해도 무방하겠습니다. 그러나 이 모두는 저의 망령된 생각이 이와 같은 것이며, 온당치 못함을 깊이 깨닫습니다. 모름지기 예를 잘 아는 분에게 널리 상의해서 대처하심이 지당할 것입니다. 출입용으로 생포生布의 직령直領을 별도로 만드시는 것은 무방할 듯합니다. 그러나 시왕時王의 예제에 고거考據할 바 없으니 감히 결정하여 행하지 못합니다.

임금의 상을 옛날에는 방상方喪[45]이라고 했으니, 실은 어버이의 상과 같습니다. 후세에 그것을 폐한 지 오래되어, 융성한 송나라에서도 오히려 회복하지 못했습니다. 주자께서 개탄하시고 논의하신 것이 있어서 그 뒤에 약간 회복되었고, 우리나라에서 더욱 신중을 기하였으나 아직도 빠진 제도가 많습니다. 그래서 사가私家에서는 일일이 고례古禮를 따르기가 어렵습니다.

40 『퇴계선생문집고증(退溪先生文集攷證)』에 따르면, 이 글은 중종(中宗)의 계비(繼妃)
이자 명종(明宗)의 모후(母后)인 문정왕후(文定王后, 1501~1565)가 죽었을 당시 복
제(服制)에 관한 논의이다.

41 두 번의 큰 상 1544년 12월 중종의 상과 1545년 8월 인종의 상을 말한다.

42 양삼(涼衫) 남송 때 사대부들이 입었던 편복(便服)이다. 소흥(紹興, 1131~1162) 말기
에 주자의 건의로 자삼(紫衫)을 입던 제도를 폐지하고 양삼을 입고 나랏일을 보
았다. 그러다가 건도(乾道, 1165~1173) 초기에 양삼의 색깔이 흉복(凶服)과 비슷하
다는 이유로 이를 폐지하였으며, 그 후에는 흉복이 되었다. 우리나라에서는 남
자가 여름에 입는 흰색의 홑두루마기를 일컫는데, 상복으로도 사용하였다. 백
삼(白衫)이라고도 한다.

43 조(絛) 여러 겹의 실을 납작하게 꼬아서 만든 것을 일컫는다.

44 포과립(布裹笠) 베로 싼 갓으로, 검은 갓을 말한다. 『송자대전(宋子大全)』118, 「답현
이규서(答玄以規書)」에 "장자를 위하여 참최복을 입는 도중 출입할 때는 거친 생
포(生布)로 지은 옷에다 베로 싼 갓(布裹笠)을 쓰고, 삼으로 꼬아서 띠를 하였다
〔爲長子服斬, 而出入時, 以麤生布爲衣, 而著布裹笠, 以絞麻爲帶.〕"라고 하였고, 『한수재집
(寒水齋集)』11, 「답이가구서(答李可久書)」에는 "소위 포과립은 아마도 흑립인 듯하
다〔所謂布裹笠, 似是黑笠.〕"라고 하였다.

45 방상(方喪) 부모의 상을 치르는 예로 임금의 상을 치르는 것을 말한다. 『예기』
「단궁상(檀弓上)」에 "임금을 섬기는 데는 직언으로 면쟁(面爭)은 할 수 있으나 숨
김은 없어야 하며, 좌우에서 돌보면서 죽을힘을 다하여 복근(服勤)하고, 방상 삼
년(方喪三年)을 입는다〔事君有犯而無隱, 左右就養有方, 服勤至死, 方喪三年.〕"라고 하였다.
여기에 나오는 '방상'에 대해 정현(鄭玄)은 "아버지를 섬기는 방법을 취한다〔資於
事父.〕" 즉, 아버지의 상을 치르는 방법을 취해 임금의 상을 치르는 것이라고 주
석했다.

김우굉, 김우옹에게 답하다 1566

答金敬夫、肅夫丙寅

26

宇宏等考禮繆誤, 題奉祀於寫者之右, 今悟其非, 欲改正, 而未知
因練祭與大祥之日, 孰爲得宜?

📖 저희가 예를 고거함이 잘못되어 '봉사奉祀'[46]를 글씨 쓰는 사람
을 기준으로 오른쪽에 썼다가 이제야 잘못인 줄 깨닫고 개정하려
고 하는데, 연제練祭와 대상大祥 중에 언제가 더 좋습니까?

題奉祀名, 朱子『家禮』"其下左旁", 本謂寫者左旁, 非有可疑, 而
後賢又有題神主左旁者. 今人多主後出之說, 必欲不用朱子說, 尋
常所未喩也. 今若欲改, 固當於練祭改之, 何必更俟大祥而後爲
之? 蓋大祥改題主時, 新主尚在几筵, 雖俟其日改題, 亦與先世改

題別一節次. 均是別一次, 先事而爲之, 恐無妨也.

🗐 '봉사'의 이름을 쓰는 것과 관련하여 주자의 『가례』에서는 "그
아래 왼쪽"이라고 하였는데, 그것은 본래 '글씨 쓰는 사람을 기준
으로 왼쪽'을 말한 것임은 의문의 여지가 없다. 그런데도 후세의
어진 이들 중에 '신주를 기준으로 왼쪽'[47]에 쓰는 경우가 있었다. 그
리하여 요즘의 많은 사람들은 나중에 나온 설을 주장하면서 굳이
주자의 설을 따르지 않으려고 하니, 보통의 소견으로 깨닫지 못한
것이다. 이제 만일 개정하려고 한다면 마땅히 연제에 고칠 일이지
대상까지 기다려서 할 필요가 있겠는가? 대개 대상에 사당의 신주
를 고쳐 쓸 때, 새 신주는 아직 궤연几筵[48]에 계시니, 비록 그날을
기다려서 고쳐 쓴다 해도 선세先世에 대하여 개제改題를 하는 것과
는 별도의 절차이다. 이렇든 저렇든 별도의 절차로 진행해야 한다
면 먼저 하는 것이 무방할 것이다.

27

小祥別製服, 古也. 據『家禮』, 雖云: "陳練服", 而無別製衣裳之文.
又據『禮記』「檀弓」"練衣黃裏", 註曰: "正服不可變, 以練爲中衣,
承衰而已." 今擬不製服, 但作練冠, 去首絰以下. 又以練布製承衰
之中衣, 庶幾從簡而不失存古.

答 소상小祥에 복을 별도로 제조하는 것은 고례古禮입니다. 『가례』에는 비록 "연복練服을 진설하라"라고 했지만, 위아래 옷을 별도로 제조하라는 글이 없습니다. 또 『예기』「단궁」에 보면 "소상에는 누인 명주〔練〕로 중의中衣를 입는데, 황색으로 안감을 댄다"라고 했고, 진호陳澔의 주註에 "정복正服은 바꿀 수 없다. 중의는 정복이 아니고 최복에 받쳐서 입는 것일 뿐이다"라고 했습니다. 이제 복을 별도로 제조하지 않는 것을 따르되, 다만 누인 명주로 만든 관〔練冠〕을 만들고, 수질首絰 이하는 제거하고,[49] 또 누인 베로 최복에 받쳐 입는 중의를 만들면, 간편함을 따르면서도 고례의 정신은 보존하는 데 잘못이 없을 듯합니다.

小祥不別製服, 朱子所以斟酌損益, 得時宜之禮, 如所示爲之, 甚當.

답 소상에 복을 별도로 제조하지 않는 것은 주자께서 덜거나 보탤 것을 헤아려서 시대에 맞는 예를 얻으신 것이니, 제안한 대로 하는 것이 매우 타당하다.

28

朱子云: "斬衰草鞋, 齊衰麻鞋." 宇宏等考禮未悉, 成服時, 用槀草鞋, 今似不可中改. 但按「檀弓」練有 "繩屨"之文, 註云: "麻繩屨也." 欲據此, 小祥改作麻鞋.

[문] 주자께서 말씀하시기를 "참최斬衰는 풀로 삼은 신(草鞋)을, 자최齊衰는 삼으로 삼은 신(麻鞋)을 신는다"라고 하셨습니다. 저희가 예를 고거함이 면밀하지 못해서 성복成服을 할 때 짚으로 삼은 신(藁草鞋)을 사용하였습니다. 이제는 중간에 고치는 것이 불가할 듯합니다. 다만「단궁」에 보면 소상에 "끈으로 삼은 신(繩屨)"이라는 글이 있고, 그 주에 "삼끈으로 만든 신"이라고 했으니, 이에 의거해서 소상 때 삼으로 만든 신으로 바꾸려고 합니다.

小祥改作麻鞋, 禮有初未合宜者, 中而覺之, 據禮而改之, 豈有不可者乎? 滉懵於禮學, 承問之及, 率爾奉報, 汰哉之誚, 無所逃免, 惶恐惶恐.

[답] 소상에 삼으로 만든 신으로 바꾸라. 예를 시행하는 과정에서 당초에 타당하지 못한 것이 있었는데 중간에 이를 깨닫고 예에 의거하여 고치는 것이야 어찌 불가함이 있겠느냐? 나는 예학禮學에 어두워 질문을 받고 경솔하게 대답을 했으니, 섣부르다는 비난을 면할 길이 없어 두렵고 두렵다.

29

『家禮』祭饌有醋楪, 弊家三年之中, 只象平日, 用醬代之. 後日家廟常祭, 當如何? 又饌有鹽楪, 而不言設處.『丘氏儀節』, 則鹽、醋二楪, 並設於前一行, 而亦不設醬. 醬者, 食之主也, 於祭不設, 抑有何義?

🔲 『가례』에는 제사 음식에 초 접시(醋楪)가 있는데, 저희 집안에서는 3년 동안 평소처럼 장(醬)으로 대신하였습니다. 나중에 사당에 제사를 지낼 때는 마땅히 어찌해야 합니까? 또 제사 음식에 소금 접시(鹽楪)가 있는데 진설할 곳을 말하지 않았습니다. 구준丘濬의 『가례의절』에는 소금 접시와 초 접시를 맨 앞줄에 나란히 진설하라고 했으나 역시 장은 진설하지 않습니다. 장은 밥상의 주인이거늘 제사에 진설하지 않으니 어떤 뜻이 있는 것입니까?

只一依禮文, 鹽、醋俱設. 其設處, 且當從丘氏. 然凡飮食之類, 古今有殊, 不能必其盡同. 以今所宜言之, 鹽不必楪設, 各就其器而用之. 醬則恐不可不設也. 所謂象平日用醬代之者, 得之.

🔲 그냥 예문대로 소금과 초를 함께 진설하되 진설할 곳은 마땅히 구준의 설명을 따라야 할 것이다. 그러나 무릇 음식과 같은 것은 옛날과 오늘의 차이가 있어서 모두 똑같이 할 수는 없다. 오늘의 적절한 바로 이야기하자면 소금은 접시로 진설할 필요 없이 각각 그 용기째 쓰고, 장은 진설하지 않으면 안 된다. 말한 바대로 평소처럼 장으로 대신하는 것이 적절하다.

30

禫冠用草玄笠, 是玄冠, 極未安.『五禮儀』用白笠, 俗用草笠, 不知何据. 今欲黲布裹笠, 如何?

[문] 담제禫祭[50]에 쓸 관冠으로 검은색 초립(草玄笠)을 사용하는 것은 검은색 관이라서 매우 온당치 못합니다.『국조오례의』에는 백립白笠을 사용하라 했는데 시속에서 초립을 사용하는 것은 어디에 근거한 것인지 모르겠습니다. 이제 검푸른색 베(黲布)를 씌워 쓰려고 하는데 어떻습니까?

草玄笠, 固未安.『五禮儀』白笠之制, 不知自何時變而爲玄冠也. 若此等事, 向也皆不能據禮變俗, 今不敢硬說.

[답] 검은색 초립은 진실로 온당치 못하다.『국조오례의』에서 백립으로 하라고 한 제도가 언제부터 변하여 검은색 갓이 되었는지 모르겠다. 이런 일들은 여태껏 모두 예에 근거하여 시속을 변화시키지 못한 것들이니, 감히 강경하게 이야기하지 못하겠다.

31

告、祭時, "果一大盤", 只一器否? 盞盤, 是盞臺否?

問 사당에 고할 때나 제사를 지낼 때 "과일은 큰 쟁반 하나"라고 한 것은 그냥 '한 그릇'입니까? 잔반盞盤은 잔대盞臺입니까?

一大盤, 盤中所設, 恐不止一器而已. 盞盤, 應是盞臺.

答 '큰 쟁반 하나'는 쟁반 안에 진설한 것이 그냥 '한 그릇'만은 아닐 것이다. 잔반은 당연히 잔대이다.

32

祝文云潔牲, 無牲, 云庶羞. 今或買肉, 則從無牲例否? 如或殺牛, 則曰一元大武, 雞則曰翰音, 可否? 『家禮』‘祭圖’, 牲無設處, 如用之, 不知設於何所?

問 축문에 '깨끗한 희생'이라고 하거나, 희생이 없을 때는 '여러 가지 음식'이라고 합니다. 이제 혹시 고기를 사서 쓸 경우에는 희생이 없을 때의 사례를 따라야 합니까? 만일 〔희생으로 사용하려고〕 소를 잡았다면 〔축문에〕 '일원대무一元大武'[51]라 하고, 닭을 잡았다면 '한음翰音'[52]이라고 해도 괜찮겠습니까? 『가례』의 '제도祭圖'에는 희생을 진설하는 곳이 없는데, 만일 희생을 사용한다면 어디에 진설해야 합니까?

牲不特殺, 則不可用潔牲等語. 士大夫廟祭, 不聞以一元大武爲祝
詞. 假使一時因事殺牛, 非平日每祭輒殺牛, 則一用此辭, 而後不
用, 尤恐不可也.

答 희생이 그 제사만을 위해 잡은 것이 아니면 '깨끗한 희생' 등의
말을 쓸 수 없다. 사대부의 사당 제사에 '일원대무'라는 말을 축문
에 쓴다는 것은 들어 보지 못했다. 가령 어느 때 한번 어떤 일로 소
를 잡았다 해도 평소 제사 때마다 소를 잡을 것이 아니면 이 말을
한 번 사용하고 뒤에는 사용하지 않을 것이니 더욱 불가하다.

33

『禮』云: "斷杖", 而無"焚衰"之文. 今人焚衰, 不知何據.「曲禮」云:
"祭服敝則焚之." 衰亦祭服也, 焚之似得, 或有據禮不當焚云者, 其
說如何?

問 『가례』에 "지팡이를 부러뜨린다(斷杖)"라고는 했지만,[53] "상복을
불태운다(焚衰)"라는 글은 없습니다. 그럼에도 요즘 사람들이 상복
을 불태우는 것은 어디에 근거한 것인지 모르겠습니다. 『예기』「곡
례曲禮」에 "제복祭服이 해지면 불태운다"[54]라고 했으니, 상복도 제복
이므로 불태우는 것이 맞을 것 같습니다. 예에 의거하여 불태우면
부당하다고 말하는 사람도 있는데 그 설이 어떠합니까?

滉所疑亦如來喩. 但若當焚之, 『家禮』何故不言? 是未知耳.

⬚ 내가 의심스러워하는 것 역시 편지와 같다. 다만 마땅히 불태
워야 하는 것이었다면 『가례』에서 왜 말하지 않았겠는가? 이는 알
수 없다.

46 봉사(奉祀) 제사를 받드는 사람, 즉 주인을 말한다.

47 신주를 기준으로 왼쪽 글씨 쓰는 사람을 기준으로 오른쪽을 말한다.

48 궤연(几筵) 삼년상을 치르는 동안 정침(正寢)에 신주(神主)를 모셔두는 곳이다. 상을 치르는 동안 돌아가신 분을 살아 있을 때와 마찬가지로 여겨 궤연을 설치하고 의복과 기물 및 의식 절차를 살아 있을 때에 준하여 행하기 때문에 '상생(象生)'이라고 말한다.

49 관련 내용은 『가례』, 「상례(喪禮)」 '소상(小祥)'조, "임시 처소를 설치하고 연복(練服)을 진설한다(設次, 陳練服)" 아래 주(註)에 나온다.

50 담제(禫祭) 부모님의 상일 경우, 만 2년이 되는 때 대상(大祥)을 치르고 다다음 달에 지내는 제사로, 상복을 벗고 이제 일상으로 돌아감을 고한다.

51 『예기』, 「곡례하」 "무릇 종묘에 제사 지내는 예에서는 소는 '일원대무(一元大武)'라고 부른다.(凡祭宗廟之禮, 牛曰'一元大武')"

52 『예기』, 「곡례하」 "닭은 '한음(翰音)'이라 부른다.(雞曰'翰音.')"

53 『가례』, 「상례」 '대상(大祥)'조에 "지팡이를 부러뜨려 구석진 곳에 버린다(斷杖, 棄之屏處.)"라고 하였다.

54 『예기』, 「곡례상」 "제사에 입는 옷이 해지면 불태운다. 제사에 사용한 그릇이 낡으면 땅에 묻는다. 점치는 거북과 점대가 낡으면 땅에 묻는다. 희생이 죽으면 땅에 묻는다.(祭服敝則焚之, 祭器敝則埋之, 龜策敝則埋之, 牲死則埋之.)"

김우굉, 김우옹에게 답하다 1570

答金敬夫、肅夫 庚午

過詢禪日變服之節, 所疑果似有之. 然變服, 禮之大節目. 若果祭而後始變吉服, 『家禮』當明言以曉人, 豈宜泛然云: "皆如大祥之儀"? 其無陳服之文, 豈不以喪服之漸變者當陳, 吉服之即常者不當陳也耶? 且旣祭之後, 改服之節, 又當何如而可? 納主而後變, 則是不告神以喪畢之故. 抑未納主而吉, 則吉後都無所爲於告神喪畢之節, 恐皆未安也. 嘗觀禮經, 自禪即吉, 其間服變之節, 殆有五六. 周禮文繁乃如此, 後世固未可一一而從之, 故『家禮』只如此, 今若以尙有 "哭泣" 之文, 純吉未安, 只得依丘氏素服而祭, 何如何如? 至如上丁國忌之避不避, 無所考據, 尤不敢輕說, 只在僉加商度之宜. 竊恐禪, 古卜日以祭, 其無恆定之日, 可知. 退行亥日, 其或可乎. 滉不學昧禮, 每於誤訪, 妄有陳獻, 極知愚僭, 不加斥外, 復此咨問, 踧踖尤深.

　　지난번 물었던 '담제禪祭를 지내는 날 상복喪服을 길복吉服으로
바꿔 입는 절차'에 관한 것은 과연 의심할 바가 있는 듯하다. 그러
나 복을 바꿔 입는 것은 예의 커다란 절목節目이다. 만일 담제를 지
낸 다음에 비로소 길복으로 바꿔 입는 것이라면 『가례』에서 당연
히 명확하게 언급해서 사람들을 일깨워 줬겠지, 어찌 범연하게 "모
두 대상大祥의 의식과 같게 한다"라고 말했겠는가? (『가례』에) 복을
진설하라는 내용이 없는 것은 아무래도 점진적으로 바꾸는 상복의
경우에는 마땅히 진설해야 하지만, 일상으로 돌아가는 길복의 경
우에는 진설하는 것이 마땅하지 않아서가 아니겠는가? 그리고 이
미 담제를 지낸 뒤에 복을 바꿔 입는 절차는 또 어떻게 해야 하는
가? 사당에 신주를 들인 뒤에 바꾸면, 이것은 상이 모두 끝난 일
을 신주에 고하지 않은 것이다. 그렇다고 신주를 사당에 들이지 않
은 상태에서 길복으로 바꿔 입는다면, 길한 뒤에는 상이 모두 끝났
음을 신주에 고하는 절차와 관련하여 아무것도 한 것이 없게 된다.
이 두 가지 경우 모두 온당치 못하다. 일찍이 예경禮經을 보니, 담
제에서 길함으로 나아가는 과정에 복이 바뀌는 절차가 5~6단계가
있었다. 주周나라 때 예제는 문식이 번잡하여 이러한 것이고, 후세
에는 일일이 그렇게 할 수 없다. 그러므로 『가례』에서는 이 정도로
만 한 것이다. 이제 담제 때까지도 "곡을 하며 운다"라는 글이 있는

것 때문에라도 완전히 길함은 온당치 못하니, 그냥 구준丘濬에 의거하여 소복素服으로[55] 담제를 지낸다면 어떠한가?

상정上丁[56]이나 국기國忌[57]를 피해야 하는지 여부와 같은 사항은 고거할 데가 없으니 더욱 감히 가벼이 말할 수 없다. 다만 여러 사람이 함께 적당한 방법을 헤아리는 데 달려 있을 뿐이다. 담제는 옛날에는 날짜를 점쳐서 제사를 지낸다고 하였으니, 딱히 정해진 날이 없음을 알 수 있다. 그러니 해일亥日로 물려서 행하는 것이 가하겠다.

내가 예에 관해 잘 알지 못해서 매번 애써 방문할 때마다 함부로 말을 하지만 어리석고 참람됨을 잘 알고 있다. 그런데도 물리치지 않고 다시 물으니 두려움이 더욱 깊다.

35

「雜記」曰: "父母之喪, 將祭而昆弟死, 旣殯而祭. 同宮, 則葬而后祭." 祭, 謂大小祥之祭也. 「喪服」傳曰: "有死於宮中, 則三月不擧祭." 今妹歸夫家有年, 以喪來此. 死於是而殯於是, 則是同宮也. 先妣禫事, 當爲之三月不擧乎? 又卒哭之前, 四時吉祭, 似不可行. 如朔望參謁、薦以時食之類, 可以行之無礙否?

📖 『예기』「잡기」에 "부모의 상에 〔소상이나 대상 등의〕 제사를 지내려고 하는데 〔다른 집에 사는〕 형제가 죽으면 빈殯이 끝나기를 기다린

뒤에 제사를 지낸다. 만일 같은 집에 사는 이가 죽으면 장례를 마친 뒤에 제사를 지낸다"라고 하였습니다. 이때의 제사는 소상小祥 또는 대상大祥의 제사를 말합니다. 『의례』「상복」 전傳에는 "집안에 죽은 사람이 있으면, 그를 위해 3개월 동안 제사를 지내지 않는다"라고 했습니다. 이번에 저희는 시집간 지 여러 해인 손아래 누이가 〔어머니의〕상 때문에 친정에 왔다가 이곳에서 죽고 이곳에서 빈까지 치른 일이 있었습니다. 그렇다면 이것은〔『예기』와 『의례』에서 말하는〕'같은 집에 사는 이'입니다. 그러니 돌아가신 어머니의 담제는 마땅히 손아래 누이를 위해 3개월 동안 지내지 않아야 하는 것입니까? 또 졸곡卒哭 이전에는 사시길제四時吉祭는 행해서는 안 될 것 같은데, 초하루와 보름의 참알參謁이나 계절 음식을 올리는 의식 등은 행해도 괜찮은 것입니까?

右禮益所難處. 從古禮, 則葬前未可擧行, 審矣. 但此等事, 人家比比有之, 練·祥等祭, 必依古禮, 葬後而行, 或葬不得以時, 因此而廢大祭, 似甚爲難, 竟不知當如何. 亦在僉議善處, 幸甚.

答 이런 경우는 예禮 중에서도 더욱 대처하기 어려운 경우이다. 고례에 따르면 장례 이전에는 거행하면 안 되는 것이 맞다. 다만 이런 일은 사람 사는 집안에 흔하게 있는데 연제練祭와 상제祥祭 등의 제사를 반드시 고례에 의거하여 장례를 치른 뒤에 행하려다가 혹

여나 장례를 제때 치르지 못해서, 이로 인해 대제를 폐하게 된다면
매우 곤란할 것이다. 끝내 어찌 하는 것이 마땅한지 모르겠으니,
두루 상의해서 잘 대처하기 바란다.

55 『가례』「제례(祭禮)」‘기일(忌日)’조의 “동이 틀 무렵 주인 이하 모두는 옷을 바꿔
  입는다(質明, 主人以下變服.)”에 대해 구준은 『가례의절』에서 “지금은 소복을 착용
  하는 것으로 판단해 정하였다(今擬用素服.)”라고 하였다.

56 상정(上丁) 매달 일진 가운데 네 번째 천간(天干)인 정(丁)이 드는 첫 번째 날을 가
  리킨다.

57 국기(國忌) 임금이나 왕후의 기일이다.

이문규에게 답하다 1567

與李景昭丁卯

36

似聞孝思無盡, 欲於祥、禪後, 仍不毀廬室, 以作居室, 恆處其中, 朝夕上食, 就墓前行之, 不審此禮何所據而然乎? 若使先王制禮, 可不顧而直情行之, 曾參孝, 已無除喪罷上食之日矣. 以閔子騫之孝, 除喪而鼓琴, 切切而哀曰: "先王制禮, 不敢過也." 今君欲行曾、閔所不行之行. 以爲驚世駭俗之事, 不足以爲孝, 適取譏於識理之君子, 豈不可惜之甚? 昔後漢趙宣以親墓隧道爲室而居其中, 行喪二十年, 仇香按得其服中多生子, 怒而治其罪. 今君廬室, 雖非隧道之比, 以事言之, 亦趙宣之類也. 世或有如仇香之賢, 安知不以爲罪乎? 千萬深思, 速改以就禮制, 不勝懇望.

들자 하니 효성스러운 생각이 다함이 없어서 대상大祥과 담제禫祭

66

를 지낸 후에도 움집을 헐지 않고 그곳에 집을 만들어 항상 그곳에 거처하면서 아침저녁으로 상식上食을 묘에서 행한다던데, 이런 예는 어디에 근거해서 그리하는 것인가? 만일 선왕先王께서 제정하신 예를 고려하지 않고 감정대로 행해도 괜찮은 것이라면, 증삼曾參[58]의 효성으로는 상을 마친 뒤에도 상식을 그만둔 날이 없었을 것이다. 민자건閔子騫[59]의 효성으로도 상을 마치고 거문고를 연주하면서 절절히 슬퍼하며 "선왕이 만드신 예이니, 감히 지나칠 수 없습니다" 라고 했다.[60] 지금 그대는 증삼과 민자건이 행하지 못하신 것을 행하는 것이다. 내 생각에 세상을 놀라게 하는 일을 하는 것은 효라고 할 수 없으며, 이치를 아는 군자로부터 나무람을 받기 좋을 뿐이니 어찌 매우 안타까운 일이 아니겠는가? 옛날 후한後漢의 조선趙宣이라는 사람이 어버이 묘에 만든 수도隧道[61]를 거처하는 곳으로 만들어 놓고 거기에 살면서 20년 동안이나 상을 치렀다. 나중에 〔조선이〕 상을 치르는 동안에 여러 명의 자식을 낳았다는 것을 알아낸 구향仇香이 분노하여 그 죄를 물었다. 이제 그대의 움집이 비록 수도에 견줄 것은 아니지만, 일로써 말하자면 조선과 같은 것이다. 세상에 혹시 구향 같은 어진 이가 있다면 그대의 죄를 묻지 않으리라 어찌 장담하겠는가? 부디 깊이 생각하고 속히 고쳐서 예제로 나아가기를 간절히 바란다.

주

58 증삼(曾參) 공자의 도통(道統)을 계승한 제자로 평가받는 인물로, 특히 효행이 뛰어났다. 『효경(孝經)』은 '효'에 관한 증삼의 질문에 공자가 답하는 형식으로 구성되어 있으며, 『예기』에도 「증자문(曾子問)」이라는 편이 수록되어 있다.

59 민자건(閔子騫) 공문십철(孔門十哲) 중 덕행(德行)에 뛰어났던 공자의 제자로, 특히 효행에 뛰어났다.

60 『공자가어(孔子家語)』「육본(六本)」 민자건이 삼년상을 마치고 공자를 뵙자, 공자께서 말씀하셨다. "거문고를 주고 연주하게 하라."〔민자건이〕애절하고 슬프게 연주하고는 일어나 말하였다. "선왕께서 제정하신 예이기 때문에 감히 상기(喪期)를 연장할 수 없었습니다." 공자께서 말씀하셨다. "군자답다."〔閔子三年之喪畢, 見於孔子. 子曰: "與之琴, 使之絃." 切切而悲, 作而曰: "先王制禮, 弗敢過也." 子曰: "君子也."〕

61 수도(隧道) 평지에서 광혈(壙穴)까지 파서 통하게 한 묘도(墓道)로, 장례를 치를 때 관(棺)을 묻기에 편리하도록 밖에서 내부에 이르기까지 땅을 파서 사람이 왕래할 수 있게 만든 지하도이다. 『주례(周禮)』「춘관(春官)」편 '수(隧)'에 대한 주석에, "천자는 수(隧)를 두고, 제후 이하는 연도(羨道)를 둔다〔天子有隧, 諸侯有羨道〕"라고 하였다.

안동부사 윤복에게 보내다 1566

與尹安東丙寅

37

在前或值忌日, 待賓, 自謂以己忌之故, 待賓以素饌, 已爲未安. 若
受賓饋肉, 留爲後日之食, 尤非所當, 故例不敢受. 昨當拜受單時,
不及致察, 至暮乃知其中有獐、鰒等物, 如以旣受仍留, 則非徒前
者成虛, 後難復辭. 謹遣人奉還二物於下人, 伏想俯諒微悃, 不以
爲恠.

　예전에 혹시 기일忌日을 당해 손님을 접대하게 되면 스스로 저
의 상황을 말하고 소찬素饌으로 손님을 접대하였습니다. 이렇게 접
대하는 것이 이미 미안한 일인데, 만일 손님이 가지고 오신 고기를
받아 두었다가 나중에 먹는다면 그것은 더욱 마땅한 바가 아닐 것
입니다. 그래서 으레 감히 받지 않았습니다. 지난번에 부사께서 보

내 주신 선물 단자를 절을 하고 받을 때 미처 살피지 못했다가 저녁이 되어서야 그 안에 노루와 전복 등이 있음을 알게 되었습니다. 만일 이미 받은 것임을 핑계 삼아 그대로 둔다면 지금껏 제가 한 일이 빈말이 될 뿐만 아니라, 이후로 다시는 사양하기 어렵게 될 것입니다. 삼가 사람을 보내 두 가지 물품(노루와 전복)을 아랫사람에게 돌려보내 드립니다. 하찮은 정성을 굽어 헤아리셔서 괴이하게 여기지 않으시기를 바랍니다.

기대승에게 답하다 1564

答奇明彦 甲子

38

握手說, 考據精審, 其剔出劉說之誤, 尤有力. 但其兩端有繫, 皆在下邊, 其先掩一端之繫, 仍自下邊繞擘一匝, 固順便, 其後掩一端, 則自下邊斜而向上, 鉤中指, 勢不順便, 如何如何? 冢婦主祭, 前去鄙說有未盡處, 未知何條, 指出示破, 爲幸.

악수握手[62]에 관한 설은 고증과 전거가 정밀하며, 특히 유장劉璋의 설의 잘못을 드러낸 점이 더욱 힘이 있다. 다만 그것의 양 끝에 끈이 있고 그것들은 모두 아래쪽에 있는데, 먼저 묶은 한쪽 끈은 아래쪽부터 팔을 한 바퀴 두르는 것이 편하지만, 나중에 묶은 다른 한쪽 끈은 아래쪽부터 사선으로 위쪽을 향해 가운뎃손가락에 거는 것이 형세가 편하지 못하다. 어떠한가?

총부家婦가 제사를 주재하는 것과 관련한 지난번의 내 설에 미진한 점이 있다고 하였는데, 어느 조목을 말하는 것인지 모르겠으니 알려 주면 고맙겠다.

62 악수(握手) 상례 절차 중 습(襲)을 할 때 돌아가신 분
    의 손등과 손바닥을 감싸는 손 덮개로 사용된 의례
    용품이다. '악수(幄手)'라고도 한다.

그림 5 악수
(출처: 『사례편람』 「상도」)

기대승에게 답하다 1565

答奇明彦 乙丑

39

所論祧遷之禮有難行者, 曲折甚悉. 兼及德門先世祧遷有疑礙之故, 皆推說到極處, 不勝歎尙. 然所謂將有五代六代之祭者, 非獨德門爲然, 滉衰門亦正有此事而更甚焉. 嘗因是思之, 其大要皆由於妻尙在、母尙在、祖母尙在之說, 而生出此許多違礙也. 旣蒙不鄙, 敢先以躬所遭者言之. 滉曾祖神主在小宗家, 向來族姪主祀, 已爲祭四代也. 數三年前, 族姪死, 而族姪之子當主祀, 則爲五代矣. 俄而此子又死, 而族姪之孫, 今當主祀, 則又爲六代矣. 若以今制處之, 當族姪主祀時, 曾祖當遷于最長之房. 第以門長曾有僉議, 謂"曾祖於吾門, 最有庇廕, 不當循例祧遷"云. 此雖出於一時之議, 有難遵行者, 然若用『家禮』, 則祭及高祖不爲過, 故因仍未遷之間, 族姪父子相繼死亡, 猶以族姪妻尙在, 疑可以未遷. 今則姪妻又死, 曾祖遷奉, 在所不疑, 而主祀者尚守門議, 不欲遷出, 而其下亦有當祧二位, 方講求古禮, 欲各遷奉, 而時未行之矣. 冬春間, 有一二儒生來訪, 偶言及祧遷等事, 其所疑正與來喩同. 且云: "今日都中士大夫家, 率用母在不祧遷之說. 凡母在者, 父喪畢, 藏其主於別處, 以待他日與妣同入廟, 始行祧遷之禮, 祖母・曾祖母皆然云." 可知人情於此皆有所不安者, 意亦甚厚. 然詳考禮文, 竊恐未爲得禮之正也. 謹按, 文公『家禮』'祔'章註, 高氏但言: "父在而祔妣, 則不可遽遷祖妣云云", 不言: "母在而祔考, 則不可遽遷祖考." 楊復亦但言: "父在祔妣, 則父爲主. 云云. 喪畢未遷, 尚祔於祖妣. 待父喪畢, 遞遷祖考妣, 始考妣同遷"而已, 亦不言: "母在祔考 則母爲主. 云云. 喪畢未遷, 尚祔於祖考. 待母喪畢, 遞遷祖考妣, 始考妣同遷也." 又 '大祥' 章改題・遞遷・新主入廟等事, 皆爲父喪而言, 而其禮之首末, 一直如此行將去, 未嘗言: "若母在則不可遽行改題・遞遷等事", 且 "當置考主於別處, 俟他日母喪畢後, 方可行此禮"也. 此章註, 朱子與學者書及楊氏說, 雖皆有 "新主且祔祖廟云云", 然至纔行合祭, 訖卽便入廟, 非待他日母喪畢而同入也. 聖人非不知母在而遞代爲未安, 其所以如此者, 何也? 父旣死, 則子當主祭. 子旣主祭, 子之妻爲主婦. 行奠獻, 母則傳重而不奠獻, 故曰: "舅沒則姑老, 不與於祭. 與則在主婦之前."「內則」註: "老, 謂傳家事於長婦也." 此與冢婦不主祭之說, 當通爲一義矣. 蓋夫者, 婦之天. 夫存, 則婦雖亡, 而不易代; 夫亡, 則婦雖存, 而以易代論. 斯固天地之常經, 尊卑之大義. 聖人之

制禮, 以義裁之, 而孝子之情, 不得不爲所奪焉故也. 昔胡伯量問
於朱子曰: "先兄旣娶而死, 念欲爲之立後. 旣立則當使之主祭, 則
某之高祖亦當祧去否?"曰: "旣更立主祭者, 即祠版亦當改題無疑.
高祖祧去, 雖覺人情不安, 然別未有以處也. 家間將來小孫奉祀,
其勢亦當如此."今詳此言, 亦不論母之在否, 而直如此斷置, 豈非
所謂"無可如何而然"者耶? 由是觀之, 其以妻在 · 母在 · 祖母在, 而
不行祧遷, 其可乎? 其不可乎? 可則已, 如以爲不可, 則來喩所謂
"曾孫之妻尚在, 埋其曾祖之主; 奉祀者之祖母尚在, 埋其祖之主",
雖皆未安, 恐不得不限於禮而奪於義. 況可以二母在故, 遷奉其主
而可行乎? 在德門其他所處, 殆亦決於所稟可不可之間, 不敢重複
妄陳. 其中有云: "曾祖, 於主祀者爲高祖, 在今當遷, 而勢難行焉",
則恐此事不須以母尚在爲說, 只據『家禮』"祭四代"之義而祭之, 雖
若少違於今, 而正是得合於古. 來喩以謂"權宜可行"者, 眞確論
也. 至其上又一代, 則在古制當祧, 雖用母在之說, 猶未宜留奉, 況
不用乎? 恐於遷奉, 雖有難勢, 舍此更杜撰不得, 朱先生所謂"別
未有以處者", 正謂是也, 如何如何? 然德門六代, 預料而言之耳.
如敝門, 已見其事, 而遷奉之擧, 尼於門議, 雖考得禮意如右, 而事
勢緯繣, 尚未能斷然行得. 承問之及, 深用愧惕, 然又不可不盡於
左右, 以求是正, 敢歷陳瞽見, 切望精加參訂, 復以辱曉之, 幸甚.

　조천祧遷[63]에 관한 예는 행하기 어려운 점이 있다는 논의는 세세한 내용이 매우 꼼꼼할 뿐만 아니라, 귀댁에서 조상을 조천할 때 있었던 의문점과 문제점의 이유까지 함께 언급하면서 모두 궁극적인 데까지 미루어 설명하였으니 감탄을 금할 수 없다. 그러나 이른바 '장차 5대 또는 6대까지 제사를 지내야 한다'는 것은 귀댁만 그런 것이 아니다. 우리 집안에도 이런 일이 있으며 더욱 심각하다. 일찍이 이로 인해 생각해 보았는데, 그 대체는 모두 〔돌아가신 분의〕 '아내가 아직 살아 있는데', '어머니가 아직 살아 계시는데', '할머니가 아직 살아 계시는데'라는 말로 말미암아 이런 여러 가지 문제가 생겨난 것이었다. 기왕 나를 비루하게 여기지 않으니, 감히 먼저 내가 몸소 겪었던 일을 가지고 이야기해 보겠다.

나의 증조할아버지 신주는 소종가小宗家에 계시는데, 여태 족질族姪이 제사를 주재하였으니 이미 '4대 봉사'가 된 것이다. 몇 해 전에 족질이 죽고 족질의 아들이 제사를 주재하게 되자 '5대 봉사'가 되었으며, 얼마 뒤 이 아들이 또 죽고 족질의 손자가 이제 제사를 주재하게 되자 다시 '6대 봉사'가 되었다. 만일 오늘날의 제도[64]로 대처한다면 당연히 족질이 제사를 주재할 때 〔나의〕 증조할아버지는 '가장 큰어른의 방(最長之房)'[65]으로 옮겨 모셨어야 했다. 그러나 문중 어른들께서 "증조할아버지는 우리 가문에서 가장 음덕이 있으신데, 일반적 사례에 따라 조천을 하는 것은 부당하다"라는 데 의론을 모았다. 이것이 비록 한때의 의론에서 나온 것이므로 그대로 준행하기 어려운 점이 있지만, 만일 『가례』를 준용한다면 고조할아버지까지 제사를 지내는 것이 잘못은 아니다. 그래서 이래저래 옮기지 않던 차에 족질의 부자가 계속해서 사망하자, 오히려 족질의 처가 아직 살아 있다는 이유로 옮기지 않아야 하는가 하고 의심하였다. 이번에는 족질의 처마저 죽었으니 증조할아버지를 옮겨 모시는 것은 의심의 여지가 없음에도 제사를 주재하는 자가 문중의 의론을 지키겠다면서〔나의 증조할아버지를〕모시고 나오려고 하지 않았다. 그 아래로도 조천해야 할 두 분의 신위가 계신다. 바야흐로 고례를 강구하여 각각 옮겨 모시려고 하나 아직 실행하지 못하고 있다.

지난 겨울과 봄 사이에 두어 명의 유생이 찾아와서 우연히 조천에 관한 일 등을 이야기 나눈 적이 있었다. 그때 그들이 의문을 가졌던 바도 그대의 편지와 같았다. 그러면서 하는 말이 "요즘 도성의 사대부가에서는 대부분 '어머니가 살아 계시면 조천하지 않는다'는 설을 준용하여, 어머니가 살아 계신 사람은 아버지의 상이 끝나면 그 신주를 별처에 보관했다가 나중에 어머니가 돌아가시면 함께 사당에 모시면서 비로소 조천의 예를 행합니다. 할머니와 증조할머니도 모두 그렇게 합니다"라고 하더라. 인정상 이 대목에서 모두 편치 않은 점이 있고, 그 의도 역시 매우 후하다는 것은 알 수 있다. 하지만 예문禮文을 자세히 살펴보면 예의 정당성을 얻지 못한 것이다.

삼가 주자의 『가례』 '부祔'장의 주註를 살펴보면, 고항高閌은 단지 "아버지가 살아 계시는 상황에서 돌아가신 어머니를 부묘祔廟할 때는 갑자기 할머니를 옮기지 않는다"라고만 했고, "어머니가 살아 계시는 상황에서 돌아가신 아버지를 부묘할 때는 갑자기 할아버지를 옮기지 않는다"라는 말은 하지 않았다. 양복楊復도 "아버지가 살아계시는 상황에서 돌아가신 어머니를 부묘할 때는 아버지가 주인이 된다. … 〔어머니의〕 상을 마쳤더라도 아직 옮기지 말고 할머니에게 부묘한다. 나중에 아버지가 돌아가신 다음 상을 마치고 할아버지와 할머니를 체천遞遷할 때 비로소 아버지와 어머니를 함께 옮긴다"라고만 말했을 뿐, 역시 "어머니가 살아 계시는 상황에서 돌아가신 아버지를 부묘할 때는 어머니가 주인이 된다. … 〔아버지의〕 상을 마쳤더라도 아직 옮기지 말고 할아버지에게 부묘한다. 나중에 어머니가 돌아가신 다음 상을 마치고 할아버지와 할머니를 체천할 때 비로소 아버지와 어머니를 함께 옮긴다"라고는 말하지 않았다. 또 『가례』 '대상大祥'장의 개제, 체천, 신주新主를 사당에 모시기 등의 사안에서도 모두 아버지의 상을 전제로 말하면서 그 예의 처음과 끝이 줄곧 이런 방식으로 행해지며, "만일 어머니가 살아 계시면 갑자기 개제와 체천 등의 일을 행해서는 안 된다"라거나 "마땅히 아버지의 신주를 별처에 안치했다가 나중에 어머니의 상이 끝나기를 기다린 뒤에야 바야흐로 이 예를 행할 수 있다"라고 말한 적이 없다. 이 〔'대상大祥'〕장의 주에 나오는 주자가 제자에게 보낸 편지와 양복의 설에는 비록 "신주新主는 우선 할아버지의 사당에 부묘한다"라는 말이 있지만, 잠깐 합제合祭를 행한 다음에는 곧장 사당으로 모시는 것이지 나중에 어머니의 상이 끝나기를 기다렸다가 함께 사당에 모시는 것이 아니다.

어머니가 살아 계시는데 대代를 바꾼다는 것이 편치 않다는 것을 성인이 모르는 것이 아니다. 그런데도 이렇게 하는 까닭은 무엇일까? 아버지가 이미 돌아가셨다면 아들이 마땅히 제사를 주재해야 하고, 아들이 이미 제사를 주재한다면 아들의 처가 주부主婦가 되어 전헌奠獻을 행하며, 어머니는 전중傳重[66]을 하고 전헌은 하지 않는다. 그러므로 "시아버지가 돌아가셨다면 시어머니는 늙으셨을 테니 제사에 참여하지 않는다. 참여한다면 주부의 앞쪽에 자리한다"라고 했다. 「내칙內則」의 주에 "늙으셨다는 것은 맏며느리에게 집안일을 물려줌을 뜻한다"라고 했다. 이 사안은 '총부冢婦는 제사를 주재하지 않는다'는 설과 마땅히 하나의 의리로 관통되어야 한다. 대개 지아비란 지어미의 하늘이다. 지아비가 살아 있으면 지어미가 비록 죽었더라도 대를 바꾸지 않지만, 지아비가 죽었으면 지어미가 비록 살아 있더라도 대를 바꾼다. 이 논의야말로 진실로 천지天地의 불변하는 원칙이요 존비尊卑의 커다란 의리이다. 성인이 예를 제정하심에 의리로써 재단하시고, 효자의 정은 이 의리에 의해 설 자리를 잃지 않을 수 없기 때문이다.

옛날에 호영胡泳[67]이 주자께 물었다. "돌아가신 형님이 이미 장가를 들고 죽었기에 입후立後를 하려고 생각합니다. 기왕에 입후를 하고 나면 당연히 그로 하여금 제사를 주재하도록 해야 할 텐데, 그러면 저의 고조할아버지도 당연히 사당에서 조거祧去해야 하는 것입니까?" 주자께서 답하셨다. "이미 제사를 주재하는 자를 고쳐 세웠으니, 돌아가신 분의 위패도 마땅히 고쳐 써야 함은 의심의 여지가 없으며, 고조할아버지를 조거하는 것이 비록 인정상 편치 않음은 알겠으나 달리 대처할 방법이 없다. 집안에서 앞으로 어린 손자가 제사를 받들게 되면 그 형세가 또한 마땅히 이와 같을 것이다." 이제 이 말을 자세히 살펴보면, 역시 어머니가 계시는지 여부는 논하지 않고 곧바로 이렇게 결단하여 조치하고 있다. 이것이 어찌 "어쩔 도리 없이 그렇게 하는 것"이 아니겠는가? 이를 근거로 살펴보면, 아내가 살아 있다, 어머니 또는 할머니가 살아 계신다를 이유로 조거와 체천을 행하지 않는 것이 가한 일인가, 불가한 일인가? 가하다면 그만이지만, 만일 불가하다고 여긴다면 "증손의 아내가 아직 살아 있는데 그 증조의 신주를 땅에 묻는 것이나, 제사를 받드는 자의 할머니가 아직 살아 계시는데 그 할아버지의 신주를 땅에 묻는 것"이 모두 편치 않은 일이기는 하지만 예禮에 따라 제한을 두고 의義에 의해 양보하지 않을 수 없을 것이다. 하물며 어머니와 할머니가 모두 살아 계신다는 이유로 신주를 옮겨서 모시는 것을 행해서야 되겠는가? 귀댁에 있어서 기타의 대처할 바는 앞서 이야기한 '가한 일인가, 불가한 일인가?'의 사이에서 결정하면 될 일이기에 감히 중복해서 이야기하지 않는다.

편지 가운데 "증조할아버지가 제사를 주재하는 자에게는 고조할아버지가 되므로 마땅히 옮겨야 하지만 형편상 행하기 어렵다"라고 했는데, 이 사안은 '어머니가 아직 살아 계신다'는 논리로 이야기할 문제가 아니라 "4대까지 제사를 지낸다"라는 『가례』의 의리에 근거하여 제사를 지낸다면 비록 '오늘의 예'에는 다소 어긋난 듯하지만 바로 '옛날의 예'에 부합함을 얻게 된다. 편지에서 "적당한 방법을 가늠하여 행한다"라고 한 것은 참으로 정확한 논의이기는 하지만 위로 또다시 1대를 더 올라가게 되면 옛날의 예제에서는 마땅히 조거를 해야 한다. 비록 '어머니가 살아 계신다'는 논리를 적용한다고 해도 오히려 계속 모시는 것이 적절하지 않은데, 하물며 이 논리를 적용하지 않으면 어떻게 되는가? 〔친진한 신주를〕 옮겨서 모시는 데 비록 어려운 형편이 있겠지만 이 방법을 두고 다시 아무렇게나 해서는 안 된다. 주자께서 말씀하신 "달리 대처할 방법이 없다"라는 것이 바로 이를 두고 한 말이다. 어떻게 생각하는가? 그러나 귀댁의 6대 봉사는 앞으로 일어날 수도 있는 일을 미리 헤아려 말한 것이지만, 우리 집안의 경우에는 이미 그 일이 벌어졌다. 〔친진한 신주를〕 옮겨서 모시는 일을 거행하는 것이 문중의 논의에 막혀서, 비록 앞서와 같이 예의 의미를 고찰하였으나 현실적 형편이 가로막아서 아직 단호하게 행하지 못하고 있다. 이런 상황에서 관련한 질문을 받고 보니 깊이 부끄럽고 두렵지만, 그대에게 모두 고백함으로써 시정을 구하지 않을 수 없기에 감히 어두운 소견을 낱낱이 개진한다. 정밀하게 참작해서 수정을 가한 다음 귀찮겠지만 나의 어리석음을 깨우쳐 주기를 간절히 바란다.

40

末段三代、四代之定, 與主祭說一紙, 皆爲一件事, 故合而論之. 夫
爲周人而從周制, 聖人所不免, 況今身非五宗之主, 而令於十餘派
小宗, 欲通行古制, 豈不難乎? 此固一說也, 然今有人焉, 主祭而
篤孝好禮, 自出意欲祭四代, 則是亦一道, 豈至於違條礙格而不可
行乎? 故滉常以爲若此等事, 於己度義量力而行之則可矣. 諭人而
人自樂從, 亦無不可. 若欲率人以强之必行, 則乃王公之事, 非匹
士所敢爲也. 今也令伯氏書, 咨以當作幾龕, 是有欲遵古制之美意,
因此而勸以成之, 正得好幾會也. 吾非居位, 故於人或可"從周",
士貴稽古, 故於己不害返古. 恐兩行而不相悖, 安有議禮拂時之嫌
也? 然敝門未有此幾會, 而僭言之及此, 亦殊犯"古者言不出"之
戒, 汗蹙無地.

   끝부분에 질문한 '〔제사 지낼 대수를〕 3대로 할지 4대로 할지를 정
하는 문제'는 '제사를 주재하는 이야기'와 같은 편지의 내용으로,
모두 하나의 사안이기에 합해서 논하겠다. 주나라 사람이 되어서
주나라 예제를 따르는 것은 성인도 피할 수 없는 바이다.[68] 하물며
이제 자신이 오종五宗의 주인이 아니면서 열 개가 넘는 소종小宗들
에게 옛날의 예제를 모두 행하게 하려고 하니 어찌 어렵지 않겠는
가? 이것은 진실로 하나의 설이기는 하지만, 여기 어떤 사람이 제
사를 주재하는데 효성이 독실하고 예를 좋아하여 자발적으로 4대

봉사를 하고 싶어 한다면 이 또한 하나의 길이다. 어찌 조목에 어긋나고 격식에 막힌다 하여 행할 수 없다 하겠는가? 그러므로 나는 이러한 일들은 스스로 의리와 역량을 잘 헤아려서 행하면 된다고 생각하며, 남을 깨우쳐 그 또한 자발적으로 따르기를 즐거워한다면 이 역시 안 될 것이 없다고 항상 생각해 왔다. 사람을 끌어다 기필코 행하라고 강제하려 하는 것은 왕공王公의 일이지 필사匹士가 감히 할 일은 아니다.

이제 귀댁의 큰형님께서 편지를 보내 '몇 개의 감실을 만드는 것이 마땅한지'를 물었으니, 이는 옛날의 예제를 따르려고 하는 아름다운 뜻이 있음이다. 그러니 이를 계기로 삼아 권면하여 그 뜻을 이루도록 한다면 좋은 기회가 될 것이다. 내가 위位에 있는 사람이 아니므로 남들에게는 "〔주나라 사람은〕 주나라의 예제를 따르는〔從周〕" 것이 가하다고 한다. 하지만 학자로서 옛날을 계고하는 것이 중요하기에 나 자신에게는 옛날의 예제를 복원하는 것이 문제라고 생각하지 않는다. 아마도 이 두 가지가 병행되더라도 서로 어긋나지 않을 것이니, 어찌 〔위에 있지 않으면서〕 예제를 의론한다거나〔議禮〕, 〔오늘에 살면서〕 시대를 거른다는〔拂時〕 혐의가 있겠는가? 그러나 우리 집안에는 이런 기회조차 없었으면서 주제넘게 이 사안과 관련하여 말이 여기에 이르렀으니 "옛날에는 말을 함부로 내뱉지 않았다"[69]라는 경계를 크게 범한 것이기도 하여 말할 수 없이 부끄럽고 두렵다.

41

爲冢婦立法, 令其得所, 如所示, 乃出於義理之正, 使傳受者而吉
人也, 固至善可行之法也. 第念世降俗偸, 人率多如蠻如髠者. 又
傳重之事, 不能皆在於叔姪至親之間, 或在於緦小功, 甚至無服之
親, 如此而用此法, 勢必有難相容者. 如欲捄此, 請復爲之立一法,
嚴其不容不養之罪, 以糾督之, 其亦庶乎其可也乎?

　총부冢婦를 위한 입법이 제대로 되게 하려면 그대가 제시한 바[70]
대로 하는 것이 의리의 정당함에서 나온 것이며, 제사를 전해 받을
사람(傳受者)으로 하여금 좋은 사람(吉人)이 되게 하는 것이니, 매우
훌륭해서 행할 만한 법임에 틀림없다. 다만 염려되는 것은 세상이
각박해져서 오랑캐 같은 자가 많다는 점이다. 또 대를 전승하는(傳
重) 일이 모두 삼촌과 조카처럼 매우 가까운 사이에만 있지 못하고,
혹 시마복이나 소공복, 심지어 상복을 입지 않는 친척들 사이에도
있을 수 있다. 이런 상황에서도 이 법을 적용한다는 것이 형세상
필시 서로 용납하기 어려운 점이 있을 것이다. 이런 문제를 해결하
고자 한다면, 이 문제를 해결하기 위한 또 다른 법을 세워서 (홀로
된 부인을) 돌보지 않는 죄를 엄히 물어서 다룬다면 그 또한 가능하
지 않겠는가?

42

父母生存, 長子無後而死, 爲長子立後, 而傳之長婦, 此正當道理
也. 若不立後, 而謾付之長婦, 則是使家婦主祭. 世或有此事, 而今
所辨云云者也, 如何? 且看人家遇此故, 父母之情, 多牽愛次子而
欲與之, 爲次子者亦多不知爲兄立後之爲義, 而欲自得之, 因卒歸
於不善處者 比比有之 尤可嘆耳

부모가 살아 계시는 상황에서 장자長子가 후사 없이 죽었다면,
장자를 위해 입후立後를 하고 큰며느리에게 제사를 전해 주는 것이
정당한 도리이다. 만일 입후를 하지 않고 큰며느리에게 제사를 그
냥 부탁한다면 이는 '총부주제家婦主祭'를 하게 하는 것이다. 세상에
간혹 이런 일이 있기에 지금 그렇게 변론한 것이리라. 어떠한가?
이런 상황을 만난 집안을 살펴보면, 부모의 정이 사랑에 끌려서 차
자次子에게 전해 주려고 하는 경우가 많다. 차자들 역시 죽은 형을
위해 입후를 하는 것이 옳은 일인 줄 모르고 자신이 얻어 가지려고
하는 경우가 많다. 그리하여 결국 잘 대처하지 못하는 상황에 이르
는 경우가 많이 있으니 더욱 개탄스럽다.

43

握手下角之繫, 如所示繞手一匝之際反繚之, 然後向上鉤之, 恐其
不順便依然只在也. 且疏所謂 "反而上繞取繫"者, 以先有一匝向

上之繫在手表, 故可依此而上繞, 今方當繞手一匝之際而欲繚之,
則無物可依以繚之, 恐其說又難施也, 如何?

　악수握手에서 아래 모서리의 끈을 편지에서 말한 것처럼 손에 한
바퀴 돌릴 즈음에 그것을 반대로 두른 다음에 위를 향해 건다고 해
도, 그 펀치 못함은 여전히 남는다. 또 소疏에서 말한 "반대로 위로
둘러서 끈을 취한다"는 먼저 위로 한 바퀴를 돌린 끈이 손의 바깥
쪽에 있기 때문에 이것에 의해서 위로 두르는 것이 가능하지만, 이
제 손을 한 바퀴 두를 즈음에 그것을 두르려고 하면 의지해서 두를
물건이 없다. 그러니 그 설도 시행하기 어려울 것 같은데, 어떠한가?

63 조천(祧遷) 사당에 모시고 제사를 받들 수 있는 조상의 대수(代數)가 있는데, 이 대수를 넘어서 친진(親盡)한 조상의 신주를 사당에서 모시고 나와서 땅에 묻거나, 가장 큰어른의 방으로 옮겨 모시는 것을 말한다. 예를 들면, 그 집안의 주인으로부터 고조할아버지까지 제사를 받들 수 있다면(4대 봉사), 주인이 죽고 그의 아들이 주인이 되었을 때 고조할아버지는 5대조가 되므로 사당에서 모시고 나오는 것이다.

64 오늘날의 제도 퇴계 당시까지만 해도 사대부가에 아직 4대 봉사가 일반화되지 않고 3대 봉사를 하고 있었다.

65 가장 큰어른의 방(最長之房) 문자적으로는 집안에서 최고 어른이 거처하는 방을 일컫는 말이다. 하지만 예법에서는 사당에 모신 신주와 아직 친진(親盡)하지 않은 자손 가운데 항렬이 가장 높은 연장자라는 뜻으로 사용하는 말이다. 최장방(最長房)이라고도 한다.

66 전중(傳重) 종법(宗法)에서 요구하는 종자(宗子)와 종부(宗婦)의 중책을 그다음 세대에게 전해 주는 것을 말한다.

67 호영(胡泳) 자는 백량(伯量)이다. 주자의 문인으로 '동원선생(洞源先生)'이라 불렸다. 저서에 『사서연설(四書衍說)』이 있다.

68 주나라 사람이 되어서 … 피할 수 없는 바이다 『중용』 28장에 "천자(天子)가 아니면 예(禮)를 의론하지 못하고, 제도를 만들지 못하고, 문자를 고정(考定)하지 못한다. … 비록 그(천자) 위(位)를 소유하였더라도 진실로 그에 걸맞은 덕(德)이 없으면 감히 예악(禮樂)을 제정하지 못하며, 비록 그에 걸맞은 덕을 소유하였더라도 진실로 그 위가 없으면 또한 감히 예악을 제정하지 못한다"라고 하였다. 그런 다음 "내가 하(夏)나라의 예를 말할 수 있으나 그 후손인 기(杞)나라가 충분히 증명해 주지 못하며, 내가 은(殷)나라의 예를 배웠고 그 후손인 송(宋)나라가 있기는 하지만, 나는 주(周)나라의 예를 배웠고 지금 이것을 쓰고 있으니 나는 주나라의 예를 따르겠다"라는 공자의 언급이 실려 있다. 앞선 내용에서 퇴계가 "사람을 끌어다 기필코 행하라고 강제하려 하는 것은 왕공(王公)의 일이지 필사(匹

士)가 감히 할 일은 아니다"라고 말한 의도 역시 이러한 생각에 기인한다.

69 관련 내용은 『논어』 「이인(里仁)」 22장에 나온다.

70 『고봉전서(高峯全書)』 「고봉퇴계왕복서(高峯退溪往復書)」권2 '주제설(主祭說)'에 다음
과 내용이 실려 있다. "총부가 제사를 주재하는 것은 결단코 불가합니다. 지금
의 법이 비록 홀로된 부인이 내쫓김을 당하는 것을 면하도록 하였으나, 큰 근
본이 이미 잘못되었는데 다시 어떤 예를 논하겠습니까? 만일 총부를 위한 정당
한 법을 세우려 한다면 어떻게 법을 만들어야 예의(禮意)에 부합할지 모르겠습
니다. 제 생각에는 봉사자가 후사 없이 죽었을 경우, 족인들 가운데 제사를 전
해 받을 사람이 곧장 제사를 전해 받고, 홀로된 부인은 계속해서 그 집안에 살
면서 생을 마치게 하는 것입니다. 모든 제사에 관한 일은 제사를 전해 받은 사
람에게 귀속시켜서 그로 하여금 봉행하도록 한다면 예문의 본의와 시속의 마
땅함에 서로 문제가 되지 않을 것 같습니다. 이 생각이 어떤지요? 가르침을 엎
드려 바랍니다.〔家婦主祭, 斷然不可. 今世之法 雖爲寡婦免遭迫逐之患, 而大本已差, 更論甚
禮? 若欲爲家婦立一法令得所, 則不知如何爲法可合禮意. 鄙意竊以爲奉祀者無後而死, 其族人當
傳受者, 卽宜傳ःば, 而其寡婦仍留其家, 以終其生. 凡干祭祀之事, 皆付傳重者, 使之出入奉行, 則
似於禮文之本, 時俗之宜, 兩不相妨, 此意未知如何? 伏幸鐫誨.〕"

기대승에게 답하다 1567

答奇明彦 丁卯

44

朝廷禮制, 遐外微臣, 非所敢知. 曾忝厥職, 不免與同僚議及一二, 今以來詰, 玆敢略布當日之謬意. 無服之說, 諸侯典禮, 固無考據, 只見『儀禮經傳』'君爲臣服圖'及'天子諸侯絶旁期服圖', 而推之諸侯, 雖絶兄弟期而不服, 若弟是繼體, 則必服期者, 據適孫,適曾孫,適玄孫皆服期而知之也. 旣不以弟爲子, 而兄弟之名猶在, 則嫂叔之名, 亦不可沒. 古禮, "嫂叔無服", 故用古而謂疑無服耳. 今謂滉以士庶人一家之禮, 上擬而斷定, 恐非滉本意也. 然若謂雖嫂叔之間, 以繼體義重, 不可不服, 則恐當用『家禮』小功之服, 不必避『家禮』而創爲無據汰哉之說也.

조정의 예제를 초야에 묻혀 지내는 미천한 신하가 감히 알 바 아니다. 일찍이 관직에 있을 때 어쩔 수 없이 동료들과 한두 가지에 대해 상의한 적이 있었는데, 그것이 지금에 와서 힐난을 받게 되었기에 여기에 감히 대략 당시의 내 의견을 펼친다.

'해당하는 상복이 없다(無服)'는 설은 제후의 전례에는 분명 참고하여 근거할 데가 없고, 다만 『의례경전통해』의 '군위신복도'와 '천자제후절방기복도'를 보았을 뿐이다. 이를 제후에게 미루어 적용하면 비록 형제간에 입는 기년복은 단절하여 입지 않는다 해도, 만일 아우가 대통을 계승한 사람이면 반드시 기년복을 입어야 한다는 것은 적손適孫, 적증손適曾孫, 적현손適玄孫에 대해 모두 기년복을 입으라고 한 데 근거하여 알 수 있다. 이미 아우를 아들로 삼지 않아서 '형제'라는 명칭이 남아 있으니 '형수와 시동생(嫂叔)'이라는 명칭 역시 없앨 수 없다. 고례(『예기』 「단궁상」)에 "형수와 시동생 사이에는 상복이 없다(嫂叔無服)"라고 했으므로 고례를 적용하여 해당하는 상복이 없을 것이라는 의문을 제기했던 것뿐이다. 이제 와서 나에게 '사서인士庶人 집안의 예를 위로 임금의 사례에 적용하여 단정한다'고 말하는 것은 나의 본의가 아니다. 그러나 만일 '비록 형수와 시동생 사이라 하더라도 대통을 계승한 의義가 무거우니 상복을 입지 않을 수 없다'고 한다면, 당연히 『가례』의 '소공복'을 준용해야 할 것이며, 『가례』를 피하려고 근거 없이 섣부른 설을 만들어 내서는 안 된다.

45

稱謂, 只據程先生論濮王稱謂而定, 恐不至太誤也. 朱子雖嘗有
"稱親、稱伯皆未安"之說, 然未見有改而當稱某號也, 則今只當從
程子說, 揆諸義理, 亦無舛誤, 不知何爲詆斥至是耶. 皇字, 古士大
夫通稱之, 亦如今人用王字稱祖父母也. 『家禮』雖改用顯字, 自主
上而用顯字, 下同士大夫, 亦恐未安, 只得依古與程子用皇字.

칭호는 정정程 선생[71]께서 복왕濮王의 칭호[72]에 관하여 논하신 것에
근거하여 정하더라도 크게 잘못된 것은 아닐 것이다. 주자께서 비
록 "'친親'이라고 칭해도, '백伯'이라고 칭해도 모두 타당하지 않다"
라는 말씀을 일찍이 하셨지만, '그러면 어떤 칭호로 고쳐야 한다'고
하신 것을 보지 못했다. 그렇다면 지금은 정자의 설을 따르는 것이
마땅하며, 의리에 비추어 보아도 그릇됨이 없다. 그런데도 왜 이토
록 비난하고 배척하는지 모르겠다. 요즘 사람들이 조부모를 칭할
때 '왕王' 자를 사용하는 것처럼 '황皇' 자는 옛날 사대부들이 통칭하
였다. 『가례』에서는 비록 '현顯' 자로 고쳐 사용하였으나, 임금부터
사대부와 똑같이 '현' 자를 사용한다는 것도 적절하지 않다. 그러니
옛날의 예와 정자에 의거하여 '황' 자를 사용해야 할 것이다.

71 정(程) 선생 이천(伊川) 정이(程頤)를 말한다.

72 복왕(濮王)의 칭호 중국 송(宋)나라 영종(英宗)의 사친(私親)인 복왕(濮王)을 추존할 때 사용한 호칭을 말한다. 영종의 전왕인 인종(仁宗)이 아들이 없어서 복왕의 제13자인 영종이 왕위를 계승하였는데, 왕위에 오른 영종은 자신의 생부(生父)인 복왕의 추존을 삼성(三省)과 어사대(御史臺)로 하여 논의하게 하였다. 이때 참정(參政) 구양수(歐陽脩) 등은 황고(皇考)라 할 것을 주장하였고, 어사(御史) 여회(呂誨) 등은 영종이 인종의 후사를 이었으므로 황고라 부르는 것은 옳지 않고 황백(皇伯)이라 불러야 한다고 했다. 이 문제와 관련하여 이천(伊川)은 다음과 같은 내용의 상소문을 올렸다. "신의 생각으로는, 마땅히 복왕의 아들로 하여금 작위를 세습하여 봉사하도록 하고, 복왕에 대해서는 복국태왕(濮國太王)으로 존칭해야 할 것입니다. 이렇게 하면 대단히 특별한 호칭으로 다른 반열들과 차이가 있게 되고 모든 예식 절차가 필시 정황에 맞을 것이니, 하나를 들어 기준이 되게 하십시오. 만일 사습(嗣襲)을 두었음에도 꼭 제사에 고하려 하신다면, 마땅히 '조카 사황제(嗣皇帝) 아무개가 감히 황백부(皇伯父) 복국태왕에게 고합니다'라고 하십시오. 그러면 자연히 복국에 대해서는 존숭의 도리를 지극히 하는 것이 되고, 인묘(仁廟)에 대해서는 〔아버지를〕 둘로 하는 혐의의 잘못이 없게 될 테니, 천리와 인심 모두에 진실로 잘 부합하게 될 것입니다.〔臣以爲當以濮王之子襲爵奉祀, 尊稱濮王爲濮國太王, 如此則夐然殊號, 絶異等倫, 凡百禮數, 必皆稱情, 請擧一以爲率. 借如旣置嗣襲, 必伸祭告, 當曰'姪嗣皇帝名敢昭告於皇伯父濮國太王.' 自然在濮國極尊崇之道, 於仁廟無嫌貳之失, 天理人心誠爲允合.〕"(『하남정씨문집』5, 「대팽사영상영종황제논복왕전례소(代彭思永上英宗皇帝論濮王典禮疏)」) 퇴계는 소위 '복의(濮議)' 논쟁으로 불렸던 영종의 추숭 문제에서 이천이 제시한 이와 같은 대안을 '만세법(萬世法)'이라고 평가하였다.

기대승에게 답하다 1569

答奇明彦 己巳

46

奉示謹悉, 皇兄、皇叔、皇親、皇子等皇字, 雖爲皇帝之皇字, 若「曲禮」所云, 歷代人家所用皇字, 則固是美大之義, 故今宗廟亦得用之. 如其皇帝之皇, 宗廟亦豈得用耶? 元朝雖有一時之令其許用顯字, 今不得用於此稱, 況禮云: "天子稱同姓諸侯之尊者, 皆爲伯父." 今若去皇, 而只稱伯父, 無乃與泛稱同而益疎之耶? 前賢猶有別立殊稱之言, 而今反苦爭此一字於人家例用之外, 如何如何? 且此非以書於神主也, 只於主上次有屬稱之定, 獨不得隨人家所用而加此一字耶? 如必以爲不可, 或以大字代之, 亦何? 謹姑稟.

보내온 편지를 꼼꼼히 읽어 보았는데, 황형皇兄, 황숙皇叔, 황친皇親, 황자皇子 등에 사용된 '황皇' 자가 비록 '황제皇帝'라고 할 때의

'황' 자인 것은 맞다. 하지만 『예기』「곡례」에서 말한 것처럼 역대로 인가에서 사용한 '황' 자는 '훌륭하고 위대하다'는 뜻이다.[73] 그러므로 오늘날 종묘에서도 사용할 수 있는 것이다. 만일 그것이 황제라는 뜻의 '황'이라면 종묘라 한들 어찌 사용할 수 있겠는가? 원元나라 때 비록 '현顯' 자를 사용할 것을 허락하는 일시적인 칙령이 있었지만, 지금은 이 칭호를 사용할 수 없다. 하물며 예禮에서는 "천자는 동성同姓인 제후 가운데 항렬이 높은 분을 칭할 때 모두 '백부伯父'라고 한다"라고 하였다.[74] 이제 만일 '황'이라는 표현을 버리고 그냥 '백부'라고만 칭하면 〔큰아버지라는〕 보통의 호칭과 같아서 더욱 소홀히 함이 아니겠는가? 전현前賢들이 특수한 칭호를 따로 만들어 둔 표현이 있음에도, 지금 도리어 인가에서 으레 사용하는 범위 바깥에서 이 한 글자를 애써 다투고 있다. 어떠한가? 더구나 이는 신주에 쓸 것도 아니고, 그저 임금이 앞으로 친속의 칭호를 정하는 것인데도 인가에서 사용하는 바에 따라 한 글자를 더할 수 없단 말인가? 만일 기어이 불가하다고 한다면 혹시 '대大' 자로 대신하는 것은 어떠한가? 조심스럽게 물어본다.

73 『예기』「곡례하」에서는 "할아버지를 제사할 때는 '황조고(皇祖考)'라고 하고, 할
머니는 '황조비(皇祖妣)'라고 하고, 아버지는 '황고(皇考)'라고 하고, 어머니는 '황
비(皇妣)'라고 하고, 남편은 '황벽(皇辟)'이라 한다(祭王父曰'皇祖考', 王母曰'皇祖妣',
父曰'皇考', 母曰'皇妣', 夫曰'皇辟'.)"라고 하였다. 이와 관련하여 진호(陳澔)는 『예기집설
(禮記集說)』에서 "'황(皇)'과 '왕(王)'은 모두 임금의 칭호를 사용하여 〔제사의 대상을〕
높이는 것이다('曰皇'·'曰王', 皆以君之稱, 尊之也.)"라고 했다.

74 『예기』「곡례하」 "오관(五官)의 우두머리를 '백(伯)'이라고 부르는데, 다스리는 지
역을 관할한다. … 천자와 동성(同姓)의 백(伯)이면 '백부(伯父)'라고 부르고, 이성
(異姓)이면 '백구(伯舅)'라고 부른다.(五官之長曰'伯', 是職方. … 天子同姓謂之'伯父', 異姓謂
之'伯舅'.)"

이정에게 답하다 1560

答李剛而 庚申

47

"旣除服, 而父之主永遷於影堂耶? 將與母之主同在寢耶?" 子從時
遭父母偕喪, 而將先除父喪, 故所問如此. 影堂, 自家廟之制廢, 士
大夫祭先之室, 謂之影堂. 蓋奉安畫像於此而祭之, 故稱影. 影堂,
即祠堂也. 祠堂之名, 始於文公 『家禮』, 前此稱影堂. 古人, 葬後即返魂, 設
几筵於正寢, 奉神主在此經三年. 子從偕喪, 兩神主同在寢矣, 今
當父大祥除父服, 故問 "祥後禫前, 父之神主, 當先永入於影堂乎?
抑姑且無入, 而與母主仍在正寢爲可乎? 云云." 先生謂 "自當先
遷"云者, 父旣祥除, 主當先入于影堂, 可也. 然此必子從之父是衆
子, 非入祖禰廟, 故其禮如此. 若入祖禰廟, 則其入廟節次, 又與此
不同, 詳見 『家禮』.

"이미 상복을 벗었으니, 아버지의 신주는 영원히 영당影堂으로 옮겨야 합니까? 장차 어머니의 신주와 함께 정침正寢에 계시도록 해야 합니까?"[75] 곽숙운郭叔雲[76]이 그 당시 해상偕喪[77]을 당하였는데, 장차 아버지의 상을 먼저 마치게 되었으므로 이런 내용을 질문하였던 것이다. '영당'은 가묘家廟의 제도가 무너진 이후 사대부가 선조에게 제사를 지내던 곳을 '영당'이라고 불렀는데, 이곳에 돌아가신 분의 초상화를 봉안하였기 때문에 '영影'이라 칭한 것이다. 따라서 영당은 곧 사당祠堂이다. '사당'이라는 이름은 주자의 『가례』에서 비롯하였으며, 이전에는 '영당'이라고 칭했다.

옛날 사람은 장례를 치른 뒤 곧바로 반혼返魂[78]을 하고 정침에 궤연几筵을 마련한 다음 이곳에서 신주를 모시고 3년을 지냈다. 자종이 해상을 당해 두 분의 신주가 정침에 함께 계셨다. 그런데 이제 아버지의 대상大祥을 당해 아버지 상복을 벗게 되었다. 그래서 "대상 이후 담제를 지내기 전에 아버지의 신주를 마땅히 먼저 영당에 영원히 모셔 들여야 하는지, 아니면 우선은 들이지 말고 어머니의 신주와 함께 계속 정침에 계시도록 해야 하는지"를 물었던 것이다. 이에 대해 선생(주자)께서 "당연히 먼저 옮겨야 한다"라고 말씀하신 것은, 아버지 상이 이미 대상을 마치고 상복을 벗었으니, 아버지의 신주를 먼저 영당에 모셔 들이는 것이 옳다는 것이다. 그러나 이는 필시 자종의 아버지가 중자衆子여서 할아버지나 아버지의 사당에 들이는 상황이 아니었기에 그 예가 이와 같은 것이고, 만일 할아버

98

지나 아버지의 사당에 들여야 한다면 사당에 들이는 절차가 이와 다르다. 상세한 내용은 『가례』에 나와 있다.

주

75 이 글은 『주자대전(朱子大全)』63, 「답곽자종숙운(答郭子從叔雲)」(1)에 나온다.

76 곽숙운(郭叔雲) 남송 조주(潮州) 게양(揭陽) 사람으로, 자는 자종(子從)이다. 주자에게
격물치지(格物致知)의 핵심에 대해 질문하였고, 예경(禮經)에 대해 20여 조목을
질문하였다.

77 해상(偕喪) 부모님 상을 같은 시기에 함께 당한 것을 말한다.

78 반혼(返魂) 장례를 치른 다음 돌아가신 분의 신혼(神魂)을 모시고 집으로 돌아오
는 것을 말한다.

이정에게 답하다 1565

答李剛而乙丑

48

不意國恤, 普深恫疾, 如滉尤以退在未安. 適因辭狀, 命遞同知, 稍
以爲幸. 示問墓祭、忌日, 雖似未安, 似不可廢. 故不上冢, 只於齋
舍, 設素饌, 墊以白衣冠行之, 似無妨. 時祭, 則不可以素饌行之,
卒哭前, 權宜停廢, 似當; 卒哭後, 烏帽行之, 令論爲當.

뜻하지 않은 국휼國恤[79]로 모두가 깊이 애통하고 아파하는데 나
의 경우는 관직에서 물러나 있었기 때문에 더욱 편치 못하였다. 마
침 사직 상소로 인해 동지중추부사를 체차遞差하라고 명하시니 조
금이나마 다행이라 여긴다. 편지에서 물은 묘제墓祭와 기일忌日은
비록 적절치 못한 것 같기는 하지만 폐해서는 안 될 듯하다. 따라
서 묘소에 오르지는 말고 그저 재사齋舍에서 소박하게 제사 음식을

차려놓고 잠시 백색의 의관을 입고 제사를 행하면 무방할 듯하다. 시제時祭는 소박한 음식으로 행해서는 안 된다. 그러니 졸곡卒哭 이전에는 시의를 짐작하여 제사를 지내지 않는 것이 마땅할 듯하고, 졸곡 이후에는 오모烏帽[80]를 착용하고 제사를 행한다는 그대의 말이 타당하다.

49

且祭時當立, 據禮文無疑. 但國俗, 生時子弟無侍立之禮, 祭時不能盡如古禮. 如墓 · 忌祭, 皆循俗爲之, 惟於時祭, 則三獻以前皆立, 侑食後乃坐. 此家間所行之禮也, 未知令意何如. 寒暄『家範』內夷虜二字有病, 姑闕之何妨?

　한편, 제사를 지낼 때 마땅히 서 있어야 함은 예문에 근거하면 의심의 여지가 없다. 다만 우리나라 풍속에는 부모님 살아 계실 때 자제들이 시립侍立하는 예가 없고, 제사를 지낼 때도 모든 것을 고례와 같이 할 수 없다. 묘제墓祭나 기제忌祭는 모두 풍속대로 하고, 시제만큼은 삼헌三獻 이전에는 모두 서 있다가, 유식侑食 이후에 앉는다. 이는 집안에서 행하는 예라서 그대의 생각에 어떨지 모르겠다. 한훤당寒暄堂 김굉필金宏弼의 『가범家範』[81]에 나오는 '오랑캐〔夷虜〕'라는 두 글자는 병통이 있으니 일단 빼놓는 것이 어찌 문제가 되겠는가?

주

79 국휼(國恤) 왕과 왕비를 포함한 왕실에 상(喪)이 난 것을 말하는 것으로, 퇴계가 여
기에서 말하는 국휼은 1565년 4월 6일 세상을 떠난 문정왕후의 상을 가리킨다.

80 오모(烏帽) 벼슬을 하지 아니하고 시골에 숨어 사는 사람들이 쓰던 검은 빛깔의
모자.

81 『가범(家範)』 김굉필이 우리나라에 가훈(家訓)이 있는 사대부 집안이 드물기 때문
에 처자식을 인도하고 노비를 가르치지 못한다는 문제의식에서 지은 책이다.

이정의 문목에 답하다 1566

答李剛而問目 丙寅

50

去紐、左衽, 『禮』「喪大記」: "小斂, 大斂, 祭服不倒, 皆左衽, 結絞
不紐." 疏: "衽, 衣襟也. 生向右, 句 左手解抽帶便也. 死則襟向左.
示不復解也. 結絞不紐者, 生時帶幷爲屈紐, 使易抽解, 死時無復
解義, 故絞束畢結之, 不爲紐也." 今按 『禮』, 但云不紐, 無去紐之
文, 世俗承誤, 以不爲去, 非也. 又紐, 世謂衣襟之系, 亦非也. 其文
曰: "結絞不紐", 絞音爻, 斂時之布, 謂之絞. 絞字音巧者, 緊結之義, 與此
字同義矣. 紐雖訓結也, 此紐字, 非止結也, 謂斂尸布兩端相結處, 畢
結之令緊固, 不作耳樣結令易解也, 故疏說云云. 今人以絞爲襟系,
已誤矣, 又錯認紐字之義, 斂衣襟系, 皆去之, 失之矣. 左衽之義,
疏說如此, 未詳是否. 襲不用絞, 故無此一節, 『韻書』別有衵字, 衣
結也, 疑此乃襟系之名.

104

고(紐)를 제거하고 옷깃(衽)을 왼쪽으로 하는 것에 대하여, 『예기』 「상대기喪大記」에 "소렴과 대렴에 제복祭服은 방향이 어긋나지 않게 하고, 모두 옷깃을 왼쪽으로 여미며, 옷을 묶는 데 효포絞布를 사용하고 고(紐)를 만들지 않는다"라 했고, 소疏는 다음과 같이 설명하였다. "'임衽'은 옷깃이다. 살아 있을 때는 옷깃을 오른쪽으로 향하게 하는데, 왼손으로 띠를 풀어서 빼기에 편리하도록 하기 위한 것이다. 죽으면 옷깃을 왼쪽으로 향하게 하는 것은 다시는 풀지 않음을 보여 주는 것이다. '효포를 사용하여 묶고 고를 만들지 않는다'는 것은 살아 있을 때에는 띠에 모두 고리 모양의 고를 만들어 당겨 풀기 쉽도록 하지만, 죽을 때에는 다시는 푸는 의리가 없기 때문에 효포로 완전히 묶고 고를 만들지 않는 것이다."

이제 『예기』를 살펴보면, '고를 만들지 않는다(不紐)'라고만 했지, '고를 제거한다(去紐)'라는 표현은 없다. 세속에서 해석을 잘못해서 '불不' 자를 '거去' 자로 이해한 것이니 잘못이다. 또 '고(紐)'를 세상에서 '옷깃의 고름'이라고 말하는 것도 잘못이다. 그 글에 "효포를 맺고 고를 만들지 않는다"라고 할 때의 '絞' 자는 음이 '효'로, 염斂할 때의 포布를 '효絞'라고 한다. '絞' 자의 음이 '교'인 경우에는 '묶다'라는 뜻을 갖는 것으로 여기의 '絞' 자와 같은 뜻이다. '뉴紐' 자는 비록 '맺다'라고 해석하기도 하지만, 이 '뉴' 자는 그냥 맺기만 한 것이 아니라, 시신을 염하는 포의 양쪽 끝에 서로 맺는 곳을 단단히 맺되 쉽게 풀리도록 귀 모양의 고로 맺지 않는다는 것이다. 그렇기 때문에 소에서 그렇게 말한 것이다. 요즘은 '효'를 '옷고름'이라고 한 것이 이미 틀린 데다, 또 '뉴' 자의 뜻도 잘못 이해해서 염하는 옷의 옷고름을 모두 잘라 버리니 잘못이다. '옷고름을 왼쪽으로 한다'의 뜻에 대한 소의 설명은 그렇지만, 옳은지는 분명치 않다. 습襲을 할 때는 효를 사용하지 않기 때문에 이 절차가 없다. 『운서韻書』에 '뉴衵' 자가 따로 있는데, 그 뜻이 '옷을 맺는 것'이라고 한다. 이 글자가 옷고름인지 모르겠다.

51

握手, 『家禮』劉氏說不分曉, 細詳『儀禮』本文, 明是用兩箇, 兩手各用一也. 今都下人力主用一之說, 問之則其言正如來喻所謂束兩手加腹, 以象平時拱手之狀. 然以其說求用之之法, 一則兩手並結, 擬諸平時, 而思之至爲未安. 一則兩肱 臂節 所置, 各當其左右脅下髀上之間, 橫斜反戾, 勢不順適. 又象平時拱手之說, 古無所據, 而況斂襲尸體不取順適, 而欲强加以端拱之象, 尤不近情. 故奇明彦曾考訂『儀禮』解釋, 爲一說以破其惑, 而世之人强不可令者, 尙多不從, 甚矣人之難曉也. 但明彦說於所以結束處, 亦未明白. 惟丘瓊山『家禮』握手圖用二片, 四角皆有繫, 以之結束便易. 今恐只依此製用, 爲當也.

악수握手에 대해서는 『가례』에 수록된 유장劉璋의 설이 분명하지 않아서 『의례』 본문을 꼼꼼히 살펴보니 두 개를 사용해서 양손에

각각 하나씩 사용하는 것이 분명하다. 요즘 서울 사람들은 하나를
사용한다는 설을 힘써 주장하면서, 그 이유를 물으면 그들의 답이
'양손을 묶고 배에 얹어서 평소에 공수拱手하는 모습을 닮게 한다'
라는 보내온 편지의 말과 같다. 하지만 그 말처럼 해서 사용하는
방법을 강구해 보면, 첫째는 양손을 함께 묶는다는 것이 평소에 견
주어 생각해 보면 대단히 온당치 못하고, 둘째는 양팔 관절의 위치
가 각각 그 좌우의 갈비뼈 아래쪽과 넓적다리 위쪽 사이에 해당하
여 비틀어진 자세가 부자연스럽다. 또 평소에 공수하던 모습과 닮
게 한다는 설이 고례에 근거한 바 없는 데다, 하물며 시신을 염습
함에 자연스러움을 취하지 않고 단정하게 공수하는 모습을 강제로
가하려 하는 것이 더욱 사실에 가깝지 않다.

　그래서 기대승奇大升이 일찍이 『의례』의 해석을 검토하여 하나의
설을 만들어 그 의혹들을 깨뜨렸으나, 억지로는 안 되는 세상 사람
들이 이 설을 따르지 않는 이가 많으니, 심하도다, 사람을 깨우치
기 어려움이여. 다만 기대승의 설이 묶는 부분에 있어서는 역시 명
백하지가 않다. 오직 구준丘濬의 『가례의절』 '악수도握手圖'에 두 조
각을 사용해서 네 귀에 모두 끈이 있다. 이것으로 묶으면 자연스러
우니, 이제 여기에 의거하여 제작해 사용한다면 타당할 것이다.

52

行第稱呼, 此事人多疑之. 按『家禮』, 云: "彼一等之親有幾人, 稱

幾丈云云." 以此觀之, 通同姓有服之兄弟, 而分其先後生次第而爲
稱呼, 明矣. 其或堂兄弟, 或再從兄弟, 或三從兄弟, 則各從其一時
見在之親而爲定, 似不拘恒規也. 若以爲同生兄弟, 其數不應如許
之多也. 題主所謂第幾者, 亦指此而言. 或以爲上自始祖者, 以世
代次第言之, 此說非.

항제行第의 칭호에 대해 사람들이 많이 의심스러워한다. 『가례』
를 살펴보면, "같은 항렬의 친족이 여러 사람이 있으면, 몇 번째 어
른이라고 칭한다"라고 했다.[82] 이것으로 볼 때, 동성同姓 중에 상복
을 입어야 하는 형제를 통틀어서 그 태어난 순서를 분간하여 칭호
로 삼는 것이 분명하다. 사촌 형제, 육촌 형제, 팔촌 형제의 경우
에는 각각 그 당시 현재의 친분에 따라 정하며, 항규에 구속받지
는 않아야 할 듯하다. 만일 같은 부모의 형제라고 한다면 그 숫자
가 이렇게 많지는 않을 것이다. 제주題主에서 이른바 '제기第幾'라는
것도 이를 가리켜 한 말이다. 혹자는 '시조로부터의 차례'라고 하는
데, 이것이 '몇 대손'하는 세대의 차례를 말하는 것이라면 이 말은
틀린 말이다.

53

前日所詢第幾之稱, 奉報有未盡, 今更及之. 其生時所稱, 則以再
從、三從等兄弟之次爲定, 無疑矣. 至神主所題, 今人多以爲世代

之次, 甞見『治平要覽』, "光武上繼元帝後"處, 註云云, 其意亦以世代之次爲第幾. 此註乃本朝鄭麟趾等所爲, 則吾東人自前輩已有此說, 然滉意終以爲未然者. 一般第幾字, 生死異用, 恐無是理. 又朱子答郭子從論主式處, 云: "士大夫家而云幾郞幾公, 或是上世無官者"也. 若爲世代之稱, 豈宜曰幾郞幾公耶? 惟兄弟之次, 乃生以爲號, 故死亦仍稱之耳. 故滉謂今人生時旣無第幾之稱, 神主不用此稱, 恐無不可者也.

　전일에 물었던 '제기第幾'의 호칭에 대해 답변이 미진한 데가 있어서 다시 언급한다. 생시에 칭한 바로는 육촌 또는 팔촌 등 형제의 순서로 정하는 것을 의심하지 않는다. 그런데 신주에 쓰는 경우에는, 요즘 사람들 대부분이 '몇 대손'하는 세대의 차례라고 여긴다. 일찍이 『치평요람治平要覽』 가운데 "광무제가 위로 원제元帝의 뒤를 이었다"라고 하는 부분에 달린 주의 내용을 보았는데, 그 의미 역시 '세대의 차례'를 '제기'라고 하였다. 이 주가 우리나라 정인지鄭麟趾 등이 만든 것임을 감안하면, 우리나라 사람들은 예전부터 이미 이렇게 이해하고 있었던 것이다. 그러나 나의 의견은 끝내 그렇지 않다고 본다. 일반적으로 '제기'라는 용어를 살았을 때와 죽었을 때 달리 사용할 리가 없다. 또 주자께서 곽숙운郭叔雲에게 답하시면서 신주의 법식을 논하실 때 "사대부가에서 '몇 번째 사내(幾郞)' 또는 '몇 번째 어른(幾公)'이라고 하는 것은 혹시 윗대에 관직이 없는 경우일 것"이라고 하셨다. 만일 세대를 칭하는 것이라면 어찌 '몇 번째 사내' 또는 '몇 번째 어른'이라고 했겠는가? 오직 형제간의 순서만이 살았을 때의 호칭이기 때문에 죽어서도 그렇게 호칭하는 것일 뿐이다. 그래서 내 생각에는 요즘 사람들이 생시에 이미 '제기'라는 칭호를 사용하지 않으므로 신주에 이 칭호를 사용하지 않더라도 불가할 것이 없다고 본다.

54

父在爲母期, 古禮也. 今雖廬墓, 旣依古禮, 期而除服, 則何可不返魂, 而仍爲廬墓乎? 只當返魂, 而以禫服行之, 至當. 旣曰: "爲父除衰", 而又曰: "禫服行之, 未安", 此不知禮, 而徒徇情之言也. 今國恤, 官人卒哭後變服, 有事於陵所, 則反喪服者, 與父在爲母期之禮, 全不相似, 不可援此, 而反用旣除之服以祭也. 惟返魂一事, 則禮意雖如上所云, 若未免俗習, 則且或從俗, 亦恐無妨耳.

'아버지가 살아 계시는 상황에서 돌아가신 어머니의 상을 만 1년만 치르는 것(父在爲母期)'은 고례이다. 지금 여묘廬墓를 하더라도 이미 고례에 의해 기년 만에 상복을 벗었다면, 어찌 반혼返魂을 하지 않고 여전히 여묘를 해서야 되겠는가? 마땅히 반혼을 한 다음 (나머지 기간 동안은) 담복禫服을 입고 심상心喪을 행하는 것이 지당하다. 이미 "아버지를 위하여 상복을 벗었다"라고 하고서, 또 "담복을 입고 〔심상을〕 행하는 것이 편치 않다"라고 하는데, 이는 예禮는 아랑 곳하지 않고 그저 정情대로만 하겠다는 말이다. 요새 국휼國恤을 당하여 관리들은 졸곡卒哭 이후에 옷을 바꿔 입고, 능소陵所에 일이 있으면 도로 상복을 입는 것은 '아버지가 살아 계시는 상황에서 돌아가신 어머니의 상을 만 1년만 치르는 것'의 예와 전혀 다른 경우이다. 이것을 원용하여 이미 벗은 상복을 입고 제사를 지낼 수는 없다.

반혼에 관한 예의 의미는 비록 위에서 말한 바와 같지만,[83] 만일 풍습을 외면할 수 없다면 풍속을 따르더라도 또한 무방하다.[84]

55

用油灰, 或槨內或槨外所宜, 不曾親歷其利害, 故不敢臆料以妄報也. 且此間士人, 曾有欲純用油灰者, 滉意朱子旣有瀝靑無益之說, 而只用沙灰, 云: "今若用純油灰, 漸以成俗, 則貧者力不辦, 恐有緣此而葬不以時, 是自我開弊也, 如何?" 其人遂不用, 此乃二十年前事. 今而思之, 開弊雖未安, 滉勸止之, 亦無乃傷孝子之心, 反爲未安. 以此, 今日尤難於答辱問也.

유회油灰[85]를 사용할 곳으로 곽槨의 내부와 외부 중에 어디가 적절한지는 직접 그 유불리를 겪어 보지 않아서 감히 섣부른 짐작을 가지고 함부로 답할 수 없다. 이곳에 사는 선비 중에 일찍이 순전히 유회만을 사용하려는 이가 있었다. 그때 나는 주자께서 이미 역청력靑[86]은 무익하다고 하시면서 사회沙灰[87]만을 사용하셨던 일[88]을 떠올리면서, "지금 만일 순수한 유회를 사용해서 점차 유행하게 되면, 가난한 집에서는 그것을 마련할 여력이 없어서 이로 인해 제때 장례를 치르지 못하게 될까 두렵다. 이는 우리가 이러한 폐단의 단초를 여는 셈이 되니 어찌 그럴 수 있겠는가?"라고 하였다. 그랬더니 그 사람이 결국 순수한 유회를 사용하지 않았다. 이것이 20년 전 일이다. 지금에 와서 생각해 보면 폐단의 단초를 여는 것이 비록 온당치 못하기는 하지만, 내가 그 사람에게 그만두라고 권한 것도 어쩌면 효자의 마음을 다치게 한 것이어서 도리어 온당치 못하다. 이런 일 때문에 지금 그대의 물음에 더욱 답하기 어렵다.

56

明器, 古人亦有不用之說. 其不用者, 恐致壙中空闊, 且無益故也. 然制禮之意, 云不欲致死之故, 用平時之物; 不當致生之故, 具而不可用, 其義亦甚切至而精微. 略用而別作便房以掩之, 恐無不可也.

명기明器[89]는 옛날 사람들도 사용하지 않는다는 설이 있다. 사용하지 않은 까닭은 이로 인해 무덤구덩이 속에 공간이 생기게 될까 걱정이 될 뿐만 아니라 아무런 이익이 없기 때문이기도 하다. 그러나 〔명기를 사용하는〕 예를 제정한 의도는 '돌아가셨다고 여기고 싶지 않아서 평소 사용하시던 물건을 사용하는 것이고, 그렇다고 해도 살아 계신다고 해서는 안 되므로 구비는 하되 사용할 수 없는 것으로 한다'는 것이니, 그 의의가 매우 간절하고 지극하며 정밀하고 미묘하다. 소략하게 사용하되 무덤 안에 편방便房이라는 별도의 공간을 만들어서 그 안에 넣고 덮으면 불가할 것은 없다.

57

兩親墓東西定位, 想中國俗, 葬皆男左女右. 故朱先生葬劉夫人時, 只循俗爲之, 其後丘文莊亦不欲異俗而云云也. 然朱子答陳安卿之問, 分明謂: "祭而以西爲上, 葬時亦當如此, 方是." 則此乃爲晩年定論, 而後世之所當法也. 今者, 尊先祖考妣墓, 雖與今所定左右不同, 滉意朱子定論旣如彼, 又西邊狹側不可用, 則用於東邊, 恐無可疑也. 今之所恨, 在於先祖考妣位次難改, 無如之何耳, 不當緣此而有疑於今所定也, 如何如何? 大抵丘文莊好惡, 頗有不中理處, 恐不必盡從其論也.

부모님 묘소의 동쪽(왼쪽)과 서쪽(오른쪽)의 위치를 정하는 문제[90]와 관련하여 중국의 풍속은 장례를 치를 때 모두 남자를 왼쪽, 여자를 오른쪽으로 한 것(男左女右)으로 생각된다. 그러므로 주자께서도 어머니이신 유 부인劉夫人을 장례 치를 때 풍속에 따랐던 것이고, 그 뒤에 구준 역시 풍속과 다르게 하고 싶지 않아서 그렇게 말했던 것이다.[91] 그러나 주자께서 진순陳淳[92]의 물음에 답하실 때는 분명하게 "제사에서 서쪽을 위쪽으로 삼는다면 장례도 마땅히 이와 같이 해야 옳다"라고 하셨다.[93] 이것이 만년의 정론이므로 후세에서 법으로 삼아야 할 것이다.

지금 그대 집안의 선대 할아버지와 할머니의 묘가 비록 지금 정하려는 좌우 위치와 같지 않지만, 나의 의견은 주자의 정론이 이미 저와 같을뿐더러 서쪽이 좁아서 묘를 조성할 수 없다면 동쪽에 쓰는 것은 의심할 것이 없다는 것이다. 지금 상황에서 안타까운 바는 선대 할아버지와 할머니의 위차를 고치기 어렵다는 데 있지만 이는 어쩔 수 없는 일이다. 이 문제 때문에 지금 정하려는 바에 대해 의심하는 것은 온당치 못하다. 어떻게 생각하는가? 대저 구준이 긍정하고 부정한 것이 이치에 맞지 않은 데가 매우 많으니, 그 논의를 모두 따를 필요는 없다.[94]

58

笥制未詳, 恐未必別有其制也.

상자(笥)[95]에 관한 제도는 잘 모르겠다. 반드시 그 제도가 특별히 있지는 않을 것이다.

59

明器便房, 依『家禮』, 實土及半, 或過半. 穿壙一旁, 作小竅, 藏之,
而密塞其口, 因而下土. 見人葬, 皆用此禮, 未見用於棺槨間者.

명기를 묻는 편방은 『가례』에 의하면 흙을 반쯤 혹은 반이 조금 지날
만큼 채웠을 때 무덤구덩이의 한쪽 옆을 파고 작은 구멍을 만들어
서 그곳에 명기를 묻고 그 입구를 꽉 막은 다음 흙을 마저 채운다.
사람들의 장례를 보면 모두 이 예를 사용하며, 관과 곽 사이에 하
는 것은 보지 못했다.

陷中誤書云者, 謂第幾爲世數之誤耶? 此本稱行輩, 而今爲代數,
其誤明甚. 然改之亦重難, 姑仍之何如? 朱門人有神主違尺度者, 有製喪服
失古制者, 問欲追改, 先生皆答以 "不當改", 故云: "恐難改."

함중陷中[96]의 내용을 잘못 썼다는 것은 '제기第幾'를 '몇 대손'을 가
리키는 '세수世數'로 쓴 잘못을 말하는 것인가? 이것은 본래 '같은
항렬의 몇째'를 뜻하는 '항배行輩'를 칭하는 것인데, 이제 대수代數로
했다면 잘못이 분명하다. 그러나 이를 고치는 것도 중요하고 어려
운 문제이니, 우선은 그대로 두는 것이 어떠한가? 주자의 문인 중에 신
주의 크기를 어겨서 만든 이가 있었고, 상복을 옛날의 제도와 다르게 만든 이도 있었

다. 이들이 나중에 이를 고치고 싶다고 여쭙자, 선생은 모두 "고치는 것은 부당하다" 라고 답하셨다. 그러므로 "아마 고치기 어려울 것"이라고 말하는 것이다.

61

頃見惠書, 答附觀象之行, 今復得玉堂人捧來書, 審知患證非偶然, 深爲懸情. 素知令體未甚充完, 加以草土三年餘, 羸毁可想, 而又仍蔬素至今, 何恠乎積傷如不支耶? 先王制喪禮, 雖極致謹於饘粥蔬素之間, 又反復開示以權宜捄生之道, 此豈薄於君親而然耶? 必有甚不得已處, 故如是立敎. 若以極憊極傷如令體, 而猶執致謹之說, 終卻用權, 愚恐非達識君子所忍爲也, 如何如何? 滉寒疾在告已數月, 惶恐愧負, 不知所云, 惟冀珍愛, 不宣.

지난번 편지를 받고 답장을 관상감 관원 편에 부쳤는데, 이제 다시 옥당玉堂[97]의 관원이 가져온 편지를 받고서 병환의 증세가 우연이 아님을 자세히 알게 되어 깊이 걱정하고 있다. 그대의 몸이 그다지 건강하지 못하다는 것은 본래 알고 있었는데, 그런 몸으로 3년 동안 시묘살이를 하였으니 몹시 건강이 상했으리라 짐작할 수 있고, 게다가 지금까지 나물만 먹는다 하니 몸을 지탱하지 못할 만큼 손상이 누적되는 것이 어찌 괴이한 일이겠는가? 선왕께서 상례를 제정하실 때 비록 미음이나 죽 그리고 나물 반찬을 먹는 것에 신중을 기하셨지만, 그러면서도 상황의 적절성을 가늠하여 생명을 구제할 수 있는 방도를 반복해서 제시하셨다. 이것이 어찌 그대의 어버이에게만 소홀히 하라고 그런 것이겠는가? 몹시 부득이한 상황이 있어서 이렇게 가르침을 세우셨을 것이 틀림없다. 만일 그대처럼 극도로 건강이 손상되었음에도 오히려 '신중을 기하라'는 말만 고집하고 끝내 상황의 적절성을 가늠하는 권도權道를 사용하기를 거부하는 것은 막힘없는 식견을 가진 군자가 차마 할 일은 아니다. 어떻게 생각하는가? 내가 말했던 한질寒疾이 벌써 여러 달째이다. 황공하고 부끄러워서 무슨 말을 해야 할지 모르겠다. 오직 건강을 잘 돌보기를 바라며 이만 줄인다.

82 관련 내용은 『가례』「상례」'거상잡의(居喪雜儀)'조, "다른 사람의 조부모상을 위로하는 계장(慰人祖父母亡啓狀)" 아래 주(註)에 나온다.

83 즉, 여묘도 그만하고 반혼하는 것을 의미한다.

84 퇴계가 여기에서 풍속을 따르라고 한 것은 심상을 하는 동안에 반혼을 하지 않고 여묘를 하는 것을 말한다. 반혼에 대해서는 풍속에 따라서 하라고 하였지만, 이미 상복을 벗었는데 다시 상복을 입는 일은 안 된다는 것이다.

85 유회(油灰) 생석회에 들기름과 종이여물을 섞어 만든 석재 교착용 미장재이다.

86 역청(瀝靑) 송진에 기름을 섞어서 만든 도료(塗料)로, 방부(防腐)와 방루(防漏)를 위해 관의 겉과 속을 바를 때 사용한다.

87 사회(沙灰) 굴 껍데기를 태워 만든 가루이다.

88 이에 관한 내용은 『주자대전』45, 「답요자회(答廖子晦)」(13)에 나온다.

89 명기(明器) 장례를 치를 때 죽은 사람과 함께 무덤 속에 묻는 식기(食器), 악기(樂器), 무기(武器) 등의 기물을 통틀어 이르는 말이다.

90 부모님 묘소를 나란히 조성할 때, 또는 합장을 할 때 어떤 분을 동쪽(왼쪽)에 모시고 어떤 분을 서쪽(오른쪽)에 모셔야 하는지에 관한 문제를 말한다.

91 구준은 『가례의절』'상례고증(喪禮考證)'에서 '합장(合葬)' 문제를 다루면서 다음과 같이 말했다. "살펴보건대, 합장할 때의 위치는 확실히 제사 때의 위치와 같아야 한다. 다만 세속에서 습속을 따른 지가 오래되어 모든 합장에서 남자는 왼쪽, 여자는 오른쪽에 모신다. 한 집안에서 홀연히 이와 같이 행했는데, 여러 세대가 지난 뒤에 자손이 고(考)를 비(妣)로 오인하지 않는다고 어찌 알겠는가? 일단은 습속에 따라 주자가 유 부인을 장례지낸 사례를 따르는 것만 못하다.〔愚按, 葬位固當如祭位, 但世俗循習已久, 凡葬皆男左女右, 一家忽然如此行之, 數世之後, 安知子孫不誤以考爲妣乎? 不如且姑從朱子葬劉夫人之例也.〕"

92 진순(陳淳, 1159~1223) 자는 안경(安卿), 호는 북계(北溪)이며, 시호는 문안(文安)이다. 장주(漳州) 용계(龍溪) 사람으로 주자가 장주태수(漳州太守)로 있을 때 나아가 수학하여 황간(黃榦)과 함께 고제(高弟)가 되었다. 저서에 『북계자의(北溪字義)』 등이 있다.

93 『주자어류』89, 71번째 조목. 진순이 말했다. "땅의 도는 오른쪽을 높은 것으로 삼습니다. 남자를 마땅히 오른쪽에 모셔야 할 것 같습니다."〔선생이〕말했다. "제사에서 서쪽을 위로 삼는다면 장례도 마땅히 이와 같이 해야 옳다."〔安卿云: "地道以右爲尊, 恐男當居右." 曰: "祭以西爲上, 則葬時亦當如此, 方是."〕

94 아마 이정(李楨)의 선대 할아버지와 할머니 묘소의 위차는 남좌여우 방식이었는데, 이제 어머니의 묘소를 조성하면서 아버지 묘소의 왼쪽(동쪽)에 쓰려니 마음이 편치 않아서 질문을 한 듯하다. 이에 대해 퇴계는 주자의 만년 정론과 현지 묘역의 상황(아버지의 묘소의 서쪽이 좁다) 등을 이유로 아버지 묘소의 동쪽에 조성하라고 권하고 있다. 특히 선대 할아버지와 할머니 묘소의 위차와 다른 문제를 이유로 이것을 주저해서는 안 된다고 말한다.

95 상자(笥)『가례』「제례(祭禮)」'사시제(四時祭)' 중 "동틀 무렵 신주를 모시고 신위에 나아간다(質明, 奉主就位)." 아래 본주(本註)에 "고하기를 마치면 홀(笏)을 꽂고 독(櫝)을 거둔다. 정위(正位)와 부위(祔位)에 각각 상자(笥) 하나씩을 두고, 각각 집사자 한 사람으로 그것을 받들게 한다(告訖, 搢笏斂櫝, 正位,祔位各置一笥, 各以執事者一人捧之.)"라고 하였고, 또 "신주를 들여놓는다(納主)" 아래 본주에 "주인과 주부가 모두 당에 올라 각자 신주를 받들어 독에 들여놓는다. 주인인 상자(笥)로 독을 거둔 다음 사당으로 받들고 돌아가기를 올 때의 의식처럼 한다(主人主婦皆升, 各奉主納于櫝. 主人以笥斂櫝, 奉歸祠堂, 如來儀.)"라고 하였다.

96 함중(陷中)「가례도」'신주식'(〈그림 6〉)에 따르면 신주의 몸통은 3분의 1 두께의 앞쪽과 3분의 2 두께의 뒤쪽으로 나누어지며, 이 둘을 합해서 받침대(趺)에 꽂아 세움으로써 완성된다. 이때 앞쪽 중앙에는 돌아가신 분이 현재 주인과 어떤 관계(예: 고조, 증조, 조, 고)인지와 관작을 쓰고, 그 옆 왼쪽에 주인 즉 봉사자(奉祀者)를 쓴다. 참고로 봉사자에 관해 쓰는 것을 '방제(旁題)'라고 한다. 한편 뒤쪽은 중앙 면을 길이 6촌, 너비 1촌만큼 직사각형으로 파는데, 이것을 '함중'이라고 한다. 함중에는 돌아가신 분의 관작, 성명, 자(字), 제기(第幾) 등을 기입한다.

그림 6 신주를 분리한 모양과 합친 모양

(출처: 『가례』「가례도」)

97 옥당(玉堂) 조선시대 삼사(三司)의 하나로, 궁중의 경서와 사적을 관리하고 왕에
    게 학문적 자문을 하는 등 유학의 진흥 및 인재의 양성을 담당했던 홍문관(弘文
    館)을 달리 부르던 말이다.

조목에게 답하다 1563

答趙士敬癸亥

62

示喩悼惘之深, 果無可比. 但『家禮』不成殤者, 只云: "哭之以日易月", 而別無論適子當爲後不成殤者之如何. 以意推之, 只得如公所示爲當. 但如今爲長子斬衰三年之服行之者, 亦未有聞. 獨於此如是處之, 恐又有 "問無齒決" 之譏, 不知於公意如何. 吾意於中亦當斟酌以處爲當. 所謂素帶亦不當用布, 経帶亦可耳.

보내온 편지에 담긴 깊은 슬픔은 과연 비할 데가 없다.[98] 다만 『가례』에 8세 미만의 어린 나이에 죽은 아이에 대해서는 "하루를 한 달로 쳐서 곡을 한다"라고만 했을 뿐,[99] 대를 이을 적자適子가 8세 미만에 죽었을 경우에 어떻게 해야 하는지와 관련하여 별다른 논의는 없다. 미루어 생각해 보자면, 그대가 말한 바와 같이 하는 것

121

이 마땅하겠다. 하지만 지금 그대가 하려는 것처럼 죽은 장자를 위하여 참최 삼년복斬衰三年服을 행한다는 말 역시 들어 보지 못했다. 그럼에도 홀로 이 상황에서 그렇게 대처한다면 아마도 "마른 육포를 치아로 끊어서 먹지 않음에 대해 묻는"[100] 비난이 있을 것이다. 그대의 생각은 어떤지 모르겠다. 내 생각에는 중간 어디쯤에서 짐작하여 대처함이 마땅하겠다. 이른바 소대素帶 역시 베를 사용하면 안 된다. 질대絰帶도 가능하다.

63

「答李晦叔」第六條.[101]

[문] 〔주자의〕「이회숙에게 답하다」의 제6조에 나오는 이천伊川 선생의 말씀[102]이 잘 이해되지 않습니다.

言諸生遭期功之服, 冒哀在學中如常者, 不禁也.

[답] 유생들 중에 기년복이나 대공 또는 소공의 복을 입어야 하는 상을 당한 사람이 슬픔을 무릅쓰고 평소처럼 학교에 있는 것을 금하지 않는다는 말이다.

98 조목(趙穆)이 퇴계에게 보낸 편지는 전하지 않지만, 퇴계의 답장 내용으로 볼 때 조목의 아들 조귀붕(趙龜朋)의 죽음과 관련된 것으로 판단된다. 1563년 6월 조목은 다섯 살짜리 아들 조귀붕을 잃었다.

99 성년이 되기 이전에 죽은 것을 '상(殤)'이라고 한다. 이렇게 죽은 사람들을 위한 상복과 관련하여『가례』는 다음과 같이 설명한다. "무릇 나이 19세에서 16세까지는 장상(長殤)이고, 15세에서 12세까지는 중상(中殤)이며, 11세에서 8세까지는 하상(下殤)이다. 기년복에 해당할 경우, 장상이면 대공 구월(大功九月)로, 중상이면 칠월(七月)로, 하상이면 소공 오월(小功五月)로 복을 낮춘다. 대공 이하의 복에 해당할 경우에는 차례대로 복을 낮춘다. 8세 미만인 경우에는 상복을 입지 않는 상(殤)이라 하여 하루를 한 달로 쳐서 곡을 하고, 태어난 지 3개월이 채 안된 경우에는 곡도 하지 않는다.[凡年十九至十六爲長殤, 十五至十二爲中殤, 十一至八歲爲下殤. 應服期者, 長殤降服大功九月, 中殤七月, 下殤小功五月. 應服大功以下, 以次降等. 不滿八歲, 爲無服之殤, 哭之以日易月. 生未三月, 則不哭也.]"(『가례』「상례」,「성복(成服)」조, "상복은 차례로 한 등급씩 강등한다[凡爲殤服以次降一等]"아래 본주.)

100 이 말은『맹자』「진심상(盡心上)」의 "삼년상은 잘 치르지 못하면서 3개월의 상복인 시마복과 5개월의 상복인 소공복은 자세히 살피며, 밥은 욕심껏 크게 뜨고 국은 욕심껏 많이 마시면서 마른 육포를 이빨로 끊어서 먹지 말라고 하는 것에 대해 묻는 것을 두고 '급선무를 알지 못한다'고 이른다[不能三年之喪, 而緦小功之察, 放飯流歠, 而問無齒決, 是之謂不知務.]"라는 맹자의 말에서 인용한 것이다. 이는 더욱 중대한 것은 놔두고 경미한 것에만 관심을 두는 것을 비난하는 내용이다.

101 이 문답은 두 가지 측면에서 착오를 일으키도록 잘못 편집되어 있다. 첫째,『퇴계선생상제례답문』에는 「이회숙에게 답한 여섯 번째 조목(答李晦叔第六條)」이라고 편집되어 있어서 마치 퇴계가 이회숙에게 답한 것으로 착각하게 만든다. 하지만 이회숙은 주자의 제자 이휘(李輝)이며, 따라서 「이회숙에게 답하다」는 『주자대전』62에 실린 편지를 가리킨다. 정리하자면, 이 글은 주자가 이회숙에게 답한 글 가운데 제6조, 더 구체적으로는 여기에 나오는 이천 선생의 언급과 관련

하여 조목(趙穆)이 퇴계에게 질문한 내용이다. 실제로 『퇴계선생상제례답문』에는 "答李晦叔第六條"라고만 되어 있으나, 『퇴계전서』에는 조목의 질문 내용이 "答李晦叔第六條, 伊川語未詳."이라고 되어 있다. 둘째, 『퇴계전서』에는 퇴계가 조목에게 답한 편지가 모두 53편 수록되어 있으며, 「이회숙에게 답한 여섯 번째 조목」과 관련한 내용은 38번째 편지인 「조목의 문목에 답하다(答趙士敬問目)」에 수록되어 있다. 따라서 앞서 조목이 아들 조귀붕의 죽음과 관련하여 주고받았던 편지(『퇴계전서』 29번째 편지에 수록)와는 별개이므로 분리해서 보아야 한다. 이상의 두 가지 문제를 시정하기 위해서는 큰 제목으로 "答趙士敬問目"을 제시하고, 그 다음에 (問)"「答李晦叔」第六條" (答)"言諸生遭期功之服, 冒哀在學中如常者, 不禁也."가 나란히 제시되어야 한다.

102 이천 선생의 말씀과 관련한 주자의 언급은 다음과 같다. "이천 선생의 「간상학제(看詳學制)」에도 '슬픔을 무릅쓰고 평소처럼 하는 것을 금하지 않는다'라고 하셨으니, 이 점을 잘 살펴보아야 한다. 다만 부득이 상복을 잠시 벗는다고 하더라도 별안간 완전하게 길한 경우처럼 해서는 안 된다.(伊川先生「看詳學制」亦云: '不禁冒哀守常', 此可見矣. 但雖不得不暫釋哀, 亦未可遽純吉也.)" 여기서 「간상학제」는 「삼학간상문(三學看詳文)」을 가리킨다.

정유일에게 답하다 1561

答鄭子中 辛酉

64

卜以环珓, 古所未聞, 而後世用之. 其問於神明之意, 則與古奚異?
然其爲物, 不能如蓍龜之靈, 則安能保其必得神明之告而不差乎?
只緣龜卜不傳, 蓍草又不可得, 則不得已而用其次, 故其於筮占,
亦用竹筭, 意亦如此耳.

　택일擇日을 할 때 배교环珓[103]를 이용해서 점을 친다는 것은 옛날
에는 들어 보지 못했으며 후세에 사용한 것이다. 신명神明에게 묻
는 뜻이야 옛날과 어찌 다르겠는가? 그러나 그 물건이 시초나 거북
이의 영험함만 못하다. 그렇다면 어찌 반드시 신명께서 일러주심
을 얻을 수 있으며, 틀리지 않을 것이라고 보장하겠는가? 다만 거
북점이 전하지 않고 시초도 얻을 수 없으니, 부득이 차선책을 쓰는

것이다. 그러므로 주역점을 칠 때 대나무로 만든 산가지를 사용하기도 하는 의미도 마찬가지다.

65

飯含云云, 不獨飯含, 如斂絞、擧屍、撫屍之類, 皆喪者所當自爲. 古人於此, 非不知有所不忍, 所以必如是者, 以愛親之至, 痛迫之情, 當此終天之事, 不自爲而付之人, 尤所不忍, 故古禮如此. 今人不忍於小不忍, 而反忍於大不忍, 切恐不可之大者也.

반함飯含[104]에 관하여 이야기를 하였는데, 반함뿐만 아니라 염효斂絞,[105] 시신을 드는 거시擧屍와 시신을 어루만지는 무시撫屍 같은 것들은 모두 상주가 마땅히 직접 해야 하는 것들이다. 옛날 사람이 이런 절차에 대해 '차마 할 수 없는 일[所不忍]'임을 몰랐던 것이 아니었을 것이다. 그런데도 굳이 이렇게 한 것은 어버이에 대한 지극한 사랑과 애통하고 절박한 심정으로 하늘이 무너지는 일을 당한 상황에서 이런 일들을 직접 하지 않고 남에게 맡기는 것은 '더욱 차마 할 수 없는 일[尤所不忍]'이기 때문이었다. 그러므로 고례가 이와 같은 것이다. 요즘 사람들은 '사소하게 차마 할 수 없는 일'에 대해서는 차마 못 하고, 도리어 '크게 차마 할 수 없는 일'에 대해서는 차마 해 버리니, 대단히 불가한 일이다.

66

'班祔' 註: "妻祔于祖妣", 所喻者是, 而有子之妻, 則旣祔而主還
几筵, 及喪畢, 別置他室或子室, 可也.

『가례』'반부班祔' 아래 주註에 "아내는 할머니에게 부祔한다"와
관련하여 그대가 편지에서 말한 것이 옳다. 아들을 둔 아내는〔할머
니에게〕부한 다음 신주神主를 궤연几筵으로 다시 모시고 나온다. 그
리고 상이 모두 끝나고 나면 다른 방이나 아들의 방에 따로 안치하
는 것이 옳다.

67

卑幼於尊長, 四拜、六拜, 未有所考. 但嘗見『程氏遺書』一卷有云:
"家祭皆當以兩拜爲禮. 今人事生, 以四拜爲再拜之禮者, 蓋中間有
問安之事故也. 事死如事生, 誠意則當如此. 至如死而問安, 卻是
瀆神. 若祭祀, 有祝有告、謝神等事, 則自當有四拜六拜之禮." 據
此而推之, 則四拜、六拜之義, 可知矣. 但今家禮, 不論祭之有祝、
有告等, 而皆爲再拜. 至丘瓊山, 則又皆爲四拜, 此又未知其何意耳.

신분이 낮은 사람이 높은 분에게, 나이가 적은 사람이 많은 분에
게 네 번 절을 하거나〔四拜〕여섯 번 절을 하는〔六拜〕것은 고거할 데
가 없다. 다만, 일찍이『정씨유서程氏遺書』를 봤는데 제1권에 "집안

제사에서는 모두 두 번 절하는 것으로 예를 삼는다. 요즘 사람들이
살아 계신 분을 섬길 때 네 번 절하는 것을 두 번 절하는 것으로 여
기는 것은 중간에 안부를 여쭙는 일이 있기 때문이다. 돌아가신 분
섬기기를 살아 계시는 분 섬기는 것처럼 하라고 하였으니, 정성스
러운 뜻은 마땅히 이렇게 해야 할 것이다. 하지만 돌아가신 분에게
안부를 여쭙는다는 점에서 보면 도리어 신을 모독하는 것이 된다.
제사에 축祝, 고告, 사신謝神 등의 절차가 있다면 당연히 네 번 절하
고 여섯 번 절하는 예가 있어야 한다"라는 말이 있었다. 이에 근거
하여 미루어 보면, 사배와 육배의 뜻을 알 수 있을 것이다. 다만 오
늘날 『가례』는 제사에 축이나 고 등의 절차가 있는지 따지지 않고
모두 재배再拜를 하라고 되어 있는데, 구준丘濬은 또 모두 사배를
하라고 하였으니 이것은 또 어떤 의도인지 모르겠다.

68

爲庶之服, 人多疑問. 非徒『家禮』『大明律』等書無之, 如『儀禮經
傳』乃集合古禮無不該載, 而亦無其文, 尋常不曉其意. 竊恐古人
適庶之分雖嚴, 而骨肉之恩無異, 非如今人待之如奴隷, 故其制服
無所差別歟? 未可知也.

서자庶子를 위한 상복에 대해 의문을 품는 사람이 많다. 그런데
『가례』나 『대명률大明律』 등의 책에 관련 내용이 없을 뿐만 아니라,

고례를 모두 모아 갖추어 싣지 않은 것이 없는『의례경전통해』같은 책조차도 이에 관한 내용이 없어서 평소에도 그 의도를 이해하지 못했다. 조심스럽지만 옛날 사람들이 적서嫡庶의 구분은 비록 엄격해도 골육骨肉의 은혜는 차이가 없어서, 서자를 노예처럼 대하는 요즘 사람들과 달랐기 때문에 상복을 제정하는 데도 차별이 없었던 것인가? 잘 모르겠다.

69

父不與祭, 而使子弟攝行, 則當依 "宗子越在他國, 而命介子代祭" 之例, 曰 "孝子某使子某."

아버지가 제사에 참여할 수 없는 형편이어서 자제에게 섭행攝行케 한다면, 마땅히 "종자宗子가 다른 나라에 있다면 개자介子에게 대신 제사를 지내도록 명한다"[106]는 예에 의거하여〔축문에〕"효자 아무개는 아들 아무개로 하여금……"이라고 해야 한다.

70

忌日與喪三年, 並祭考妣, 非禮無疑. 其遵俗行之無害之說, 或可用於忌祭矣, 若於喪三年, 則吉凶并行. 祝辭哀哭, 旣不可專主於一位, 又不可兼行於兩位, 於此最所難處. 靜存之說亦去泰去甚之謂耳, 父喪、母喪, 其爲非禮一也.

기일忌日이나 상을 치르는 3년 동안에 돌아가신 아버지와 어머니를 함께 제사 지내는 것이 예가 아님은 의심할 것도 없다. 풍속에 따라 함께 제사를 지내더라도 문제가 없다는 설은 혹시 기제忌祭에는 해당할 수 있다. 하지만 상을 치르는 3년 동안에 그렇게 한다면 길흉이 병행하는 셈이 된다. 축문의 내용이나 슬퍼서 곡을 하는 것이 이미 한 분만을 대상으로 하는 것도 불가한 것이고,[107] 그렇다고 해서 두 분 모두에게 함께 행하는 것도 불가하다.[108] 이 점이 가장 난처한 것이다. 정존재靜存齋 이담李湛의 이야기도 '지나치고 심한 것만 제거한다'는 말일 뿐이어서, 아버지의 상이든 어머니의 상이든 예가 아니기는 마찬가지다.

71

七七齋, 聞出於竺教, 而不知其何謂. 然古人論此等事非一, 皆以開諭得許爲第一義. 若不幸而終不得許, 則亦不可咈親意, 此亦古人已言之. 今當信古, 而以至誠行之. 如父母無命, 而只出於兄弟之意, 則亦當倣右意處之, 而其從違之間難易輕重之差, 比於父母之命, 則不無斟酌. 要在不失友悌之情, 而惻怛委曲以行之耳.

칠칠재七七齋[109]는 불교에서 나온 것이라는 말은 들었지만 그것이 무엇을 의미하는 것인지는 모른다. 옛날 사람들도 이런 일들에 대해 논한 것이 한둘이 아니지만, 모든 논의가 '깨닫도록 설득해서

〔시행하지 않는다는〕 허락을 얻는 것'을 제일의로 삼았다. 만일 불행하게도 끝내 허락을 얻지 못했다면, 그렇더라도 어버이의 뜻을 어겨서는 안 된다는 것 역시 옛날 사람이 이미 말씀하셨다. 이제 마땅히 옛날을 믿고 지극한 정성으로 행해야 할 것이다. 만일 부모님은 어떻게 하라는 말씀이 없었고 단지 형제의 의사에서 나온 것이라면, 그렇더라도 위에서 말한 것처럼 대처하되 따를지 말지의 사이에서 겪어야 할 난이難易와 경중輕重의 차이는 부모님의 명에 비해 가늠이 없지 않을 것이다. 중요한 것은 우애와 공손이라는 형제간의 정을 잃지 않으면서 안쓰럽고 차분한 자세로 행하는 것이다.

103 배교(环珓) 땅에 던져서 그 누운 모양을 보고 길흉을 점치는 기구로, 조개껍데기나 짐승의 뿔, 나무, 옥 등으로 만든다.

104 반함(飯含) 돌아가신 분을 염습(斂襲)할 때에 입에 구슬과 쌀을 물리는 일을 말한다.

105 염교(斂絞) 돌아가신 둘째 날 방에서 돌아가신 분의 시신에 19벌의 옷을 입히고 이불을 덮는 것을 소렴(小斂)이라 하고, 그 이튿날 동쪽 계단 위에서 다시 30벌의 수의를 입히고 이불을 덮는 것을 대렴(大斂)이라고 한다. 소렴과 대렴에서 수의를 입힌 시신을 묶는 끈을 '효(絞)'라고 한다.

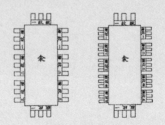

그림 7 소렴효와 대렴효
(출처: 『흠정예기의소』 「예기도5」)

106 『예기』 「증자문」에 다음과 같은 내용이 있다. "종자가 죄를 지어 다른 나라에 살고 있고 서자가 대부일 때, 〔서자가 제사를 지내는데〕 그 제사에서 축문에 '효자 아무개가 개자 아무개에게 정기적인 제사의 일을 집행하게 하였습니다'라고 한다.〔若宗子有罪, 居於他國, 庶子爲大夫, 其祭也, 祝曰: '孝子某, 使介子某執其常事.'〕"

107 두 분에게 함께 제사를 지내는 의미가 없기 때문이다.

108 상을 치르는 대상이 아닌 분에 대해서까지 억지로 적용하는 셈이 되기 때문이다.

109 칠칠재(七七齋) 불교에서는 사람이 죽은 뒤 49일 동안은 넋이 중간에 머물러 내생(來生)에 아직 태어나지 않는다고 본다. 그리하여 이 기간에 죽은 사람의 명복을 비는 불교 의식인 재(齋)를 7일마다 올리며, 죽은 뒤 49일째가 되는 날 마지막으로 올리는 재를 칠칠재라 한다. 사십구재(四十九齋)라고도 한다.

정유일에게 답하다 1564

答鄭子中 甲子

72

滉自十三至望日, 連有忌, 故數處上塚, 皆以十一二日行之, 其設
祭自滉家. 今示行期在九日十日云, 正與家中祭事相值, 似難赴會.
伏想回鞭必在望後, 則滉亦無故, 可相期會於彼, 惟照量更示爲佳.
書中有風水等災, 又有 "日有佳趣"等語, 振意疑是秋夕也.

　내가 13일부터 보름까지 연이어 기제사가 있기 때문에 11일과
12일에 여러 곳의 묘소를 다녀와야 하고, 제사 준비를 내 집에서
해야 한다. 편지에 행차하는 시기가 9일이나 10일이라 하니 우리
집안 제사와 겹쳐서 모임에 나가기 어려울 듯하다. 돌아오는 것은
필시 보름 뒤일 텐데, 그러면 나 역시 그때는 아무 일이 없으니 그
때 만나기로 하면 될 듯하다. 헤아려 보고 다시 알려 주기 바란다.

편지 중에 풍수 등의 재해에 관한 내용이 있고, 또 "날마다 아름다운 흥취가 있다" 등의 표현이 있는 것으로 보아, 나[振]¹¹⁰는 이때가 추석 무렵이 아닐까 짐작한다.

73

承許念五六欲過陶山, 幸企幸企. 但緣滉念八九日爲忌日, 故六七日有展墓事, 勢必相違. 不如開正回路爲約, 則無相違之弊, 惟照諒. 夜燈作此書, 眼昏不一. 書中有 "開正回路" 等語, 振意疑是正朝也.

25일이나 26일 무렵에 도산陶山을 지나려 한다는 소식을 듣고 몹시 기다린다. 다만 내가 28일과 29일이 기일이라 26일과 27일에는 묘소에 다녀와야 하므로 형편상 서로 어긋날 것이다. 그러니 새해 무렵 돌아오는 길에 만나기로 약속을 하면 서로 어긋나는 문제가 없을 것이다. 헤아리기 바란다. 밤에 등불 아래에서 편지를 쓰느라 눈이 어두워 정갈하지 못하다. 편지 중에 "새해 무렵 돌아오는 길" 등의 말이 있는 것으로 보아, 나[振]¹¹¹는 이때가 설날 무렵이 아닐까 짐작한다.

110 나(振)『퇴계선생상제례답문』을 편찬한 조진(趙振)이다.
111 나(振)『퇴계선생상제례답문』을 편찬한 조진이다.

정유일의 별지에 답하다 1567

答鄭子中別紙 丁卯

74

"嫂叔無服", 當時只據『儀禮經傳』'君爲臣服'等數圖而類推之, 疑當如此. 今番歸舟, 借載『通考』『通典』等書以來, 閒中披閱, 始見歷代所云繼統之服如彼, 乃知前日輕信一書, 不徧考閱, 而妄出大關之語, 不勝愧慄. 此事明彦書中, 極其辨論, 心服不已. 但其稱號之辨, 於鄙意不能無疑, 後日當面論之, 今不暇耳.

"형수와 시동생은 서로 상복을 입지 않는다(嫂叔無服)"와 관련하여 당시에는 그저 『의례경전통해』에 수록된 '군위신복' 등 몇 개의 그림에 의거하여 유추해서 이렇게 하는 것이 마땅할 거라 생각했던 것이다. 이번 돌아오는 배에 『문헌통고文獻通考』와 『통전通典』 등을 빌려서 싣고 와서 한가할 때 살펴보고서야 비로소 역대로 왕통을 계승한 경우의 상복(繼統之服)에 대해 이야기한 바가 저러했음을 확인하였고, 전일에 한 책만 가볍게 믿고 두루 검토하지 않은 채 중차대한 이야기를 함부로 말했음을 알게 되어 부끄럽고 두려움을 가눌 수 없었다. 이 일에 관해서는 기대승이 보내온 편지 중에 그 변론을 지극하게 하였는데, 마음으로부터 탄복해 마지않았다.[112] 다만 '칭호'에 대한 변론은 내 생각에 의심이 없지 않은데,[113] 지금은 이에 관해 이야기할 겨를이 없으니 후일에 만나서 논하기로 하자.

112 1567년 6월 28일 명종이 승하했다. 이때 인종의 왕후인 인성왕후(仁聖王后)의
   상복 문제가 제기되었다. 처음에 퇴계는 "형수와 시동생은 서로 상복을 입지
   않는다(嫂叔無服)"라는 예문에 의거하여 형수인 인성왕후가 시동생인 명종의 죽
   음에 상복을 입지 않아야 한다고 보았다. 명나라 조사(詔使)를 맞이하러 원접사
   (遠接使)로 나갔다가 돌아와 뒤늦게 이 사실을 알게 된 기대승은 같은 해 9월 8
   일 퇴계에게 "이런 설이 선생으로부터 제기되었다"라는 이야기를 전하면서 그
   의도가 무엇인지 묻고, "어찌 사서인(士庶人)의 일가지례(一家之禮)를 가져다가 국
   가의 일에 적용하여 단정할 수 있느냐"라면서, "무복(無服)의 이치는 결코 없다"
   라고 강변했다. 기대승의 비판에 대해 퇴계는 어차피 형수와 시동생이라는 관
   계를 없앨 수 없다면 고례에 근거하여 복을 입지 않는 것이 맞지 않을까 하는
   소견을 조심스럽게 제기한 것일 뿐 그것이 옳다고 주장한 것은 아니었음을 분
   명히 하였다. 그러면서도 퇴계는 "만일 '형수와 시동생 간이라 해도 계체(繼體)
   의 의리가 중요하므로 복을 입지 않을 수 없다'고 한다면, 『가례』에서 제시한 소
   공복을 준용하는 것이 좋겠다"라는 견해를 제시했다. 퇴계로부터 이와 같은 편
   지를 받은 기대승은 같은 해 10월 11일 '형제가 서로 왕위를 계승했다면 서로
   에게 복을 입는 문제와 이때 후부인(后夫人)의 복 문제'에 대한 자신의 입장을
   정리하는 글을 다시 퇴계에게 보낸다. 여기에서 기대승은 형제간이라도 왕위
   를 주고받았다면 그 의리가 부자와 같기 때문에 당연히 참최복(斬衰服)을 입어
   야 하며, 따라서 왕후였던 형수와 새로 왕이 된 시동생 사이도 당연히 모자간
   의 복제를 따라 자최복(齊衰服)을 입어야 한다고 주장했다. 이러한 논의 끝에 퇴
   계는 "만일 기대승이 아니었더라면 나는 천고의 죄인을 면치 못했을 것"이라고
   말하면서 자신의 입장을 바꿨다.

113 여기에서 말하는 '칭호' 문제는 명종의 뒤를 이어 임금에 즉위한 선조(宣祖)가 자
   신의 본생부(本生父)인 덕흥군(德興君)의 칭호를 어떻게 정할지에 관한 것이다.
   선조는 본생모(本生母)인 하동군부인(河東郡夫人) 정씨(鄭氏)의 장례에 치제(致祭)를
   하면서 제문에 덕흥군을 황백부(皇伯父), 하동군부인 정씨를 황백모(皇伯母)로 칭

한 바 있다. 원접사로 나갔다가 뒤늦게 이 사실을 알게 된 기대승은 같은 해 9월 8일 퇴계에게 편지를 보내 왜 이런 잘못을 바로잡지 않았는지 물었다. 이에 대해 퇴계는 이천(伊川)이 영종(英宗)에게 복왕(濮王)을 '황백부'로 칭하라고 한 것을 근거로 '황(皇)' 자를 써도 잘못이 아니라고 말했다. 덕흥군에게 '황' 자를 쓴 것에 대해 기대승은 '황' 자를 황제의 의미로 보았기 때문에 송나라의 영종은 복왕에게 쓸 수 있었지만 조선의 군왕인 선조가 덕흥군에게 쓰는 것은 맞지 않다고 보았다. 그러나 퇴계는 '황' 자를 황제의 의미로 보게 될 경우 그것은 황제가 본생부모에 대해 스스로를 황제라고 칭하는 셈이 되므로, 기대승의 견해에 동의할 수 없었다. 그래서 퇴계는 이 '황' 자를 '아름답고 위대하다(美大)'의 의미라고 보았다. 더구나 '황' 자가 만일 황제의 의미라면 조선의 종묘에서도 이 말을 사용할 수 없을 것이라는 점 또한 퇴계는 지적했다. 그럼에도 불구하고 기대승은 『주자어류』 등에 나오는 사례들을 근거로 '황' 자가 '아름답고 위대하다'의 의미가 아님을 증명하고, "글자 한 자의 의미를 제대로 밝히지 않으면 엄청난 폐해를 빚게 된다"라며 우려했다. 이런 논의 과정을 거친 끝에 퇴계는 기대승의 의견과 자신의 견해를 절충하여 덕흥군의 호칭을 '태백부(太伯父)'라고 하는 것이 좋겠다는 견해를 제시했다. '황백부'의 '황' 자를 '황제'의 의미로 본 기대승과 달리 '아름답고 위대하다'의 의미로 보았음에도 불구하고, '태백부'라고 한 것은 선조에게 덕흥군은 방친(旁親)이 되기 때문이었다. 할아버지와 아버지 등 직계의 존친(尊親)에게 '황' 자를 사용할 때는 '아름답고 위대하다'의 의미로 사용되지만, 똑같은 '황' 자라도 방친에게 사용하면 '황제'의 의미로 오해될 소지가 있어서 조선의 현실에는 맞지 않다는 것이 퇴계의 해석이었다. 이러한 이유로 '황' 자를 사용할 수 없게 되는데, 그렇다고 그냥 '백부'라고 하게 되면 범칭(泛稱)이 되어 제부(諸父)들과 구별이 되지 않는다는 점 때문에 그럴 수도 없었다. 그리하여 퇴계는 '황' 자 대신 '태(太)' 자를 사용함으로써 '황제'로 오인될 혐의도 피하면서 '구별'의 의미까지 담으려 했던 것이다. 그러나 기대승은 "선조가 명종의 후가 되어 입승대통(入承大統)한 이상 종법상 선조의 백부는 인종이며, 따라서 방친인 덕흥군에게는 '백부'라는 칭호 자체를 사용할 수 없다"라고 주장하였다.

정유일에게 답하다 1569

答鄭子中己巳

75

題奉祀左方, 以神主左方爲是者, 不勝其多. 不獨今人爲然, 何氏
「小學圖」等古書亦或有之, 故金慕齋亦從之, 許、魏兩使所云如此,
無足恠也. 然滉所以不敢遽信彼, 而直欲從『家禮』者, 亦有說. 試
言今人展紙寫字, 一行旣寫了, 次寫第二行者. 其先寫第一行, 必
在人之右. 次寫第二行, 必在人之左. 以此分上下, 故例稱在右者
爲上, 在左者爲下矣. 朱子於題幾主後, 旣明言: "其下左方題云
云", 此必以先所寫一行爲上, 故以次行爲其下; 以在上者爲右, 故
以在下者爲左耳. 然則其分左右, 正與『大學』"序次如左"之說同,
皆以人對書而稱其方位. 恆言莫不爲然, 豈於此獨舍恆言, 而遽易
其方位向背, 以先寫在人右爲上者, 變爲在神右爲上? 又以當在人
左爲下者, 遷就在神左而爲下耶? 此必無之理也. 況於書標石處,

謂刻自左方, 轉及後右而周焉, 豈可謂自標石左始而乃及後右耶?
此亦爲證, 無可疑也.「家禮圖」雖或有誤, 豈容皆誤?『大明會典』
旣從「家禮圖」, 我國禮圖又從『會典』, 今必欲舍先賢、時王之制,
而從何氏, 易恆言方位, 而强立無據之方位, 豈爲當乎? 然今人主
彼說者, 皆以神道尚右爲說, 滉又以謂今入啓單子書狀之類, 初面
先具銜書姓名, 神座自西而東, 題奉祀於神主右邊, 安知其不與此
同意耶? 然今旣已從何氏說書之, 改書恐亦未安. 但金宇宏兄弟初
從何氏說, 後自覺其非, 以書來問"欲改書, 當於何時改乎?"滉答
以"必改書, 得失未可知. 欲改則不可以非時, 或於小祥爲之何如
云", 未知彼如何耳.

　　제사를 받드는 사람을 왼쪽에 쓴다고 할 때, 그것이 신주를 기준
으로 왼쪽이 맞다고 하는 사람은 헤아릴 수 없이 많다. 요즘 사람
들만 그런 것이 아니라, 하사신何士信의「소학도小學圖」등 옛 문헌
에도 그런 사례가 있다. 그러므로 모재慕齋 김안국金安國[114]도 이 견
해를 따르고 허국許國과 위시량魏時亮[115] 두 중국 사신이 그렇게 말
한 것이 괴이할 것도 없다. 그런데도 내가 감히 그런 견해를 믿지
못하고『가례』를 따르려고 하는 까닭 역시 할 말이 있다.

　　예를 들어 어떤 사람이 종이를 펼쳐 놓고 글씨를 쓸 때 한 줄을
다 쓴 다음 두 번째 줄을 쓴다고 해 보자. 이때 먼저 쓴 첫 번째 줄
은 필시 사람의 오른쪽에 있고, 다음에 쓰는 두 번째 줄은 필시 사

람의 왼쪽에 있다. 이것으로 위아래를 나누기 때문에 으레 오른쪽에 있는 것을 '위쪽'이라 하고, 왼쪽에 있는 것을 '아래쪽'이라고 한다. 주자께서 신주의 내용을 쓴 다음에 "그 아래 왼쪽에 쓴다"라고 이미 분명하게 말씀하셨다. 이는 필시 먼저 쓴 첫 번째 줄을 '위쪽'으로 보기 때문에 다음 줄을 '아래쪽'이라 하고, 위쪽에 있는 것을 '오른쪽'으로 보기 때문에 아래쪽에 있는 것을 '왼쪽'이라고 한 것이다. 그렇다면 왼쪽과 오른쪽을 나누는 것이 『대학大學』에서 "순서는 왼쪽과 같다"라고 표현한 말과 똑같은 것으로, 모두 사람이 글을 마주한 것을 기준으로 그 방위를 칭한 것이다.

평상시 말하는 방식이 이렇지 않은 게 없는데 어찌 여기에서만 평상시 말하던 방식을 버리고 별안간 그 방위와 향배를 바꾼단 말인가? 즉, 먼저 썼기 때문에 사람의 오른쪽에 있어서 위쪽이 된 것을 신주의 오른쪽에 있기 때문에 위쪽이 되는 것으로 변경하라거나, 또 사람의 왼쪽에 있기 때문에 아래쪽이 되어 마땅한 것을 신주의 왼쪽으로 나아가 아래쪽이 되는 것으로 옮기라는 것인데, 이는 기필코 있을 수 없는 이치이다.

하물며 표지석을 쓰는 곳에 '왼쪽부터 시작하여 뒷면으로 돌아서 오른쪽으로 빙 둘러 새긴다'고 말하는데, 이 말이 어떻게 '표지석의 왼쪽에서 시작해서 뒷면 오른쪽으로 온다'는 말이 되겠는가? 이것도 증거가 되니, 의심할 수 없다. 「가례도家禮圖」가 비록 잘못된 것들이 있기는 하지만,[116] 어찌 모조리 잘못됐을 수 있겠는가? 『대

명회전大明會典』이 이미 「가례도」를 따르고, 우리나라의 예도禮圖들
은 또 『대명회전』을 따랐다. 그런데 이제 기어이 선현과 시왕의 제
도를 버리고 하사신의 견해를 따르고, 평상시 말하는 방위를 바꿔
서 근거 없는 방위를 억지로 세우는 것이 어찌 타당하겠는가?

　그러나 저 설을 주장하는 사람들은 모두 '신도神道는 오른쪽을
높인다'를 말하는데, 이 문제에 관해 나는 이렇게 생각한다. 예컨
대, 장계狀啓에 들어가는 단자單子나 서장書狀과 같은 것들에는 첫
면에 먼저 관직과 성명을 쓴다.[117] 그런데 신혼神魂의 자리 배치는
서쪽으로부터 동쪽으로 배치하지만 제사를 받드는 봉사자奉祀者는
신주의 오른쪽에 쓴다. 그것이 이것과 같은 뜻이 아님을 어찌 알겠
는가?

　그렇다고 해도 이제 이미 하사신의 설에 따라 [봉사자를 신주의 왼
쪽에] 썼다면, 그것을 다시 고쳐 쓰는 것도 타당하지 않은 것 같다.
김우굉金宇宏 형제가 처음에는 하사신의 설에 따랐다가 나중에 스
스로 그 잘못을 깨닫고 편지로 "고쳐 쓰고 싶은데 언제 고치는 것
이 마땅합니까"라고 물어 왔기에, 나는 "기어이 고쳐 쓰겠다니 그
것의 득실은 알 수 없다. 정 고치고 싶다면 아무런 명분도 없는 때
에 하는 것은 불가하니 혹시 소상小祥에 하면 어떤가"라고 했다.[118]
그들이 어찌했는지는 모르겠다.

76

卒哭後有吊者, 亦如其前. 非但卒哭後, 以古禮言之, 似三年內皆然.

졸곡卒哭 이후에 조문 온 사람이 있다면, 역시 졸곡 이전과 마찬가지로 한다. 졸곡 이후뿐만이 아니라, 고례로 말하자면 3년 동안 내내 그래야 할 것 같다.

77

朔望奠, 在禮亦無三獻等依祭之文, 恐當從禮. 而滉兄弟喪中, 依祭行之, 今思之, 恐未爲得也.

매달 초하루와 보름에 올리는 삭망전朔望奠은 예에도 삼헌三獻 등 제사에 의거하라는 예문은 없으니, 마땅히 예에 따라야 할 것이다. 그런데 나는 형제의 상을 치를 때 제사에 의거하여 행했다. 지금 생각해 보니 잘못한 듯하다.

114 김안국(金安國, 1478~1543) 자는 국경(國卿), 호는 모재(慕齋), 본관은 의성(義城)이
다. 김안국은 조광조(趙光祖), 기준(奇遵) 등과 함께 김굉필(金宏弼)의 문인으로,
도학에 통달하여 지치주의(至治主義) 사림파의 선도자가 되었다. 1501년(연산군 7)
생진과에 합격, 1503년에 별시문과에 을과로 급제하여 승문원(承文院)에 등용
되었으며, 이어 박사, 부수찬, 부교리 등을 역임하였다. 1507년(중종 2)에는 문
과중시에 병과로 급제하여 지평, 장령, 예조참의, 대사간, 공조판서 등을 지냈
다. 1517년 경상도관찰사로 파견되어 각 향교에『소학』을 권하고,『농서언해(農
書諺解)』,『잠서언해(蠶書諺解)』,『이륜행실도언해(二倫行實圖諺解)』,『여씨향약언해
(呂氏鄕約諺解)』,『정속언해(正俗諺解)』등의 언해서와『벽온방(辟瘟方)』,『창진방(瘡疹
方)』등을 간행하여 널리 보급하였으며 향약을 시행하도록 하여 교화사업에 힘
썼다. 시호는 문경(文敬)이다.

115 허국(許國)과 위시량(魏時亮) 1567년 7월 17일 명나라 목종(穆宗)의 등극조서(登極詔
書)를 반포하기 위해 조선에 온 칙사(勅使)들이다. 허국(許國, 1527~1596)은 명나라
휘주부(徽州府) 흡현(歙縣) 사람으로, 자는 유정(維楨), 시호는 문목(文穆)이다. 예
부상서 겸 동각태학사(禮部尙書兼東閣太學士) 등의 벼슬을 지냈다. 저서에『문목문
집(文穆文集)』이 있다. 위시량(魏時亮, 1529~1591)은 명나라 남창(南昌) 사람으로, 자
는 공보(工甫), 호는 경오(敬吾), 시호는 장정(莊靖)이다. 중서사인(中書舍人), 남경
대리승(南京大理丞) 등의 벼슬을 지냈다. 성리학을 연구하였으며, 저서에『대유
학수(大儒學粹)』가 있다. 기대승의「천사허국위시량문목조대(天使許國魏時亮問目條
對)」라는 글이『고봉집(高峯集)』에 실려 있다.

116 구준은『가례의절』에서『가례도』의 문제점 여섯 가지를 지적하였고, 김장생(金長
生)은『가례집람(家禮輯覽)』에서 구준이 지적한 것 이외에 열다섯 가지를 더 추가
로 제시했다.

117 단자나 서장과 같은 문서에서는 종이의 맨 앞이 되는 오른쪽에 관직과 이름을
쓴다.

118 퇴계가 김우굉 형제와 나눈 내용은『김우굉, 김우옹에게 답하다·1566』26번
조목에 나온다.

정유일의 별지에 답하다 1570

答鄭子中別紙庚午

78

題主左右之得失, 滉亦未敢質言之. 但朱子『家禮』所謂 "左方", 定
指人左, 非神主左也. 近又見『濂洛風雅』, 南軒「諸葛忠武侯贊」末
注: "南軒作此贊, 文公跋其左方云云." 亦謂人左爲左方, 是亦明
證, 不獨前書所引標石刻左之左字爲證也. 改題之說, 如欲爲之,
當如來喻.

　제주題主를 할 때 〔봉사자를 신주의〕 왼쪽에 쓸 것인지, 오른쪽에
쓸 것인지의 득실은 나도 감히 질정해서 말하지 못하겠다. 다만 주
자의 『가례』에서 말한 "왼쪽"이라는 것은 틀림없이 사람을 기준으
로 왼쪽을 가리킨 것이고 신주의 왼쪽이 아니라는 것이다. 근래에
또 『염락풍아』를 보았는데, 남헌南軒 장식張栻[119]의 「제갈충무후찬諸

葛忠武侯贊」끝부분 주에 "남헌이 이 찬을 짓고, 주자가 그 왼쪽에 발을 쓰다"라고 되어 있었다. 여기에서도 사람의 왼쪽을 '왼쪽'이라고 표현하였으니 이 또한 명확한 증거이며, 지난번 편지[120]에서 인용한 표지석의 '왼쪽에 새기다'라고 할 때의 '왼쪽'만 증거인 것은 아니다. '고쳐 쓰기[改題]'에 관한 이야기는 만일 그렇게 하고 싶다면 마땅히 그대가 말한 것처럼 해야 한다.

79

時祭, 極事神之道, 故齊三日; 忌日、墓祭, 則後世隨俗之祭, 故齊一日, 祭義有不同, 齊安得不異?

　시제時祭는 신혼神魂을 섬기는 도를 극진하게 하는 것이므로 사흘 동안 재계를 하고, 기일忌日과 묘제墓祭는 후세에 풍속을 따른 제사이므로 하루만 재계를 한다. 제사의 의의에 차이가 있는데 재계의 내용이 어찌 다르지 않겠는가?

80

大祥日, 只云杖斷棄, 不言衰與絰, 處之如何?

🔖 대상大祥이 되는 날, 지팡이는 부러뜨려서 버린다고만 하였고,[121] 상복과 수질, 요질에 관해서는 언급하지 않았으니, 어떻게

처리해야 합니까?

按『禮』云: "祭服敝, 則焚之", 衰絰似亦如此. 然禮無明文, 不敢臆說.

[답] 『예기』를 살펴보면, "제복祭服이 해지면 불태운다"라고 했으니,[122] 상복과 수질, 요질도 이와 같은 방식으로 해야 할 듯하다. 하지만 예에 명문이 없으니, 감히 억측하여 말하지 못하겠다.

81

虞祭、朔望奠, 則降神之禮, 焚香、酹酒, 各行再拜. 時祭, 則二者并行一再拜, 何以不同?

[문] 우제虞祭[123]와 삭망전朔望奠에는 강신降神하는 예에서 향을 피우고, 술을 부은 다음 각각 재배再拜를 합니다. 그런데 시제時祭에서는 향을 피우고 술을 붓는 두 가지 절차를 한꺼번에 행하고 한 번만 재배를 합니다. 어째서 같지 않습니까?

按, 非獨虞祭, 其於祔及祥、禫, 皆各再拜. 夫虞、朔之類, 禮宜簡節而反備; 時祭, 禮宜繁縟而反略, 皆不可曉, 餘更詳之.

[답] 살펴보건대, 우제만 그런 것이 아니라, 부제〔祔〕[124], 대상〔祥〕, 담

제(禫)에도 모두 각각 재배를 하도록 되어 있다. 대저 우제와 삭망전 같은 것은 예식이 의당 간소해야 할 텐데 도리어 완비되어 있고, 시제의 경우에는 예식이 의당 번잡해야 할 텐데 도리어 간략하니, 모두 이해할 수가 없다. 나머지도 더 상고해 봐야 할 것이다.

82

銘旌, 初立於右, 終立於左, 何?

🔲 명정銘旌을 처음에는 오른쪽에 세우고, 마지막에는 왼쪽에 세우라 한 것은 왜입니까?[125]

按, 尸南首, 而靈座在其東, 則疑其初所謂 "立於靈座之右", 與其後 "立於柩東"者, 同是爲右. 蓋自尸南首而言, 則東爲右非左也, 如何?

🔲 시신은 머리를 남쪽으로 향하고, 영좌靈座는 그 동쪽에 있다. 그렇다면 처음에 "영좌의 오른쪽에 세운다"와 나중에 "널[柩]의 동쪽에 세운다"가 모두 오른쪽이 된다. '시신은 머리를 남쪽으로 향한다'에 근거해서 말하자면 동쪽은 오른쪽이지 왼쪽이 아니다. 어떠한가?

挽章, 納于壙中, 禮雖無據, 從俗恐無害. 蓋不納, 則置之無所宜故
也.

만장挽章을 무덤구덩이 속에 넣는 것은 예문에는 비록 근거가 없
지만 풍속에 따라서 그렇게 해도 무해할 듯하다. 무덤구덩이 속에
넣지 않으면 둘 곳이 마땅치 않기 때문이다.

庶人, 只祭考妣.

🔲 서인은 고비考妣께만 제사를 지내는 문제.

來喩論辯, 恐皆得之. 蓋禮旣有"妾子爲祖後"之文, 又「喪服小記」
云: "妾祔於妾祖姑." 萬正淳嘗擧此以問, 朱子所答亦"以疏義妾母
不世祭之說爲未可從."說見『節要書』第十卷. 然則"庶人只祭考妣", 只
謂閭巷常人耳. 若士大夫無後者之妾子承重者, 不應只祭考妣. 故
『大典』只云: "妾子祭其母, 止其身"而已, 如今韓明澮奉祀之類, 未
聞朝廷以只祭考妣之法禁之也.

🔲 보내온 편지에서 논변한 것은 모두 맞는 말이다. 예禮에 이미

"첩자妾子가 할아버지의 후사가 된다"라는 글이 있고, 또 『예기』「상복소기」에는 "첩은 〔조부의 첩인〕 첩조고妾祖姑에게 부祔한다"라고 했다. 만인걸萬人傑이 일찍이 이 문제를 들어 질문을 하자, 주자의 답 역시 "공영달孔穎達의 소疏에서 설명한 '첩모妾母는 〔대대로 제사를 지내는〕 세제世祭를 하지 않는다'에 관한 설은 따라서는 안 된다"라고 하셨다. 이에 관한 이야기는 『주자서절요』 제10권에 나온다.[126] 그렇다면 "서인은 고비께만 제사를 지낸다"라는 것은 단지 보통 사람들에게 하는 말일 뿐이며, 후사가 없는 사대부의 첩자로서 대를 이은 사람이 고비께만 제사를 지낸다는 것은 맞지 않다. 그러므로 『경국대전經國大典』에 "첩자가 그 어머니에게 제사를 지내는 것은 그 자신까지만"이라고 하였으나, 오늘날 한명회韓明澮의 제사를 받드는 사람 같은 경우[127]에 조정에서 '고비까지만 제사를 지낸다'는 법으로 이를 금지한다는 말은 듣지 못했다.

85

妾子之於嫡母, 稱於人, 則曰嫡母, 可也. 但以方言, 稱於母前及家內, 則別無可當之稱. 恐只得如今人家婢御稱主母之辭而已. 蓋於父旣不得稱曰父主, 於母安得而直稱曰母主耶?

   첩자妾子가 적모嫡母를 남에게 칭할 때는 '적모'라고 하는 것이 옳다. 다만, 우리나라 말로 어머니 앞에서나 집안에서 칭할 때는 적당한 호칭이 따로 없다. 요즘 사람들 집안에서 종들이 칭하는 '주모主母'라는 말이 그나마 괜찮을지 모르겠다. 아버지에 대해 이미 '부주父主'라고 칭할 수 없는데, 어머니에 대해 어찌 곧바로 '모주母主'라고 칭하겠는가?

86

庶母於己妻, 貴賤雖不同, 猶是姑婦之行, 其行坐位次, 飮食先後, 當如何處之? 嫡女同.

[문] 서모庶母가 저의 아내에게 있어 귀천의 신분은 비록 다르지만 그래도 시어머니와 며느리의 항렬입니다. 길을 갈 때나 자리에 앉을 때의 위차와 음식을 먹을 때의 선후를 어떻게 처리하는 것이 마땅하겠습니까? 적실의 딸도 마찬가지입니다.

此亦未有明據, 然父在而母死, 父不得已使一妾代幹內事, 一家之人, 豈可不稍以攝母之義事之乎? 故古有攝女君之稱, 「雜記」 曰: "攝女君, 則不爲先女君之黨服." 註: "妾攝女君, 則稍尊也." 又曰: "主妾之喪云云, 殯祭不於正室." 註: "攝女君之妾死, 則君主其喪, 猶降於正嫡, 故殯祭不得在正室也." 以此觀之, 攝女君稍尊於衆妾可知. 如是而子妻與諸女、諸孫女, 直以貴賤之分, 每事輒先於彼, 則非但於庶母不知有攝母稍尊之義, 其於事父之禮, 亦有所未盡.

故謂宜坐位則當避, 食則當讓. 讓食之節, 在家內當然也, 若成眾燕會, 或他有
壓尊處, 或不得讓矣. 惟同出於一路, 乘馬者先於乘轎者, 事體殊異, 故
不得不轎先而馬後矣. 若可相避, 則避之, 未可避, 則如上云.

▣ 이 역시 명확한 근거는 없다. 그러나 아버지는 살아 계시고 어
머니가 돌아가신 상황에서 아버지가 부득이 한 명의 첩으로 하여
금 집안일을 대신 주간하게 했다면, 온 집안의 사람들이 어찌 조금
은 〔어머니의 역할을 대행한〕 섭모攝母의 의리로 그분을 섬기지 않을
수 있겠는가? 그래서 옛날에도 '섭녀군攝女君'이라는 칭호가 있었던
것이다. 『예기』 「잡기」에 "여군女君의 역할을 대신한 경우에는 죽은
여군의 친족을 위해 상복을 하지 않는다"[128]라고 하였고, 그 주註에
"첩이 여군의 역할을 대행하면 〔보통의 첩에 비해 지위가〕 조금 높다"라
고 했다.[129] 또 "군주는 첩의 상에 … 빈殯과 상제喪祭를 정실正室에서
행하지 못한다"라고 하였고, 그 주에 "여군의 역할을 대신한 첩이
죽으면 군주가 그 상을 주관한다. … 〔비록 여군의 역할을 대신하였더
라도〕 정적正嫡보다는 낮기 때문에 빈과 상제를 정실에서 행하지 못
하는 것이다"라고 했다. 이런 전거들로 미루어 보면, 여군을 대신한
첩은 다른 첩들보다 조금은 더 높음을 알 수 있다. 이러함에도 며
느리 그리고 딸들과 손녀들이 단지 귀천의 신분을 이유로 매사에
그녀보다 우선하려 한다면, 이는 서모에 대해 '섭모는 조금 높다'는
의리가 있음을 모르는 것일 뿐만 아니라, 아버지를 섬기는 예법에도 미

진한 바가 있는 것이다. 그러므로 의당 앉는 위차는 마땅히 피해야 하고, 음식은 마땅히 양보해야 한다. 음식을 양보하는 절차는 집안에서는 당연하다. 여럿이 모이는 모임에서 혹시 다른 압존壓尊[130]해야 할 곳이 있다면 혹 양보하지 못할 수도 있다. 오직 같은 길을 함께 나설 때만은 말을 타는 사람이 가마를 타는 사람보다 앞설 것이나, 일의 형편이 다르므로 가마가 앞장서고 말이 뒤따르지 않을 수 없다. 만일 서로 피할 수 있으면 피하고, 피할 수 없으면 위와 같이 하라는 말이다.

87

古人謂正寢爲前堂, 蓋古之正寢, 皆在人家正南, 故祠廟皆在其東而無所礙. 今人正寢, 或東或西. 其在西者, 祠堂難立於其東矣. 弊門繼曾祖小宗家在安東, 西寢而東祠, 勢甚不便. 近年, 方移置西軒之後, 蓋隨地勢, 不得不爾耳. 遺衣服祭器, 依古制, 藏於廟, 固善, 而密爲防盜之策亦可. 若患此而藏於他, 各在其人善處, 他人似難爲說也.

옛날에는 정침正寢을 전당前堂이라고 했다. 옛날의 정침은 모두 집의 정남쪽에 있었으므로 사당이 모두 그 동쪽에 있어도 걸리는 것이 없었다. 요즘의 정침은 동쪽에 있기도 하고 서쪽에 있기도 하다. 혹시 서쪽에 있는 경우에는 사당이 그 동쪽에 세워지기 어렵다. 우리 집안의 증조曾祖를 모신 소종가小宗家가 안동에 있는데, 서쪽

에 정침, 동쪽에 사당인 구조로 되어 있어서 몹시 불편했다. 근래에
야 비로소 서쪽 헌軒 뒤편으로 옮겼는데, 지세에 따라 그렇게 하지
않을 수 없었다. 돌아가신 분의 옷이나 제기 등은 옛날 예제에 따라
사당에 보관하는 것이 좋겠지만, 도둑에 대한 대비책을 꼼꼼히 하
는 것도 가하다. 만일 이것이 걱정되어 다른 곳에 보관해야겠다면 그
것은 각자 알아서 잘 처리할 문제이지 타인이 뭐라 말하기 어렵다.

88

國俗, 旣有奴婢相傳, 與田宅無異, 則置承重奴婢, 豈有不可? 況兄
弟衆多之家, 不置承重奴婢, 泛同於衆兄弟, 亦非尊祖重宗崇奉祭
祀之義, 甚不可也.

　　우리나라에는 노비를 전해 주는 풍속이 이미 있고, 이것이 밭이
나 집을 전해 주는 것과 다름이 없다면 승중노비承重奴婢를 두는 것
이 어찌 불가함이 있겠는가? 하물며 형제가 많은 집에서 승중노비
를 두지 않고 여러 형제에게 똑같이 나눠 준다면, 이 역시 조상과
종통을 존중하고 제사를 받드는 의리가 아니므로 매우 불가하다.

89

滉嘗推得伊川引 "哭則不歌"之說, 正與來諭同矣. 朱先生乃以伊
川爲不是, 竊有疑焉. 蓋是時, 一慶一吊, 皆同朝共擧. 一日之間, 吉

凶相襲, 旋罷旋集, 禮瀆情散, 恐不如翌日早弔之爲得. 不宜以恒人
聞親戚之喪, 即趁奔赴者例論之也. 伊川豈不思而失言於其間哉?

나도 일찍이 이천伊川께서 "곡哭을 했으면 노래를 부르지 않는
다"[131]라는 설을 인용하신 뜻을 헤아려 보았는데, 바로 그대의 편지
내용과 같다. 주자께서 이천에 대해 옳지 않다[132]고 하신 데 대해서
는 의문이 든다. 대개 이때 경사慶事와 조사弔事가 한꺼번에 한 조
정에서 일어났다. 하루 동안에 길과 흉이 겹쳐서 흩어졌다가 모였
다 하는 것은 '예도 정결하지 못하고 감정도 분산된 것'[133]이니, 아
무래도 이튿날 일찍 조문하는 것만 못할 것이다. 이 상황을 '보통
사람이 친척의 상을 들으면 곧장 달려가는 예'를 적용해 논하는 것
은 적절치 않다. 이천께서 어찌 생각지 않고 그 상황에서 실언을
하셨겠는가?

156

119 장식(張栻) 남송의 사상가. 자세한 내용은 「송언신에게 답하다 · 1570」 9번 조목의 주석 참고.

120 지난번 편지 「정유일에게 답하다 · 1569」에 나오는 75번 조목의 내용을 말한다.

121 『가례』 「상례」 '대상'조에 "지팡이를 부러뜨려 구석진 곳에 버린다(斷杖, 棄之屛處.)"라고 하였다.

122 『예기』 「곡례상」에 "제복이 해지면 불태우고, 제기가 낡으면 땅에 묻는다(祭服敝則焚之, 祭器敝則埋之.)"라고 하였다.

123 우제(虞祭) 장사를 치른 날 신주를 모시고 집으로 돌아와서 신혼(神魂)에게 안정하시라는 의미의 제사를 지낸다. 이 제사를 우제라고 한다. 우제는 장사를 치른 날 초우제(初虞祭)를 지내고, 그 다음 유일(柔日)에 두 번째 우제인 재우제(再虞祭)를 지내고, 다음 강일(剛日)에 마지막 우제인 삼우제(三虞祭)를 지낸다. 『의례』 「기석례(旣夕禮)」에 나오는 '삼우(三虞)'에 대해 정현(鄭玄)은 "'우(虞)'는 상제(喪祭)의 명칭이다. '우'는 안정시킨다는 뜻이다. 골육은 흙으로 돌아갔지만, 정기는 가지 않는 데가 없다. 효자는 그 정기가 방황할까봐 두려워서 세 차례 제사를 지냄으로써 안정시켜 주는 것이다. 아침에 매장을 하였는데, 한낮에 우제를 지내는 것은 차마 하루라도 떨어지지 못하기 때문이다(虞, 安也. 骨肉歸於土, 精氣無所不之. 孝子爲其彷徨, 三祭以安之. 朝葬, 日中而虞, 不忍一日離.)"라고 하였다.

124 부제(祔) 졸곡 이튿날 돌아가신 분의 할아버지와 할머니의 신주를 사당에서 모시고 나온 뒤 돌아가신 분과 함께 지내는 제사를 부제(祔祭)라고 한다. 예를 들어, 돌아가신 분이 아버지라면 아버지의 조고(祖考)에게 부제를 지내고, 돌아가신 분이 어머니라면 어머니의 조비(祖妣)에게 부제를 지낸다. 단, 『가례』에 따르면, 아버지를 부제할 경우에는 조고와 조비 두 개의 신위를 진설하지만, 어머니를 부제할 경우에는 조비 한 개의 신위만을 진설한다. 이는 지위가 낮은 사람은 지위가 높은 사람을 동원할 수 없기 때문이다.

125 『가례』 「상례」 '영좌 · 혼백 · 명정(靈座 · 魂帛 · 銘旌)'조에서는 "명정을 세운다(立銘旌)" 부분의 본주에 "붉은색 비단으로 명정을 만든다.(以絳帛爲銘旌) … 영좌의 오

른쪽에 기대어 놓는다(倚於靈座之右)"라고 하였고, '대렴(大斂)'조에서는 "이에 대
렴을 행한다(乃大斂)" 부분의 본주에 "축은 명정을 취하고, 받침대를 관의 동쪽
에 설치한다(祝取銘旌, 設趺于棺東.)"라고 하였다.

126 이에 관한 내용은 『주자대전』51, 「답만정순(答萬正淳)」(6)에 나온다.

127 한명회(韓明澮)의 제사를 받드는 사람 같은 경우 한명회는 본부인과의 사이에 아들
이 없어서 감찰(監察) 정보(鄭保)의 서매(庶妹)를 첩으로 삼았는데, 그 소생
이 대를 이었다. 『퇴계선생문집고증』6, 「답정자중별지(答鄭子中別紙)」 참조.

128 『예기』「잡기상」에는 "여군이 죽으면 첩은 여군의 친족을 위해 상복을 한다. 여
군의 역할을 대행한 경우에는 죽은 여군의 친족을 위해 상복을 하지 않는다(女
君死, 則妾爲女君之黨服. 攝女君, 則不爲先女君之黨服.)"라고 하였다.

129 여기에서 말하는 주(註)는 『예기집설』에 수록된 진호(陳澔)의 설명을 말한다. 진호는
주에서 "첩이 여군의 역할을 대행한 경우에 [죽은 여군의 친족을 위해] 상복을 하지 않
는 이유는 섭위(攝位)는 조금 높기 때문이다(妾攝女君則不服, 以攝位稍尊也.)"라고 했다.

130 입존(壓尊) 어른에 대한 공대(恭待)를 그보다 더 높은 어른 앞에서 줄이는 것을 말한다.

131 "곡(哭)을 했으면 노래를 부르지 않는다" 이 내용은 본래 『논어』「향당」에 수록된 "선
생님께서는 이날 곡을 하셨으면 노래를 부르지 않으셨다(子於是日哭, 則不歌.)"라
는 내용을 말한다. 이천의 언급과 관련하여 『이정유서(二程遺書)』「이천선생연보
(伊川先生年譜)」 중 소주(小註)에 다음과 같은 내용이 실려 있다. 시어사(侍御史) 여
도(呂陶)가 말했다. "명당(明堂)에서 사면령이 내리자 모든 신료들이 경하를 드렸
다. 그런 다음 양성(兩省)의 관리들은 사마광(司馬光)의 빈소에 가서 조문을 하려
고 하였다. 이때, 정이(程頤)가 '공자께서는 이날 곡을 하셨으면 노래를 부르지
않으셨다. 그런데 어찌 사면령에 대한 경하를 드리자마자 조문을 하러 간단 말
인가'라고 말했다. 그 말을 들은 누군가가 이를 비난하면서 '공자께서 이날 곡
을 하시면 노래를 부르지 않으셨지, 노래를 부르시면 곡을 하지 않으셨다고는
하지 않았다. 이제 사면령에 대한 경하를 마쳤으니 조문을 하러 가는 것은 예
(禮)에 문제가 되지 않는다'고 하였다. 소식(蘇軾)이 마침내 상스러운 말로 정이
를 희롱하니, 그곳에 있던 사람들이 모두 크게 웃었다. 정이와 소식 간의 원한
이 맺힌 단초는 아마도 이때부터였을 것이다.(侍御史呂陶言: "明堂降赦, 臣僚稱賀. 訖,
而兩省官欲往奠司馬光. 是時, 程頤言曰: '子於是日哭則不歌, 豈可賀赦了才, 却往弔喪?' 坐客有難
之曰: '子於是日哭則不歌, 卽不言歌則不哭. 今已賀赦了, 却往弔喪, 於禮無害.' 蘇軾遂以鄙語戲程
頤, 衆皆大笑. 結怨之端, 蓋自此始.")"

132 관련 내용은 『주자어류』97, 91번째 조목에 나온다.

133 관련 내용은 『주자대전』32, 「답장경부문목(答張敬夫問目)」(41)에 나온다.

금응협, 금응훈에게 보내다 1563

與琴夾之、壎之_{癸亥}

90

阻懷不可言, 就中昨見審姪書, 知以寔婦開素事, 今日寡嫂遣婢子. 此事當如此處之久矣, 今始決行. 又恐其或尙堅執不聽, 此則在兩君開諭切至, 期於必聽而後已耳. 以情言之, 旣發此願, 似當從其志也; 以義言之, 兩邊皆有老親, 豈可使慘目傷心之事, 常在眼前? 此莫大不孝之事. 又皆有同生諸位, 緣此一事, 大有妨於養志之奉, 其他妨礙之事, 不勝枚擧, 不得不以大義裁之, 不可以矜憫其未遂本願之故而每因循也. 況凡未亡人, 爲所天之亡靈, 所當盡心者, 唯祭祀一事, 今終身齊素, 祭物付之他手, 不親嘗調, 不餕神惠, 是終身不親祭事也, 亦豈亡靈之意耶? 以此等意, 曲盡開勸, 在僉君已悉, 不待澆言, 若少有涉於非義, 何敢如此耶?

답답한 마음 말할 수 없던 중, 지난번 조카 교翯가 보내온 편지를 보고서 '조카 치實의 아내에게 개소開素[134]하게 한 일'과 '오늘 형수님이 여종을 보낸 일'에 대해 알게 되었다. 이 일은 오래전에 그렇게 해야 했을 일인데 오늘에서야 비로소 결행하는구나. 혹시라도 계속해서 고집을 부려 듣지 않을까 걱정이니, 이는 두 사람이 간곡하게 잘 타일러서 반드시 듣게 함에 달려 있다. 정情으로 말한다면야 이미 이렇게 발원發願을 했으니 그 뜻을 따라 줘야 할 듯하지만, 의義로 말한다면 양쪽에 모두 늙은 어버이가 계시는데 어찌 마음이 아파 볼 수 없는 일을 눈앞에 보시게 할 수 있겠는가? 이는 더없이 큰 불효이다. 또 모두 여러 형제들이 있는데 이 하나의 일로 인해 뜻을 봉양(養志)하는[135] 데 방해가 될 것이다. 이밖에 다른 문제가 될 일들을 이루 다 들 수 없을 것이니, 대의에 입각하여 재단하지 않을 수 없다. 본래의 원을 이루지 못한 것을 안타까워해서 매양 끌려다녀서는 안 된다. 하물며 무릇 미망인이 남편의 죽은 영혼을 위해 마땅히 마음을 다해야 할 것은 오직 제사 한 가지다. 그런데도 이제 죽을 때까지 고기를 먹지 않겠다고 하면서 제물祭物은 다른 사람 손에 맡긴 채 친히 맛도 보지 않고 신의 은혜를 먹지도 않으니, 이는 죽을 때까지 직접 제사를 지내지 않겠다는 것인데 이 또한 어찌 돌아가신 분의 뜻이겠는가? 이런 뜻으로 곡진하게 타이르는 것은 내가 말하기를 기다리지 않고도 여러 사람들이 이미 다했을 것이다. 만일 조금이라 옳지 않은 점이 있다면 어찌 감히 이와 같이 하겠는가?

134 개소(開素) 상중(喪中)에 소식(素食)하던 것을 해제한다는 말로, 생선과 고기를 먹게 한다는 뜻이다.

135 뜻을 봉양(養志)하는 『맹자』 「이루상(離婁上)」에 나오는 말이다. "증자(曾子)가 증석(曾晳)을 봉양할 때 반드시 술과 고기를 마련하였고, 밥상을 거둘 때면 반드시 음식을 나누어줄 곳이 있는지를 여쭈었으며, '남은 것이 있느냐'고 물으면 반드시 '있습니다'라고 하였다. 증석이 죽고 증원(曾元)이 증자를 봉양할 때에도 반드시 술과 고기를 마련하였으나, 밥상을 거둘 때 음식을 나누어줄 곳이 있는지를 여쭙지 않았으며, '남은 것이 있느냐'고 물으시면 '없습니다'라고 하고 나중에 다시 올렸다. 이것이 이른바 입과 몸을 기르는 경우이니 증자와 같은 경우는 뜻을 기르는 것이라 할 수 있다. 어버이 섬기기를 증자와 같이 하는 것이 옳다.〔曾子養曾晳, 必有酒肉, 將徹, 必請所與, 問有餘, 必曰: '有.' 曾晳死, 曾元養曾子, 必有酒肉, 將徹, 不請所與, 問有餘, 曰: '亡矣.' 將以復進也. 此所謂養口體者也. 若曾子, 則可謂養志也. 事親若曾子者, 可也.〕"

김부륜에게 답하다 1553

答金惇敘己酉[136]

91

"喪祭從先祖", 此意亦好, 且有 "父兄在, 如之何其聞斯行之", 故祭儀差失, 卒然改之爲難. 然吾之躬行出於誠篤, 父兄宗族漸以孚信, 則其不合禮者猶可以方便請改而從善矣. 恐不可終付之無可奈何而已也.

"상례와 제례는 대대로 해 오던 방식을 따른다"[137]라는 이 뜻도 좋지만, "부형父兄이 계시는데, 어찌 들은 대로 행할 수 있는가"[138]라는 말도 있다. 그러니 제사 의식의 잘못된 점을 갑자기 고치기는 어렵다. 그러나 내가 실천하는 것이 진실하고 독실한 결과 부형이나 종족이 점점 신뢰해 간다면 예에 맞지 않았던 것들도 오히려 방편으로 고치기를 청하여 개선해 갈 수 있을 것이다. 〔이렇게 하지 않고) 끝내 어쩔 수 없다고 치부하고 말아서는 안 된다.

92

紙錢之祭, 祭於門, 此禮滉所未聞也. 古人祭必祭於祊, 以爲不知
神之在此乎在彼乎, 故祭祊以求之. 祊祭, 祭門也. 今此祭門似近
於祊, 然朱子『家禮』於時祭, 備擧古禮之宜於今者, 而祊祭不擧,
豈無意耶? 今紙錢祭門, 雖未知本出於倣祊與否, 然紙錢非備禮之
盛祭, 而於祊則獨擧『家禮』之所未擧, 恐失禮典之本意也.

지전紙錢[139]이라는 제사는 대문에 제사를 지내는 것이라는데, 이
런 예禮는 내가 들어 보지 못한 것이다. 옛날 사람이 제사 지내기를
마친 다음 반드시 팽祊[140]에서 제사를 지냈던 것은, 신이 여기 계시
는지 저기 계시는지 모르기 때문에 팽에서 제사를 지냄으로써 신
을 구한 것이다. 팽제祊祭란 대문에 제사를 지내는 것이다. 지금 이
것(지전)이 대문에 제사를 지내기 때문에 팽과 가까운 듯하다. 그러
나 주자의 『가례』가 시제時祭에 대해서 오늘날에 적합한 고례를 빠
짐없이 제시하였는데, 팽제는 거론하지 않았다. 이것이 어찌 의도
가 없겠는가? 이제 대문에서 지전제를 지내는 것이 본래 팽을 본뜬
데서 나온 것인지 여부는 모르겠으나, 지전이 예를 완비한 성대한
제사가 아닌데도 팽에 대해서만 『가례』에서 거론하지 않은 것을 든
다는 것은 아무래도 예전禮典의 본의를 잃은 듯하다.

禮於三年喪祭, 亦皆用肉, 況忌祭何疑? 今之喪與忌皆不用肉, 乃
取便於生者之行素, 而失其義, 流傳成習, 則反以用肉者爲恠, 可
歎. 然則有能不拘流俗而用之以禮者, 何不可之有? 祖先忌日, 有
涉所祭子孫之神, 而用肉祭之, 以 "事亡如事存" 之義推之, 似爲未
安, 而古未有所據, 不敢妄爲之說. 然滉意神道有異於生人, 用肉
似無妨也. 若害理則古人已言之矣, 如何如何?

　예에 3년 동안 지내는 상제喪祭에도 모두 고기를 사용하는데 하
물며 기제忌祭에서야 어찌 의심하랴? 오늘날 상중이나 기일에 모두
고기를 사용하지 않는 것은 살아 있는 사람이 소식素食[141]을 행하는
데는 편하겠지만 의리를 잃은 것이다. 그런데 이런 잘못이 퍼져서
풍습이 되면, 도리어 고기를 사용하는 사람을 괴이하게 여길 것이
니 탄식할 노릇이다. 그렇다면 시류의 풍습에 얽매이지 않고 예에
따라 고기를 사용한다고 어찌 불가함이 있겠는가? 조상의 기일은
제사를 지내는 자손의 신과 관계가 있으므로, 고기를 사용해서 제
사를 지내는 것은 "돌아가신 분을 살아 계시는 분 섬기듯 하라"라
는 의리로 미루어 보았을 때 온당치 않은 듯하지만, 옛글에 고거할
만한 것이 없으니 감히 함부로 말하지 못한다. 그러나 내 생각에는
신도神道는 살아 있는 사람과 달라서 고기를 사용해도 무방할 듯하
다. 만일 이치에 어긋난 것이었다면 옛날 사람이 이미 말했을 것이

다. 어떻게 생각하는가?

94

廟祭, 主人不在, 則爲衆子者以主人之命行祭, 固當矣. 但於此亦
有不可一槩斷之者, 若主人暫出或病, 而命子弟行於其家廟, 則爲
子弟亦或以物助辦而行於廟可矣. 或主人遠在而未及有命, 或勢
不能行祭, 爲衆子者率意自辦, 而行於宗子之家廟, 似有越分之嫌,
恐不可爲也. 然古有"望墓爲壇以祭"之文, 朱子亦有"以木牌殺禮
以祭"之說, 此出於甚不得已之權, 誠有其理, 而不可以易言也. 若
宦遊祿食之人遠離家廟, 不得參祭者, 則固當依朱子之說, 權以行
之, 亦可.

　사당에서 지내는 제사에 주인主人이 부재하다면 중자衆子가 주인
의 명으로 지내는 것은 진실로 마땅하다. 다만, 여기에도 일괄적으
로 단정해서는 안 되는 점들이 있다. 만일 주인이 잠시 출타하였거
나 혹은 병이 들어서 자제에게 사당에서 행하라고 명했다면, 자제
된 사람 역시 물품으로 제사를 도우면서 사당에서 지내는 것이 가
할 것이다. 하지만 주인이 먼 데 있어서 미쳐 명을 하지 않았거나,
혹은 형편상 제사를 지낼 수 없는데도 중자가 경솔하게 스스로 장
만해서 종자의 사당에서 제사를 지내는 것은 분수를 넘어선다는
혐의가 있을 듯하니, 해서는 안 될 일이다.

그렇지만 옛날에도 "묘소를 바라보고 단壇을 만드는 예禮가 있다"[142]라는 글이 있고, 주자께서도 "목패木牌를 이용하여 간소한 예로 제사를 지낸다"라고 말씀하셨다. 이는 매우 부득이한 권도權道에서 나온 것이니 진실로 그 이치가 있어 쉽게 이야기해서는 안 된다. 벼슬을 하는 사람으로서, 사당에서 멀리 떠나 제사에 참여할 수 없는 이라면, 마땅히 주자의 말씀에 의거해서 권도로 행함이 가할 것이다.

95

忌日, 旣已行之於當朔當日矣. 其於閏朔遇是日, 何有再行之義乎? 此意厚而不達於禮, 不可爲訓典也. 且忌日, 雖非已當行素之親, 若當行其祭, 則行齊素善矣, 何非耶?

기일忌日을 이미 해당 월 당일에 행했다면, 윤달의 그날에 어찌 다시 행하는 의리가 있겠는가?[143] 이렇게 하는 의도야 후하다 하겠지만, 예에 통달하지 못한 것으로 훈전訓典이 될 수 없다. 또 자신이 소식을 행하지 않아도 되는 친척의 기일이라 하더라도, 마땅히 그 제사를 행해야 한다면 재계하면서 소식을 행하는 것은 잘한 일이지 어찌 잘못이겠는가?

妻親之祭, 古亦無據, 今循俗旣已當行, 則於妻父當曰外舅, 妻母
當曰外姑. 若妻祖父母以上, 則禮無名稱, 今不可苟加非禮之稱,
從權不書稱號, 或可耳.

처부모에 대한 제사는 옛날에도 근거가 없는 일이지만, 풍속에
따라 지내야 한다면 처부妻父에 대해서는 '외구外舅', 처모妻母에 대
해서는 '외고外姑'라고 칭하는 것이 마땅하다. 처조부모妻祖父母 이
상에 대해서는 예에 명칭이 없으니, 예가 아닌 명칭을 굳이 사용하
느니, 칭호를 쓰지 않는 것도 괜찮을 듯하다.

97

至於尊者與祭, 卑者爲主人, 此祭祖考之稱, 以宗法之主人論之,
則據主人而稱之無疑矣. 若只如今人輪行辨祭之主, 而謂之主人,
則尊者雖非辨祭, 而旣在其位矣, 子弟卑行安可以一時辨祭之故,
越尊長而以己之昭穆稱祖考乎?

웃어른이 제사에 참여하였어도 손아랫사람이 주인인 경우, 이
제사는 조고祖考에게 제사를 지낸다고 칭하는데, 종법상의 주인을
위주로 논한다면 주인에 의거해서 칭하는 것은 의심의 여지가 없
다. 그런데 요즘 사람들이 윤행輪行으로 주관하는 제사에서의 주인

을 '주인'으로 칭하는 경우는, 웃어른이 비록 제사를 주관하지는 않았어도 그 자리에 계시는데 낮은 항렬의 자제가 어찌 한 때 제사를 주관했다는 이유로 존장을 뛰어넘어 자신의 소목昭穆으로 '조고'라고 칭할 수 있겠는가?

98

以同姓而出繼, 則所繼之義甚重, 故本生父母反爲所厭, 而降服一等, 豈可以本親生存之故, 不稱孤哀於所繼之重乎? 今人不識禮義, 而惟情是徇, 旣不降其本親, 又以稱孤哀於所繼爲難, 豈不謬哉? 若但有撫育之恩, 而非繼姓之重, 則爲不可耳.

동성同姓으로서 출계出繼를 했다면, 소계所繼의 의리가 매우 중하기 때문에 본생부모本生父母는 도리어 압厭이 되어 상복도 한 등급 강등된다.[144] 그런데 어찌 본친이 생존해 계시다는 이유로 소계의 중함에 대해 '고애孤哀'라고 칭하지 않을 수 있겠는가? 요즘 사람들은 예의禮義를 모르고 오직 감정만을 따르다 보니, 본친에 대해 강복降服을 하지도 않고, 소계에 대해 '고애'라고 칭하는 것을 어려워하니, 어찌 잘못된 것이 아닌가? 단지 키워준 은혜만 있고 대를 잇는 중함이 아닌 경우라면, '고애'라고 칭하는 것은 불가하다.

雖然, 凡所問難多出於俗禮之所礙, 無以稽之古典, 而輒以妄意條
列以復之. 非敢斷其可否, 聊發其愚, 而聽足下之裁, 汰哉之誚其
不能免矣.

　비록 그렇기는 하지만, 질문한 것들이 대부분 장애가 되는 속례
에서 제기된 것들이어서, 옛 경전들을 참고할 수 없기에 나의 망령
된 견해를 나열하여 답을 하였다. 이는 감히 그 가부를 단정하자는
것이 아니고, 그저 어리석음을 드러내 그대의 재량을 듣고자 함이
다. 주제넘었다는 꾸지람을 면할 수 없을 것이다.

136 『퇴계선생상제례답문』에는 "己酉(1549)"라고 되어 있으나, 『퇴계전서』에는 "癸丑 (1553)"으로 기록되어 있다. 여기서는 후자를 따른다.

137 관련 내용은 『맹자』 「등문공상(滕文公上)」에 나온다.

138 관련 내용은 『논어』 「선진(先進)」에 나온다.

139 지전(紙錢) 종이를 돈 모양으로 만든 것을 말하는데, 미신의 풍속에서 귀신에게 제사를 마친 다음, 이것을 불태워서 귀신의 노자로 삼기도 하고, 혹은 공중에 흩뿌리거나 묘지에 걸어 놓기도 하였다. 당나라 시인 장적(張籍)의 「북망행(北邙 行)」에 "한식이라 집집마다 지전을 보내니, 까마귀와 솔개가 둥지 지으려고 지 전을 물고 나무로 올라가네(寒食家家送紙錢, 烏鳶作窠銜上樹.)"라고 하였다.

140 팽(祊) 퇴계가 참고한 '팽(祊)'에 관한 내용은 『예기』 「예기(禮器)」의 다음 내용이다. "당(堂)에서 제사 음식을 진설하고, [제사 다음 날에는] 종묘 문 밖에서 팽제를 지낸 다. 그러므로 '저기인가? 여기인가?'라고 말한다.(設祭於堂, 爲祊乎外. 故曰: '於彼乎? 於此乎?')" 이와 관련하여 진호(陳澔)의 『예기집설』에서는 다음과 같이 설명한다. "'팽'은 제사 다음 날 지내는 역제(繹祭)이다. 종묘의 문을 '팽'이라고 하는데, 제 사음식을 종묘 문 밖의 서쪽 곁에 진설하기 때문에 '팽'이라고 이름을 붙였다. 기록한 이가 옛 말을 인용하여 '저기인가? 여기인가?'라고 하였는데, 이는 신 (神)이 저기에서 흠향하는지 여기에서 흠향하는지 모른다는 뜻이다.(設祭於堂'者, 謂薦腥爛之時, 設饌在堂也. '祊', 祭之明日繹祭也. 廟門謂之祊, 設祭在廟門外之西旁, 故因名爲祊 也. 記者又引古語云: '於彼乎? 於此乎?' 言不知神於彼饗之乎, 於此饗之乎.)"

141 소식(素食) 상을 당하여 생선이나 고기류의 음식을 먹지 않고 채식(菜食)하는 것 을 말한다.

142 관련 내용은 『예기』 「증자문」에 다음과 같이 나온다. 증자가 물었다. "종자가 자 기 나라를 떠나 다른 나라에 머물고 있고, 서자는 작록이 없이 사는 경우 제사 를 지낼 수 있습니까?" 공자께서 말씀하셨다. "제사를 지낸다." "그 제사는 어 떻게 지냅니까?" 공자께서 말씀하셨다. "묘소를 바라보고 단을 만들어서 계절 마다 제사를 지낸다.(曾子問曰: 宗子去在他國, 庶子無爵而居者, 可以祭乎?" 孔子曰: "祭

哉!" "請問其祭如之何?" 孔子曰: "望墓而爲壇, 以時祭.〕

143 예를 들어 5월 5일에 기일을 행하였다면, 윤5월 5일에 기일을 다시 행하는 경우는 없다는 의미이다.

144 출계(出繼)와 소계(所繼) 및 압(厭) A의 아들 a가 A 집안에서 B 집안의 후계자로 간 것을 출계(出繼)라고 하고, a가 B 집안으로 가서 대를 잇는 것을 소계(所繼)라고 한다. 일단 a가 B의 아들이 되었다면 자신을 낳아준 본생부모 A를 위해 삼년복을 입지 않고 B를 위해 삼년복을 입는다. 이때 B를 의식하여 A에 대한 상복의 기간을 줄이는 것을 '압(厭)'이라고 한다.

김부인, 김부신, 김부륜의 문목에 답하다[1555]

答金伯榮、可行、惇敍問目乙卯○喪禮

99

並有喪, 所以先輕而後重者, 蓋葬是奪情之事, 人子之所不忍也, 特不得已而爲之, 故先輕爾. 若改葬, 則所謂奪情之義, 比於新葬者, 則似有間矣. 前日問及時, 所以謂 "與並有喪之禮少異"者, 此也. 蓋今日之事, 旣與「曾子問」之意不同, 則疑可以不拘先輕之例也. 然此出於臆見, 正犯汰哉之誚, 爲未安. 其後歷考諸禮, 當喪而改墓合葬之禮, 並無據證, 而改墓一事, 古人皆以喪禮處之, 考於瓊山『儀節』, 可見. 今與其無據而創行臆見, 寧比類於並有喪之例而行之, 庶不乖禮意, 故繼而有先輕後重之云, 正所以救前言之失也. 第其日適會病冗, 未盡其曲折耳. 惟在僉量.

〔부모님 상을 치르는 기간이 겹치는〕 '병유상並有喪'일 때 가벼운 상〔어

머니 상]을 먼저 치르고, 무거운 상[아버지 상]을 나중에 하라고 한 것은 다음과 같은 이유 때문이다. 장례란 감정을 탈취하게 하는 것이기에 자식으로서는 차마 못 할 일이다. 특별히 어쩔 수 없어서 하는 것이므로 가벼운 상을 먼저 치르는 것일 뿐이다. 개장改葬의 경우는 이른바 감정을 탈취하게 하는 의리가 신장新葬에 비해 차이가 있을 듯하다. 전일에 질문했을 때 [개장의 예가] 병유상의 예와는 다소 차이가 있다"라고 말한 까닭은 이 때문이었다. 이번 일이 이미 『예기』「증자문」의 뜻[145]과 다르니, 그렇다면 '가벼운 상을 먼저 치르는' 사례에 구애받지 않아도 될 것이라고 의심하였다. 그러나 이는 억측에서 나온 것으로, '주제넘다는 꾸지람'을 범하게 되어 미안하다. 그 뒤에 모든 예서들을 두루 살펴보았으나 상을 당해서 개묘改墓와 합장合葬하는 예는 어디에도 근거할 만한 증거가 없었다. 개묘에 대해서는 옛날 사람들이 모두 상례로 대처하였음을 구준丘濬의 『가례의절』에서 확인할 수 있다. 이제 근거 없이 제 깜냥의 소견에 따라 제멋대로 만들어 행하는 것보다는, '병유상'의 사례에 비추어 행하는 것이 아마도 예의禮意에 어긋나지 않을 것이다. 그러므로 '가벼운 상을 먼저 치르고, 무거운 상을 나중에 치르라'는 말을 하는 것은 바로 일전에 한 말의 실수를 바로잡는 뜻이다. 다만 그날 마침 몸이 아파서 그 자세한 내용을 꼼꼼히 설명하지 못했을 뿐이니, 두루 헤아리기 바란다.

100

改葬之服, 旣云: "親見尸柩, 不忍無服", 則於改葬母也, 獨無服而
可忍乎? 此甚可疑. 雖然, 竊意人子於父母, 情非有間, 而聖人制
禮, 則多爲父厭降於母者, "家無二尊"之義最重, 故謹之也. 其意豈
不以五服最輕者緦, 降緦無服? 今旣以斬衰當緦, 則齊衰以下, 無
服可當, 故只以素服行之耶? 觀瓊山『儀節』'改葬服'註, 惟云: "子
爲父, 妻爲夫, 餘皆素服布巾", 而無爲母之文. 然則以意加服, 亦
爲難矣. 但今當喪改葬, 當處以偕喪之禮, 則改葬時仍服斬衰, 正
得 "不敢變服"之義, 非如只改葬母素服未安之意, 如是行之如何?
若曾擇之所問, 乃指諸父昆弟之喪, 哭奠所服之節, 與偕喪葬禮自
不同, 故朱子答云云, 不當與此合而爲說也. 曾擇之所問, 見『瓊山家禮』.

或曰: "『大明會典』・『孝慈錄』服制, 父與母同服斬衰. 旣服斬衰, 則改葬
緦服, 豈不可同耶?" 曰: "『孝慈錄』服制, 卽瓊山禮所謂今制者, 多變先
王之制, 殊不可曉, 未知中國人一遵此制與否. 若用斬衰, 則緦服固當
同之, 恐終有未合古制之譏耳."

개장을 할 때 복식에 관해서는, 기왕 "부모님의 시신이 안치된
널을 직접 보게 되므로 차마 그에 맞는 복식을 갖추지 않을 수 없
다"라고 했으니,[146] 어머니를 개장할 때만 차마 복이 없어도 괜찮은
것인가? 이 점은 매우 의심스럽다.

그런데 가만히 생각해 보면, 자식이 부모에 대해 정情에서야 차이가 없다. 하지만 성인이 예를 제정할 때 대체로 아버지를 위해 어머니에 대해 압강厭降[147]을 하는 것은 "집안에는 두 분의 존귀함이 없다"는 의리가 가장 중요하기 때문에 신중을 기하는 것이다. 그렇다면 그 의도는 오복五服 가운데 가장 가벼운 복이 시마복이므로 그보다 더 아래는 복이 없다고 본 것이 아니었을까? 이제 기왕에 참최斬衰를 시마복에 해당하는 것으로 보았으니, 자최齊衰 이하는 복이 없는 것이 가당하다. 그래서 소복素服으로 행하라고 한 것이 아닐까?

구준의 『가례의절』에 나오는 '개장복改葬服' 주註를 보면, "자식은 아버지를 위해, 아내는 남편을 위해 시마복을 입고, 나머지는 모두 소복과 포건布巾을 착용한다"라고만 하였을 뿐,[148] 어머니를 위해서는 어떻게 하라는 내용이 없다. 그렇다면 자신의 의사에 따라 복을 더하기도 어렵다.

다만, [아버지의] 상을 당하여 [어머니를] 개장하는 것을 '해상偕喪'[149]의 예로 대처하는 것이 마땅하다면, 개장을 할 때도 계속 참최복을 입는 것이 "[상을 치르는 동안에] 감히 복을 바꾸지 않는다"라는 의리에 맞는 것이며, 단순히 어머니를 개장할 때 소복을 하는 것이 옳지 않다와 같은 의미는 아니다. 이렇게 시행하는 것이 어떻겠는가?

증조도曾祖道가 질문한 것은 제부諸父와 형제들 상에 곡을 하며 전을 올릴 때 어떤 상복을 입어야 하는지에 관한 것으로, '해상'의 장례와 다른 경우이다. 그러므로 주자께서 그렇게 답을 하셨으니, 이 문제와 결부하여 이야기해서는 안 된다. 증조도가 질문한 내용은 구준의 『가례의절』에 나와 있다.[150]

혹자는 "『대명회전』과 『효자록孝慈錄』의 상복 제도에는 아버지와 어머니의 상에 똑같이 참최복을 입으라고 했으니, 그렇다면 개장할 때 어머니에 대해서도 아버지와 똑같이 시마복을 입어야 하는 것 아닌가"라고 한다. 이에 대해 다음과 같이 말한다. "『효자록』의 상복 제도가 곧 구준의 『가례의절』에서 말한 '요즘의 제도'인데 선왕의 제도를 많이 변질시켜서 대단히 이해할 수가 없고, 중국 사람들이 이 제도를 모두 따르는지 여부도 알 수 없다. 만일 어머니에 대해서도 참최복을 입어야 한다면 시마복도 당연히 같아야 하겠으나, 옛날의 제도에 부합하지 않는다는 비난이 있을 것이다."

101

『禮』: "反葬, 云云 遂修葬事." 又云: "先葬者不虞祔, 待後事." 據此則先改葬畢, 但未實土以築, 「曾子問」 '並有喪' 章小註, 張子曰: "先葬者必不復土, 以待後葬者之入, 相去日近故也." 復土, 謂實土也. 其明日治後葬. 今若如此, 則所喻奉新喪至墓所, 又詣遷墓所一節, 不爲患矣. 但改墓卜日, 未必恰在後葬前一二日, 或相去日遠, 則未實土多經日, 亦爲難矣. 若緣此不得已在一日內, 則新喪未窆, 露處不可無守, 留昆

176

季一人奉守爲當. 蓋守喪次爲重, 此一人雖未往遷墓所, 恐無不可也. 葬畢告廟時, 則與未窆時不同, 皆來告何如. 前云:"告廟時素服", 亦出臆見. 葬時旣不敢變服, 至此而變服, 似爲未安. 但旣不可不告, 又不可以凶服, 不得已代墨衰之例, 素服行之, 庶得權宜. 但喪冠絞帶, 不可入廟, 令子弟出主, 而以吉服奠告, 又子弟返主, 何如?

『예기』「증자문」에 "장례를 마치고 돌아와서 … 드디어 장례에 관련된 일을 준비한다"라고 했고, 또 「상복소기」에 "아버지와 어머니의 상을 함께 당하면 어머니의 장례를 먼저 행하는데, 우제虞祭와 부제祔祭는 행하지 않고 아버지의 장례가 끝나기를 기다린다"라고 했다. 이런 예문에 근거한다면, 먼저 개장을 마치되 아직 흙을 채워 봉분을 쌓지는 말고, 『예기』「증자문」 '병유상'장 소주에, 장재張載가 말했다. "먼저 장례를 치르는 분의 무덤에 복토復土하지 않고 나중에 장례를 치르는 분이 들어오기를 기다리는 것은 두 장례를 치르는 날짜가 가깝기 때문이다." 복토는 흙을 채우는 것을 말한다. 그 이튿날 후장後葬을 치르면 된다. 이제 만일 이러한 방식대로 한다면, 그대가 말한 신상新喪을 모시고 묘소로 오고, 다시 옮겨야 할 묘소로 가는 것이 문제 될 것이 없다. 다만 개묘改墓하는 날이 나중에 장례를 치르는 날보다 하루 이틀 앞이 아니고 훨씬 이전으로 잡히면, 흙을 채우지 않은 채 여러 날을 지내야 하므로 이 또한 난처한 일이다. 만약 이런 이유로 부득이 같은 날로 하게 되었다면, 하관도 하지 못한 채 노지에 계시는 신상을 지키는 이가 없으면 안 된다. 그러니 형제들 중 한 사람이 모셔 지켜야 한다. 상차喪次를 지키는 것이 중요하므로 이 한 사람은 비록 옮겨야 할 묘소에 가지 않는다 해도 불가할 일이 없을 것이다.

　장례를 마친 다음 사당에 고할 때는 하관을 하지 않았을 때와는 다르므로 모두 사당에 와서 과정을 고해야 한다. 일전에 "사당에 고할 때는 소복을 입고 하라"라고 한 것 역시 억견臆見에서 나온 것이다. 장례 때에도 감히 복을 바꿔 입지 않았는데, 이때 바꿔 입는 것은 아무래도 온당치 못한 일인 듯하다. 하지만 고하지 않을 수 없는 상황에서 그렇다고 흉복을 입은 채로〔사당에 들어가〕고할 수도 없으니, 부득이 묵최墨衰의 사례를 대신해 소복을 입고 행하면 권의權宜에 맞을 것이다. 다만 상관喪冠과 효대絞帶를 착용하고 사당에 들어갈 수 없으니, 자제들에게 신주를 모시고 나오게 해서 소복을 입고 전奠[151]을 올리고 고한 다음 다시 자제들에게 신주를 모셔다 놓으라 하면 어떻겠는가?

102

奉祀題左之說, 從前只見「家禮圖」所題, 意謂與『大學』傳 "序次如左"者同例, 蓋據自己向彼而分左右耳, 更不置疑於其間. 頃在都下, 見一士人嘗游慕齋門下者, 云: "慕齋謂左者, 指神主左旁而言." 以慕齋公之該博, 其言必有所據, 心始疑之. 及今示及「小學

178

圖」, 何氏註. 見其所題正在神主左旁, 然後乃知慕齋公亦必據此而言也. 又得所論 "神道尊右, 一櫝內考右妣左, 而題奉祀於右, 爲未當" 之說. 神主之右, 即人之左也. 推究得亦精到, 恐當依「小學圖」爲善. 後日又考『大明會典』, 奉祀書神主之右, 與『家禮』同, 乃更與書烏川曰: "此是上國當日見行之禮. 孔子亦曰: '吾從周', 請並此參考處之." 烏川卒從『家禮』, 書左.

봉사奉祀를 왼쪽에 쓰는 문제에 관해서는 종전에 「가례도」만 보고 『대학』의 전傳[152]에 "차례는 왼쪽과 같다(序次如左)"라고 표현한 것과 마찬가지라고 생각했다. 즉, 자신을 기준으로 상대를 향해 좌우를 나누는 방식이며, 여기에 더 이상 의구심을 두지 않았다. 그러다가 서울에 있을 때 모재慕齋 김안국金安國 문하에 있었던 한 선비를 만났는데, 그는 "모재가 '왼쪽이란 신주를 기준으로 왼쪽을 말하는 것'이라고 했다"라고 말했다. 해박한 모재 공이 그렇게 말했다면 반드시 근거가 있을 것이라고 여긴 나는 비로소 의구심을 갖게 되었다. 그러다가 이번에 보여준 「소학도小學圖」 하사신何士信 주.에 (봉사가) 신주의 왼쪽에 쓰인 것을 보고서야 '모재 공도 분명 이것에 근거해서 말했을 것'임을 알게 되었다. 게다가 "신도神道는 오른쪽을 높이기 때문에 같은 독櫝 안에서도 아버지를 오른쪽에 어머니를 왼쪽에 안치하는데 봉사를 오른쪽에 쓰는 것은 마땅하지 않다"라는 설명까지 들었는데, 신주의 오른쪽은 곧 사람의 왼쪽이다. 연구가 대단히 치밀해서 아무래도 「소학도」를 따르는 것이 좋겠다. 나중에

『대명회전』을 살펴보니, 『가례』와 마찬가지로 봉사가 신주의 오른쪽에 쓰여 있었다. 그래서 다시 오천烏川[153]에 글을 보내 "이것이 중국에서 요즘 시행하는 예이다. 공자께서도 '나는 주나라를 따르겠다'[154]라고 하셨으니, 이 점 참고하여 대처하기 바란다"라고 하였다. 오천에서는 마침내 『가례』에 따라 왼쪽에 썼다.

103

葬後合祭, 於古禮無考, 則所行節目, 皆難義起. 今旣不能免俗而行之, 則當取其稍穩便者爲之. 位板, 今難厝而後難處, "不若紙牓今附櫝內, 而後日焚之爲便", 或者之說, 宜可從也.

장례를 치른 다음 합제合祭를 하는 것은 고례에는 참고할 데가 없다. 그러니 이때 행하는 절차는 모두 의기義起[155]하기 어렵다. 풍속이라 어쩔 수 없이 행해야 한다면, 조금이라도 온당하고 편리한 방법을 취해야 할 것이다. 위판位板은 지금 어디에 두기도 어렵고 나중에 처리하기도 곤란하니, "지방紙牓을 독櫝 안에 붙였다가 나중에 태워 버리는 것의 편리함만 못하다"라는 혹자의 이야기를 따르는 것이 좋겠다.

104

『儀禮』將啓殯, 設奠具於廟門外. 及朝祖, 又云: "重先, 奠從, 燭從, 柩從." 及正柩于兩楹間, "奠設如初." 此疑夕奠從柩來, 仍奠於此, 故云: "奠

設如初."質明徹, 徹前奠. 乃奠. 上旣徹, 而此云:"乃奠", 此指廟門外奠具, 至是乃
奠也. 古禮如此, 故文公『家禮』有設奠之禮, 文公意亦似指前奠隨柩來奠,
非別奠也. 而瓊山則務簡, 旣以魂帛代柩, 并此禮去之. 凡朝祖, 所以
象平時出告之禮, 前奠之隨柩來奠者, 奠所以依神, 無時可去故耳,
非爲朝祖設也, 故文公存之. 其別爲設奠, 則平時出告, 未必皆有
酒食之事, 故文公去之. 若瓊山并去二奠, 則無乃太簡乎?『儀禮』
雖別設奠, 猶不奠於祖禰者, 死而辭去, 無取於奠獻之義也. 亦無
焚香再拜之文, 蓋靈柩辭廟, 喪者不可代行也.

『의례』에 장차 계빈啓殯[156]하려고 할 때 묘문廟門 밖에 전을 올릴
기구〔奠具〕를 진설한다고 했고, 조조朝祖[157]를 할 때에는 "중重[158]이
먼저 들어가고, 전奠이 따르고, 촛불〔燭〕이 따르고, 널〔柩〕이 따른
다"[159]라고 했고, 양쪽 기둥〔兩楹〕[160] 사이에 널을 반듯하게 놓을 때
는 "전을 처음처럼 진설한다." 이것은 아마 석전夕奠이 널을 따라와서 여기
에 차려졌기 때문에 "전을 처음처럼 진설한다"라고 했을 것이다. 이튿날 날이 새
면 〔전을〕 거두고, 앞서 진설했던 전을 거둔다. 이에 전을 진설한다. 위에
서 이미 거두었는데 여기에서 "이에 전한다"라고 하였다. 이것은 묘문 밖에 전을 올
릴 기구를 진설했다가 이제야 전을 진설한다는 것을 가리킨다. 고례가 이와 같
기 때문에 주자의 『가례』에는 '전을 진설한다'는 예가 있는데, 주자의
의도 역시 앞서 진설했던 전이 널을 따라 와서 차려진 것을 가리키는 것이지 별도의
전이 아니다. 구준丘濬은 간소화하는 데 힘쓰다 보니 혼백魂帛으로 널

을 대체하고 이 예마저 없애 버렸다. 무릇 조조란 평소 외출할 때 사당에 고하는 예를 본뜬 것이다. 널을 따라와서 차려진 앞서의 전은 신혼神魂을 의탁하게 하는 전으로, 한순간도 없앨 수 없는 것이기 때문에 차린 것이지 조조를 위해 진설한 것이 아니다. 그러므로 주자께서는 그것을 남겨둔 것이고, 별도로 전을 진설한 것은 평소 외출을 고할 때 반드시 술과 음식을 차리고 하지는 않기 때문에 주자께서 없앤 것이다. 그럼에도 구준은 이 두 가지 전을 모조리 없애 버렸으니 너무 간소화한 것이 아닌가? 『의례』에 비록 별도로 전을 진설하였지만 할아버지와 아버지 사당에 전을 올리지 않은 것은 죽어서 하직하는 상황에 전과 술잔을 올리는 의미에서 취할 것이 없기 때문이다. 분향을 하고 재배를 올리라는 내용도 없는데, 이는 아마 영구靈柩가 사당을 하직하는 것을 상주들이 대행해서는 안 되기 때문일 것이다.

105

『儀禮』朝祖, "正柩于兩楹間, 主人陞自西階, 柩東西面." "衆人東即位." 衆人, 必衆子也. 此非變服而入也. 蓋凶服不可入廟, 指他祭及他禮而言也. 若朝祖之時, 柩尙入廟, 何凶服之不可入耶?

　　『의례』「기석례」를 보면, 조조朝祖를 할 때 "양쪽 기둥 사이에 널을 반듯하게 놓는다. 주인은 서쪽 계단으로 올라가 널의 동쪽에서 서쪽을 향한다"라고 했다. "중인衆人[161]은 동쪽으로 가서 자리로 나아간다"[162]
라고 했는데, 이때의 중인은 필시 중자衆子일 것이다. 이때 복服을 바꿔 입고
들어가는 것이 아니다. 대개 '흉복凶服을 입고는 사당에 들어가지
못한다'는 말은 다른 제사나 다른 예식을 두고 하는 말이다. 조조
와 같은 경우에는 널도 사당에 들어가는데, 어찌 흉복을 입고 들어
가지 못하겠는가?

106

"虞祭偶同, 則異日而祭." 若同日合葬, 則虞不必異日, 所疑正然.
且夫婦一體, 虞祭偶同, 同日而祭, 似不害義. 但所謂 "先重後輕",
未必皆非合葬也. 然猶必云: "異祭", 此必有深意, 不敢强爲之說.
然與其徑直而行, 恐不若從禮文之言, 如何?

　　"우제가 우연히 같은 날이 되었을 경우에는 날을 달리하여 제사
를 지내라"[163]라고 했지만, 만일 같은 날 합장을 했다면[164] 날을 달
리 해서 우제를 지낼 필요는 없겠다는 의문은 정말 그럴듯하다. 더
구나 부부는 한 몸이니, 우제가 우연히 같은 날이 되었다 해도 같
은 날 제사를 지내는 것이 의리에 해롭지 않을 듯하다. 다만 "무거
운 상(아버지 상)을 먼저 하고, 가벼운 상(어머니 상)을 뒤에 한다"라
는 원칙이 모두 합장이 아닌 경우만을 상정한 것이라고 장담할 수
없다. 그럼에도 굳이 "날을 달리하여 제사를 지내라"라고 했다면

여기에는 필시 깊은 뜻이 있을 것이니, 감히 강하게 뭐라 말하지는 못하겠다. 그러나 마음대로 행하는 것보다는 예문禮文에 따라 하는 것이 나을 것 같은데 어떠한가?

107

稱某朔, 似當以月建, 然嘗考之古文, 實皆指朔日之支干. 蓋古人重朔, 朔差則日皆差, 故必表出而言之耳.

축문에 '모삭某朔'이라고 한 것은 해당〔달의 간지干支인〕'월건月建'인 듯 보이지만, 일찍이 옛 문헌들을 검토해 보니 실은 모두 초하룻날의 간지를 가리키는 말이었다. 초하루가 어긋나면 날짜가 모두 어긋나기 때문에, 옛날 사람들은 초하루를 매우 중시하여 반드시 드러내서 언급했던 것이다.

108

孤哀之稱, 出於後世, 故古禮只稱孤子. 然文公嘗云: "循俗稱不妨", 則并哀字稱之, 無所害矣. 等字, 不當書之. 獨稱主人, 此乃尊祖敬宗之義, 衆子所不敢參稱也.

'고애孤哀'[165]라는 칭호는 후세에 생긴 것이다. 고례에는 그냥 '고자孤子'라고만 했다. 그러나 주자께서 일찍이 "속칭을 따라도 무방하다"라고 하셨으니, '애哀'라는 글자를 넣어서 칭해도 무방하다. '등等'자는 써서는 안 된다. 주인主人만 칭하는 것이 곧 조종祖宗을 존경하는 의리이니, 중자衆子들은 감히 끼워서 칭할 수 없는 것이다.

109

虞祭漸用吉, 禮文稍備. 著網巾似當, 而禮文無據, 故今人不用. 蓋網巾亦出於後世, 故禮文不載耶? 未可知也. 但又有一事, 「喪服小記」云: "緦、小功 虞、卒哭則免." 又云: "旣葬而不報虞, 則雖主人皆冠, 及虞則皆免."云云. 此言旣葬而有事故未得虞即不報虞也者, 且冠以飾首, 及虞則主人至緦、小功者皆免也. 免者, 去冠而以布繞髻者也, 比於冠則免乃哀飾也. 虞、卒哭, 乃去冠而用免者, 喪事主哀, 故雖漸吉而反用哀飾也. 以此言之, 虞不用網巾, 似無妨也.

우제부터는 점점 길함을 적용하므로 예의 꾸밈도 조금씩 갖추게 된다. 그러니 망건을 써도 될 듯하지만 예문禮文에 근거가 없어서 요즘 사람들이 쓰지 않는다. 망건이라는 것이 후세에 만들어진 것이라서 예문에 실리지 않은 것인지는 알 수 없다. 하지만 참고할 만한 사항이 있다. 『예기』 「상복소기」에 "시마緦麻와 소공小功의 상喪에서 우제와 졸곡卒哭을 할 때는 문免을 착용한다"라고 했고, 이어서 "장례를 마쳤는데 우제를 빨리 거행하지 못하였으면 비록 상주일지라도 모두 관冠을 쓰고, 우제를 지낼 때에 이르러 모두 문을 착용한다"라고 했다. 이는 이미 장례를 마쳤더라도 어떤 사정이 있어서 우제를 치르지 못했다면 곧 '빨리 우제를 지내지 못한 것'이다. 우선 관을 썼다가 우제를 지낼 때 주인부터 시마복과 소공복을 입는 사람에 이르기까지 모두 문을 착용한다는 것이다. 문이란 관을 벗고 베로 상투를 휘감는 것으로, 관에 비하면 문이 슬픔의 표식이다. 우제와 졸곡에 관을 벗고 문을 착용하는 까닭은 상사喪事란 슬픔을 위주하므로 비록 점점 길해지지만 도리어 슬픔의 표식을 쓰는 것이다. 이런 측면에서 말한다면, 우제에 망건을 쓰지 않는 것이 무방할 듯하다.

110

若皮革之物不可入, 則『家禮』必言之, 今只云: "靴、笏安於棺上", 而無不用革靴之說, 恐無不可入之理. 但不獨今俗有此說, 瓊山亦有布履, 今亦更無援證以破其謬誤. 然則姑從俗何如? 張說之說, 亦不知何所謂也.

장례 치를 때 피혁皮革으로 된 물건을 넣으면 안 되는 것이라면 『가례』에서 반드시 말했을 것이다. 그런데 단지 "화靴와 홀笏을 관 위에 안치하라"[166]라고만 했지 혁화革靴를 사용하면 안 된다는 말은 없으니, 넣으면 안 될 이유는 없을 것 같다. 다만 요즘 풍속에만 이

186

런 말이 있는 것이 아니라, 구준丘濬도 '베로 만든 신(布履)'이라고 말한 것이 있다.[167] 하지만 지금에도 여전히 증거를 가지고 그 오류를 깨뜨릴 수 없으니, 그렇다면 우선은 풍속대로 하는 것이 어떻겠는가? 장열張說[168]의 설 역시 무슨 말인지 잘 모르겠다.

111

今遷墓, 若非專爲宅兆之故, 告詞固不可全用『儀節』之文. 合葬是古禮, 而又有遺命, 則以此爲文爲當. 如無遺命, 只以新卜吉地, 用古祔葬之禮爲文, 似亦當矣.

지금 묘를 옮기는 이유가 오로지 택조宅兆 때문만이 아니라면, 고하는 말을 『가례의절』에 나오는 내용[169]을 온전히 사용해서는 안 된다. 합장이 고례이고 유명遺命까지 있었다면 이러한 내용을 담아 글을 짓는 것이 마땅하다. 만일 유명이 없었는데 단지 길지吉地를 새로 얻어서 묘를 옮기는 것이라면 옛날 부장祔葬[170]의 글을 사용하는 것이 마땅할 듯하다.

112

曾子問曰: "並有喪, 如之何? 何先何後?" 孔子曰: "喪[171], 先輕後重. 如並有父母喪, 則先葬母. 其奠也, 先重而後輕, 禮也. 奠則先父. 自啓及葬不奠. 其先葬母也, 惟設母啓殯朝廟之奠, 不爲設奠也. 行葬不哀次. 行葬之時, 不得爲母伸哀於所次之處. 反葬, 葬母而反. 奠而後辭於賓[172], 遂修葬事.
旣反, 卽於父殯, 告辭於賓以啓父殯之期, 遂修營葬父之事也. 其虞也, 先重而後
輕, 禮也."如虞祭偶同, 則異日而祭, 先父後母.[173]

　증자가 물었다. "부모님 상을 치르는 기간이 겹치면 어떻게 합니
까? 어느 쪽을 먼저 하고 어느 쪽을 뒤에 합니까?" 공자가 답하였
다. "장례는 가벼운 상을 먼저 행하고 무거운 상을 뒤에 행하며, 만
일 부모님 상을 함께 당했으면 어머니의 장례를 먼저 치른다. 전奠은 무거운 상
에 먼저 올리고 가벼운 상은 뒤에 올리는 것이 예이다. 전은 아버지에
게 먼저 올린다. 〔가벼운 상의〕 빈궁殯宮을 열 때부터 장례를 행할 때까
지는 〔무거운 상에〕 전을 올리지 않는다. 어머니의 장례를 먼저 치를 때, 오
직 어머니의 계빈전啓殯奠과 조묘전朝廟奠만 차리고 전을 차리지는 않는다. 〔가벼운
상의〕 상여가 나갈 때 문밖의 오른쪽 평소 빈객을 접대하던 장소에
서 머물러 애도의 정을 펴는 의절을 행하지 않는다. 상여가 나갈 때 어
머니를 위해 차次에서 슬픔을 펼 수 없다. 장례를 마치고 돌아와서 어머니 장
례를 치르고 돌아오는 것이다. 〔무거운 상의 빈궁에〕 전을 올린 뒤 〔장례 일정
을〕 고하고, 이어서 장례에 관련된 일을 준비한다. 반혼을 했으면 곧장
아버지의 빈궁에 가서 손님들에게 아버지의 빈궁을 여는 시기 등에 관해 고하고, 마
침내 아버지의 장례를 치르는 일을 준비한다. 우제는 무거운 상에 먼저 지
내고 가벼운 상은 뒤에 지내는 것이 예이다."만일 우제가 우연히 같
은 날이면, 날을 달리하여 제사를 지내되, 아버지를 먼저하고 어머니를 나중에 한다.

113

曾擇之問於朱子曰:"三年喪, 復有期喪者, 當服期喪之服以奠. 其喪卒事, 則反初服. 或者以爲方服重, 不當改衣輕服." 曰:"或者之說非是."[174]

증조도曾祖道가 주자께 물었다. "삼년상 중에 다시 기년상을 만난 사람은 마땅히 기년복期年服을 입고서 전을 올리고, 기년상의 〔전을 올리는〕 일이 끝나면 처음의 상복(삼년복)으로 돌아가야 합니다. 그런데 혹자는 '무거운 복을 입고 있었으므로 가벼운 복으로 바꿔 입어서는 안 된다'라고 합니다." 〔주자가〕 답했다. "혹자의 설이 틀렸다."

*

凡喪禮曲折, 曾在禍罰之中, 因窮病無狀, 多所蹉過, 終天愧痛, 欲追無路. 今此屢承辱問, 尤深汗恧. 但講古勉今, 不以往闕而遂廢, 輒以妄意條復, 惟僉量裁.

무릇 상례의 곡절이 일찍이 화벌禍罰 가운데 있었기 때문에 말로 표현할 수 없는 곤경과 질병으로 인해 잘못된 바가 많았다. 한량없는 부끄러움과 애통함을 되돌리고 싶지만 그럴 수 있는 길이 없다. 이번에 이런 질문을 받고 보니 더욱 땀이 나며 부끄럽다. 다만 고례를 강구하고 오늘에 최선을 다하는 것은 지난날의 잘못 때문에 폐할 수 없는 일이기에 조목조목 의견을 말하는 것이니, 모두들 헤아려 재단하기 바란다.

145 『예기』「증자문」의 뜻 공자가 증자에게 부모님의 상이 겹칠 때 순서를 이야기한 내용이다. 112번 조목에 해당 내용이 인용되어 있다.

146 『의례』「상복(喪服)」기(記)에 "개장을 할 때는 시마 삼월로 복을 한다(改葬, 緦.)"라고 하였고, 정현(鄭玄)은 주(注)에서 "시마를 하는 경우는 신하가 군주를 위하여, 아들이 아버지를 위하여, 아내가 남편을 위하여 하는 경우이다. 반드시 시마를 해야 하는 이유는 몸소 시구(尸柩)를 보게 되므로 복을 하지 않을 수 없기 때문에 시마 삼월을 하고 상복을 벗는다(服緦者, 臣爲君也, 子爲父也, 妻爲夫也. 必服緦者, 親見尸柩, 不可以無服, 緦三月而除之.)"라고 하였다.

147 압강(厭降) 본래의 상기(喪期)보다 줄여서 복을 입는 것으로, 부친이 생존 시에 모친상을 당하면 본래의 삼년복을 기년복으로 낮추어 입는 것 등을 말한다. 참고로 '압강(厭降)'의 '厭' 자는 누른다는 뜻을 가진 '압(壓)' 자와 같다.

148 『가례의절』'보(補) 개장(改葬) "자식은 부친을 위해 아내는 남편을 위해 시마복을 입고, 나머지는 모두 소복(素服)과 포건(布巾)을 착용한다.〔子爲父, 妻爲夫, 緦麻, 餘皆素服布巾.〕"

149 해상(偕喪) 같은 달이나 같은 날 부모나 조부모 등 가까운 친족의 상을 한꺼번에 당한 것을 일컫는 말로, 병유상(並有喪)과 같다.

150 증조조가 물었다. "삼년상 중에 다시 기년상을 만난 사람은 마땅히 기년복(期年服)을 입고서 전을 올리고, 기년상의 〔전을 올리는〕 일이 끝나면 처음의 상복(삼년복)으로 돌아가야 합니다. 그런데 혹자는 '무거운 복을 입고 있었으므로 가벼운 복으로 바꿔 입어서는 안 된다'고 합니다. 어떻습니까?" 주자가 답했다. "혹자의 설이 틀렸다."(〔"三年之喪, 而復有期喪者, 當服期喪之服, 以臨其喪, 卒事則反初服, 或者以爲方服重, 不當改衣輕服. 不知如何?" "或者之說非是."〕) 참고로 이 문답은 『주자대전』60, 「답증택지(答曾擇之)」(1)에 나오고, 『가례의절』에서는 「상례고증」'병유상(並有喪)'조에 나온다.

151 전(奠) 『예기』「단궁하」에는 "전을 올릴 때 평소 쓰던 용기를 사용하는 것은 살아 있는 자가 꾸밀 겨를 없이 애통한 마음을 가지고 있기 때문이다(奠以素器, 以生者

有哀素之心也」라고 하였다. 이에 대해 공영달의 소에서는 "전은 죽음을 맞이한 순간부터 매장을 할 때까지의 제사 이름이다. 그때는 시신이 없이 제사 음식을 땅에 내려놓았기 때문에 붙여진 이름이다(奠, 謂始死至葬之時祭名. 以其時無尸奠置於地, 故謂之奠也)"라고 하였다.

152 주자는 『예기』의 「대학」에 주석을 단 『대학장구(大學章句)』를 편찬하면서, 내용 전체를 경(經) 1장과 전(傳) 10장의 체제로 정리했다.

153 오천(烏川) 김부인(金富仁, 1512~1584), 김부신(金富信, 1523~1566), 김부륜(金富倫, 1531~1598) 삼형제와 김부필(金富弼, 1516~1577), 김부의(金富儀, 1525~1582) 그리고 금응협(琴應夾, 1526~1596), 금응훈(琴應壎, 1540~1616) 형제는 모두 예안(禮安)의 오천(烏川) 지역 출신으로, 김효로(金孝盧)의 친손이나 외손들이며 퇴계의 문인들이다. 이들 일곱 명을 오천 칠군자(烏川七君子)라고 한다. 이 글에서 퇴계가 지칭한 '오천'은 바로 이 지역에 살고 있는 이들을 가리킨다.

154 이 내용은 『논어』 「팔일」에 나온다.

155 의기(義起) 예문(禮文)에 없는 예를 의리(義理)에 입각하여 새롭게 제기하는 것을 말한다.

156 계빈(啓殯) 관(棺)을 구덩이에 넣고 거기에 시신을 모시는 것을 빈(殯)이라고 하며, 계빈(啓殯)은 발인(發靷) 때 관을 내가기 위해 빈을 여는 것을 말한다.

157 조조(朝祖) 발인하기 전에 널을 모시고 조상의 신주를 모신 사당에 들려서 인사를 드리는 의식을 말한다.

158 중(重) 정현(鄭玄)의 설명에 따르면, 중은 물건을 매달기 위해 설치한 나무막대로, 길이는 3척이다. 모양은 나무를 깎아 윗부분에 구멍을 뚫어 놓은 형태로, 대나무 껍질을 얇고 길게 쪼개서 꼬아 만든 끈인 금(紟)을 구멍에 꽂아 솥(鬲) 등을 매단다. 방포(方苞)는 중을 설치하는 이유와 관련하여 "습(襲)을 마치고 모(冒)로 덮은 뒤에는 부모의 모습을 다시 볼 수 없기 때문에 나무를 뜰의 중앙에 설치하여 부모의 신혼(神魂)이 의지하도록 한다"라고 설명하였다.

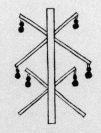

그림 8 중
(출처: 섭숭의, 『삼례도』)

159 『의례』 「기석례」에 "중(重)이 먼저 들어가고, 전(奠)이 따르고, 촛불(燭)이 따르고, 널(柩)이 따르고, 촛불이 따르고, 주인이 따른다(重先, 奠從, 燭從, 柩從, 燭從, 主人從)"라고 하였다.

160 양쪽 기둥(兩楹) 당상(堂上)에는 동쪽 기둥(東楹)과 서쪽 기둥(西楹)이 있다. 『의례』

「사혼례(士昏禮)」에 "주인이 빈과 더불어 당에 올라가 서쪽을 향해 서 있는데, 빈은 서쪽 계단으로 올라간다. … 기둥 사이에서 술잔을 건네주고, 남쪽을 향해 선다(主人以賓升, 西面, 賓升西階, … 授于楹間, 南面)"라고 하였다. 여기서 말하는 '기둥 사이(楹間)'는 두 기둥의 사이로 당의 동서의 중앙을 가리킨다. '기둥 사이'는 '기둥 안쪽(楹內)'이라고도 칭한다.(『삼례사전(三禮辭典)』 참조.)

161 중인(衆人) 관련 내용이 나오는 『의례』 「기석례」 기(記)에는 "중주인(衆主人)"으로 되어 있으며, '중주인'은 주인의 여러 형제들(庶昆弟)을 가리킨다. 그런데 퇴계가 본 책에는 '중주인'이 '중인(衆人)'으로 표기되어 있었던 것 같다. 이를 본 퇴계가 '중인'은 필시 '중자'일 것이라고 바로잡아 설명하였다.

162 『의례』의 관련 내용은, 널(柩)이 당(堂) 위로 올라오기 전에는 서쪽 계단 아래에서 동쪽을 향하여 북쪽을 윗자리로 하여 있다가, 널이 당 위로 올라간 뒤에 주인(主人)은 널을 따라 올라가고 중주인(衆主人) 이하는 동쪽 계단 아래에서 서쪽을 향하는 자리로 나아간다는 말이다.

163 이 내용은 『가례의절』 「상례고증」 '병유상'조에 나온다.

164 『예기』 「증자문」 "우제(虞祭)는 아버지의 상을 먼저하고, 어머니의 상을 뒤에 하는 것이 예이다.(其虞也, 先重而後輕, 禮也.)"

165 고애(孤哀) 아버지만 돌아가셨을 경우에는 '고(孤)', 어머니만 돌아가셨을 경우에는 '애(哀)', 아버지와 어머니 모두 돌아가셨을 경우에는 '고애(孤哀)'라고 칭한다.

166 "화(靴)와 홀(笏)을 관 위에 안치하라"라는 말은 『가례』 「상례」 '목욕·습·전·위위·반합(沐浴·襲·奠·爲位·飯含)'조, "염습할 옷을 진설한다(陳襲衣)" 부주(附註)에 수록된 유장(劉璋)의 말이다.

167 베로 만든 신(布屨) 『가례의절』 '습구(襲具)'에 나온다.

168 장열(張說, 667~730) 중국 당나라의 재상으로, 자(字)는 도제(道濟) 또는 열지(說之)이다. 당나라 현종(玄宗) 개원 19년(731년)에 장열은 『현경례주(顯慶禮註)』의 내용이 앞부분과 뒷부분이 서로 다르니, 이를 절충하여 당례(唐禮)로 삼아야 한다고 아뢰었다. 그러자 현종이 서견(徐堅), 소숭(蕭崇) 등에게 조서를 내려 『개원례(開元禮)』를 편찬하게 하였다.

169 『가례의절』에 나오는 내용 『가례의절』 「상례」 '보(補) 개장(改葬)'에 실린 축문(祝文)을 가리킨다. 축문의 내용은 다음과 같다. "○년 ○월 ○일, 모관(某官) 성명(姓名)은 감히 토지신에게 밝게 고합니다. 이제 모친(某親) 모관(某官) 성명(姓名)의 택조(宅兆)가 이롭지 못해 장차 이곳에 개장하려고 하니 신령께서는 잘 보우하시어 훗날 어려움이 없게 해주십시오. 삼가 맑은 술과 말린 고기와 젓갈을 차려서 공

경히 신께 올리오니, 흠향하시길 바랍니다.〔維○○幾年歲次干支某月朔日干支, 某官姓
名敢昭告于土地之神. 今爲某親某官姓名宅兆不利, 將改葬于此, 神其保佑, 俾無後艱. 謹以淸酌脯
醢, 祇薦于神, 尙饗.〕"

170 부장(祔葬) 여기서는 합장의 의미로 사용하였다. 합장(合葬)이라는 의미로 사용하
   는 '부(祔)'에 관해서는 『예기』에 다양한 사례가 수록되어 있다. 위에서 퇴계가
   "합장이 고례"라고 말한 이유도 여기에 있다.

171 『예기』「증자문」에는 '상(喪)' 자가 아니라 '장(葬)' 자로 되어 있다.

172 『예기』「증자문」에는 '빈(賓)' 자가 아니라 '빈(殯)' 자로 되어 있다.

173 이 글의 본문은 『예기』「증자문」의 내용이고, 이에 관한 주석은 구준의 『가례의
   절』에 실린 내용이다. 추측건대, 퇴계가 김부인 형제에게 참고하라는 뜻으로
   써서 보낸 것 같다.

174 이 문답은 원래 『주자대전』60, 「답증택지(答曾擇之)」(1)에 나오고, 이 내용을 『가
   례의절』은 「상례고증」'병유상'조에 실었다. 「김부인, 김부신, 김부륜의 문목에
   답하다 · 1555」에 나오는 100번 조목 참조. 이 역시 퇴계가 참고하라는 뜻으로
   써서 보낸 것 같다.

김부륜에게 답하다 1557

答金惇敍丁巳

114

嘗見古記, 有云: "南斗司生, 北斗司死, 故採死請命, 皆於北斗",
此乃術家之邪說耳. 黔婁之禱, 特出於迫切之至情, 徇俗爲之, 邪
正不暇論也. 其得愈病, 只是孝感所致. 大抵孝子至誠動天地, 致
祥異, 古今此類, 不可枚數, 不必致疑於此也. 朱子所云: "正禮",
恐記者之誤. 子路請禱之事, 集註盡之, 不可以多求也. 此事雖於
君父, 已有迫不得已, 不請於病者之說, 今又有爲妻子兄弟之云,
則是相率而爲巫風, 不務民義, 諂瀆鬼神, 而正道湮矣, 正不可容
易爲說, 故引朱先生答滕德粹書以告之, 不審惇敍以爲如何. 答滕
書, 見『朱子大全』四十九卷.

일찍이 옛 기록을 보니, "남두南斗는 태어남을 맡고 북두北斗는 죽음을 맡는다. 그렇기 때문에 죽음을 벗어나거나 목숨을 더 청하려면 모두 북두에 기도한다"라는 내용이 있었다. 하지만 이런 이야기는 방술가方術家들의 사설邪說일 뿐이다. 검루黔婁의 기도[175]는 절박한 상황에서 나온 지극한 심정이 풍속에 따라 한 것일 뿐이니, 그 기도가 바르냐 바르지 않냐를 따질 것이 못 된다. 아버지의 병이 나은 것은 그의 효성이 하늘을 감동시킨 결과일 뿐이다. 효자들의 지극한 정성이 천지를 움직여 이상한 현상을 부른 예는 고금에 이루 헤아릴 수 없을 만큼 많으니, 이 점에 대해 의심할 필요는 없다. 주자께서 "정당한 예"라고 했다는 것은[176] 아마도 기록한 이의 오기일 것이다. 〔공자가 병석에 계실 때〕 자로子路가 기도할 것을 청한 일[177]과 관련하여 『논어집주』에서 극진하게 설명하였으니,[178] 더 많은 다른 설명을 찾을 필요 없다.

이 일이 임금이나 부모에 대해서는 절박하고 부득이해서 병든 분에게 청하지 않고 기도한다는 설명이 있다. 하지만 지금은 처자식이나 형제를 위해서까지 기도를 한다고 한다. 그러면 이것은 무풍巫風을 권장하는 것으로, 사람들이 지향해야 할 옳은 일〔民義〕에는 힘쓰지 않고 귀신에게 아첨하는[179] 셈이 되어 정도가 무너질 것이니, 쉽게 뭐라 말할 수 없다. 그래서 주자께서 등린滕璘에게 답하신 글을 인용하여 말해 주는 것이니, 그대가 어찌 생각할지 모르겠다. 등린에게 답한 글은 『주자대전』 49권에 나온다.

175 검루(黔婁)의 기도 검루가 똥을 맛봤다는 뜻의 '검루상분(黔婁嘗糞)'이라는 고사성
어가 있다. 『오륜행실도(五倫行實圖)』「효자도(孝子圖)」'검루상분'에 있는 내용은
다음과 같다. "유검루(庾黔婁)는 〔남북조 시대 남제(南齊)의〕 신야(新野) 출신이다. 잔
릉(孱陵)의 현령으로 고을에 부임한 지 열흘이 안 되어 그의 부친이 집에서 병이
들었다. 검루는 갑자기 마음이 두근거리고 온몸에 땀이 흘렸다. 〔집안에 무슨 생긴
것이라고 생각한〕 검루는 그날로 벼슬을 버리고 집으로 돌아왔다. 가족들은 갑자
기 돌아온 검루를 보고 놀랐다. 아버지가 병든 지가 이틀밖에 안 되었기 때문
이었다. 의원이 말하기를, '부친의 병이 나을지 아니면 심해질지를 알기 위해서
는 똥 맛이 단지 쓴지를 알아보는 수밖에 없다'라고 하였다. 그래서 부친이 변
을 보자, 검루는 똥의 맛을 보았는데, 똥 맛이 달고 미끈거렸다. 검루의 마음은
더욱 근심하여, 밤마다 북신(北辰)을 향해 머리를 조아리며 자신의 수명으로 부
친의 수명을 대신해 줄 것을 기도하였다. 그 순간 허공중에서 다음과 같이 말
이 들려왔다. '존군(尊君: 남의 부친을 일컫는 말)의 수명이 다해서 더 이상 연장할
수 없다. 그러나 너의 정성스러운 기도가 지극하니 이달까지는 살려주겠노라.'
그리고 그달 그믐날 검루의 부친은 숨을 거두었다.〔庾黔婁, 新野人. 爲孱陵令, 到縣未
旬, 父憂在家遘疾. 黔婁忽心驚, 擧身流汗, 卽日棄官還家. 家人悉驚其忽至, 時易疾始二日. 醫云:
'欲知差劇, 但嘗糞甜苦.' 易泄痢, 黔婁輒取嘗之, 味轉甜滑, 心愈憂苦. 至夕, 每稽顙北辰, 求以身
代. 俄聞空中有聲曰: '尊君壽命盡, 不復可延, 汝誠禱旣至, 故得至月末.' 晦而易亡.〕" 참고로 『소
학』에도 같은 내용이 실려 있다.

176 진순(陳淳)으로부터 '검루상분'에 관한 질문을 받고 주자는 다음과 같이 답했다.
"기도하는 것은 정당한 예이며, 자연히 기도에 부합하는 감응이 있다. 그러니
'그럴 리 없음을 알지만 일단 해 보는 것'이라고 말해서는 안 된다.〔禱是正禮, 自合
有應. 不可謂知其無是理而姑爲之.〕"(『주자대전』57, 「답진안경(答陳安卿)」(2))

177 선생님께서 병환이 위중하시자, 자로가 기도하기를 청하였다. 그러자 선생님
께서 "그런 예가 있느냐?" 하고 물으셨다. 자로가 대답하였다. "있습니다. 제문
(祭文)에 '당신을 위해 천지신명에게 기도합니다'라고 하였습니다." 선생님께서

말씀하셨다. "(그러한 기도라면) 나의 기도는 오래되었다."(子疾病, 子路請禱. 子曰: "有諸?" 子路對曰: "有之. 誄曰: '禱爾于上下神祇.'" 子曰: "丘之禱久矣.")(『논어』 「술이(述而)」 34장)

178 『논어』 「술이」 34장 내용과 관련하여 주자는 『논어집주』에서 다음과 같이 설명했다. "기도는 잘못을 후회하고 선으로 옮겨가겠다는 다짐을 하면서 신의 도움을 비는 것이다. 그런 이치가 없다면 기도할 필요가 없는 것이며, 이왕 그런 이치가 있다고 하더라도 성인은 일찍이 잘못이 없었으니 옮겨갈 만한 선이 없는 것이다. 평소의 행동이 이미 신명에 부합하기 때문에 '나의 기도는 오래되었다'라고 한 것이다. 또 『예기』 「사상례」에 '병이 위독하면 오사(五祀)의 신에게 기도한다'라고 하였는데, 이는 신하나 자식의 절박한 심정에서 아무것도 안 하고 있을 수 없어서 그런 것이므로 당초에 병든 분에게 청한 뒤에 기도할 일은 아니다. 그러므로 공자께서는 자로에게 곧바로 거절하지 않고, 다만 기도를 일삼을 것이 없다는 뜻으로 말씀하셨다.(禱者, 悔過遷善, 以祈神之佑也. 無其理則不必禱, 既曰有之, 則聖人未嘗有過, 無善可遷. 其素行固已合於神明, 故曰: '丘之禱久矣.' 又 '士喪禮': '疾病, 行禱五祀.' 蓋臣子迫切之至情, 有不能自已者, 初不請於病者而後禱也, 故孔子之於子路, 不直拒之, 而但告以無所事禱之意.)" 참고로 '오사(五祀)'는 봄에 제사를 지내는 호(戶: 방문의 신), 여름에 제사를 지내는 조(竈: 부엌의 신), 늦여름에 제사를 지내는 중류(中霤: 방 중앙의 신), 가을에 제사를 지내는 문(門: 대문의 신), 겨울에 제사를 지내는 행(行: 도로의 신)을 가리킨다. 『예기』 「곡례하」 "오사에 제사를 지낸다(祭五祀)"에 대한 진호(陳澔)의 『예기집설』 참고.

179 『논어』 「옹야(雍也)」 20장에 다음과 같은 내용이 실려 있다. 번지(樊遲)가 지혜에 대하여 묻자, 선생님께서 말씀하셨다. "사람이 추구해야 할 옳은 일에 힘쓰고, 귀신은 공경하되 멀리하라. 그러면 지혜롭다고 할 것이다."(樊遲問知. 子曰: "務民之義, 敬鬼神而遠之, 可謂知矣.")

김부륜에게 답하다 1570

答金惇敍 庚午

115

"旣葬則先之墓",『家禮』固指親喪而言,「雜記」又云: "不及送葬者,
遇主人於道, 則逢之於墓", 亦指兄弟喪而言, 皆至親之喪, 哀痛迫
切, 無所不用其極之禮也. 徐孺子雞酒奠墓, 不見喪主, 必是知死
而不知生, 故如此耳. 若朋友之喪, 非至親之比, 則恐不必先之墓.
死生皆知, 則又豈可奠墓而不見喪主耶? 況旣葬返魂之後, 几筵爲
重, 奠於几筵, 而兼行吊爲當. 若曾子所云: "朋友之墓, 有宿草, 不
哭", 只謂或几筵在他, 而行奠於墓者, 可如此耳, 非謂必先之墓如
親喪也. 且觀古禮文, 凡吊者, 賓無不哭, 主人無不哭答, 雖過虞、
練皆然, 與曾子之云似若不同, 亦與今人主哭而賓不哭殊異. 今公
於郭侯, 契分甚厚, 千里吊奠, 恐不可拘於曾子之言也.

"이미 장례를 치른 뒤라면 우선 묘소로 가라"라는 말은 『가례』에서는 틀림없이 어버이의 상(親喪)인 경우를 가리켜 한 말이다.[180] 『예기』「잡기」에 "미처 장례에 참석하지 못했던 사람이 길에서 주인을 만났다면 묘소로 가라"라고 한 것 역시 형제의 상(兄弟喪)인 경우를 가리켜 말한 것으로, 모두 지친至親의 상에 애통함이 박절해서 최대한의 슬픔을 표하는 예이다. 서유자徐孺子가 닭과 술을 장만해서 묘소에 올리고 상주는 만나보지 않았다는 것은 필시 망자는 아는 사이지만 상주와는 모르는 사이였기 때문에 이렇게 했을 것이다.[181] 지친과 비할 바 아닌 붕우의 상(朋友喪)에는 묘소부터 먼저 갈 필요까지는 없으며, 망자와 상주를 모두 안다면 어찌 장만한 음식을 묘소에 올리기만 하고 상주는 만나보지 않아야 되겠는가? 하물며 이미 장례를 치르고 반혼返魂까지 한 뒤라면 궤연几筵이 중하니 궤연에 전을 올리고 겸해서 조문도 하는 것이 마땅하다. "붕우의 묘에 난 풀에 묵은 뿌리가 있으면 곡하지 않는다"라는 증자의 말씀은 혹시 궤연이 다른 곳에 있기 때문에 묘소를 찾아가서 전奠을 행하는 경우에 이렇게 하라는 말씀일 뿐이며, 지친의 상과 같이 우선 묘소부터 가라는 말씀은 아니다. 또 고례의 예문을 보면, 모든 조문의 경우에 빈賓도 곡하지 않은 예가 없고 주인도 곡으로 답하지 않은 예가 없다. 비록 우제(虞)와 소상(練)이 지났어도 마찬가지다. 이는 증자의 말씀과 차이가 있는 것이며, 오늘날 주인은 곡을 하는데 빈은 곡하지 않는 것과도 다르다. 이제 그대가 곽황郭趪[182]과

친분이 매우 돈독했기 때문에 천 리 길을 가서 조문하고 전을 행하
는 것인 만큼 증자의 말씀에 구애될 필요는 없다.

116

洞中知舊之酹不酹, 當自度可否而處之, 亦豈有過厚之害理耶? 若
酹則三年已過, 當就墓, 不可就人家廟而行之也.

　동네 지인이 술을 따라야 하는지 여부는 스스로 가부를 헤아려
대처함이 마땅할 것이니, 그렇다고 해서 어찌 지나치게 후해서 의
리를 해칠 리가 있겠는가? 만일 술을 따른다면 3년이 이미 지난 다
음에는 마땅히 묘소로 가서 해야지, 남의 집 사당에 가서 행해서는
안 된다.

주

180 『가례』「상례」'문상·분상(聞喪·奔喪)'조에 "만일 이미 장례를 치른 뒤라면 우선 묘소에 가서 곡을 하고 절을 올린다(若既葬, 則先之墓, 哭拜.)"라는 내용이 있다.

181 서유자와 관련한 내용은 『가례』「상례」'조·전·부(弔·奠·賻)'조의 "부의를 할 때는 돈과 비단을 사용한다(賻用錢帛.)"라는 내용 아래 부주(附註)에 실려 있다.

182 곽황(郭趪. 1530~1569) 자는 경정(景靜), 호는 탁청헌(濯淸軒), 본관은 현풍(玄風)이다. 1556년(명종 11) 27세 때 별시(別試) 문과에 급제하였다. 1563년(명종 18) 예조 좌랑에 임명되었으며, 그해 예안현감으로 부임하였다. 이때 도산서당에서 학문을 가르치고 있던 퇴계를 찾아가 종유(從遊)하였다. 예안현감으로 재임하는 동안 선정을 베풀어 3년 만인 1565년(명종 20) 공장(公藏)과 사축(私蓄)이 크게 늘었다. 또한 퇴계의 제자인 조목(趙穆), 김부필(金富弼), 금응훈(琴應壎), 금난수(琴蘭秀) 등의 인사들을 도와 역동서원(易東書院)을 창건하는 데 물심양면으로 지원하여 고을 사람들로부터 칭송을 받았다.

김취려에게 답하다 1561

答金而精 辛酉

*

所問皆禮之變, 而人所難處者, 非寡陋所及. 然平時不相講明, 則臨事尤末如之何, 敢以謬見, 參以古今之宜, 以聽於裁擇, 其有悖理者, 更望評喩.

질문한 사안들은 모두 변례變禮[183]에 해당하는 것들로, 사람들에게 난처한 것이며 식견이 부족한 나 같은 사람이 미칠 바가 아니다. 그러나 평소 이런 사안들에 대해 서로 강명講明하지 않으면 그런 일이 닥쳤을 때 더욱 어찌할 수 없게 될 것이므로 감히 그릇된 소견으로 고금古今의 시의를 참작하였고, 그대의 재량과 선택을 받아들일 것이니 이치에 어긋난 데가 있다면 평하여 일깨워 주기를 바란다.

人死襲斂時, 幅巾、深衣、大帶、韤、履之屬, 靡不詳盡, 而不言網
巾、行縢, 何也? 不知而今可得用否?

🈺 사람이 죽어서 습襲이나 염斂을 할 때, 복건幅巾, 심의深衣, 큰띠
〔大帶〕, 버선〔韤〕, 신발〔履〕 등은 빠짐없이 언급했으면서, 망건網巾[184],
행등行縢[185]은 말하지 않은 까닭은 무엇입니까? 이유를 모르지만 지
금 사용해도 되는 것입니까?

網巾之制出於大明初, 則固『家禮』所不言. 今旣生時所常用, 又
『儀註』許代以皂紵制用, 今依『儀註』用之, 可也. 行縢不言, 固可疑.
或云: "『家禮』所謂勒帛卽行縢", 未知是否. 更問於知禮者, 喩及.

🈺 망건이 만들어진 것이 명나라 초기라서 『가례』에는 언급되지
않았다. 하지만 요즘은 생전에 상용하던 것이고, 『의주儀註』[186]에도
검은 모시〔皂紵〕로 만들어 사용하라고 했으니, 『의주』에 의거해서
사용하면 된다. 그런데 행등을 언급하지 않은 이유는 참으로 의심
스럽다. 혹자는 "『가례』에서 말한 늑백勒帛이 바로 행등이다"라고
하는데, 맞는 말인지는 모르겠다. 예를 잘 아는 이에게 다시 물어
서 알려 달라.

118

男用幅巾, 女襲則用何巾?

🔲 습을 할 때 남자는 복건을 사용하는데, 여자는 어떤 건을 사용
해야 합니까?

婦人襲冠, 禮所不言, 難以義起. 然『儀註』: "襲有幅巾", 註云: "皁
紬制如𥢶頭", 其於婦人亦依此, 象平時所服而制用, 無乃宜乎?

🔲 부인婦人을 습할 때 사용하는 관冠에 대해 예에서 언급해 놓지
않았다. 따라서 의기義起[187]하기가 어렵다. 그러나 『의주』에 "습을
할 때는 복건이 있다"라고 하였고, 그 주에 "검은 명주로 감투처럼
만든다"라고 했으니, 여기에 의거하되 평소 사용하던 것을 본떠서
만들어 사용하면 적절하지 않겠는가?

119

質殺, 今可用否?

🔲 질質과 쇄殺[188]를 지금도 써야 합니까?

質殺之用不用, 當依丘氏說處之.

답 질과 쇄를 쓸지 여부는 구준丘濬의 설[189]에 의거하여 처리하라.

120

不紐, 世以爲去紐, 何如?

문 '고를 하지 않는다[不紐]'는 것을 세상에서는 '고를 없앤다[去紐]'
고 하는데, 어떻습니까?

去紐, 按,「喪大記」:"左衽, 結絞, 不紐." 註:"衽, 衣襟也. 生向右,
左手解抽帶便也. 死則襟向左, 示不復解也. 結絞不紐者, 生時帶
並爲屈紐, 使易抽解, 死時無復解義, 故絞束畢結之, 不爲紐也."
詳此註意, 此所謂紐, 非指衣襟之系, 亦非指帶, 當指絞布之結而
言也. 若『家禮』及『儀註』所謂不紐者, 與「喪大記」不同, 襲帶已
結於前, 而小斂不用帶, 則非指帶也. 其下方有"未結以絞"之文,
則又非指絞布也, 正指襟系而言也. 然凡結, 無耳則難解, 有耳則
易解. 紐者, 結之有耳者也. 篇首'深衣帶圖'下註, 釋紐爲"兩耳."
是也. 故『家禮』『儀註』皆曰:"不紐", 未嘗言:"去紐", 可知是存其
系而結之, 不爲紐耳. 世俗截去衣系, 則誠誤矣.

답 '뉴를 없앤다'는 것은, 살펴보건대『예기』「상대기」에 "임衽을 왼
쪽으로 여미며, 옷을 묶는 데 효포를 사용하여 묶고 고를 만들지

않는다"라고 하였고, 주註에 "'임衽'은 옷깃이다. 살아 있을 때는 옷깃을 오른쪽으로 향하게 하는데, 왼손으로 띠를 풀어서 빼기에 편리하도록 하기 위한 것이다. 죽으면 옷깃을 왼쪽으로 향하게 하는데, 이는 다시는 풀지 않을 것임을 보여 주는 것이다. '효포를 사용하여 묶고 고를 만들지 않는다(結絞不紐)'라는 것은 살아 있을 때에는 띠에 모두 굴뉴屈紐를 만들어서 당겨 풀기 쉽도록 하지만, 죽으면 다시는 푸는 의리가 없기 때문에 효포로 완전히 묶고 고를 만들지 않는 것이다"라고 하였다. 이 주의 뜻을 자세히 살펴보면, 여기서 말하는 '뉴紐'는 옷깃(衣襟)에 매는 고름(系)을 가리키는 것도 아니고, 띠(帶)를 가리키는 것도 아니며, 당연히 효포의 매듭을 가리켜 말한 것이다. 『가례』와 『의주』에서 말한 '뉴를 만들지 않는다'라고 한 것은 「상대기」와는 같지 않다. 습襲의 띠는 이미 앞에서 매었기에 소렴 때는 띠를 사용하지 않으니 띠를 가리킨 것이 아니고, 그 아래에 "아직 효로 묶지 않는다"라는 조문이 있으니 효포를 가리킨 것도 아니며, 바로 옷깃의 고름을 가리켜 말한 것이다. 그러나 모든 매듭에 귀가 없으면 풀기가 어렵고 귀가 있으면 풀기가 쉬우니, '뉴'라는 것은 귀가 있는 매듭이고, 편篇 머리의 '심의대도深衣帶圖' 아래 주에서 그 뉴를 "두 귀(兩耳)"라고 풀이한 것이 이것이다. 그러므로 『가례』와 『의주』에서는 모두 "뉴를 하지 않는다"라고 하였고, "뉴를 없앤다"라고 말한 적이 없으니, 이는 그 고름을 남겨 두고 묶되 고를 만들지 않는 것임을 알 수 있다. 세속에서 옷고름을 잘라 버리는 것은 진실로 잘못된 것이다.

121

小斂有縱橫布, 大斂無此制, 何耶? 中朝布廣, 故橫布三幅, 足以周身. 本國布狹, 三幅未得周身, 可以增用否?

[문] 소렴小斂에는 세로로 놓는 베〔縱布〕와 가로로 놓는 베〔橫布〕가 있는데, 대렴大斂에 이 제도가 없는 이유는 무엇입니까? 중국의 베는 폭이 넓어서 가로로 놓는 베 세 폭으로 몸을 다 두를 수 있지만, 우리나라의 베는 폭이 좁아서 세 폭으로는 몸을 다 두를 수 없으니, 베를 추가로 사용해도 괜찮습니까?

大斂無橫縱布, 此『家禮』依『書儀』以從簡也. 後來, 先生以高氏喪禮爲最善, 則蓋以『書儀』爲未盡也. 楊氏已詳言之, 故『家禮』'大斂' 註引高氏之說. 丘氏禮及今『儀註』並從之, 則大斂用絞何疑? 布廣雖有彼此之殊, 只依丘禮中吳草廬說用之, 未見其有礙, 何可增用耶? 蓋絞束相去之間, 雖未連接, 無害也.

[답] 대렴에 가로로 놓는 베와 세로로 놓는 베가 없는 것은『가례』가『서의書儀』에 의거하여 간소함을 따랐기 때문이다. 나중에는 주자께서 고항高閌의 상례를 최선이라고 하신 것으로 볼 때,『서의』

가 미진하다고 여기셨던 것으로 짐작된다. 이에 관해서는 양복楊復이 이미 자세히 언급해 놓았다. 그러므로 『가례』 '대렴' 부분 주註에 고항의 설을 인용해 두었고, 『가례의절』과 『의주』도 모두 이를 따랐다. 그러고 보면 대렴에 효포를 사용하는 것을 어찌 의심하겠는가? 베의 너비가 비록 중국과 우리나라의 차이가 있더라도 『가례의절』에 나오는 초려草廬 오징吳澄[190]의 설[191]에 따르면 문제점이 발견되지 않는데 어찌 베를 추가로 사용하겠는가? 효포로 묶을 때는 서로 포개지지 않아도 무방하다.

122

或於牀上大斂, 而納于棺中, 可謂得正乎?

[문] 혹시 침상 위에서 대렴을 하고 입관入棺을 하는 것이 바른 방식이라고 할 수 있습니까?

『家禮』 大斂無絞, 故就棺而斂, 今依高氏、楊氏、丘氏說, 大斂用絞, 則牀上大斂而納于棺, 當矣. 但恐或與棺中不相稱穩, 須十分商度, 令無此患可也. 或曰雖用絞就棺而斂, 亦無大害於理也.

[답] 『가례』에서는 대렴을 할 때 효포가 없으니 관에서 염을 하는 것이지만, 이제 고항, 양복, 구준의 설에 따라 대렴을 할 때 효포를

사용한다면 침상에서 대렴을 하고 입관을 하는 것이 마땅할 것이다. 다만 혹시나 관의 내부와 잘 맞지 않을 수도 있으니 십분 잘 헤아려서 염려가 없게 해야 할 것이다. 어떤 사람은 효포를 사용하더라도 관에서 염을 한다고 하는데, 이 역시 사리에 크게 해로울 것은 없다.

123

成服前無上食之禮, 非闕典乎?

[문] 성복成服[192]을 하기 전에는 상식上食하는 예가 없는데, 빠진 것이 아닙니까?

上食, 所以象平時也. 死喪大變之初, 死者魂氣飄越不定, 生者被括哭擗無數. 此時, 只設奠以依神則可矣. 上食以象平時, 非所以處大變也. 當是時, 生者三日不食, 亦爲是也, 而今之『儀註』於小斂前已有上食之文, 恐失禮意也.

[답] 상식이란 평상시를 본떠서 하는 것이다. 죽음이라는 큰 변고를 당한 초기에 죽은 이는 혼기魂氣가 정처 없이 떠돌고 산 사람은 머리를 풀어 헤친 채 하염없이 울고불고한다. 이런 때에는 그저 전奠을 차려서 신혼神魂을 의지하게만 하면 된다. 상식은 평상시를 본

떠서 하는 것이지, 큰 변고에 대처하는 것은 아니다. 이때 산 사람
도 사흘 동안 아무것도 먹지 않는데, 그 역시 이 때문이다. 오늘날
『의주』에 소렴 이전에 이미 상식하라는 내용이 있는데, 이는 예의
의미를 상실한 것이다.

124

吊奠, 有用茶燭之說, 而朝夕奠、上食時無之, 何也?

📖 조문을 하면서 전奠을 올릴 때 '차와 촛불을 사용한다'라는 설이
있는데, 아침저녁으로 올리는 전과 상식할 때 (차와 촛불을) 없앤 것
은 왜입니까?

旣有奠與上食, 不可無茶燭, 而『家禮』、丘氏禮皆無之, 恐或有義,
未敢臆說.『儀註』則有燭而無茶, 東人固不用茶, 其進湯, 乃所以
代茶, 而幷無之, 亦恐未安.

📖 기왕에 전과 상식이 있으니 차와 촛불이 없어서는 안 될 텐데
도, 『가례』와 구준의 『가례의절』에서 모두 없앤 것은 아무래도 어떤
의리가 있어서일 것이므로 감히 함부로 말하지 못하겠다. 『의주』에
는 촛불만 있고 차는 없다. 우리나라 사람은 본래 차를 사용하지
않으니 숭늉(湯)을 올리는 것이 차를 대신하는 것이다. 모두 없애는

것은 아무래도 타당하지 않다.

男喪, 以奴爲行者而祭之, 猶云不可, 況女喪, 以避嫌女僕之故, 而
使奴執奠, 是可乎?

🔳 남자의 상에 남자 종을 행자로 삼아 제사를 지내는 것도 불가
하다고 했는데, 하물며 여자의 상에 여자 종을 피혐避嫌한다는 이
유로 남자 종을 시켜서 집전執奠하게 하는 것이 가당합니까?

執奠, 子弟之職. 内喪, 使奴僕執奠之失, 不待言也. 須子弟行之,
或子弟有故, 寧親執可也.

🔳 집전이란 자제들이 할 일이다. 여자의 상[內喪]에 남자 종이든
여자 종이든 종을 시켜서 집전하도록 하는 것이 잘못된 것임은 말
할 필요도 없다. 모름지기 자제들에게 행하도록 하되, 혹시 자제들
에게 사정이 생겼다면 〔종을 시켜서 하는 것보다〕 차라리 직접 집행하
는 것이 가하다.

126

奉柩朝于祖之禮, 不得擧行, 而或以銘旌, 或以魂帛朝之, 殊甚不

經, 何以得正乎?

[문] 널을 받들고 사당에 가서 조조朝祖하는 예를 거행할 수 없다고 하여 명정銘旌이나 혼백魂帛으로 조조하는 경우가 있습니다. 이는 매우 옳지 않으니, 어떻게 해야 바른 것입니까?

朝祖, 丘氏謂: "人家狹隘者, 奉魂帛以代柩; 屋宇寬大者, 宜如禮", 此論得之.

[답] 조조에 관해 구준은 "집이 좁은 경우에는 널 대신 혼백을 받들고, 집이 넓고 큰 경우에는 마땅히 예禮와 같이 하라"라고 하였으니, 이 논의가 타당하다.

127

首絰單股之非.

[문] 수질首絰을 한 가닥〔單股〕으로 하는 것의 잘못.

首絰, 『家禮』 無兩股之文. 故 『儀節』 及 『補註』 皆云: "當單股." 但 『周禮』 '弁師': "王之弁絰, 弁而加環絰." 鄭康成曰: "環絰, 大如緦之麻絰, 纏而不糾." 賈氏曰: "緦之絰, 兩股, 環絰則以一股." 『禮』

「檀弓」:"子柳妻衣衰而繆絰云云. 請總衰而環絰." 註:"繆, 絞也.
謂兩股相交, 五服之絰皆然. 惟吊服之環絰, 一股." 此等處非一,
則當從『禮』註說, 爲正.

☖ 수질에 대해『가례』에는 두 가닥[兩股]으로 하라는 글이 없다.
따라서『가례의절』과『가례보주家禮補註』에서는 모두 "마땅히 한 가
닥으로 한다"라고 하였다. 다만『주례周禮』'변사弁師'에 "왕의 변
질弁絰[193]은 변弁을 하고 환질環絰을 더한다"라고 했는데, 이에 대해
정현鄭玄은 "환질은 크기가 시마복의 마질麻絰과 같으며 두르기만
하고 꼬지는 않는다"라고 했고, 가공언賈公彦은 "시마복의 질은 두
가닥이지만, 환질은 한 가닥을 사용한다"라고 했다.『예기』「단궁」에
"자류子柳의 처가 자최복齊衰服에 규질繆絰[194]을 하자, 세최복總衰服[195]
에 환질을 하도록 청하였다"라고 했는데, 주에 "규는 꼰다[絞]는 뜻
으로, 두 가닥을 서로 교차한다는 뜻이다. 오복五服의 질은 모두 그
렇게 하며, 오직 조복吊服의 환질만은 한 가닥이다"라고 했다. 이런
곳이 한둘이 아니라면, 마땅히『예기』주註의 설을 따르는 것이 바
람직하다.

128

領之袷帶下尺絞帶之類, 可依禮經制之否?

🔲 '옷깃이 교차하는 겁袷[196]과 띠〔帶〕가 효대絞帶보다 한 자쯤 내려온다'와 같은 것들은 예경禮經에 의거하여 만들면 되는 것입니까?

領袷帶下尺絞帶, 如禮爲善. 但旣有経帶, 絞帶之大, 恐當有斟酌也.

🔲 예대로 하는 것이 좋다. 다만 이미 질대經帶가 있으니 효대의 크기는 마땅히 조정이 있어야 할 것이다.

129

本國麤布狹, 故負版衽制不得用古禮尺度, 連幅爲之, 何如?

🔲 우리나라의 거친 베〔麤布〕는 폭이 좁아서 부판負版이나 임衽을 만들 때 고례의 척도를 적용할 수 없으니, 폭을 이어서 만들면 어떻겠습니까?

負版與衽, 連幅用之, 恐不可.

🔲 부판과 임을 만들 때 폭을 이어서 사용하는 것은 불가할 듯하다.[197]

130

衰麻, 只用四幅, 而體豊者冬月厚衣, 則衰服制狹, 或至破裂. 今可加用別幅, 以周其體乎?

📖 상복을 만드는 삼베(衰麻)는 단 네 폭만 사용하게 되어 있습니다. 그래서 몸집이 풍만한 사람이 겨울에 두꺼운 옷을 입으면 상복의 품이 작고, 간혹 터지기도 합니다. 그러니 별도의 폭을 더 사용해서 몸에 맞게 해도 되겠습니까?

體豊者衰服加用別幅, 亦恐不可. 若豫有廣幅布別樣者, 以備急用則可, 蓋豫凶備, 人家所不免也.

📑 몸집이 풍만한 사람의 상복을 만들 때 별도의 폭을 더 사용하는 것 역시 불가할 듯하다. 만일 특별히 넓은 폭의 베를 미리 장만해 두었다가 다급하게 쓰일 때를 대비하면 가할 것이다. 흉사를 미리 대비하는 것은 사람 사는 집에서 피할 수 없는 일이다.

131

衰麻, 或捨極麤而用稍細布者云: "中朝之布如此." 是可從而行之否?

📖 상복을 만드는 삼베로 극히 거친 것을 쓰지 않고 약간 가는 것을 사용하는 어떤 사람이 "중국의 베는 이 정도였다"라고 말합니다. 이 말에 따라서 해도 괜찮겠습니까?

五服布麤細之等, 尤是禮經所謹. 今人父母喪, 亦用細布, 其失非
輕, 而謬云 "中朝之布如是", 其可乎?

答 오복五服에 사용하는 베의 굵고 가는 등급은 예경에서 더욱 신
중하게 다루는 부분이다. 요즘 사람들은 부모상에도 가는 베를 쓰
던데, 그 잘못이 가볍지 않다. 그런데도 "중국의 베는 이 정도"라는
잘못된 말을 해서 되겠는가?

132

斬衰削幅之制, 今可行否?

問 참최斬衰의 폭을 줄이는(削幅)[198] 제도를 오늘날도 행해야 합니까?

斬衰, 削幅.

答 참최는 폭을 줄인다.

133

成服前, 著腰絰散垂三尺, 而至成服乃絞之禮, 今可行否?

問 성복成服 이전에는 3척尺을 풀어서 늘어뜨린(散垂) 요질腰絰을

착용했다가, 성복을 할 때 꼬아 묶는 예를 지금도 행해야 합니까?

腰絰散垂, 四日而乃絞.

📋 요질을 풀어서 늘어뜨렸다가 4일째 되는 날 꼬아 묶는다.

134

小祥練服之制, 今不可行乎?

📋 소상小祥에 연복練服을 하는 제도를 오늘날에는 행할 수 없습니까?

小祥練服以上三條, 豈有不可行, 人自不行耳. 但腰絰散絞之節,
『家禮』無其文, 豈不以繁文略之歟? 而於絞帶圖上云云, 徒使人眩
行. 今欲行之, 當於小斂後, 首加環絰, 腰著散垂之絰, 至四日成
服, 乃以苴絰代環絰, 而絞其散麻, 始爲得禮. 蓋首絰·腰絰一體,
不可一遺而一擧也. 詳見丘氏禮'喪禮考證'.

📋 이상에서 거론한 참최의 폭을 줄이고(斬衰削幅), 요질을 풀어서
늘어뜨리고(腰絰散垂), 소상에 연복을 하는(小祥練服) 세 가지를 어
찌 행할 수 없겠는가? 사람이 행하지 않는 것일 뿐이다. 다만 요질
을 풀어서 늘어뜨리는 것은 『가례』에 명문이 없지만, 그것은 복잡
한 문식이기 때문에 간략하게 한 것이 아니겠는가? 그런데 '효대도

絞帶圖'[199] 윗부분에 이에 관한 설명이 있어서 사람들이 어떻게 행해야 하는지 헛갈리게 한다. 오늘날 이를 행하고자 한다면 마땅히 소렴 뒤에 머리에는 환질環経[200]을 쓰고 허리에는 풀어서 늘어뜨린 질経을 착용했다가, 4일째 되는 날 성복을 하면서 환질은 저질苴経[201]로 바꾸고 풀어서 늘어뜨린 것은 꼬아 묶으면 된다. 수질과 요질은 한 몸이니, 하나는 버리고 하나만 채택할 수는 없다. 자세한 내용은 『가례의절』 '상례고증喪禮考證'에 나와 있다.

135

婦人冠経之制, 不得復行否?

🔲 부인의 관冠과 질経에 관한 제도를 다시 시행할 수는 없습니까?

婦人冠経之制, 遵古禮則好, 然亦當自視其家行喪禮如何. 若他事不能盡如禮, 獨行此一節, 無益也, 又駭俗也.

🔲 부인의 관과 질에 관한 제도는 고례대로 따라 하면 좋겠지만, 집안에서 행하는 상례가 어떤지도 살펴보아야 한다. 만일 다른 것들은 모두 고례와 같이 하지 못하면서 이 부분만 시행하려 하는 것은 무익할뿐더러 주변에서 해괴하다고 여길 것이다.

喪畢後, 絰、杖棄之潔處, 禮有其文, 而衰衣何以處之? 衰衣、冠、絰、杖, 世多付火, 此其得禮之正乎? 若以此得禮之正, 則婦人蓋頭、背子亦付火否?

🔒 상을 마친 다음 수질, 요질과 지팡이(杖)는 깨끗한 곳에 버리라는 내용이 예문禮文에 나와 있는데, 최의衰衣는 어떻게 처리해야 합니까? 최의, 관, 수질, 요질, 지팡이를 사람들은 불에 태우는 경우가 많은데 이것이 정당한 예입니까? 만일 이렇게 하는 것이 정당한 예라면 부인들의 개두蓋頭[202]나 배자背子[203]도 불에 태우면 되는 것입니까?

喪畢, 喪服置處, 古禮無文, 未知何所處而可也. 但「曲禮」: "祭服敝則焚之", 今人喪冠服并杖付火, 恐或得宜也. 婦人喪服, 不須別有議也. 『家禮』但言: "斷杖, 棄之潔處", 不言絰, 他禮文亦未見有擧絰處. 來喻并絰言之, 何所據耶?

🔒 상을 마친 다음 상복을 둘 곳에 대해 명시한 글이 고례에는 없으니, 어떻게 처리하는 것이 가한지 모르겠다. 다만 『예기』 「곡례」에 "제복祭服이 해지면 불태우라"라는 말이 있으니, 요즘 사람들이 상의 관복冠服을 지팡이와 함께 불태우는 것은 적절한 듯하다. 부

인의 상복이라고 별도로 논의할 필요는 없다. 『가례』에서는 "지팡이를 부러뜨려 깨끗한 곳에 버리라"라고만 하였을 뿐, 질에 대해서는 언급하지 않았다. 다른 예문에도 질에 대해 거론한 것을 보지 못했는데, 질과 함께 언급했다는 말은 어디에 근거한 것인가?

137

父在爲母降服者、及爲人後爲私親降服者, 當心喪時, 朝夕祭所服, 圭菴以玉色團領爲未安, 宜著白布衣云, 是有合於聖賢禮經乎?

[문] 아버지가 살아 계시는 상황에서 돌아가신 어머니의 상에 강복降服[204]을 하는 사람이나 타인의 후사가 되어 사친私親의 상에 강복을 하는 사람이 심상心喪[205]을 치르면서 조석제朝夕祭에 입는 옷과 관련하여 규암圭菴 송인수宋麟壽[206]는 옥색의 단령團領이 온당치 않다면서 백포의白布衣를 입는 것이 적절하다고 하는데, 이것이 성현의 예경에 부합합니까?

父在爲母降服者、爲人後爲本親降服者, 朝夕祭時, 用玉色團領, 或以爲未安, 欲著白布衣. 圭菴說. **然旣曰: "禫服行心喪", 則玉色衣無乃可乎?**

[답] 아버지가 살아 계시는 상황에서 돌아가신 어머니의 상에 강복

을 하는 사람이나 타인의 후사가 되어 사친의 상에 강복을 하는 사람이 조석제를 지낼 때 옥색의 단령 옷을 착용하는 것이 온당치 않다면서 백포의를 입으려고 한다. 송인수의 설이다. 그러나 이미 "담복禪服을 입고 심상을 치른다"라고 하였으니, 옥색의 옷이 가당치 않겠는가?

138

服中當忌祭, 必不得已參行, 則當用何服?

📧 상중에 기제사를 당하여 부득이 꼭 참여하여 제사를 지내야 한다면 어떤 복을 입어야 합니까?

服中不得已參忌祭, 當用白衣. 但冠用麻巾未安, 用白巾尤異, 不若使子弟行之爲宜.

📧 상중에 부득이 기제사에 참여해야 한다면 마땅히 백의白衣를 입어야 할 것이다. 하지만 머리에 삼베로 만든 건巾을 착용하는 것은 타당하지 않고, 그렇다고 흰색 건을 착용하는 것은 더욱 이상하다. 그러니 자제에게 대행하도록 하는 것이 적절할 것이다.

139

居廬者, 朔望及節日祭時, 神主、墳墓兩行之, 此何如?

🔲 여묘살이를 하는 사람이 매월 초하루와 보름 그리고 명절에 제사를 지낼 때 신주와 분묘[207] 두 곳에서 행하는데 이것이 어떻습니까?

居廬者, 朔望、節日, 當行於几筵, 其有並行於墓所者, 非也.

🔳 여묘살이를 하는 사람이라도 매월 초하루와 보름 그리고 명절에는 마땅히 궤연几筵에서 제사를 지내야 하며, 묘소에서 병행하는 것은 잘못이다.

140

人有少時喪親, 及長追服其喪者, 此可通行之禮否?

🔲 어려서 어버이를 여의었는데 장성한 다음 그 상에 대해 추복追服[208]을 하는 이가 있습니다. 이것이 보편적으로 준행할 만한 예입니까?

追服, 朱先生以爲 "意亦近厚", 觀 "亦近"二字, 其非得禮之正明矣. 旣非正禮, 則又豈可立法而使之通行耶? 蓋旣失其時, 而從事吉常久矣, 一朝哭擗行喪, 已不近情, 其於節文亦多有窒礙難行處故也.

禮有稅服, 此乃聞喪後時而追服, 與此又不同也.

🔖 추복에 대하여 주자는 "그 의도가 어쨌든 후함에 가깝다"라고 하셨다. 이 말씀에서 "어쨌든 ~ 가깝다"라고 하신 표현을 감안하면, 그것이 정당한 예가 아님은 분명하다. 이미 정당한 예가 아니라면 어찌 법으로 세워 보편적으로 준행하도록 할 수 있겠는가? 기왕에 그 시기를 놓치고 길상吉常[209]에 종사한 지 한참이 지났는데, 어느 날 갑자기 곡을 하고 가슴을 치면서 상을 치른다는 것이 이미 실정에 맞지 않고, 예의 절문節文에도 억지스러운 부분이 많을 것이기 때문이다. 예에 태복稅服[210]이라는 것이 있는데, 이는 상이 난 줄 모르고 있다가 나중에 듣고서 추복하는 것으로, 이 경우와는 같지 않다.

141

今俗, 期、功以下喪, 不成服, 只用布帶, 其失禮經甚矣. 雖未復古制, 當其喪, 素衣布帶, 不處內, 不飲酒, 不食肉, 以終其日, 可得禮經之彷彿乎?

🔖 요즘 시속에서는 기년복이나 대공복, 소공복 이하의 상에는 성복을 하지 않고 그저 포로 만든 띠(布帶)만 착용하니 예경에 벗어난 정도가 매우 심합니다. 비록 옛 제도를 회복하지는 못하더라도 상을 당한 그날만큼은 흰옷과 포로 만든 띠를 하고 내실에 거처하지

않으며, 술을 마시지도 고기를 먹지도 않으면서 지낸다면 예경과 비슷하기라도 하지 않겠습니까?

期、功以下喪, 今人皆不成服, 親親之義衰薄, 甚可歎也. 能如所喻, 豈不爲彼善於此? 固君子所當盡心處. 但於緦、小功亦然, 則又無輕重之殺. 昔葉味道曾問:"緦、小功不御於內, 無明文, 當如何?"朱子曰:"禮旣無文, 卽當自如, 服輕故也."今人雖輕服, 當其布帶在身, 則竝不食肉, 此意則好, 所當依行. 其餘不飮酒等事, 不必盡如所喻也, 卽所謂"先王制禮, 不敢過也."

🕮 기년복이나 대공복, 소공복 이하의 상에 요즘 사람들은 모두 성복을 하지 않으니 친친親親[211]의 의리가 쇠박해진 것으로, 심히 탄식할 일이다. 그대가 말한 대로 할 수만 있다면 어찌 이런 경우보다 낫다고 하지 않겠는가?[212] 진실로 군자가 마땅히 마음을 다해야 할 부분이다. 다만, 시마복이나 소공복에 대해서도 그렇게 한다면 사안의 경중에 따른 차등이 없게 될 것이다. 예전에 섭미도葉味道가 "시마복과 소공복을 입었을 때 안채에 머물지 말라는 명문이 없는데 어떻게 하는 것이 마땅합니까?"라고 묻자, 주자께서는 "예에 명문이 없거든 하던 대로 하면 될 것이다. 상복이 가볍기 때문이다"라고 하셨다.[213] 요즘 사람들은 비록 가벼운 상복이라 해도 포로 만든 띠만 착용했다 하면 일절 고기를 먹지 않는다. 이 뜻은 좋

은 것이니 마땅히 그대로 행하면 될 것이다. 그 밖에 술을 마시지 않는다든가 하는 것들은 그대가 말한 것처럼 다할 필요는 없을 것 같다. 이른바 "선왕이 만드신 예이니, 감히 지나칠 수 없습니다"[214]에 해당한다.

142

父未畢喪而死, 則子可并服其父未畢之服否? 其祖父母返魂時, 用何服, 而祥、禫之際, 何以爲之?

🔖 상중에 있던 아버지가 상기를 다 마치지 못한 상태에서 돌아가셨을 경우, 아들은 아버지가 상기를 마치지 못한 복까지 함께 입어야 합니까? 그 조부모를 반혼返魂할 때는 어떤 복을 입어야 하며, 소상과 대상이나 담제에는 어떻게 해야 합니까?

父死服中, 子代其未畢之喪, 此事古今多有, 而古無言及處, 未知何故, 而爲說亦難矣. 但若以追代其服爲不可, 則其未畢之喪, 或葬或虞、祔、祥、禫, 爲孫者豈可付之無主, 而坐視不行耶? 如旣代其服, 則返魂及祥、禫之祭, 恐不得不服其服而行其禮也. 蓋『家禮』: "重喪未除而遭輕喪, 月朔服其服而哭之, 旣畢, 返重服." 況此所代之服, 不可謂輕服乎? 然此尤大節目, 當廣詢博考而審處之, 不可只因瞽說以斷也.

226

答 아버지가 복중服中에 돌아가셨을 경우, 아버지가 다 마치지 못한 상을 아들이 대신한 일은 고금에 많이 있지만 옛 문헌에 이와 관련하여 언급한 것은 없다. 왜 관련한 언급이 없는지 모르면서 뭐라 말하는 것 역시 어려운 일이다. 다만 아버지가 다 입지 못한 복을 뒤늦게 대신 입는 것이 불가하다고 하면, 손자 된 사람으로서 어찌 주인이 없다는 핑계로 다 마치지 못한 상의 장례나 우제, 부묘, 소상과 대상, 담제 등을 좌시만 하고 행하지 않을 수 있겠는가? 만일 복을 대신 입는다면 반혼, 소상과 대상, 그리고 담제 등의 제사에 아마도 대신 입은 그 복을 입고 예를 행하지 않을 수 없을 것이다. 『가례』에 "무거운 상의 복을 벗지 않은 상황에서 가벼운 상을 만났다면 초하룻날 가벼운 상의 복을 입고 곡을 한 뒤, 마치면 다시 무거운 상의 복으로 갈아입는다"라고 했다. 하물며 여기에서 대신 입은 복이 가벼운 상의 복이 아님에랴? 그러나 이 문제는 더욱 큰 절목이므로 마땅히 널리 묻고 고증하여 살펴 처리해야지 잘 모르는 사람의 말만 듣고 단정해서는 안 될 것이다.

143

返魂時, 奠酌用何禮, 而何人奠酌?

問 반혼返魂[215]을 할 때 술을 올리는 전작奠酌은 어떤 예를 준용해야 하며, 누가 전작을 해야 합니까?

返魂時奠禮, 未知所指, 似指今都中人返魂日親舊出城迎奠之事, 此禮古無所據, 亦不知今俗所爲如何. 竊意迎奠乃親舊所爲, 則非主人所當行也. 若主家自辦奠具, 則主人行之, 然主人侍廬三年, 因而侍來, 至門外而行奠, 似無意謂也. 如何如何?

🗒️ 반혼을 할 때 술을 올리는 예라는 것이 무엇을 말하는 것인지 모르겠다. 오늘날 서울 사람들이 반혼하는 날에 친지들이 도성까지 나가 맞이하면서 술을 올리는 일을 가리키는 듯한데, 이런 예는 옛 문헌에 근거할 바 없으며 요즘 풍속에서 어떤 식으로 하는지도 잘 모른다. 내 생각에 마중을 나가서 술을 올리는 것은 친지가 하는 것이고, 그렇다면 주인이 마땅히 행해야 하는 것은 아닐 것이다. 만일 필요한 것들을 주인의 집에서 스스로 장만해야 한다면 이는 주인이 행하는 셈인데, 주인이 3년 동안의 시묘살이를 마치고 신혼神魂을 모셔 오는 중에 대문밖에 이르러 술을 올린다는 것은 무의미한 듯하다. 어떠한가?

144

孫之於曾、高祖代喪者, 其妻例服也. 其間孫妻、曾孫妻皆以冢婦并服其喪乎?

📖 손자가 증조나 고조에 대해 대신 복을 입고 상을 치르는 경우,

그의 아내가 으레 복을 입습니다. 그렇다면 그 사이에 있는 〔증조의〕 손부孫婦〔상을 대신 치르는 손자의 어머니〕나 〔고조의〕 증손부曾孫婦〔상을 대신 치르는 손자의 어머니〕는 모두 총부冢婦로서 함께 복을 입고 상을 치릅니까?

喪者之妻旣服, 其母與祖母似不當服. 來喩引『家禮』小功條"爲嫡孫若曾、玄孫之當爲後者之妻, 其姑在則否"之說, 謂: "此必其姑當服, 故不爲其婦服云云", 來喩近是. 疑其夫雖服重服, 姑或祖姑以冢婦服之, 則婦可以不服, 故禮意如此也. 且孫妻、曾孫妻并服之疑, 又恐未然. 竊意孫妻、曾孫妻俱在, 則似孫妻服; 二妻一在, 則在者服矣. 然此等事亦甚重大, 難以率意而輕言之.

[답] 상주〔상을 대신 치르는 손자〕의 아내가 이미 복을 입었다면, 그의 어머니와 할머니가 복을 입는 것은 마땅하지 않은 듯하다. 그대의 편지에서 『가례』 '소공'조의 "적손 및 증손, 현손 가운데 후사가 될 사람의 처를 위해 하는데, 시어머니가 살아 계시면 하지 않는다"를 인용하고, "이는 필시 그 시어머니가 마땅히 복을 입는 것이므로 그 며느리가 복을 입어서는 안 됩니다"라고 했다. 편지에서 한 말이 옳은 듯하다. 그 남편이 아무리 무거운 복을 입었더라도 시어머니나 시할머니가 총부로서 복을 입었다면 며느리는 복을 입지 않아야 하므로 예의禮意가 이와 같은 것이 아닌가 싶다. 또 손부나 증

손부가 함께 복을 입느냐는 의문은 그렇지 않을 것이다. 내 생각에는 손부와 증손부가 함께 계시면 손부가 복을 입고, 두 분 중 한 분만 계시면 그분이 복을 입을 것이다. 그러나 이런 일은 역시 매우 중대하니 섣부른 짐작으로 가볍게 말하기 어렵다.

145

神主火灾者, 題神主於墓所, 此何如, 而題主慰安祭祀, 依虞、卒哭之禮乎? 服則何服而可稱其情禮?

📧 신주가 화재를 당했을 경우, 묘소에 가서 신주를 다시 만드는 것이 어떻습니까? 그리고 신주의 내용을 쓰고 신혼神魂을 위안하는 제사는 우제나 졸곡제의 예에 따릅니까? 이때 어떤 옷을 입는 것이 인정과 예법에 맞겠습니까?

神主火灾者, 只祠廟火而室屋猶存, 則當題主於家, 不當之墓所. 若并室屋蕩燼, 則寧從權而題主於墓所, 似或可矣. 慰安則可倣虞禮, 而用素服行之似當.

📧 신주가 화재를 당한 경우, 사당에만 불이 나고 집은 무사하다면 당연히 집에서 신주의 내용을 써야 하며, 묘소로 가는 것은 부당하다. 만일 집까지 모두 타버렸다면 권도權道에 따라 묘소에서

신주의 내용을 쓰는 것도 가능할 듯하다. 신혼을 위안하는 것은 우제의 예를 본떠서 하고, 소복을 입고 행하는 것이 타당할 듯하다.

■ 振視此題主於墓所一節 不能無疑. 戊辰七月, 先生承 召命來京, 頤庵 卽礪城君宋寅 招振問曰: "進士成惕奉先世三代神主, 安於家樓上, 不意 失火, 盡爲延燒, 來問於余曰: '改題新主, 當於何所耶?' 余答曰: '似當 題於墓所.' 其後更思之, 題於墓所, 似無其理. 須問於先生何如?" 振以 此意往質於先生, 先生答曰: "人死則葬於山野, 題主畢, 卽速返魂者, 使其神安在於生存之處也. 一朝神主火燒, 則神魂飄散, 無依泊矣, 卽 於前日安神之所, 設虛位改題新主, 焚香設祭, 使飄散之神更依於新主 可也. 前日已返之魂, 豈可往依於體魄所在之處乎?" 今觀金而精處所 答, 與振問所答不同. 而精所問在於辛酉, 振之所問在於戊辰, 則先生 晚年所見可知矣.

나(振)[216]는 묘소에서 신주를 만들라는 구절을 보고는 의심이 없을 수 없다. 무진(1568) 7월에 선생께서 임금의 부름을 받아 서울에 오셨을 때의 일이다. 이암頤庵 송인宋寅이 나를 불러 "진사進士 성척成惕이 조상 3대의 신주를 집안 다락 위에 봉안하였는데, 뜻하지 않은 실화로 모두 불타 버렸다. 그래서 내게 찾아와 '새 신주를 다시 만들려고 하는데 어디에서 하는 것이 마땅한지'를 묻기에, 내가 '묘소에서 신주를 만드는 것이 마땅할 듯하다'라고 대답해 주었다. 그런데 나중에 다시 생각해 보니, 묘소에서 만드는 것이 이치에 맞지 않을 듯하더라. 그러니 꼭 퇴계 선생께 물어봐 달라"라고 하였다. 그래서 내가 이를 선생께 질의하였더니, 선생께서 다음과 같이 대답해 주셨다. "사람이 죽으면 산야에 장례를 치르고, 신주 만들기가 끝나면 곧장 속히 반혼返魂을 하는 것은 그 신혼神魂으로 하여금 살아 계셨을 때 지내셨던 곳에서 편히 계시라는 뜻이다. 그런데 어느 날 신주가 화재로 타버렸다면 신혼이 흩어져서 의지할 데가 없을 것이니, 즉시 화재가 나기 이전 신혼이 안정되셨던 곳에 허위虛位를 만들어 그곳에서 새 신주를 다시 만든 다음, 향을 피우고 제수를 장만하여 흩어져 방황하실 신혼으로 하여금 다시 새 신주에 의지하시도록 함이 가하다. 예전에 이미 돌아오신 신혼이 어찌 체백이 계시는 곳으로 다시 가서 의지하시겠느냐?" 지금 김취려金就礪에게 답하신 것을 보면 나의 물음에 답해 주신 것과 같지 않다. 그런데 김취려는 신유년〔1561〕에 물었고, 나는 무진년〔1568〕에 물었으니 선생의 만년 소견이 무엇인지 알 수 있다.

146

十一二歲童子遭喪, 則當服其服否?

🔖 11~12세 동자童子도 상을 당하면 해당하는 복을 입어야 합니까?

禮, 童子不免、不杖、不緦, 當室則免矣、杖矣、緦矣. 但言童子, 而
不言年齒, 然古有子幼, 則人以衰抱, 而拜賓之禮, 況過十歲童子
寧不服耶? 但其服或未必盡如成人, 而緦則不服耳.

답　예禮에 동자는 문免[217]을 착용하지 않고 지팡이를 짚지 않고[218]
시마복을 입지 않으며,[219] 당실當室[220]하면 문을 착용하고 지팡이를
짚고 시마복을 입는다고 했다.[221] '동자'라고만 하고 나이는 말하지
않았지만, 예부터 〔주인인〕 아들이 어리면 다른 사람이 상복으로 그
를 감싸안고 조문 온 손님에게 절하는 예가 있는데,[222] 하물며 열
살이 넘은 동자가 어찌 복을 입지 않겠느냐? 다만 그 복이 반드시
성인과 같을 필요는 없을 것이며, 시마복의 경우는 입지 않는다.

147

非父母及繼後喪, 而爲收養父母服者, 稱孤哀可耶?

문　부모의 상이나 계후繼後한 분의 상이 아니고, 거두어 길러 주신
수양부모를 위해 복을 입는 경우에도 '고애孤哀'라고 칭해도 됩니까?

非繼後而爲收養父母服者, 所重在己之親, 不可稱孤哀也.

답　계후가 아니고 수양부모를 위해 복을 입는 자는 대를 잇는 중重

이 자신의 어버이에게 있으니 '고애'라 칭하는 것은 불가하다.

148

葬時, 棺槨之間, 或用油灰, 或用松脂, 此何如?

[문] 장례를 치를 때 관곽棺槨 사이에 유회油灰를 사용하기도 하고 송지松脂를 사용하기도 하는데, 이것이 어떻습니까?

棺槨之間用石灰, 見『家禮』註. 然妄意少用則無益, 多用則又須槨大, 槨大又須壙大, 皆『家禮』所忌, 恐不用爲宜也, 如何?

[답] 관곽 사이에 석회石灰를 사용하라는 것은 『가례』 본주에 나와 있다. 그러나 내 생각에 조금 사용하는 것은 무익하고, 그렇다고 많이 사용하면 곽槨이 커야 하고 곽이 커지면 또 구덩이도 커야 하는데 이렇게 커지는 것은 모두 『가례』에서 꺼리는 바이니, 사용하지 않는 것이 마땅할 듯싶은데 어떠한가?

149

成墳祭無禮文, 而世皆行之, 何如?

[문] 무덤의 조성을 완성하고 지내는 성분제成墳祭라는 것이 예문禮

文에 없는 것임에도 세상에서 모두 이를 행하는데 어떻습니까?

成墳三日祭, 是不安神於神主, 而仍安於墓所, 甚無謂也. 但今世俗崇重墓祭, 成墳之祭, 他日墓祭之始也, 恐不免循俗而行之.

🗌 무덤을 완성한 지 사흘째 되는 날 제사를 지내는 것은 신주에서 신혼神魂을 안정시켜 드리지 않고 묘소에서 안정시켜 드리려는 것인데, 말할 것 없이 매우 잘못된 일이다. 다만 요즘 세속이 묘제墓祭를 숭상하고 중시하는데, 성분제가 나중에 묘제의 시초가 되니 아무래도 세속에 따라 행함을 면치 못할 것이다.

150

忌日祭用肉, 聞命矣. 喪內朝夕祭用肉, 至有設別廚者, 何如? 隨時所得, 薦之可也, 而至於別設廚, 則似未安, 何如?

🗌 기일忌日의 제사에 고기를 사용하는 문제와 관련하여 가르침을 받았습니다. 그런데 상중에 지내는 조석제朝夕祭에도 고기를 사용하고, 별도의 주방을 마련한 경우까지 있는데 어떻습니까? 그때그때 얻은 것을 올리는 것이 가한데 별도로 주방까지 마련한 것은 온당하지 않은 듯한데 어떻습니까?

喪三年朝夕奠上食用肉, 則不得無別廚也. 然此乃禮物具備者所可行, 若未及此, 則不如隨所得而薦之尤可.

🔘 상을 치르는 3년 동안 조석으로 전奠과 상식上食을 하면서 고기를 사용한다면 별도의 주방이 없을 수 없을 것이다. 그러나 이것은 예물이 구비된 자나 행할 수 있는 것이고, 만일 이에 미치지 못하는 경우라면 얻은 바에 따라 올리는 것만 못할 것이다.

151

題神主時, 陷中第幾之說, 何指耶?

🔘 신주의 내용을 쓸 때, 함중陷中의 '제기第幾'라는 것이 무엇을 가리키는 것입니까?

陷中第幾之說, 即「慰人祖父母亡疏」中所謂 "彼一等之親有數人, 即加行第, 云幾某位、幾府君、幾丈、幾兄" 之類也. 蓋行第稱呼. 人各有定. 如溫公爲司馬十二、坡公爲蘇三、山谷爲黃九之類, 生以是爲稱, 故死亦因以爲稱而書之耳. 俗云世代次第, 非也.

🔘 함중의 제기라는 것은 곧 「조부모가 사망한 사람을 위문하는 글[慰人祖父母亡疏]」 중에 나오는 "그와 동일한 등급의 친척이 여럿

있으면 항제行第를 덧붙여 '몇 번째 모위〔幾某位〕', '몇 번째 부군〔幾 府君〕', '몇 번째 어른〔幾丈〕' '몇 번째 형〔幾兄〕'이라 하는 것" 등이다. 대개 항제行第에 대한 칭호는 사람마다 정해져 있다. 예컨대 사마광司 馬光은 사마씨司馬氏 가문의 열두 번째이고, 소식蘇軾은 소씨蘇氏 가문 의 세 번째이며, 산곡山谷 황정견黃庭堅은 황씨黃氏 가문의 아홉 번 째라고 하는 식이다. 살았을 때 이렇게 칭했기 때문에 죽어서도 이렇 게 칭하는 것이다. 세속에서 '세대의 순서'라고 하는 것은 잘못이다.

152

'祭圖' 陳饌尚左, 而扱匕則西柄, 似有尚右用右手之義, 何也?

🔲 '제도祭圖'를 보면 제사 음식을 진설할 때 왼쪽〔동쪽〕을 높게 여 기는데 숟가락을 꽂을 때는 자루가 서쪽〔오른쪽〕을 향하게 합니다. 여기에는 오른쪽을 높게 여겨서 오른손을 사용한다는 의미가 있는 듯한데 어떻습니까?

祭饌尚左之說, 恐未然. 蓋食以飯爲主, 故飯之所在即爲所尚. 如 平時陳食, 左飯右羹, 是爲尚左, 而祭則右飯左羹, 是乃尚右, 所 謂神道尚右者然也, 而今云尚左, 非也. 扱匕西柄, 果如所疑. 人之 尚左, 食用右手, 則神之尚右, 似當用左手矣. 然嘗思得之, 所謂尚 左, 尚右, 但以是方爲上耳, 非謂尚左方則手必用右, 尚右方則手必用左也. 故雖陳饌以右爲上, 而手之用匙依舊只用右手, 何害焉?

▣ 제사 음식은 왼쪽을 높게 여긴다는 설은 그렇지 않다. 대개 음식은 밥을 위주하기 때문에 밥이 있는 곳이 곧 높게 여기는 곳이된다. 예를 들면, 평소에 밥상을 차릴 때는 밥을 왼쪽에 두고 국을오른쪽에 두는데, 이는 왼쪽을 높게 여기는 것이다. 그런데 제사를 지낼 때는 밥을 오른쪽에 두고 국을 왼쪽에 둔다. 이는 오른쪽을 높게 여기는 것으로, 이른바 신도神道는 오른쪽을 높게 여긴다는 것이 그런 것이다. 따라서 '왼쪽을 높게 여긴다'라고 한 말은 잘못이다. 숟가락을 꽂을 때 자루가 서쪽을 향하게 하는 것은 과연의심한 바와 같다. 살아 있는 사람이 왼쪽을 높게 여기지만 밥을먹을 때는 오른손을 사용하였다면, 신은 오른쪽을 높게 여기기 때문에 마땅히 왼손을 사용해야 할 듯하다. 그러나 일찍이 생각해 본결과 이른바 '왼쪽을 높게 여긴다' 또는 '오른쪽을 높게 여긴다' 하는 것은 단지 이 방향을 높게 여긴다는 것일 뿐, 왼쪽을 높게 여기면 반드시 오른손을 써야 하고 오른쪽을 높게 여기면 반드시 왼손을 써야 하는 것은 아니다. 그러므로 비록 제사 음식을 진설할 때오른쪽을 높게 여기더라도 손으로 숟가락을 사용하는 것은 여전히오른손을 사용한들 무엇이 문제이겠는가?

153

虞祭後朝夕上食,『家禮』別無可行可罷之文, 何如?

🔲 우제를 지낸 다음 조석朝夕으로 상식上食을 행해야 하는지 그만두어야 하는지에 관해 『가례』에 별다른 언급이 없습니다. 어찌해야 합니까?

嘗見朱子答陸子壽兄弟書, 反覆言: "其不可罷", 子靜不以爲然, 惟子壽悟前說之非, 有 "肉袒負荊" 之語. 蓋三年內若撤几筵, 則孝子哭泣之禮無所於行, 故祔後主返于寢. 主旣在寢, 朝夕上食自不當撤, 此『家禮』所以無罷上食之文也.

🔲 일찍이 주자께서 육구령陸九齡[223] 형제에게 답하신 글을 보니, 여러 차례 반복해서 "그만두면 안 된다"라고 하셨다. 육구연陸九淵[224]은 수긍하지 않았으나 육구령만은 이전의 잘못을 깨닫고 "육단부형肉袒負荊"[225]이라는 표현까지 했다. 대개 3년 안에 궤연을 치워버리면 효자가 곡읍哭泣하는 예를 행할 곳이 없어지게 된다. 그러므로 사당에 부祔를 한 다음 신주를 다시 침寢으로 모셔 오는 것이다. 신주가 이미 침에 계시므로 조석상식은 자연히 그만두면 안 되는 것이다. 이런 이유로 『가례』에 '상식을 그만두라'는 언급이 없는 것이다.

154

大祥後, 祔廟而罷上食, 此何如?

▣ 대상大祥 이후에 부묘祔廟를 하고 상식을 그만두는 것은 어떻습니까?

凡喪禮, 自始至終以漸而殺. 葬前, 朝夕奠與上食皆行; 葬後, 罷朝夕奠而只上食, 非怠於奠也, 事生與事神, 不得無漸殺之節也. 然則大祥後罷上食, 只行朔望奠, 其亦漸殺之序所當然也.

▣ 무릇 상례란 처음부터 끝까지 점차로 줄여 나간다. 장례 이전에는 조석으로 전奠과 상식을 모두 행하고, 장례 이후에는 조석전은 그만두고 상식만 한다. 이는 전을 하는 데 태만해서가 아니라, 살아계신 분을 섬기는 것과 신을 섬기는 것 사이에 점차 줄여 나가는 절차가 없을 수 없어서이다. 그렇다면 대상 이후에 상식을 그만두고 삭망전朔望奠만 행하는 것 역시 점차 줄여 나가는 차례의 측면에서 당연한 것이다.

155

祥後禫前朔望奠, 其於家廟素行朔望者, 則可行於廟, 其不然者行於何所?

🔲 대상 이후 담제 이전에 삭망전을 올릴 때, 평소 가묘家廟에서 삭망전을 행하던 이는 사당에서 행하면 될 테지만, 그렇지 않았던 이는 어디에서 행해야 합니까?

依『家禮』本文"祥畢, 主入于廟", 則素行朔望者合行於廟, 素不行者則請出當奠之主於正寢而行之可也. 其或旣祥且祔祖廟者, 亦只得依右禮行之.

🔲 『가례』본문에 "대상이 끝나면 신주를 받들어 사당에 들인다"라고 한 데 의거하여, 평소 삭망전을 행하던 이는 사당에서 행하는 것이 합당하고, 평소 행하지 않던 이는 전을 드려야 하는 신주를 정침正寢으로 모셔 나오기를 청해서 행하는 것이 가하다. 혹시 이미 대상을 치르고 할아버지에게 부묘를 한 경우라 할지라도 이상의 예에 의거하여 행하는 수밖에 없다.

156

上食時奠酌, 如三獻禮否?

🔲 상식을 할 때 술잔을 올리는 것은〔초헌初獻, 아헌亞獻, 종헌終獻을 올리는〕삼헌례三獻禮와 같이 하는 것입니까?

只奠一酌可也. 但朔望則依『五禮儀註』, 連奠三酌, 恐或爲宜.

📖 한 잔만 올리는 것이 가하다. 단, 삭망전인 경우에는『국조오례의주』에 의거하여 석 잔을 연달아 올리는 것이 적절할 듯하다.[226]

157

如有夫存妻亡或妻存夫亡, 而無子者, 使行者廬墓三年, 何如?

📖 만일 남편은 살아 있고 아내가 죽었거나 아내는 살아 있고 남편이 죽은 사람 중에 자식이 없는 경우라면 행자를 시켜 3년 동안 여묘廬墓를 하게 하는 것은 어떻겠습니까?

廬墓, 子孫守之, 猶爲未安, 況無子孫, 委神主於空山, 使奴行祭, 甚無謂也. 不如返魂而祭於家. 生存者檢婢僕行之, 猶爲少近情也.

📖 여묘라는 것이 자손이 지켜도 온당치 못한 것인데, 하물며 자손도 없이 신주를 괜한 산에 맡겨놓고 종을 시켜 제사를 지내게 한다는 것은 말할 것 없이 매우 잘못된 일이다. 반혼返魂을 하고 집에서 제사를 지내느니만 못하다. 살아 있는 사람이 종들을 단속하면서 제사를 지낸다면 그나마 정리情理에 가까울 것이다.

或返魂于家, 使婢僕朝夕上食, 不謹殊多, 恐不如不行也.

🔲 혹시 집으로 반혼을 하고서 종들을 시켜 조석상식을 하게 할 경우, 근신하지 못함이 매우 많다면 행하지 않느니만 못할 듯합니다.

此甚未安. 但亡者或患其若是, 而有廢上食之遺言, 則只朔望可矣. 無是而卻廢几筵之奉, 恐亦未可輕議也.

🔲 이는 심히 사리에 맞지 않은 일이다. 다만 망자가 혹시 이럴 것을 염려하여 미리 '상식을 폐하라'는 유언을 남겼다면 삭망에만 해도 가하겠지만, 그런 유언도 없었는데 궤연에서 신혼을 받드는 일체의 예를 폐한다는 것은 가볍게 논할 문제가 아니다.

廬墓朝夕上食, 世多有合祭兩親, 曾已在廟之主還奉于廬所, 或有假爲桑木主者, 何如?

🔲 여묘를 하면서 조석상식을 할 때, 세속에서는 양친을 함께 제사 지내는 경우가 많습니다. 그러다 보니 이미 사당에 계시는 신주를 여묘하는 곳으로 모셔 오거나, 혹은 뽕나무로 가짜 신주를 만드

는 경우도 있는데 어떻습니까?

合祭, 非但無文可據, 吉凶並行, 非禮無疑. 況忌日, 尚只祭當忌之主, 當喪而豈可合祭乎? 廟主還廬所, 固爲無理. 桑木假主, 三年後處之亦難. 孝子知禮者不爲並行, 則善矣. 若未免俗而並祭者, 以紙牓行之, 三年後焚之, 差可, 然終是非禮也.

📋 양친을 함께 제사 지내는 것은 근거할 만한 예문이 없을 뿐만 아니라 길흉을 병행하는[227] 것이므로, 비례非禮라는 것은 의심의 여지가 없다. 하물며 기일忌日에도 해당 신주에 대해서만 제사를 지내야 할 텐데, 상을 상한 마당에 어찌 함께 제사를 지낼 수 있단 말인가? 사당에 모셔 놓은 신주를 여묘하는 곳으로 모셔 온다는 것도 이치에 없는 짓임이 틀림없고, 뽕나무로 가짜 신주(假主)를 만든다 한들 상을 마친 3년 후에 처리하기도 곤란할 것이다. 예를 아는 효자라면 병행하지 않는 것이 최선일 것이다. 그러나 만일 시속을 무시할 수 없어서 함께 제사를 지내야 한다면 지방紙牓으로 행하다가 3년이 지난 다음에 불사르는 것이 그나마 가하겠으나, 결국 이 역시 비례이다.

160

忌日, 府君、夫人合祭.

[문] 기일에 부군府君과 부인夫人[228]을 함께 제사 지내는 문제.

古無此禮, 但 "喪祭從先祖", 吾家自前合祭之, 今不敢輕議.

[답] 옛날에는 이런 예가 없었다. 그러나 "상례와 제례는 선조의 방식을 따른다"[229]라고 했고, 우리 집안에서는 예전부터 함께 제사를 지내 왔다. 그러므로 지금 감히 가볍게 논할 수 없다.

161

出嫁女爲私親降服, 禮也, 世多廢之, 而或有行之者, 其從俗而廢之乎?

[문] 시집간 딸이 친정 어버이를 위해 강복降服을 하는 것이 예이지만 세속에서는 대부분 이를 따르지 않으니, 이 예를 행하던 이들도 세속에 따라 폐지해야 합니까?

此禮之大者, 而末俗循情廢禮, 不可勝救, 可歎.

[답] 이것은 예의 큰 부분인데, 말속末俗이 감정에 따라 예를 폐지하는데도 구제할 수 없으니 탄식할 노릇이다.

神主左旁題孝子, 左旁指何方?

▣ 신주의 왼쪽에 '효자孝子'를 쓰라고 했는데, 왼쪽은 어느 방위를 가리키는 것입니까?

『家禮』「圖」及『儀節』指人左旁而題也, 世多從之, 而慕齋則以爲神主左旁, 未知其何所見而然也. 及見「小學圖」, 乃知慕齋之說本於此. 頃年, 吾鄕士人有遭喪而講問, 以此告之, 而未及題, 復見『大明會典』, 則書人左旁, 此『會典』乃時王之制, 以此更論之, 則其人終書人左旁也.

▤ 『가례』의 「가례도」와 『가례의절』에서는 '사람을 기준으로 왼쪽'을 가리켜 거기에 쓰라고 되어 있으니 대부분 이를 따랐다. 그런데 모재慕齋 김안국金安國은 '신주의 왼쪽'이라고 했다는데, 어떤 소견에서 그렇게 주장했는지 몰랐다. 그러다가 「소학도」를 보고서야 모재의 설이 여기에 근거한 것임을 알게 되었다. 연전에 우리 고을의 선비 한 사람이 상을 당했는데 이 문제를 묻기에 이런 이야기를 해주었는데, 아직 신주에 쓰기 전에 다시 『대명회전』을 보니 '사람을 기준으로 왼쪽'에 썼다. 이 『대명회전』이 곧 시왕時王의 제도이므로 이런 내용으로 다시 설명해 주었더니, 그 사람이 결국 사람을

기준으로 왼쪽에 쓰더라.

163

母在而父歿, 則三年後, 親盡神主祧出, 而別立一室以祭, 待他日
母喪畢, 然後埋安乎? 其勿祧出乎?

📖 어머니는 살아 계시고 아버지가 돌아가셨다면〔아버지의 상을 마친〕
3년 뒤에 친진親盡한 신주를 사당에서 모시고 나오는데,〔이렇게 모
시고 나온 신주를 위해〕별도로 방 하나를 마련하여 그곳에서 제사를
지내다가 나중에 어머니 상을 마친 다음에 매안埋安하는 것입니까?
애당초 모시고 나오지 말아야 합니까?

父在而母歿, 則祔于祖妣, 不祧親盡之主, 禮也. 父歿母在, 而不祧
親盡之主, 已爲不可, 祧出而別立一廟, 尤不可爲也.

📑 아버지가 살아 계시는데 어머니가 돌아가셨다면〔돌아가신 어머
니의 신주를 어머니의〕할머니 되는 분에게 부祔는 하되 친진한 신주
는 사당에서 모시고 나오지 않는 것이 예이다. 아버지가 돌아가셨
는데 어머니가 살아 계신다고 해서 친진한 신주를 사당에서 모시
고 나오지 않는다면 그것은 이미 불가한 일이고, 모시고 나와 놓고
별도로 사당을 세운다면 그것은 더욱 해서는 안 될 일이다.

164

進茶後, 亦闔門, 何如?

🔲 차를 올린 뒤에도 문을 닫는 것이 어떻습니까?

古無此禮, 不再闔門, 可也.

🔲 옛날에 이런 예는 없었다. 또다시 문을 닫지 않는 것이 가하다.

165

郡望, 何謂?

🔲 군망郡望이란 무엇을 가리키는 말입니까?

恐只是指鄕貫之稱, 如曰某郡某人之類也.

🔲 아마도 향관鄕貫[230]을 가리키는 말로, 예컨대 '모군某郡 모인某人'
이라고 하는 식이다.

166

合葬之墓, 碣面兩書墓字, 何如?

[문] 〔남편과 아내를〕 합장한 묘의 비석에 '〔~의〕 묘'라는 글자를 두 번 쓰는 것이 어떻습니까?

府君書墓, 而夫人只書祔字, 似得宜也.

[답] 남편〔府君〕에게 '묘' 자를 쓰고, 아내〔夫人〕에게는 〔함께 합장한다는 뜻의〕 '부祔' 자만 쓰는 것이 적절할 듯하다.

167

祭時上筯于羹, 何如?

[문] 제사를 지낼 때 국에 젓가락을 올리는 것은 어떻습니까?

古人羹有菜者, 用筯以食, 上筯于羹, 不妨.

[답] 옛날 사람들은 국에도 건더기〔菜〕가 있어서 젓가락을 사용해 먹었으니, 국에 젓가락을 올려도 무방하다.

168

今人服制, 自期以下, 多斷以假寧格, 故及葬鮮不除服, 而其已除, 布帶還著以送葬, 何如?

📧 요즘 사람들은 상복 제도에서 기년복期年服 이하는 대부분 '가녕격假寧格'[231]으로 끊어 버리기 때문에 장례를 치를 때가 되면 상복을 벗지 않는 이가 없습니다. 이미 상복을 벗고 포대布帶를 하고 있다가 장례를 치를 때가 되면 다시 원래의 상복을 입고 장례에 임하는 것이 어떻습니까?

按「喪服小記」, "久而不葬者, 唯主喪者不除, 其餘以麻終月數者, 除喪則已." 註: "期以下至緦之親, 服麻以至月數足而除, 不待主人葬後之除也, 然其服猶必收藏, 以俟送葬也." 據此則今之還服以送葬, 未爲非也.

📧 『예기』「상복소기」를 살펴보면, "기간이 지나도 장례를 행하지 못한 경우에는 오직 상喪을 주관하는 자만 상복을 벗지 않는다. 그 나머지 마麻를 입고 치러야 하는 개월 수를 채운 자[232]는 상복을 벗으면 그만이다"라고 했고, 그 주註[233]에 "기년복부터 시마복까지의 친족들은 마를 입고 치러야 하는 개월 수를 채우고 벗으며, 주인이 장례를 마치기를 기다렸다가 벗지 않는다. 그러나 입었던 상복은 반드시 장례를 마칠 때까지 간직해 두어야 한다"라고 했다. 여기에 근거해서 보면 오늘날 원래의 상복을 입고 장례에 임하는 것은 잘못이 아니다.

183 변례(變禮) 예(禮)를 제정할 때 미처 예상하지 못해서 예로 제정하지 못한 경우와 상황들이 있다. 이렇게 예에 담지 못한 특수하고 예외적인 경우와 상황을 '변(變)'이라고 하며, 이에 대처하기 위해 강구하는 예를 '변례'라고 한다.

184 망건(網巾) 상투를 튼 사람이 머리카락이 흘러내리지 않도록 머리에 두르는 그물 모양의 물건이다.

그림 9 망건
(출처: 국립민속박물관)

185 행등(行縢) 바지나 고의를 입을 때, 바짓가랑이를 좁혀 보행과 행동을 간편히 하기 위하여 정강이에 감아 무릎 아래에 매는 물건이다. 바지를 가지런히 하기 위해 반듯한 헝겊으로 소맷부리처럼 만들고 위쪽에 끈을 두 개 달아서 돌려 맨다. 행전(行纏)이라고도 한다.

그림 10 행등
(출처: 한국민족문화대백과사전)

186 『의주(儀註)』 국가 전례(典禮)의 시행 세칙과 절차를 주해(註解)해서 기록한 책이다.

187 의기(義起) 의리(義理)에 비추어 새롭게 예(禮)를 제기함을 일컫는다. 자세한 내용은 「송언신에게 답하다·1570」 6번 조목의 주석 참고.

188 질(質)과 쇄(殺) 『의례』 「사상례」에 "모(冒)는 상체 부분(質)은 검은색으로 만들고 길이는 손과 나란하게 하고, 하체 부분(殺)은 붉은색으로 만들고 발등을 덮을 수 있을 정도가 되게 한다(冒, 緇質. 長與手齊. 經殺. 掩足.)."라고 하였다. 정현(鄭玄)은 주에서 "'모(冒)'는 시신을 감싸는 것으로 제도는 곧은 자루와 같다. 상체를 감싸는 부분을 '질(質)'이라 하고 하체를 감싸는 부분을 '쇄(殺)'라 한다. '질(質)'은 곧다는 뜻이다. 그것을 사용할 때는 먼저 쇄로 발 쪽을 감싸 올라온 뒤, 질로 머리 쪽을 감싸 내려 손에서 가지런히 모은다. '상체부분을 검은 색으로 만들고

하체부분을 옅은 진홍색으로 만드는 것'은 하늘과 땅을 본뜬 것이다.('冒', 韜尸者, 制如直囊. 上曰'質', 下曰'殺.' '質', 正也. 其用之, 先以殺韜足而上, 後以質韜首而下, 齊手. '上玄下 纁', 象天地也.)"라고 하였다.

189 구준(丘濬)의 설 『가례의절』「상례」'대렴(大斂)'조에 대한 '상례고증'에 다음과 같은 내용이 실려 있다. "모(冒)는 시신을 감추는 것으로, 베로 두 개의 주머니를 만든다. 윗부분은 '질(質)'이라 하는데, 검은색이고, 그 길이는 손과 나란하다. 아랫부분은 '쇄(殺)'라 하는데, 붉은색이고, 그 길이는 3척이며, 아래에 두어 발을 덮는다. 그 제도는 한쪽 머리를 꿰매고 또 한쪽 가장자리를 꿰매되 나머지 한쪽 가장자리는 꿰매지 않는다. 또 꿰매지 않은 가장자리의 위아래에 세 개의 끈을 놓고 꿰매어 이것으로 묶는다. 『예기』「상대기」에서 '사(士)의 모(冒)는 옆에 세 개를 단다'라고 한 것이 이것이다. 사용할 때, 먼저 쇄(殺)로 발을 덮어서 위로 올리고, 나중에 질(質)로 머리를 덮어 아래로 내린다. 지금은 소렴에 이불이 있으므로 쓰지 않아도 되지만, 이것을 써도 상관없다. 살펴보건대, 이것이 이른바 '습을 하는데 시속을 따르지 않는다'라는 것이다. 지금 사람들은 옛 제도를 몰라서 두 개의 주머니처럼 꿰매어 이미 이불과 옷으로 염(斂)을 한 위에 씌우는데, 잘못된 것이다.(冒, 韜尸者也, 以布爲二 囊. 上曰質, 黑色, 其長與手齊. 下曰殺, 絳色, 其長三尺, 下掩足. 其制, 縫合一頭, 又縫連一邊, 餘一邊不縫, 又於不縫之邊上下, 安三 帶綴以結之. 「喪大記」曰: '士冒綴旁三者', 是也. 用時, 先以殺韜足 而上, 後以質韜首而下, 用小斂有衾, 不用亦可, 然用之亦無害. 【按】 此所謂乃襲不用時事者, 今人不知古制, 乃縫如兩袋, 套於旣斂衾衣 之上, 非是.)"

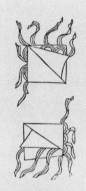

그림 11 모
(출처: 섭숭의, 『삼례도』)

190 오징(吳澄, 1249~1333) 자는 유청(幼淸)이고 만년의 자는 백청(伯淸)이며, 호는 초려(草廬)이고, 본관은 임천(臨川)이다. 그는 허형(許衡, 1209~1281)과 함께 '북쪽에는 허형, 남쪽에는 오징(北許南吳)'으로 병칭되면서 송말원초 시기의 대표적 성리학자로 활동했다. 특히 그는 주자와 육구연(陸九淵)의 학설을 화회(和會)시키는 이른바 '주륙화회(朱陸和會)'에 주력했다.

191 오징이 말했다. "'효(絞) 한 폭을 세 가닥으로 만들되 [전체를] 가르지는 않는다'라고 하였는데, '가르다'라고 해석되는 '벽(辟)'은 '벽(擘)'으로 읽고, '가른다(開)'는

뜻이다. 대개 소렴에 쓰는 효는 세로로 놓는 것이 하나이고 가로로 놓는 것이 셋이다. 이때 '하나'라고 하고 '셋'이라고 표현하는 것은 모두 베의 온폭으로 셈한 것이다. 대렴에 쓰는 효는 세로로 놓는 것이 셋이고 가로로 놓는 것이 다섯이다. 이때 '셋'이라고 하고 '다섯'이라고 표현하는 것은 모두 베의 작은 가닥으로 셈한 것이다. 가로로

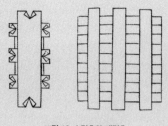

그림 12 소렴효와 대렴효
(출처: 섭숭의, 『삼례도』)

놓는 효 다섯은 두 개의 온폭으로 된 베를 써서 몸체 전체를 갈라 여섯 가닥으로 만들어 그중 다섯 가닥을 쓰는 것이다. 세로로 놓는 효 셋은, 또한 한 폭의 베를 써서 그 양쪽 끝을 갈라 셋으로 만드는 것인데, 다만 가운데 허리에 닿는 부분은 대략 3등분하여 그 길이의 3분의 1은 가르지 않는 것일 뿐이다. 대렴의 가로와 세로로 놓는 효 여덟 가닥은 모두 좁고 작기 때문에 묶는 부분을 다시 가를 필요가 없다. 만일 소렴이라면 가로와 세로로 놓는 효는 온폭의 베이므로 그 끝을 잘라서 갈라 셋으로 만들어야 묶을 수 있게 된다. 다만 그 잘라서 가른 곳은 너무 길지 않게 하는데, 대렴에서 세로로 놓는 효를 3등분해서 그 길이의 3분의 2를 모두 가르는 것처럼 하는 것이 아니다. '홑이불(紟)은 다섯 폭이다'라고 한 것은 대개 베 다섯 폭을 합쳐서 하나로 만든 것으로, 지금의 홑으로 된 베 이불과 같다. 염(斂)을 할 때 쓰는 이불(衾)은 세로로 펼쳐놓고 베로 만든 홑이불(布衿)은 가로로 펼쳐놓고서, 염을 할 때 먼저 베 이불을 단단히 말고서 염에 쓰는 이불과 묶음베로 감싼 후에 세로로 놓은 효 셋을 묶고, 세로로 놓은 효를 묶는 것이 끝난 후에 가로로 놓은 효 다섯을 묶는다."(臨川吳氏曰: "'絞一幅爲三不辟'者, 辟讀如闢, 開也. 蓋小斂之絞縮一橫三者, 日一日三, 皆以布之全幅爲數也, 大斂之絞縮三橫五者, 日三日五者, 皆以布之小片爲數也. 橫絞之五, 旣是以兩幅之布, 通身裁開爲六片, 而用其五片矣. 縮絞之三, 亦是以一幅之布, 裁開其兩端爲三, 但中間當腰處, 約計三分, 其長之一, 不剪破爾. 其橫縮之絞八片, 皆狹小, 故結束處不用更辟裂之也. 若小斂, 橫縮之絞是全幅之布, 則其末須是劈開爲三, 方可結束也. 但其劈開處, 不甚長, 非如大斂之縮絞, 三分, 其長之二皆剪剪開也. 紟五幅者, 蓋用布五幅, 聯合爲一, 如今單布衿. 斂衾直鋪, 布衿橫鋪, 斂時, 先緊捲布被, 以包裹斂衾絞, 後結束縮絞之三, 縮絞結束畢, 然後結束橫絞之五也.")

192 성복(成服) 상을 당한 지 4일째 되는 날 오복(五服) 즉 참최(斬衰), 자최(齊衰), 대공 (大功), 소공(小功), 시(緦) 가운데 돌아가신 분과의 친분에 따라 지정된 상복을 갖 춰 입는 것을 말한다.

193 변질(弁絰) 정현은 『예기』 「잡기상」의 주에서 "작변과 같은 모양에 누이지 않은 흰색이며, 환질을 더한 것 〔如爵弁而素, 加環絰曰弁絰〕이라고 말한다. 참고로 '작변 (爵弁)'은 고깔(弁)의 색이 참새의 색깔과 같아서 붙여 진 이름이다.

그림 13 작변
(출처: 섭숭의, 『삼례도』)

194 규질(繆絰) '규(繆)'는 '규(樛)'와 통한다. 규질은 마(麻)의 끈을 이마 앞에서부터 뒤로 향하게 하여 뒤통수에서 두 가닥을 묶는다. 손희단(孫希旦)은 "규질은 끈 한 가 닥을 이마에서 뒤로 향하여 돌려서 뒤통수에서 서로 묶는 것이다. 환질(環絰)은 그것을 만드는 것이 고리 와 같으며, 머리에 얹는다. … 규질은 대공(大功) 이상 의 질(絰)이며, 환질은 소공(小功) 이하의 질(絰)이다" 〔『예기집해(禮記集解)』〕라고 하였다. 규질은 무겁고, 환질 은 가볍다.

195 세최(繐衰) 올이 가늘고 베가 거친 것을 '세(繐)'라고 한다. 『의례』 「상복」 전(傳)에 "'세'란 무엇인가? 소공포와 같이 가늘고 성긴 베를 만든 것이다〔繐衰者何? 以小功 之繐也.〕"라고 하였고, 정현(鄭玄) 주에 "실 가닥은 소공에서처럼 처리하되 완성 된 베는 4승 반이다. 가닥을 가늘게 하는 것은 은혜가 가볍기 때문이고, 승수가 적은 것은 지극히 존귀한 분을 위해 복을 하기 때문이다. 가늘고 성긴 베를 '세 (繐)'라고 한다〔治其繐如小功, 而成布四升半. 細其縷者, 以恩輕也. 升數少者, 以服至尊也. 凡布 細而疏者謂之繐.〕"라고 하였다.

196 겁(袷) 『예기』 「옥조(玉藻)」에 "겁은 2촌이다〔袷, 二寸.〕"라고 하였고, 이에 대해 정 현(鄭玄)은 "동구래깃(曲領)"이라고 하였다. 한편, 구준은 『가례의절』 '심의고증(深 衣考證)'에서 위의 『예기』 「옥조」를 인용한 다음, "겁은 깃이다.〔양쪽을〕교차시켜 서 합(合)하므로 '겁(袷)'이라고 한다〔袷, 領也. 以交而合, 故謂之袷.〕"라고 하였다.

197 〈그림 14〉는 『가례』 「가례도」의 '상복도식(喪服圖式)'에 수록된 최복(衰服)의 앞면 (왼쪽 그림)과 뒷면(오른쪽 그림)이다. 그림에서 네모 점선은 부판(負版)이고, 동그란 점선은 임(衽)이다.

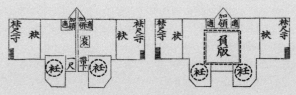

그림 14 최복의 앞면과 뒷면

(출처: 『가례』, 「가례도」)

198 폭을 줄이는(削幅) 『의례』 「상복」 기(記)에 "무릇 상의(衰)는 밖으로 주름을 잡고, 하의(裳)는 안으로 주름을 잡는다. 폭마다 세 개의 주름이 있다(凡衰, 外削幅; 裳, 內削幅, 幅三袧)."라고 하였고, 정현(鄭玄)은 주에서 다음과 같이 설명했다. "'삭(削)'은 감쇄한다는 뜻이다. 아주 오랜 옛날에는 베로 만든 관과 옷을 입었다. 처음에는 윗도리의 바깥쪽에 주름을 잡음으로써 몸에 편하도록 할 줄만 알았다가, 나중에는 아랫도리의 안쪽에 주름을 잡음으로써 조금 꾸밀 줄 알았다. 후세에 성인이 이를 바꾸어 이런 방식으로 상복을 만들었다. '구(袧)'는 양쪽을 주름잡아 가운데를 비우는 것이다. 제복(祭服)과 조복(朝服)에는 주름이 수없이 많다. 아랫도리는 앞이 세 폭이고, 뒤가 네 폭이다.(削, 猶殺也. 大古冠布衣布, 先知爲上, 外殺其幅, 以便體也. 後知爲下, 內殺其幅, 稍有飾也. 後世聖人易之, 以此爲喪服. '袧'者, 謂辟兩側, 空中央也. 祭服朝服, 辟積無數. 凡裳, 前三幅, 後四幅也.)"

199 〈그림 15〉는 『가례』 「가례도」의 '관질효대도식(冠絰絞帶圖式)'에 수록된 참최복의 요질이다. "참최복부터 대공복까지는 처음에는 모두 풀어서 늘어뜨렸다가 성복을 할 때 꼬아 묶는다(斬衰至大功初皆散垂, 至成服乃絞.)."라는 설명이 위쪽에 있고, 그림 아래쪽에 '풀어서 늘어뜨린(散垂)' 모양(점선 안)이 그려져 있다.

그림 15 참최복의 요질

(출처: 『가례』, 「가례도」)

200 환질(環絰) 한 가닥의 끈을 꼬아 만든 수질(首絰)을 말한다. 『예기』 「잡기상」에 "소렴(小斂) 뒤에 환질(環絰)을 하는 것은 공(公)과 대부(大夫) 그리고 사(士)가 동일하다(小斂, 環絰, 公, 大夫, 士一也.)."라고 하였고, 이에 대해 공영달은 소(疏)에서 "환질(環絰)은 한 가닥의 마(麻)로 얽은 것이다. 부모가 돌아가시면 처음에 상주는 관을 벗는다. 소렴에 이르면 문식함이 없을 수 없으므로 사(士)는 흰색의 위모(委貌)를 쓰고, 대부 이상은 흰색의 작변(爵弁)을 쓴다. 그러나 [그 위에] 신분의 차이에 상

관없이 모두 수질을 더할 수 있기 때문에 '공과 대부 그리고 사가 동일하다'고
한 것이다.〔環経, 一股而纏也. 親始死, 孝子去冠, 至小斂不可無飾, 士素委貌, 大夫以上素弁,
而貴賤悉得加於環経, 故云"公, 大夫, 士一也."〕" 여기서 '위모'는 검은색 비단으로 만든
현관(玄冠)이다. 사와 대부가 평상시 쓰고 다니는 관으로, 주대(周代)에서부터 사
용되기 시작하였다. '위모'는 용모를 안정시킨다는 뜻을 갖고 있다. '작변'은 면
(冕)의 다음 등급에 해당하는 관이다.

201 저질(苴絰) '저(苴)'는 마(麻)의 빛깔로, 검은빛의 암마이다. 따라서 '저질'은 검은빛
의 암마로 만든 수질과 요질을 가리킨다.

202 개두(蓋頭) 『가례』에는 개두의 제도에 관해 특별한 설명이 없고, 『가례의절』에서
는 『사물기원(事物紀原)』의 내용에 따라 "세 폭의 베로 밑단을 꿰매지 않고 길이
는 몸과 나란하게 만든다"라고 하였다.〔『사물기원』3 "蓋頭 : …今日蓋頭凶服者, 亦以三幅
布爲之, 或日白碧絹若羅也."/『가례의절』 「상례」 '상복제도'조 '斬衰·婦人服制·蓋頭 "用稍細麻布爲
之.〔比衣·裙稍細者〕

203 배자(背子) 『송사(宋史)』151, 「여복지104·여복3」에
따르면 후비(后妃)의 평상복 가운데 하나로, '배
자(褙子)'로 쓰기도 한다.("其常服, …背子生色領, 皆用
絳羅, 蓋與臣下不異.") 후비부터 기첩(妓妾)까지 모두
착용한 배자는 맞깃이고 직령(直領)의 형태이며,
양옆이 터져있고 무릎을 넘는 길이다. 소매는
좁은 형태와 넓은 형태 두 가지로 저고리(襦)나
웃옷(襖) 위에 입었다.

그림 16 배자
(출처: 왕기, 『삼재도회』 「의복3」)

204 강복(降服) 특별한 사정으로 인해 입어야 할 상복
을 한 단계 낮춰 입는 것을 말한다. 예를 들면,
부모님의 상에 삼년복을 입어야 하지만 다른 사
람의 후사로 출계(出繼)를 한 경우에 자신을 낳아
주신 본생부모(本生父母)의 상에 기년복을 입는 것과 같은 경우이다.

205 심상(心喪) 상복을 입지는 않지만 상인(喪人)의 마음으로 상중(喪中)과 같이 상기
(喪期)를 마치는 것을 말한다. 예를 들면, 아버지가 살아 계시는 상황에서는 압
강(壓降)의 원칙에 따라 어머니의 상에 삼년복을 입고 3년 동안 상을 치를 수 없
기 때문에 기년복만 입고 나머지 상기에 대해서는 상복을 입지 않은 채 심상으
로 상기를 마치는 것과 같은 경우이다.

206 송인수(宋麟壽, 1487~1547) 자는 미수(眉叟) 또는 태수(台叟)이고, 호는 규암(圭菴),

본관은 은진(恩津)이다. 진사(進士) 엄용공(嚴用恭)에게 배웠고, 김안국(金安國)에게 지도를 받았다. 1521년(중종 16) 별시 문과에 갑과로 급제하여 홍문관정자(弘文館正字)가 되었다. 성리학에 밝았고 성리학을 보급하기에 힘썼다. 평생 학문을 좋아하여 사림의 추앙을 받았으며 제주의 귤림서원(橘林書院)에 제향되었다. 선조 때 이조판서에 추증되었다. 저서로『규암집(圭菴集)』이 있다. 시호는 문충(文忠)이다.〔출처: 한국민족문화대백과사전 '송인수(宋麟壽)'〕

207 신주와 분묘 여기서 말하는 '신주와 분묘'는 돌아가신 분의 신혼(神魂)이 깃든 신주가 모셔져 있는 본가의 궤연(几筵)과 돌아가신 분의 체백(體魄)이 묻혀 있는 묘소를 각각 의미한다.

208 추복(追服) 상을 당했을 때 특별한 사정이 있어서 상복을 입고 상기를 마치지 못했다가 뒷날 상복을 입고 상기를 마치는 것을 말한다.

209 길상(吉常) 흉변(凶變)에 반대되는 말로, 상을 치르지 않는 일상적 상황을 가리킨다.

210 태복(稅服) 상이 난 줄 모르고 있다가 뒷날 그 사실을 듣고 상복을 입고 상기를 마치는 것을 말한다.

211 친친(親親) 어버이와 어버이를 근거로 하는 친족 집단을 친애한다는 뜻이다.

212 본문에 나오는 "저것이 이것보다 낫다(彼善於此)"는 『맹자』「진심하(盡心下)」에 "춘추시대에 의로운 전쟁은 없었다. 저것이 이것보다 나은 경우는 있었지만(春秋無義戰, 彼善於此則有之矣.)"이라고 한 데서 나온 말로, 굳이 따지자면 어떤 것이 다른 어떤 것보다 낫다고 할 수는 있지만 결국 둘 다 마뜩잖을 때 사용하는 말이다.

213 주자와 섭미도의 답문 내용은 『주자대전』58, 「답섭미도(答葉味道)」(3)에 나온다.

214 『공자가어』「육본(六本)」민자건이 삼년상을 마치고 공자를 뵙자, 공자께서 말씀하셨다. "거문고를 주고 거문고를 타게 하라." 〔민자건이〕애절하고 슬프게 연주하고는 일어나 말하였다. "선왕께서 제정하신 예이기 때문에 감히 상기(喪期)를 연장할 수 없었습니다." 공자께서 말씀하셨다. "군자답다."〔閔子三年之喪畢, 見於孔子. 子曰: "與之琴, 使之絃." 切切而悲, 作而曰: "先王制禮, 弗敢過也." 子曰: "君子也."〕

215 여기에서 말하는 반혼(返魂)은 장례를 치르는 과정에서 방황할 우려가 있는 신혼(神魂)을 목주(木主)에 의지하도록 축원하는 의식을 치른 뒤 곧바로 신주를 모시고 집으로 돌아오는 정례(正禮)로서의 '반혼'이 아니고, 체백(體魄)을 모신 분묘 옆에서 시묘살이를 하면서 삼년상을 마친 상주가 가주(假主)를 모시고 집으로 돌아오는 당시 속례(俗禮)로서의 '반혼'을 가리킨다.

216 나(振)『퇴계선생상제례답문』을 편찬한 조진(趙振)이다.

217 문(免) 관(冠)을 대신하는 것으로, 한 치 넓이의 베를 목 중앙에서 이마 앞에서 교

차시키고 다시 뒤로 감아 상투에 묶는 것이다. 『의례』「사상례」에 "주인은 머리를 묶고 단(袒)을 하며, 중주인은 방에서 면을 한다(主人髻髮, 袒, 衆主人免于房)"라고 하였고, 정현의 주에서는 "이것은 마포(麻布)를 사용하여 한다. 그 모양이 오늘날 머리를 묶는 두건인 삼두(幓頭)를 착용하는 것과 같다. 목의 가운데로부터 앞쪽으로 묶어 이마 위에서 교차시켜 물려서 상투를 에워싼다(此用麻布爲之. 狀如今之著幓頭矣. 自項中而前, 交於額上, 郤繞紒也)"라고 하였다.

218 『예기』「상복사제(喪服四制)」 "동자는 지팡이를 짚지 않는다.(童子不杖.)"

219 『의례』「상복(喪服)」 "동자는 오직 집안일을 주관할 때에만 시마복을 입는다.(童子, 唯當室緦.)"

220 당실(當室) 적자(適子)로서 아버지의 뒤를 이어받아 가사(家事)를 주관하는 것을 말한다. 『예기』「곡례상」에 "고아로서 후계가 된 자는 관과 옷에 채색실로 가선을 두르지 않는다(孤子當室, 冠衣不純采)"라고 하였다.

221 『예기』「문상(問喪)」 어떤 사람이 물었다. "문(免)을 착용하는 것은 무엇 때문인가?" 대답하였다. "관례를 치르지 않은 자가 착용하는 것이다. 예에 '동자는 시마복을 하지 않는데, 오직 당실(當室)한 경우에만 시마복을 한다'고 하였다. 시마복을 하는 것은 그가 문을 착용하였기 때문이다. 당실한 경우에는 문을 착용하고 지팡이를 짚는다."(或問曰: "免者以何爲也?" 曰: "不冠者之所服也. 禮曰: '童子不緦, 唯當室緦', 緦者其免也. 當室則免而杖矣.) 이에 대해 정현은 다음과 같이 주를 달았다. "'불관자(不冠者)'란 아직 관례를 치르지 않았다는 뜻과 같다. '당실(當室)'은 아버지나 형이 없어서 집안일을 주관하게 된 자를 가리킨다. 동자는 지팡이를 짚지 않으며, 지팡이를 짚지 않는 자는 문을 착용하지 않지만, 당실은 지팡이를 짚고 문을 착용한다. 문은 관의 세세한 것이니, 구별하여 그것으로 성인에 버금가게 하는 것이다. '시마복을 하는 것은 그가 문을 착용하였기 때문이다'라는 것은 문을 해야 비로소 시마복이 있다는 뜻이다."('不冠者', 猶未冠也. '當室', 謂無父兄而主家者也. 童子不杖, 不杖者不免, 當室則杖而免. 免冠之細, 別以次成人也. '緦者其免也', 言免乃有緦服也.)

222 『예기』「상대기(喪大記)」 "(주인인) 아들이 어리다면 상복으로 그를 감싸안고, 섭주(攝主: 상주의 역할을 대신해서 행하는 사람)가 대신해서 조문객에게 절한다.(子幼, 則以衰抱之, 人爲之拜.)"

223 육구령(陸九齡, 1132~1180) 자는 자수(子壽), 호는 복재(復齋), 시호는 문달(文達)이다. 아우인 육구연(陸九淵)과 더불어 서로 사우(師友)가 되어 아호(鵝湖)에서 강학하면서 '이륙(二陸)'으로 일컬어졌다.

224 육구연(陸九淵, 1139~1192) 자는 자정(子靜), 호는 상산(象山), 시호는 문안(文安)이다.

225 육단부형(肉袒負荊) "웃통을 벗고 가시나무를 짊어지다"라는 뜻으로, 춘추시대 조(趙)나라의 명장 염파(廉頗)가 일약 재상이 된 인상여(藺相如)를 시기하다가 인상여의 지혜로운 말을 전해 듣고 이를 뉘우치면서 찾아가 자신을 벌해달라고 사죄한 고사(故事)에 나온 말이다.

226 『국조오례의』 7, 「흉례(凶禮)」 '삭망전(朔望奠)' 부분 참조.

227 상례가 끝난 분에게 지내는 제사는 길례(吉禮)이고, 상중에 있는 분에게 지내는 제사는 흉례(凶禮)이다.

228 부군(府君)과 부인(夫人) '부군'과 '부인'은 각각 남자와 여자의 품계(品階)를 지칭하는 표현이지만, 여기에서는 고인이 된 아버지나 남자 조상을 '부군'이라 하고, 어머니나 여자 조상을 '부인'이라고 한다.

229 상례와 제례는 선조의 방식을 따른다 『맹자』 「등문공상(滕文公上)」에 나오는 말이다.

230 향관(鄕貫) 해당 성씨의 시조가 태어난 고을 또는 그 성이 부쳐지는 관적(貫籍)으로, 성씨 앞에 붙이는 본관(本貫)이다.

231 가녕격(假寧格) '가녕격'에서 '가(假)'는 '휴가를 준다'는 뜻의 '급가(給假)'에서 인용한 것이고, '녕(寧)'은 '돌아가신 분을 편하게 모신다'는 뜻의 '녕신(寧神)'에서 인용한 것이며, '격'은 '격식(格式)'의 준말이다. 따라서 '가녕격'은 '휴가를 주어 신령을 편하게 모시게 하는 데 대한 격식'이다.

232 그 나머지 … 채운 자 정현(鄭玄)은 "방친(旁親)을 가리킨다"라고 했다.

233 그 주(註) 진호(陳澔)의 『예기집설』을 가리킨다.

김취려에게 답하다 1565

答金而精 乙丑

169

今居山廬, 朋友及鄰里相知賻贈之外, 或有曾不相見者以財遺之, 或有臨訪致賻者, 鄕鄰無貴賤以菜束物饌, 或以財見遺者, 此間辭受實有難處. 賤者之遺, 以價償之, 財則還給, 尊且丈之遺, 菜束物饌則用之, 財則姑受而分諸窮族, 是否?

📖 요즘 시묘살이하는 산려山廬에 있다 보면 붕우나 지인들이 돈이나 물건을 보내는〔賻贈〕 것 외에, 일찍이 만난 적 없는 사람들조차 돈을 보내온다든가, 혹은 찾아와서 부조를 하고 가는 이도 있으며, 제가 사는 고을에서는 귀한 사람 천한 사람 할 것 없이 채소 등 갖가지 찬거리와 혹은 돈을 보내오기도 합니다. 이럴 때 사양하기도, 받기도 참 난처합니다. 그래서 천한 사람이 보내온 물건은 값

을 치러주고 보내온 돈은 다시 돌려줍니다. 존귀한 분이나 어른이 보내주신 채소 등 갖가지 찬거리는 사용하고 돈은 받아 두었다가 곤궁한 친척에게 나누어 주었습니다. 이렇게 하는 것이 맞습니까?

恐當如是.

㊎ 아무래도 그렇게 해야겠지.

170

就礪曾祖始立家法, 忌ㆍ墓祭幷不得輪行支子孫, 而宗嫡奉祀者專主設行. 至父身, 自曾祖及亡母並旁親十二位神主, 一家奉祀, 而且皆同原, 當墓祭則各就其墓位而祭之. 一日之內, 自朝至晡, 參祭之人往復彼此, 氣力困怠, 專精未至, 祭饌奠器因怠而或不潔, 雖曰設祭, 而猶不祭也. 除夕前二三日則祔位行祭, 元朝則正位行祭, 而一年四名日, 以此推行, 何如? 前侍門下, 適値元朝, 先生行之如此, 而考之朱子之說, "在官者當如此云", 今考定之, 只未知四名日皆以此行之乎. 且家廟窄狹, 就礪之妻及旁親二位, 不得入廟而別藏, 故時祭不得並設, 而祭畢後乃祭, 亦未專精, 更擇日行之, 何如? 一家一月內再度時祭, 未知可否.

㊌ 저희 증조께서 처음 가법家法을 세우실 때, ① 기제忌祭와 묘제

墓祭까지도 지자손支子孫에게 윤행輪行하지 못하게 하시고 종적宗嫡 봉사자奉祀者가 전적으로 주관하여 행하도록 하셨습니다. 그러던 것이 저의 부친에 이르자 증조부터 돌아가신 어머니와 방친旁親까지 12위位의 신주를 한집에서 봉사하게 되었습니다. ② 게다가 이분들이 모두 같은 산에 계시므로 묘제 때는 각각의 묘위墓位에 나아가 제사를 지냅니다. 그러다 보니 제사에 참여한 사람들이 아침부터 저녁까지 이곳저곳을 왔다 갔다 하느라 기력이 지치고 정성이 지극하지 못하게 되며 제사 음식과 음식을 담는 그릇들도 그로 인해 정결하지 못하게 되니, 제사를 지낸다고는 하지만 제사를 지내지 않는 것이나 마찬가지입니다. ③ 섣달그믐 2~3일 전에 부위祔位에 제사를 지내고 설날 아침에는 정위正位에 제사를 지내는데, 해마다 있는 네 번의 명절에 이런 식으로 제사를 지내는 것이 어떻습니까? 전에 선생님 문하에서 모시고 공부할 때 마침 설날이 되었는데 선생님께서 이렇게 하셨고, 주자의 설[234]을 찾아보니 "관직에 있는 자는 마땅히 이와 같이 하라"라고 되어 있기에 이렇게 확정하였습니다. 다만 네 번의 명절에도 모두 이렇게 할지는 아직 모르겠습니다. ④또한 사당이 좁아서 제 처와 방친 2위는 사당에 들이지 못하고 별도로 두었습니다. 그래서 시제時祭에 함께 진설하지 못하고 제사가 끝난 다음에야 제사를 지냅니다. 그러다 보니 역시 정성을 다하지 못하므로 날을 다시 잡아 행하는 것은 어떻겠습니까? 한 집안에서 한 달에 두 차례 시제를 지내는 것이 옳은 것인지 모르겠습니다.

專主設行, 近於古禮, 甚善. 然朱子亦有"支子所得自主之祭"之言, 疑支子所得祭之祭, 即今忌日、墓祭之類, 然則此等祭輪行, 亦恐無大害義也, 如何如何? 同原許多墓, 各行祭之弊, 世多有此, 愚意不如掃視墓域後, 以紙牓合祭於齋舍. 無舍, 即設壇以行之, 可免瀆弊而神庶享也. 名日祭前期而行, 雖非在官者, 當日不免有禮俗往來之煩, 恐未專精祭祀, 徇俗行之耳. 上云除夕前祔位先行, 及此云更擇日行之, 恐皆未安. 『家禮』'時祭' 條, "妻以下, 於階下設位."

답 ①〔종적 봉사자가〕 전적으로 주관하여 행하도록 한 것은 고례古禮에 가까운 것이니 매우 훌륭하다. 그러나 주자께서도 "지자支子가 스스로 주관할 수 있는 제사"[235]라는 말씀을 하셨다. 짐작건대 "지자가 제사 지낼 수 있는 제사"란 오늘날로 치면 기일이나 묘제가 되지 않을까 싶다. 그렇다면 이런 제사에서는 윤행을 해도 크게 의리에 해로울 것은 없을 것이다. ② 같은 산에 있는 많은 묘마다 각각 제사를 지내는 폐단은 세간에 많이 있는 문제이다. 내 생각으로는 묘역을 보살핀 다음 지방紙牓을 이용하여 재사齋舍에서 합제合祭하느니만 못하다.[236] 재사가 없으면 단을 만들어 행하면 된다. 이렇게 하면 아무렇게나 하는 폐단을 면할 수 있고 신도 흠향하실 것이다. ③ 명절의 제사를 기일에 앞서 행하는 것은 비록 관직에 있는 자가 아니더라도 명절 당일에 찾아오고 찾아가는 예속禮俗의 번잡함을 피할 수 없어서 제사에 정성이 지극하지 못하게 될까 두려우니 풍속을 따라 행해야 한다. ④ 위에서 말하기를 '섣달그믐 전에 부위에 먼저 제사를 지낸다'고 하였고, 여기에서는 다시 '다른 날을 잡아 지낸다'고 했는데 두 가지 모두 온당하지 못하다. 『가례』 '시제 時祭'조에 "처와 그 이하는 계단 아래에 위를 마련한다"라고 했다.

234 주자의 설『주자대전』43,「답진명중(答陳明仲)」(12)에 나온다.

235 이 말은『주자대전』40,「답유평보(答劉平甫)」(6)에 나온다.

236 퇴계는 '체백(體魄) 추모'적 묘제(墓祭)를 지양하고 '신혼(神魂) 중시'의 묘제(廟祭)를 지향했다. 이에 관해서는 한재훈,『퇴계 이황의 예학사상』(소명출판, 2021), 283~ 298쪽 참조.

별지

別紙

父在爲母, 期而除, 除後冠服所宜? 前者韓永叔爲申啓叔問此事, 略以鄙意答之, 公所見知也, 然此只據『家禮』及今士大夫見行之制而言耳. 今來示乃引『五禮儀』‘士大夫喪制’條 "大祥後, 白衣、白笠、白帶"之說, 因以推之, 於爲母期除後心喪之服, 亦欲以白衣冠帶行之, 此實近於古禮而可行者, 然於鄙意恐不當然也. 按禮, "縞冠素紕, 旣祥之冠." 詩人亦歎素冠、素衣、素韠之難見, 可知是古之禪服. 冠衣帶皆用白, 此『五禮儀』用白之所從出也. 文公『家禮』禪服皆用黲, 雖未知何所祖述, 然今人禪服依此行之, 已成習俗. 黑笠雖非黲, 亦其類也. 其他喪制, 亦率遵文公禮, 何獨於此必舍擧世遵用之『家禮』, 而從試古中廢之時制乎? 然此則以三年之禪言之矣, 若以是移用於爲母期喪之禪, 恐尤有所未安者.「雜記」曰:

"期之喪, 十一月而練, 十三月而祥, 十五月而禫." 鄭玄曰: "此爲父在爲母." 又據「檀弓」: "祥而縞, 是月禫." 註馬氏之說云云, 是古人之於此喪, 止十五月而除畢矣, 至『家禮』'大祥'章註, 朱子答或人則曰: "今禮, 几筵必三年而除, 則小祥·大祥之祭, 皆夫主之. 由亡者言之, 故曰夫. 但小祥, 夫已除服, 大祥之祭, 夫恐須素服可也." 是子之期除後, 猶以心喪終三年矣. 由古禮, 則祥·禫盡於期餘; 由『家禮』, 則祥·禫在於再期矣. 且禮但有爲師心喪無服之說, 別無爲母心喪某服之制. 又禮曰: "父在爲母, 何以期也? 至尊在, 不敢伸其私尊也." 由是言之, 爲母心喪三年, 恐後王之制, 『家禮』著之, 而垂世教耳.『儀禮』: "父必三年而娶, 達子之志也." 唐賈公彦疏有心喪三年之說, 則恐周時已有其禮, 但禮經無文, 故又疑其出於後王之制耳. 今人旣遵『家禮』之教而爲心喪, 當用『家禮』之禫服, 以循世俗之成例, 就義裁之中, 而申仁愛之情, 用意宛轉, 無有不盡之憾矣. 必若以是爲未足, 期除之後, 衣冠反用純白, 服『家禮』所損之禫服損白而用黲, 跨古禮無服之一期, 其於 "至尊在, 不敢伸私尊"之義, 何如哉? 且吾聞之, 孔子謂子路曰: "有父兄在, 如之何其聞斯行之." 今也人家父兄習熟見聞, 皆以爲禫用黲黑, 一朝乃用純白之服, 以此趨庭進退, 以了此一簡期年, 未知其嚴親之意以爲可乎安乎? 未也. 若親意不可不安, 而子强而行之, 亦恐未爲得禮也. 愚故於前所答韓永叔書外, 不能別有他說也.

아버지가 살아 계시면 [돌아가신] 어머니를 위하여 상복을 기년만 입고 벗으며, 상복을 벗은 다음에는 어떤 관冠과 복服이 적합한가? 전에 한수韓脩[237]가 신옥申沃[238]을 위해 이 사안에 대해 물었을 때, 대략 내 의견을 들어 답했고 이는 그대도 알고 있는 바이다. 그러나 이것은 단지 『가례』와 요즘 사대부들이 현재 행하고 있는 제도를 가지고 말한 것일 뿐이었다. 이번에 그대가 보내온 편지에서는 『국조오례의』'사대부상제士大夫喪制'조에 나오는 "대상大祥을 치른 뒤에는 백의白衣, 백립白笠, 백대白帶를 한다"라는 설을 인용한 다음에 이 설을 근거로 '아버지가 살아 계시는 상황에서 돌아가신 어머니를 위해 기년 만에 상복을 벗고 심상心喪을 할 때의 복제'에 대해서도 백색의 옷과 관과 띠로 행하고자 하니, 이는 실로 고례古禮에 가까운 것이어서 행할 수 있는 것이다. 그러나 내 생각에는 그렇게 하는 것이 부당할 듯하다. 예禮를 살펴보면, "흰색 비단의 관에 흰색의 누인 비단으로 가선을 두른 것은 소상小祥을 지낸 뒤에 쓰는 관이다"[239]라 했고, 『시경詩經』 속 인물도 소관素冠, 소의素衣, 소필素韠을 보기 어렵다고 탄식한[240] 것으로 볼 때, 옛날의 담복禫服은 관冠, 의衣, 대帶 모두 흰색을 사용했음을 알 수 있다. 이것이 『국조오례의』에서 흰색을 사용하라는 내용이 근거한 바이다. 주자의 『가례』에서는 담복은 모두 참색[黲]을 사용하라고 했다. 비록 이 내용이 어디에 근거한 것인지는 모르지만 요즘 사람들의 담복은 이에 의거해서 시행되어 이미 풍속을 이루었다. 흑립黑笠이 비록 참색은 아니지만 역시 그런 종류이다. 다른 상례 관련 예제는 주자의 예를 따르면서 어찌 유독 이 부분에 대해서만은 굳이 온 세상이 준용하는 『가례』를 두고 중도에 폐기된 옛날의 예제를 따르려 하는가?

그러나 이는 삼년상에서의 담禪을 가지고 말하는 것이요, 이것을 '어머니를 위한 기년상'의 담으로 옮겨서 적용하게 되면 더욱 온당하지 못한 부분이 있다. 『예기』「잡기하」에 "기년상은 11개월이 되면 연제練祭를 지내고, 13개월이 되면 상제祥祭를 지내고, 15개월이 되면 담제禪祭를 지낸다"라고 했고, 이에 대해 정현鄭玄은 "이는 아버지가 살아 계시는 상황에서 돌아가신 어머니를 위한 것"이라고 했다. 또 『예기』「단궁상」의 "대상을 치르고 호관縞冠[241]을 쓴다. 이달에 담제를 지낸다"라는 내용과 관련하여 주註[242]에 나오는 마희맹馬晞孟의 설에 근거하면, 옛날 사람들은 이 상에 대해 15개월 만에 상복을 벗고 끝냈었다. 그런데 『가례』 '대상大祥'장의 주에 나오는 주자가 어떤 이에게 답하는 대목에 이르게 되면, "오늘의 예는 궤연几筵을 반드시 3년이 지난 뒤에 치운다. 그렇다면 소상과 대상의 제사는 모두 남편이 주관한다. 돌아가신 분을 중심으로 말하기 때문에 '남편'이라고 한 것이다. 다만 소상 때 남편은 이미 상복을 벗었기 때문에 대상의 제사에서 남편은 소복素服을 입는 것이 가하다"라고 하셨다. 이는 자식이 기년 만에 상복을 벗은 뒤에도 오히려 심상으로 3년을 마치는 것이다. 고례를 따른다면 대상과 담을 기년 남짓에 다 끝내야 하지만, 『가례』를 따른다면 대상과 담이 두 번째 기년에 있게 된다.

또 예에는 스승을 위해 심상을 치르고 상복은 입지 않는다는 설만 있지, 어머니를 위해 심상을 치르면서 어떤 상복을 입으라는 제도가 따로 없다. 또 예에 "아버지가 살아 계시면 어머니를 위해 기년복만 입는 이유가 무엇인가? 지존至尊[아버지]이 계시기 때문에 감히 사존私尊[어머니][243]에 대하여 [감정을] 펴지 못하는 것이다"[244]라고 했으니, 이로 말미암아 이야기하자면 어머니를 위해 심상 3년을 펴는 것은 아마도 후왕後王의 예제이고, 『가례』가 그것을 드러내 세상의 교훈을 드리운 것이라 여겨진다. 『의례』에 "아버지가 반드시 3년이 지난 뒤에야 아내를 맞이하는 것은 [심상으로 삼년상을 마치게 되는] 아들의 뜻을 이루어주기 위해서이다"[245]라고 했고, 당나라 가공언賈公彦의 소疏에 '심상 3년'에 관한 설이 있는 것을 보면,[246] 아마도 주나라 때 이미 그 예가 있었을 것이다. 다만 예경禮經에 글이 없기 때문에 후왕의 예제에서 나왔을 것이라 의심하는 것뿐이다.

요즘 사람들이 이미 『가례』의 가르침을 준행하여 심상을 치르는 것이니 마땅히 『가례』의 담복을 착용하여 세속의 성례를 따라야 할 것이다. 이 방법이야말로 의리로 감정을 재단한 가운데 인애仁愛의 정을 펼칠 수 있도록 한 뜻이 원만하여 감정을 다 펼치지 못한 서운함이 없게 한 것이다. 그런데도 기어이 이것을 부족하다고 여겨서 기년 만에 상복을 벗은 뒤에 도리어 의관을 순백으로 하려 한다면, 이는 『가례』에서 덜어낸 담복흰색을 덜어서 참색으로 한 것을 입고,

고례에 복이 없다고 한 1년을 뛰어넘는 것이니, 그것이 "지존이 계시기 때문에 감히 사존에 대하여 〔감정을〕 펴지 못한다"라는 의리에 비추어 어떠한가?

또 나는 듣기로, 공자께서는 자로에게 "부형父兄이 계시는 어떻게 들은 대로 행할 수 있느냐?"[247]라고 말씀하셨다. 집안의 부형이 익히 보고 들은 것은 모두 '담제에는 참흑색을 착용한다'는 것인데, 어느 날 순백의 옷을 입고 마당을 뛰어다니고 오가면서 또 한 번의 1년을 마친다면, 아버지의 의중이 옳다고 여기고 편안해 하시겠는가? 그렇지 않을 것이다. 만일 어버이의 의중을 불안하게 하면 안 되는데도 자식이 우겨서 행한다면 아마도 예에 맞는 것이 아닐 것이다. 나는 그래서 전에 한수에게 답한 글 이외에 따로 다른 할 말이 없다.

172

三年朝夕上食, 無燃燭之文, 未知如何. 然廢之未安, 而貧家蠟燭實難常繼, 或曰: "油燈代用無妨也."

3년 동안 조석상식을 할 때 촛불을 켜라는 글이 없는데, 어떻게 해야 할지 모르겠다. 그렇다고 촛불을 켜지 않는 것은 온당하지 않은데, 가난한 집에서는 납촉蠟燭을 3년 동안 계속 대기가 실로 어려울 것이다. 그래서 혹자는 "납촉 대신 유등油燈을 사용해도 무방하다"라고 한다.

173

國恤卒哭前, 士大夫於其私家, 時祭不可行, 忌祭墓祭等可行, 所
喻皆合於鄙意. 來喻又云: "服齊衰者, 忌祭等使輕服者攝行", 此意
亦當. 但嘗考古禮, 國之內喪與國君喪亦有間矣, 故今茲服內, 遇
右等祭, 倣『家禮』"墨縗行奠"之例, 暫借白衣冠, 躬自行之, 才訖,
返初服, 第未知知禮者以爲如何耳. 墓祭, 不上墓所, 只於齋舍內行之.

　국휼國恤 중 졸곡卒哭이 되기 전에는 사대부가 자신의 사가에서
시제時祭를 지내서는 안 되고 기제忌祭와 묘제墓祭 등은 지내도 괜찮
다는 말은 모두 내 뜻과 부합한다. 그대는 편지에서 또 "자최齊衰를
입은 자는 가벼운 상복을 입은 사람으로 하여금 기제 등에 섭행攝行
하게 한다"라고 하였는데 이 의견도 타당하다. 다만 일찍이 고례를
검토해 보니, 〔국휼이라 하더라도〕 내상內喪과 임금의 상 역시 차이가
있었다. 그러니 지금 내상을 당한 상황에서 이상의 〔기제와 묘제 등
의〕 제사를 만났다면 『가례』의 "묵최墨縗를 입고 전奠을 행한다"라는
예에 따라 잠시 백색 의관을 입고 직접 행한 다음 끝난 즉시 원래
의 복으로 갈아입는다. 하지만 예를 잘 아는 사람들이 어떻게 생각
할지 모르겠다. 묘제에는 묘소에 올라가지 말고 제사 내에서 행하라.

居喪, 始食鹽醬, 『家禮』: "不食",「雜記」曰: "功衰, 食菜果, 飲水漿, 無鹽酪. 不能食, 食鹽酪可也." 註: "功衰, 斬衰、齊衰之末服也." 小註, 藍田呂氏曰: "功衰, 亦卒哭之喪服."「間傳」曰: "旣虞、卒哭, 疏食水飲, 不食菜果." 正與此文合. "不能食食, 鹽酪可也"者,「喪大記」: "不能食粥, 羹之以菜可也." 蓋人有所不能, 亦不能勉也. 滉竊意古人謹喪禮, 無所不至, 故其制如此. 然亦不以死傷生, 故未嘗不示以可生之道, 如此章所云與註中所引是也. 孔子亦曰: "病則飲酒食肉. 毀瘠爲病, 君子弗爲也." 毀而死, 君子謂之無子, 聖人之爲戒, 可謂切至矣. 然而爲人子者, 當創鉅至痛之際, 率不能自抑, 或至於病生殆極, 猶不知從權, 卒致不可救之域者比比有之. 臣滉每竊伏念當乙巳, 諒闇時事 未嘗不掩抑而抆涙, 又如故友洪君應吉執喪過毀, 終至滅性, 曾、閔之孝, 豈謂是哉? 蓋人之虛實, 什佰難齊, 他物姑不論. 至如鹽醬, 若一槩立限, 而令不食, 人之得全性命者少矣. 今聞虞、卒哭過已久矣, 尚朝夕啜些少粥飲而已. 禮許疏食, 亦不肯近之, 其於鹽醬, 推此可知. 滉恐至孝四昆季, 豈皆一一能完實堅強, 可保其支勝乎? 萬或一有緣此而貽嚴親之憂, 不知何以能善其後, 以合於聖人之至戒乎? 切願千萬加意, 俯就禮制, 不勝幸甚.

상을 치르는 중에 언제부터 소금과 장을 먹기 시작해야 하는지에 대해, 『가례』에는 "먹지 않는다"라고 했지만 『예기』 「잡기하」에는 "〔자최와 참최 등의 상을 당해 소상을 지난 뒤로〕 공최功衰의 상복을 입고 있을 때는 채소와 과일을 먹고 물과 신맛이 나는 음료〔漿〕를 마시지만 소금과 유장醯[248]은 없다. 음식을 먹을 수 없다면 소금과 유장을 먹어도 된다"라고 했고, 주註에 "'공최'는 자최와 참최의 상을 치를 때 마지막[249]에 입는 상복이다"라고 했으며, 소주小註에서 여대림呂大臨은 "공최 역시 졸곡의 상복이다"라고 했다. 『예기』 「간전間傳」에 "우제와 졸곡을 마치면 거친 밥과 음료수를 마시지만 채소와 과일은 먹지 않는다"라고 하여 「잡기」의 내용과 부합한다. 〔「잡기하」의〕 "음식을 먹을 수 없다면 소금과 유장을 먹어도 된다"라는 것은 「상대기喪大記」에 "죽을 먹을 수 없다면 야채를 넣어서 끓인 국을 먹어도 된다"라는 말이다.

대개 사람이 할 수 없는 것이 있는데, 그것은 힘을 써도 안 되는 것이다. 내가 가만히 생각해 보니, 옛날 사람이 상례에 신중을 기하는 것이 이르지 않은 데가 없이 하였기에 그 제도가 이러한 것이다. 그러나 그러면서도 죽음 때문에 삶을 손상하지 않았기 때문에 언제나 '살 수 있는 길'을 제시하지 않은 적이 없다. 「잡기하」에서 한 말들이나 주에서 인용한 것들이 그러한 것이다. 공자께서도 "병이 들면 술도 마시고 고기도 먹는다. 건강을 해쳐서 병이 들 일을 군자는 하지 않는다"라고 하셨다.[250] 성인께서 경계한 말씀이 간절하고 지극하다고 할 만하다.

그럼에도 사람의 자식 된 이들이 엄청나게 애통한 상황을 당하게 되면 대체로 스스로 감정을 조절하지 못해서 간혹 병이 들어 극단적인 상황에 이르렀음에도 권도權道를 따를 줄 몰라 결국 구원할 수 없는 지경에 이른 경우가 흔하게 있다. 나는 을사년[251]에 임금께서 양암諒闇[252]하셨을 때의 일을 엎드려 생각할 때마다 눈물을 흘리지 않은 적이 없으며, 또 고우故友 홍인우洪仁祐가 상을 치르다가 과하게 몸이 훼손되어 마침내 멸성滅性[253]한 데 이르렀는데, 증자曾子나 민자건閔子騫의 효도가 어찌 이런 것을 이름이겠는가? 대개 사람의 몸이 허하고 실함이 일치하기 어려운데, 다른 것은 고사하고 소금이나 장까지도 동일한 한계를 세워 먹지 못하게 한다면 성명性命을 온전하게 부지할 사람이 적을 것이다.

요즘 듣자 하니, 우虞와 졸곡卒哭이 지난 지가 오래되었는데 아직도 조석으로 약간의 미음만 마실 뿐 예에서 허락한 거친 밥까지도 가까이하려 하지 않는다 하니, 소금과 장을 먹지 않을 것임도 미루어 알 수 있다. 내가 우려되는 것은 효성이 지극한 4형제지만 어찌 이 모든 것을 지탱해 낼 만큼 모두가 몸이 튼실하고 강건하겠는가 하는 것이다. 만에 하나 이로 인해 엄친嚴親께 근심이라도 끼칠 일이 생긴다면 어떻게 그 뒤를 잘 치러낼 것이며, 어떻게 성인의 지극한 경계에 부합하려는가? 부디 다시 생각해서 예제에 맞게 하기를 간절히 바란다.

237 한수(韓脩, 1537~1588) 자는 영숙(永叔), 호는 석봉(石峯), 본관은 청주(淸州)이며, 서
    울에 거주하였다. 퇴계의 제자로, 율곡(栗谷) 이이(李珥)와는 외종간이다. 1567
    년에 경명행수(經明行修)로 추천되었고, 그 뒤에는 학행(學行)으로 지평(持平)에 제
    수되었다.

238 신옥(申沃) 자는 계숙(啓叔)이고, 본관은 고령(高靈)이며, 서울에 거주하였다. 선조
    때의 문신으로, 곡성현감(谷城縣監)을 역임하였다.

239 이 내용은 『예기』 「옥조(玉藻)」에 나온다.

240 이 내용은 『시경』 「회풍(檜風)·소관(素冠)」에 나온다.

241 호관(縞冠) 누이지 않은 흰색의 비단으로 가선을 두른 관이다.

242 여기에서 말하는 주(註)는 진호(陳澔)의 『예기집설』이다.

243 사존(私尊) '사존'의 개념에 대해 호배휘(胡培翬)는 어머니를 '사존'이라 하는 것은
    아들의 입장에서 말한 것이라고 해석한다. "사존은 어머니를 가리킨다. 아들
    에 근거하여 말한 것이다.〔私尊謂母, 據子言之.〕" 가공언도 같은 논점에서 좀 더 부
    연하여 설명한다. "곧바로 '존'이라 하지 않고 '사존'이라 한 것은 그 아버지는
    단지 자식에 대해서만 지존이 아니라 처도 남편을 역시 지존으로 여기기 때문
    이다. 어머니는 자식에게는 존이 되지만, 남편은 그녀를 존으로 여기지 않는
    다. 단지 자식에 근거하여 말했기 때문에 '사존'이라고 한 것이다.〔不直言尊而言私
    尊者, 其父非直於子爲至尊, 妻於夫亦至尊, 母則於子爲尊, 夫不尊之, 直據子而言, 故言私尊也〕"
    『의례정의』및『의례주소』참조.

244 이 내용은 『의례』 「상복」 '자최장기(齊衰杖期)' 부분 전(傳)에 나온다.

245 이 내용은 『의례』 「상복」 '자최장기' 부분 전(傳)에 나온다.

246 가공언은 소에서 "아들이 어머니에 대해 굽혀서 기년복을 입지만, 심상은 오히
    려 3년을 한다. 그러므로 아버지는 비록 처를 위해 기년복만 입고 벗지만, 3년
    이 지나야 비로소 아내를 맞이하는 것은 아들의 심상하는 뜻을 소통시켜 주기
    위한 것이다.〔子於母屈而期, 心喪猶三年, 故父雖爲妻期而除, 三年乃娶者, 通達子之心喪之志故
    也〕"라고 하였다.

247 이 내용은 『논어』 「안연(顔淵)」에 나온다.

248 유장(乳漿) 진호(陳澔)의 『예기집설』에 "'락(酪)'은 『설문해자(說文解字)』에 유장(乳漿: 동물의 젖을 발효한 것)이라고 되어 있다[酪, 『說文』乳漿也.]"라고 하였다.

249 마지막 연제(練祭)를 지낸 뒤를 말한다.

250 이 내용은 『공자가어』 「곡례자하문(曲禮子夏問)」에 나온다.

251 을사년 인종이 승하한 1545년이다.

252 양암(諒闇) 『서경』 「열명상(說命上)」에 "왕(王: 상나라 고종)이 상을 치르면 3년 동안 말을 하지 않으셨다[王宅憂, 亮陰三祀.]"라고 하였고, 이에 관해 공안국(孔安國)은 전(傳)에서 "'양(亮)'은 '양(諒)'으로 기록되어 있는 곳도 있다"라고 하였고, "'암(陰)'은 '침묵하다'라는 뜻[陰, 默也.]"이라고 하였다. 그러면서 본문의 내용은 "[왕이] 상을 치르면서 3년 동안 침묵하고 말을 하지 않았다[居憂, 信默三年不言]"라는 것으로 해석하였다. 한편, 『예기』 「상복사제」에서는 "'『서경』에 '고종(高宗)이 양암(諒闇)을 하면서 3년 동안 말을 하지 않았다'라는 것은 이것[3일 동안 곡하는 소리가 끊이지 않고, 3개월 동안 옷을 벗지 않고, 1년 동안 슬퍼하고, 3년 동안 근심하는 것]을 잘한 사례이다[書曰: "高宗諒闇, 三年不言", 善之也.]"라며 이 내용을 원용하였고, 이에 관해 정현(鄭玄)은 주(注)에서 "'양(諒)'은 옛날에는 '양(梁)'으로 썼다. 문미[楣: 처마 또는 차양]를 양(梁)이라고 한다. '암(闇)'은 '순암(鶉鷂)'이라고 할 때의 '암(鷂)'으로 발음한다. '암(闇)'은 의려[廬]의 뜻이다. 의려에 들보가 있는 것이 이른바 주미(柱楣: 기둥과 처마)이다[諒古作梁. 楣謂之梁. 闇, 讀如'鶉鷂'之'鷂'. '闇謂廬也. 廬有梁者, 所謂柱楣也.]"라고 하였다. 이상의 내용을 종합하면, '양암(諒闇)'은 '양암(亮陰)'이라고도 표현되는데, 이에 관한 공안국과 정현의 해석은 다소 다르다. 하지만 삼년상을 치르는 것을 가리킨다는 점에서는 같다.

253 멸성(滅性) 목숨을 잃는다는 뜻으로, 여기에서는 어버이의 상을 당하여 너무 슬퍼한 나머지 자신의 목숨도 잃는 것을 말한다.

별지

別紙

175

前年公來, 此日問『家禮』所疑及今所宜行, 此非淺陋所及, 而輒答云云, 實有未安. 今復蒙寄『疑問』一冊, 則又非前問之比. 將『家禮』喪、祭兩門, 本朱子之儀, 參諸儒之說, 準時制, 明俗失. 附以己意, 考訂辯論, 欲得從違可否之宜, 以至矯弊處變之道, 靡不致詳. 欲令滉一一商酌裁定, 以成一部禮書, 意若以是率一世而傳後來. 嗚呼! 此何等重事, 而吾二人敢爲之哉? 滉固知公之孝謹誠篤, 盡心於愼終追遠之事, 乃以饋奠餘力, 讀禮功深, 有所感發, 而出此計也. 其爲計非不善也, 而在吾二人分上, 眞莊子所謂 "太早計" 者耳. 何者? 自公而言, 則學未成而名未顯; 自滉而言, 則德愈下而識愈懵, 古所謂 "大禮與天地同其序", 旣未窺其本原 所謂 "禮儀三百、威儀三千", 又未知其節文, 而乃相與出位犯分, 率意妄

278

作, 增損乎大賢之成書, 其能得制作之意而無乖繆乎? 駁正乎末世之敝典, 其能無專僭之謗而免罪戾乎? 昔司士賁請襲於床, 子游曰: "諾!" 縣子聞之曰: "汰哉, 叔氏! 專以禮許人." 夫襲於床, 禮也, 而子游許之. 子游未爲過也, 君子猶以不稱禮而直諾爲汰而譏之. 矧今援古訂今, 有所去取改更, 可易而爲之哉? 孔子曰: "愚而好自用, 賤而好自專, 生乎今之世, 反古之道, 如此者, 烖及其身者也." 使吾輩遂成此事, 正犯孔子之至戒, 不亦可懼之甚乎! 大抵公之病, 不患其不慕善, 而患其慕之過; 不患其不嗜學, 而患其嗜之急; 不患其不好禮, 而患其好之僻. 慕善太過, 故誤以愚人爲眞善; 嗜學太急, 故徑以未學爲己學; 好禮太僻, 故必以矯俗爲得禮. 此三病者, 實公平生之大患, 而今日太早計之所由作也. 故吾未嘗不嘉公之志願, 愛公之爲人, 而亦未嘗不憂公之難行於世也. 不惟公之行世是憂, 凡公之所以過相推重者, 適所以重吾之不德, 招世之怒罵, 則其終未必不歸於載禍以相餉也. 是故今茲之事, 不免苦口以奉曉於左右, 願公三思之, 勿訝勿慍勿誚我老耄而過慮, 當好事而不肯爲也. 所囑旣難承, 來冊當付來使之還, 兒子有所閱, 姑留以俟後便奉還.

전년에 공이 찾아와서 『가례』 중에 의심이 가는 부분과 오늘날 마땅히 준행해야 하는 것들에 관하여 물었을 때, 얕고 좁은 식견으로 잘 알지도 못하면서 답을 한 것은 사실 온당하지 못한 일이었다. 그런데 이번에 보내온 『의문疑問』이라는 한 권의 책을 또다시 받고 보니, 그 내용은 전번에 물었던 것에 비할 바가 아니었다. 『가례』중 상례와 제례 두 부문에 대해 주자가 제시한 의절로 본을 삼고 여러 선유들의 학설을 참고하였으며, 시왕時王의 예제를 준칙으로 하되 시속의 잘못을 밝혔을 뿐만 아니라, 여기에 자신의 의견을 덧붙여 고정考訂과 변론辯論을 하였다. 이렇게 함으로써 해당 내용이 따라야 하는 것인지 아니면 어겨야 하는 것인지, 또는 가당한 것인지 부당한 것인지 등의 적절함을 얻고자 하였고, 궁극적으로는 폐단을 바로잡고 변례變禮에 대처하는 도에 이르고자 함이 대단히 꼼꼼하다. 이러한 내용을 나에게 하나하나 검토하고 판정하게 한 다음 한 부의 예서禮書를 완성하고자 하니, 짐작건대 이를 통해 현재를 인솔하는 것은 물론 후세에까지 전하려고 한 듯하다. 오호라! 이 얼마나 중요한 일인데 우리 두 사람이 감히 할 수 있겠는가?

공의 효성은 신중하고 정성은 독실하여 신종추원愼終追遠[254]의 일에 마음을 다하는 한편, 상을 치르는 중에 짬을 내어 예禮를 연구하는 데 노력을 기울이다가 감발感發한 바가 있어서 이런 계획을 세웠으리라는 것을 나는 잘 알고 있다. 이러한 계획이 훌륭하지 않은 것은 아니지만, 우리 두 사람의 분수에 비추어 보았을 때 참으로 장자莊子가 말한 "너무 성급한 계획[太早計]"[255]임에 틀림없다. 왜냐하면 그대의 입장에서 보면 배움은 아직 완성되지 않았고 명성은 아직 현달하지 못하기 때문이고, 나의 입장에서 보면 덕은 낮고 식견은 어둡기 때문이다. 옛말에 "위대한 예는 천지와 그 질서를 함께한다"[256]라고 하였으나 우리는 아직 그 본원조차 엿보지 못하였고, "3백 가지의 예의禮儀와 3천 가지의 위의威儀"[257]에 대해서도 그 절문節文을 아직 모른다. 그런데도 우리끼리 제자리를 벗어나고 분수를 넘어 경솔한 생각과 허튼짓으로 대현大賢들이 완성해 놓은 글을 보태고 덜어낸들 그것이 예를 제작한 의도를 잘 담아내어 조금의 어긋남도 없게 할 수 있겠는가? 그리고 말세의 잘못된 전범들을 반박해 바로잡은들 그것이 제멋대로 주제넘은 짓을 했다는 비방을 듣지 않고 죄를 면할 수 있겠는가?

옛날에 사사司士 벼슬을 하던 분賁이라는 사람이 침상에서 습襲을 하겠다고 묻자, 자유子游가 "그렇게 하라!"라고 말했다. 현자縣子가 그 이야기를 듣고, "잘난 척하는구나, 자유여! 제멋대로 예를 남에게 허락하다니"라고 하였다.[258] 침상에서 습을 하는 것이 예이기 때문에 자유가 그렇게 하라고 허락한 것이다. 자유가 잘못을 저지른 것은 아니지만 군자는 '예라고 말하지 않고 곧장 그렇게 하라고 말하는 태도가 잘난 척하는 것'이라며 꾸짖은 것이다. 하물며 지금 옛것을 원용하고 오늘을 정정하여 버릴 것과 취할 것 그리고 고치고 바꾸는 일이 쉽게 할 수 있는 것이겠는가? 공자께서는 "어리석으면서 자신의 생각대로 하려고 하거나, 천하면서 자기 마음대로 하려고 하거나, 오늘의 세상을 살면서 옛날의 길로 돌아가려고 하는 이런 사람들은 재앙이 그 몸에 미칠 것"[259]이라고 하셨다. 만일 우리가 마침내 이 일을 밀고 나간다면 공자의 지극한 경계를 정면으로 범하는 것이니 매우 두려운 일이 아니겠는가?

대저 공의 병통은 선善을 흠모하지 않는 것이 아니라 너무 지나치게 흠모하는 것이 문제고, 배움을 좋아하지 않는 것이 문제가 아니라 너무 급하게 좋아하는 것이 문제이며, 예를 좋아하지 않는 것이 문제가 아니라 너무 치우치게 좋아하는 것이 문제이다. 선을 흠모함이 지나치기 때문에 어리석은 사람을 진짜 선하다고 여기는 잘못을 범하게 되고, 배움을 좋아함이 급하기 때문에 아직 배우지 않은 것을 이미 배운 것으로 여기는 서두름을 보이며, 예를 좋아함이 치우치기 때문에 기필코 풍속을 바로잡아야만 예를 얻는다고 여기는 것이다. 이 세 가지 병통은 실로 그대가 가지고 있는 평소의 문제점이며, 이번의 '너무 성급한 계획'이 만들어지게 된 원인일 것이다.

이러한 이유로 나는 그대가 하고자 하는 뜻을 가상히 여기지 않은 적이 없고 그대의 사람됨을 사랑하지 않은 적이 없지만, 그대가 세상에 받아들여지기는 어렵겠다고 걱정하지 않은 적이 없었다. 그대가 세상에 받아들여지는 것에 대한 걱정만이 아니라, 그대가 지나치게 과대평가하는 것이 마침 나의 부덕함을 중히 여긴 때문이기에 세상의 비난을 초래한다면 그 결과는 '화를 싣고 와서 먹이는'[260] 꼴이 될 것이다. 이런 까닭에 이번 일에 대해 어렵게 말하여 깨우쳐 주지 않을 수 없는 것이니, 그대는 다시금 깊이 생각해 주기 바란다. 내가 늙어서 너무 지나치게 생각한 나머지 좋은 일을 두고도 내켜 하지 않는다고 의아해하지도 말고 서운해하지도 말고 나무라지도 말라. 부탁한 것을 이미 받들기 어려운 마당이라 보내온 책도 당연히 편지를 가지고 온 인편에 돌려보내야겠지만, 내 아들 녀석이 읽어본다고 하니 잠시 가지고 있다가 나중에 돌려 보내겠다.

176

正俗失反古道, 固君子之事, 然亦有未可率意輕作者, 非但避禍, 道理有所當然者. 子曰: "愚而好自用, 賤而好自專, 生乎今之世, 反古之道, 如此者, 烖及其身者也. 非天子, 不議禮, 不制度, 不考文." 夫聖賢在下, 而議禮、制度、考文亦多矣, 而聖人之言若此, 何也? 雖議制且考, 其間有不可一一專輒底道理, 故云云. 又有 "吾從周"之語. 邵康節曰: "我爲今人, 當服今人之服." 程子深歎其言之有理. 聖賢尚如彼, 愚且賤者當如何耶? 且吾聞之, 大程子曰: "事之無害於義者, 從俗可也, 害於義則不可從也." 此則又爲兩當切至之論也, 今公等事事必欲求其反古之道, 故凡今俗所爲雖無害於義者, 必欲異衆而效古, 如棐彦忌日行素, 欲只行當日 石灰不用楡水之類, 是也. 在公此病前後亦多有之, 細思當自知之, 今不一一. 如是所爲, 無非忤俗軋人之事, 朋怨衆謗, 禍機潛伏, 何足恠乎?

시속의 잘못을 바로잡고 고례의 길로 돌아가는 것이 진실로 군자의 일이기는 하지만 경솔한 생각으로 가볍게 움직여서는 안 되는 점도 있다. 그것은 단지 화를 피하자는 것뿐만 아니라 도리가 마땅히 그렇기 때문이기도 해서이다. 공자께서는 "어리석으면서 자신의 생각대로 하려고 하거나, 천하면서 자기 마음대로 하려고 하거나, 오늘의 세상을 살면서 옛날의 길로 돌아가려고 하는 이런 사람들은 재앙이 그 몸에 미칠 것이다. 천자가 아니면 예를 의론하지 못하고, 법도를 제정하지 못하며, 글을 고정하지 못한다"[261]라고 하셨다. 성현이 낮은 지위에 계시면서 예를 의론하고, 법도를 제정하고, 글을 고정하신 사례도 많은데, 공자께서 이렇게 말씀하신 것은 왜일까? 비록 의론하고, 제정하고, 고정하더라도 그 과정에는 하나하나 마음대로 할 수 없는 도리가 있기 때문에 이렇게 말씀하신 것이다. 그런가 하면 "나는 주나라를 따르겠다"[262]라는 말씀도 있다. 소강절邵康節은 "우리는 오늘을 사는 사람들이기 때문에 마땅히 오늘의 옷을 입어야 한다"라고 하였는데, 정자程子께서는 이 말이 일리가 있음을 깊이 찬탄하였다. 성현들도 오히려 저러한데, 하물며 어리석고 천한 자들이야 어떻게 하는 것이 마땅하겠는가?

　더구나 위대한 정자께서 다음과 같은 말씀을 하셨다고 들었다. "어떤 사안이 의로움에 비추어 해로운 것이 없다면 시속을 따라도 괜찮겠지만, 의로움에 해롭다면 따라서는 안 된다." 이 말씀은 두 가지 측면에서 대단히 지당한 말씀이다. 오늘날 그대들은 사사건건 기필코 옛날의 도로 돌아가려고만 한다. 그래서 오늘날 시속에서 하는 것이 비록 의로움에 해로운 것이 없더라도 기필코 남들과 다른 방식으로 옛것을 본뜨려고만 한다. 예를 들면 이국필李國弼[263]이 기일에 고기반찬을 먹지 않고 소식素食을 한다거나 당일에 수행하려고 석회에 느릅나무 물을 사용하지 않는 것 등이 이런 경우이다.[264] 그대에게도 이러한 병통이 많이 있으니 세밀하게 생각해 보면 스스로 알 것이므로 일일이 말하지는 않겠다. 이러한 행위는 모두 시속에 대해 오만을 부리고 사람들을 억압하는 일 아닌 것이 없으니, 벗이 원망하고 많은 사람이 비난하며 화의 기틀이 잠복해 있음이 어찌 괴이한 일이겠는가?

254 신종추원(愼終追遠) 『논어』「학이(學而)」에 나오는 증자의 말로, '마지막을 신중히 한다'는 뜻의 '신종(愼終)'은 상례를, '멀리 계신 분에게 다가간다'는 뜻의 '추원(追遠)'은 제례를 각각 가리킨다.

255 너무 성급한 계획(太早計) 이 말은 『장자』「제물론(齊物論)」에 구작자(瞿鵲子)와 장오자(長梧子)의 대화에 나오는 것으로, "달걀을 보고 새벽을 알리는 닭의 울음소리를 요구하거나, 탄환을 보고 잘 구워진 새를 요구하는 격[見卵而求時夜, 見彈而求鴞炙]"이라는 뜻으로 사용되었다.

256 『예기』「악기(樂記)」에 "대악(大樂)은 조화로움(和)을 천지와 함께하고, 대례(大禮)는 구분과 질서(節)를 천지와 함께한다(大樂與天地同和, 大禮與天地同節)."라는 말이 실려 있다.

257 『중용』에 "넉넉하고 넉넉하게 성대하구나, 예의(禮儀: 근간이 되는 예)가 3백 가지요, 위의(威儀: 세부적인 예)가 3천 가지이다(優優大哉, 禮儀三百, 威儀三千)."라는 말이 실려 있다.

258 이 이야기는 『예기』「단궁상」에 나온다. 이와 관련하여 진호(陳澔)는 『예기집설』에서 다음과 같이 설명했다. "예에 따르면, 사람이 죽으면 바로 침상을 치우고 시신을 땅에 내려놓고, 복(復)을 한 뒤에도 살아나지 않으면 시신을 다시 침상에 올린다. '습(襲)'이란 옷으로 시신을 싸는 것이다. 목욕을 시킨 뒤에 상축(商祝)이 제복(祭服)과 단의(禒衣)를 겹쳐서 침상 위에 펼쳐놓는다. 반함(飯含)을 한 뒤에 시신을 습의(襲衣) 위로 옮기고 옷을 입힌다. 침상에서 습을 하는 것이 예이다. 후세에 예가 잘못되어 지면에서 습을 하는데, 이는 시신을 더럽히는 것이다. 사사(司士)가 예를 알고 자유(子游)에게 물었는데, 자유는 예에 의거하여 대답하지 않고 '그렇게 하라'고 대답하여 현자(縣子)의 비난을 산 것이다. '태(汏)'는 잘난 척하는 것으로, 예에 관한 일을 자문하는 이가 있으면 예에 근거해서 대답해야 하는데도 자유가 제멋대로 곧장 허락한 것은 마치 예가 자신으로부터 나온 것처럼 한 것이다.[禮始死廢牀, 而置尸於地, 及復而不生, 則尸復登牀. 襲者, 斂之以衣也. 沐浴之後, 商祝襲祭服禒衣, 蓋布於牀上也. 飯含之後, 遷尸於襲上而衣之. 襲於牀者, 禮

也. 後世禮失而襲於地, 則褻矣. 司士知禮而請於子游, 子游不稱禮而答之以諾, 所以起縣子之護也. '汰', 矜大也, 言凡有諸問禮事者, 當據禮答之, 子游專輒詐諾, 則如禮自己出矣.〕"

259 이 내용은 『중용』 28장에 나온다.

260 화를 싣고 와서 먹이는 죄가 될 줄 알면서도 죄인을 찾아와 대접한다는 뜻이다. 후한(後漢)의 하복(夏馥)이 중관들의 미움을 받아 체포령이 내리자 임려산(林慮山)으로 숨어들어 대장간에서 일하고 있었는데, 그의 아우 하정(夏靜)이 비단을 싣고 찾아와서 대접하려 하자, "아우는 어찌하여 재앙을 싣고 와서 나를 먹이려 하는가?"라고 한 데서 비롯되었다. (『자치통감(資治通鑑)』56.)

261 이 내용은 『중용』 28장에 나온다.

262 이 내용은 『논어』「팔일」에 나온다.

263 이국필(李國弼, 1540~?) 자는 비언(斐彦), 본관은 용인(龍仁)이며, 서울에 거주하였다. 『도산급문제현록(陶山及門諸賢錄)』(도산서원 간) 권3에는 "선생은 일찍이 그가 매사를 보통 사람들과 달리하고 옛것을 본받으려 하는 것을 병통으로 여겼다. 벼슬은 현감(縣監)에 이르렀다"라고 하였고, 『도산급문제현록변정(陶山及門諸賢錄辨訂)』(병산서원 간)에는 "공의 본관은 용인이다. 처사 혼(混)의 아들로 가정 경자년(1540, 중종25)에 태어났다"라고 하였다.

264 『선조목릉천장산릉도감의궤(宣祖穆陵遷葬山陵都監儀軌)』에 다음과 같은 내용이 있다. "세 가지를 섞는다. 석회 3두(斗), 가는 모래와 황토 각 1두씩을 느릅나무 뿌리 물과 섞는다.〔三物交合, 石灰三斗, 細沙, 黃土各一斗式, 榆根皮水交合.〕"

김취려에게 답하다 1566

答金而精丙寅

父在爲母期諸說, 曾於答去年六月書, 似頗詳悉, 今復有此問, 何
耶? 以愚所聞, 周公有此典, 後王益以申心喪之制, 而朱子從之, 未
聞某代有不降者. 惟有唐武曌嘗請於高宗, 欲令天下母喪同父喪,
至『大明禮』, 遂有同父喪斬衰三年之制, 寧可以亂聖典爲世敎耶?
國朝不用明制, 最得 "無二尊"、"不貳斬"之義, 不知今世何等人乃
違聖典與時王之制, 出禪服而盧衰絰耶? 此必鄕里自好者徑情直
行之爲耳. 公號爲知讀書好古禮, 反不能無疑於此, 常若有不足於
聖典, 而欲從彼人所爲之意, 不亦異乎?

아버지가 살아 계시면 〔돌아가신〕 어머니를 위하여 상을 기년만
치르는 것과 관련한 모든 설에 대해서는 지난해 6월의 답서에 매우

상세하게 설명한 듯한데, 지금 다시 이와 관련한 질문을 하는 것은 무엇 때문인가? 내가 알기로는 주공周公께서 이에 대한 전범을 남기셨고, 그 뒤에 후왕後王이 심상心喪을 펴는 제도를 보태었으며, 주자께서 이를 따르셨다. 어느 시대에 강복降服하지 않은 예가 있었는지 들어 보지 못했다. 오직 당나라 때 무조武曌[측천무후]가 고종高宗에게 천하의 어머니 상을 아버지 상과 똑같이 하기를 청하였고, 『대명례大明禮』에 이르러 마침내 아버지 상과 똑같이 참최 삼년을 하도록 하는 예제가 만들어졌다. 그러나 어찌 성인의 전범을 어지럽힌 이런 예로 세상의 가르침을 삼을 수 있겠는가? 우리나라에서는 명나라 제도를 준용하지 아니함으로써 "존귀함은 둘일 수 없다"와 "참최복은 두 번 입지 않는다"라는 의리에 가장 부합하였다. 오늘날 어떤 사람이 성인의 전범과 시왕의 예제를 어기면서, 외출할 때는 담복禫服을 입고 의려倚廬에서는 최질衰絰을 한단 말인가? 이는 필시 향리에서 스스로 잘났다고 하는 자가 자신의 감정에 따라 곧장 행하는 짓일 것이다. 글을 읽을 줄 알고 고례를 좋아한다고 불리는 그대가 도리어 이런 예제에 대해 의심을 없애지 못하고 항상 성인의 전범을 만족스러워하지 않으면서 저런 사람들이 하는 짓을 따르려고 하니 이상하지 않은가?

178

所謂"過時不祭"者, 應指時祭而言耳.

이른바 "때가 지났으면 제사를 지내지 않는다"[265]라는 것은 당연히 시제時祭를 두고 하는 말이다.

주

265 이 내용은 『예기』 「증자문」에 나온다.

별지

別紙

179

父在爲母降服, 周公之制得矣, 而後來又有心喪之制, 以申孝子之情, 可謂義之盡仁之至也. 朱子豈不足於周公之制, 而欲益之不得益乎? 今公讀聖賢書, 粗窺義理之端矣, 每不足於周公之制, 似若欲效無知之人出入異服, 以徑情直行者之爲者, 何耶? 此理前答已略及之, 其未之思耶?

아버지가 살아 계시면 〔돌아가신〕 어머니를 위하여 강복을 한다는 주공께서 만드신 예제로 충분하다. 그럼에도 나중에 다시 '심상'이라는 제도를 두어서 효자의 정을 펴도록 하였으니, 가히 의義가 극진하고, 인仁이 지극하다고 할 만하다. 주자께서 어찌 주공의 제도를 부족하다고 여겨서 보탤 수 없는 것을 보태려고 하셨겠는가? 지금 그대는 성현의 글을 읽고 거칠게나마 의리의 단초를 엿보았음에도 매양 주공의 제도를 부족하다고 여기면서, 무지한 사람들이 출입할 때 다른 복을 입으면서 자신의 감정에 따라 곧장 행하는 자들의 짓거리를 본받으려는 이유가 무엇인가? 이 이치를 전번의 답서에서 이미 대략 언급하였는데 아직 생각해 보지 않은 것인가?

180

爲父降母服條, 謹依誨喩行之. 但團領玉色, 非徒於心未安, 今當國恤, 法用純白, 依此服白乎? 重服在身, 當服淡乎?

[문] 〔살아 계시는〕 아버지 때문에 〔돌아가신〕 어머니의 상복을 낮추는 조항에 대해서는 삼가 가르침에 따라 행하겠습니다. 다만 단령團領에 옥색으로 하게 되면 마음이 편치 않을 뿐만 아니라, 지금 국휼을 당한 터라 순백만을 착용하라고 법으로 규정하니, 이에 따라 흰색을 입어야 합니까? 무거운 복을 입었으니 마땅히 담색淡色을 입어야 합니까?

聞之, 古者君服在身, 不敢服私服. 此禮今雖難行, 旣當改私服, 而値國恤服白之時, 雖不用『家禮』之黲, 而從古禫用白之禮, 恐不至異常也, 如何如何?

☲ 내가 알기로 옛날에는 임금을 위한 상복을 입었으면 감히 사적인 상복을 입지 못했다. 이 예를 지금은 비록 행하기 어렵지만, 이미 사적인 상복을 바꿔 입는 것이 당연한 데다가 국휼로 흰색을 입어야 하는 상황인 만큼 비록 『가례』에서 말한 참색黲色은 쓰지는 못하더라도 '담禫에는 백색을 착용한다'는 고례를 따른다면 이상하지는 않을 것이다. 어떠한가?

181

降服者, 網巾或以淡黑布製之, 今從否?

☷ 강복을 하는 경우에 망건도 간혹은 담흑색淡黑色의 베로 만들기도 하던데 따라야 합니까?

恐駭俗.

☲ 사람들을 놀라게 할까 염려된다.

182

遇四時祭日, 几筵設享, 朱子已行, 今遵否?

☷ 〔상을 치르는 중에〕 사시제四時祭 지내는 날이 되면 음식을 궤연几筵

에 진설하고 제사 지내는 것을 주자께서 이미 행하셨으니[266] 지금 그대로 따라도 되겠습니까?

恐無妨.

📋 무방할 것이다.

183

小祥, 止朝夕哭, 則廬墓者或於祥後, 晨昏上塚哭臨, 此亦止乎? 或云: "廬墓非禮, 哭亦無據." 然若上塚, 則情不自已, 哭臨何害?

📋 소상小祥이 지나고서는 조석곡朝夕哭을 그쳐야 한다면, 여묘廬墓를 하는 사람이 혹시 소상이 지난 뒤에는 새벽이나 저녁으로 무덤에 가서 곡을 하는 것도 그쳐야 합니까? 혹자는 말하기를 "여묘는 예가 아니며, 곡하는 것도 근거가 없다"라고 합니다만 무덤에 가게 되면 복받치는 감정을 억누를 수 없어서 곡을 하는 것이야 어찌 해롭겠습니까?

晨昏哭塚, 本爲非禮, 況輟乎此, 而猶爲彼乎? 此等事, 君子不貴也.

📋 새벽이나 저녁으로 무덤에서 곡을 하는 것이 본래 예가 아니

다. 하물며 여기(사당)에서는 그치는데 저기(무덤)에서는 한단 말인가? 이런 일을 군자는 귀하게 여기지 않는다.

184

凡題神主, 職銜字數多, 則所餘字行書于神主左邊, 未知獨於孝子旁題, 書其右旁, 何如?

🖺 무릇 신주의 내용을 쓸 때, 직함의 글자 수가 많으면 남는 글자와 줄은 신주의 왼쪽에 씁니다. 유독 '효자방제孝子旁題'에 대해서만 오른쪽에 쓰라는 이유를 모르겠습니다. 어째서입니까?

職銜餘字, 書神主左旁, 憎未前聞. 此必以神道尙右, 以西爲上, 以東爲下而然也. 其爲是者, 得失亦未可知也. 大抵此事, 從前鄙意欲以人左爲是者, 亦無的確證據可指爲朱子所定. 但目見『家禮』及『大明會典』等諸圖, 皆書人左, 故恐人左爲是耳. 且假令以右爲尊, 以西爲上, 其初面下端, 先書孝子名者, 恐或與今人上御前單子、政院書狀及諸尊處單狀, 皆於初面下端, 先書職銜姓名之意同, 然未知其必然. 於公意若苦未信, 亦當各從所見爲定, 難以强相同也.

🖺 직함의 남는 글자는 신주의 왼쪽에 쓴다는 말은 나는 아직 들어 보지 못했다. 이는 필시 신도神道는 오른쪽을 높게 여기기 때문

에 서쪽을 위쪽, 동쪽을 아래쪽으로 삼아서 그런 것일 텐데, 이렇게 하는 것의 득실 또한 알 수 없다. 대저 이 사안에 대하여 종전까지는 내 의견도 사람을 기준으로 왼쪽을 옳다고 하고 싶었으나 주자가 단정한 것이라고 할 만한 적확한 증거가 없었다. 다만 『가례』와 『대명회전』 등의 여러 그림을 확인해 본 결과 모두 사람을 기준으로 왼쪽에 썼기 때문에 사람의 왼쪽이 맞는 것이 아닌가 할 뿐이다. 가령 오른쪽을 높게 여기고 서쪽을 위쪽으로 삼아서 그 초면의 하단에 먼저 효자의 이름을 쓴다면, 요즘 사람들이 어전御前에 올리는 단자單子나 승정원의 서장書狀 및 모든 존귀한 분께 올리는 문서에서 초면의 하단에 먼저 직함과 성명을 쓰는 의미와 같다는 것인데, 그것이 반드시 그런 것인지는 모르겠다. 그대가 생각하기에 만일 굳이 믿지 못하겠다면 각각 자신의 견해대로 따르는 것이 마땅하며 억지로 서로 같게 하기는 어려울 것이다.

185

外繼祖母、繼外姑之服, 或以國典不載不服. 苟如是, 則曾祖伯叔父以下諸旁親妻, 皆只服其初, 而不服其繼乎?

🔖 외계조모外繼祖母와 계외고繼外姑의 복과 관련하여 혹자는 국전國典에 실려 있지 않다는 이유로 입지 않습니다. 만일 이런 식이라면 증조백숙부曾祖伯叔父 이하 모든 방친旁親의 처에 대해서도 모두

초처初妻에 대해서만 복을 입고 계처繼妻에 대해서는 복을 입지 않아야 합니까?

此說甚善. 能說出禮意, 有補世敎.

답 이 설이 매우 훌륭하다. 예의禮意를 잘 짚어서 설명해 주었으니, 세교世敎에 보탬이 될 것이다.

186

大祥返魂, 俗例門外迎奠, 今以極寒遠程, 事多有礙, 欲勿設郊祭, 直到于家. 且祥祭, 姊妹妻皆當參, 故欲前期一二日奉還, 何如? 此於就礙服除者, 或無妨, 故敢稟.

문 대상大祥을 치르고 반혼返魂을 할 때, 시속에서는 으레 대문 밖에서 맞이하는 전奠을 올립니다. 그런데 지금 날씨가 매우 춥고 길도 멀어 일에 애로가 많으므로 들에서 지내는 제사는 하지 말고 곧장 집으로 갈까 합니다. 또 대상제大祥祭에는 누이들이나 아내도 모두 참여해야 하기 때문에 기일 하루 이틀 전에 받들고 돌아오려고 하는데 어떻습니까? 이것이 상복을 벗은 저에게는 무방할 것 같아 감히 여쭙습니다.

古不廬墓, 葬日反哭, 故無迎奠之事. 今人率不能免俗, 留魂山野, 過三年乃返, 雖甚無謂, 然久於外而今返, 親舊之出郊迎奠, 亦人情所宜有也. 且父在爲母服期者, 十三月而祥, 則宜此日返魂, 返後居處飲食, 一依喪禮, 以終再期, 而除几筵, 所謂心喪者此也. 今人又復仍留, 必至二十五月而後返, 則失禮之中又失禮焉. 公雖好古禮, 此等節目, 皆未免俗而依行, 獨於郊迎之事, 不循俗禮, 如何如何? 但再期之祭, 以俗例則行於山, 依古禮則行於堂, 與其因循而遂遵俗失, 寧從權宜而反用古禮, 則前期一二日奉還以行, 恐爲得之. 大槩如此, 其間曲折可否之決, 在公裁處, 難以遙度也. 郊迎、堂祭兩項節目, 或貧家有難兩全者, 故云難遙度也.

🗐 옛날에는 여묘를 하지 않고 장례를 치르는 날 반곡反哭을 하였기 때문에 '맞이하는 전'을 올리는 일이 없었다. 요즘 사람들은 대체로 시속을 벗어나지 못해서 산야에 신혼神魂을 머무르시게 한 채로 3년을 지낸 다음에야 모시고 돌아온다. 이것이 비록 말할 것 없이 매우 잘못된 일이기는 하지만 바깥에 오래 머무르시다 이제 돌아오시는 것인 만큼 친척이나 지인들이 들에 나가 맞이하는 전을 올리는 것은 인정상 마땅히 있을 법한 일이다. 그리고 아버지가 살아계시기 때문에 [돌아가신] 어머니를 위하여 기년복만 입었던 사람은 13개월 만에 대상을 치렀을 테니 마땅히 이날 반혼을 해야 한다. 반혼을 한 뒤의 거처나 음식은 일체 상례에 따라야 하며 두 번째 기년을 마치고

궤연을 거두어야 한다. 이른바 '심상'이라는 것이 이것이다. 그런데 요즘 사람들은 [아버지가 살아 계시기 때문에 돌아가신 어머니를 위해 기년복만 입고도] 여전히 묘소 곁에 남아서 반드시 25개월이 되어서야 돌아오는데, 이는 예에서 벗어난 가운데 또다시 예에서 벗어난 셈이다.

그대는 비록 고례를 좋아하지만 이런 절목에서는 시속을 벗어나지 못하고 시속에 따라 행하더니, 들에 나가 맞이하는 일에 대해서만은 속례俗禮를 따르지 않는 것은 어째서인가? 다만 두 번째 기년의 제사를 시속에서처럼 하자면 산에서 지내야 하고, 고례에 따라 하자면 당堂에서 지내야 한다. 해오던 대로 시속의 잘못을 따라 하는 것보다 적절한 융통성을 발휘하여 고례에 따라 한다면 하루 이틀 전에 받들고 돌아와서 제사를 지내는 것이 낫겠다. 큰 틀에서 이렇지만, 그 사이의 세부적인 문제와 가부 간의 결정은 그대의 재량에 달려 있으며, 멀리서는 헤아리기 어렵다. 들에 나가 맞이하는 것과 당에서 제사를 지내는 두 항의 절목은 가난한 집에서는 두 가지 모두 하기 어려울 것이므로 멀리서는 헤아리기 어렵다고 한 것이다.

187

題主祝文, 讀畢懷之之意, 當哭泣哀遽, 不即焚之, 故姑以懷藏, 俟奠畢檟主後, 焚之耳.

🔲 신주의 내용을 쓴(題主) 다음 축문祝文 읽기를 마치고 그것을 품

에 품는 뜻은,[267] 곡하고 울며 슬픔이 북받치는 상황에서 즉시 불사를 수 없기 때문에 우선 품에 품었다가 전奠을 올리고 신주를 독櫝에 모신 다음에 불사르는 것일 뿐입니다.

愚恐此處禮意精微, 不可如此淺看了. 蓋當此時, 死者神魂飄忽無依泊, 祝一人身任招來懷附於木主之責. 神依木主, 則便有與人相際接之理, 故讀畢而懷之, 以見招來懷附與人相際接之意. 聖人制禮求神之道, 孝子愛親思成之義, 其盡於是矣.

答 내 생각에 이 대목은 예의禮意가 정미하므로 그렇게 얕게 보아서는 안 될 듯하다. 이때 죽은 이의 신혼神魂은 흩어져 의지할 곳이 없는데, 축祝 한 사람이 몸소 〔사자의 신혼을〕 부른 다음 목주木主에 품어서 붙이는 책임을 맡은 것이다. 신혼이 목주에 의지하게 되면 사람과 서로 교접하는 이치가 있다. 그러므로 축문 읽기를 마치고 그것을 품음으로써 '부른 다음 품어서 붙이고, 사람과 서로 교접한다'는 의미를 보여준 것이다. 성인이 예를 제정해 신을 구하는〔求神〕 도道와 효자가 어버이를 사랑하여 이르러 오게 하는〔思成〕[268] 의義가 여기에서 극진하다.

188

外繼祖母、繼外姑不可不服, 來說甚當. 昔有人爲人後者, 欲不服本生繼母之服, 呂子約移書責之曰: "子思曰: '爲伋也妻者, 爲白也母. 不爲伋也妻者, 不爲白也母.' 今某氏不爲公所生父之妻乎?" 本文不能詳記, 大意如此. 其人愧服而服之. 公之說似得子約之意. 白, 子思之子, 其母被出而死. 子思此言, 明白之不當服出母; 子約引之, 明非被出, 雖繼, 無不服之理. 以此推之, 凡繼者恐皆然如來說也.

외계조모와 계외고에 대해 복을 입지 않으면 안 된다는 말은 매우 타당하다. 예전에 남의 후사가 된 어떤 사람이 있었는데, 그 사람이 본생계모本生繼母의 복을 입지 않으려고 하자 여조검呂祖儉[269]이 편지를 보내 꾸짖어 말하기를 "자사子思께서 말씀하시기를 '나에게 아내가 되는 사람은 백白에게는 어머니가 되고, 나에게 아내가 되지 않는 사람은 백에게는 어머니가 되지 않는다'[270]라고 하셨다. 지금 〔본생계모인〕 모씨某氏는 공을 낳아 주신 아버지의 처가 되지 않는가"라고 했다. 본문은 자세히 기억하지 못하지만, 대의는 이와 같다. 그러자 그 사람이 부끄러워하며 복을 입었다. 그대의 이야기가 여조검의 뜻을 얻은 듯하다. 백은 자사의 아들인데, 그 어머니가 내침을 당한 뒤 죽었다. 자사의 이 말씀은 아들 백이 출모出母에 대해 복을 입는 것이 부당함을 밝힌 것이고, 여조검이 이 말을 인용한 것은 내침을 당한 경우가 아니라면 비록 계모라 하더라도 복을 입지 않을 이치가 없음을 밝힌 것이다. 이로 미루어 보면 모든 계자繼者는 모두 그대의 말처럼 해야 할 듯하다.

朝議, 非所敢指點也, 其考證禮文, 亦爲詳悉. 但其解禮之意與去
取之決, 不無可疑. 其實丘瓊山"別有冠"、"別有衰"之說, 爲合古
禮. 蓋古人自初喪以至虞、卒哭、練、祥、禫, 皆有受服, 遞加升數,
漸殺以至闋. 小祥, 一期之周, 爲一大變殺之節, 故於首去経, 而
別以加一升練布爲冠; 於身去負版、辟領、衰, 而別以加一升布爲
衰, 又別以加一升練布, 爲中衣以承衰. 以其練冠、練中衣, 故謂之
練耳, 非謂幷練衰也. 惟其衰不練, 故「檀弓」註云: "正服不可變"
耳, 非謂仍舊衰不別製也. 此周極文時喪制如此, 古今文質因時損
益, 有難以盡從古制者, 故溫公『書儀』無受服與練服, 但以去首経
等爲之節, 斯爲太儉. 朱子『家禮』因『書儀』, 雖亦無別製衰服, 其
益之以練服爲冠之文, 正是顧名反古因時酌中之制. 今『五禮儀』
謂: "練布爲冠", 所以從文公之制也, 而成廟之喪, 以澣衰爲非禮,
只改練冠, 亦得文公之意. 竊恐後之處此禮, 一以文公爲法, 則庶
乎其得宜耳. 其他未敢悉云, 來喩"仍用舊冠", 亦恐非也.

조정에서 논의한 것에 대해 감히 지적하는 것이 아니며, 조정의
논의가 예문禮文을 고증한 것 역시 상세하기는 하지만 예禮의 의미
를 해석한 것이나 버릴 것과 취할 것을 결정하는 데 의문스러운 부
분이 없지 않다. 기실 "별도의 관冠과 최복衰服이 있었을 것"[271]이라
는 구준丘濬의 설은 고례古禮에 부합하는 것이다. 대개 옛날 사람은

초상初喪부터 우虞, 졸곡卒哭, 연練, 상祥, 담禪에 이르기까지 모두 수복受服[272]이라는 것을 두어 교대로 실올(升)[273]의 수를 더해 점차 줄여 나감으로써 마지막에 이르렀다. 소상小祥은 만 1년이 되는 때로, 줄여 나가는 변화의 커다란 전환점이다. 따라서 머리에 대해서는 질絰을 벗고 별도로 1승을 더한 연포練布로 짠 관을 만들었으며, 몸에 대해서는 부판負版, 벽령辟領, 최衰를 없애고 별도로 1승을 더한 베로 최복을 만들고 또 별도로 1승을 더한 연포로 중의中衣를 만들어 최에 받쳐 입었다. 관과 중의를 연포로 만들어 착용하기 때문에 '연練'이라고 하는 것일 뿐, 최복까지 연포로 만들어 착용한다는 말은 아니다. 최복만큼은 연포로 만들지 않기 때문에 『예기』「단궁」 주註에 "정복正服은 바꿀 수 없다"[274] 하였을 뿐이며, 기존의 최복을 계속 입고 별도로 제작하지 않는다는 말은 아니다.

이상은 문식이 극에 달했던 주나라 시대의 상제喪制가 이와 같았던 것이며, 고금의 문文과 질質은 시대에 따라 덜기도 하고 보태기도 하는 것이라서 모든 것을 옛 제도대로 하기에는 어려움이 있다. 그러므로 사마광司馬光은 『서의書儀』에서 수복과 연복練服은 없애고 단지 수질首絰 등을 제거하는 것으로 변화의 마디를 삼았는데, 이것은 너무 간소화한 것이었다. 주자의 『가례』는 『서의』를 이어받아서 역시 별도로 최복을 만드는 것은 없었지만 연복으로 관을 만든다는 내용을 보탰으니, 이것이야말로 명칭을 고려하여 고례를 복원하고, 시세에 따라 중도를 가늠한 제도이다. 오늘날 『국조오례의』에서 "연포로 관을 만든다"라고 한 것은 주자의 예제를 따른 것이며, 성종成宗의 상중에는 최복을 세탁하는 것은 예가 아니라 하면서 연관만 개정하도록 한 것 역시 주자의 뜻을 얻은 것이다. 나중에 이 예에 대처할 때 한결같이 주자를 법으로 삼는다면 거의 적절할 것이다. 다른 것들에 대해서는 감히 다 말하지 못한다. 보내온 편지에 "여전히 기존의 관을 사용한다"라는 것 역시 잘못이다.

190

示事是於君極難處之事, 恨於京外報聞時不及止之也, 今欲陳疏自劾. 若當報聞之初爲之, 則稍可, 旣不爲矣, 則或因有除官事而爲之, 亦似爲可. 今若無端當國恤而陳疏云云, 尤似不穩當, 如何如何? 且今定儀註, 雖不可曉, 豈謂士庶? 今按朱子答余正甫書論國喪, 云: "朝廷、州縣皆三年, 燕居許服白絹巾、白涼衫、白帶, 選人、小使臣旣祔除衰, 而皂巾、白涼衫、青帶以終喪, 庶人、吏卒不服紅紫三年." 以此觀之, 今之儀註似爲過, 當無降等皆行三年乎? 又不可因此儀註之未穩, 而陳疏自明也, 量處之.

보여준 사안은 그대에게 극히 난처한 일이며, 서울과 지방에 보문報聞[275]할 때 미처 저지하지 못하고 이제 와서 소疏를 올려 스스로를 탄핵하려는 것이 아쉽다. 만일 보문한 초기에 했더라면 조금은 가능했을 텐데 기왕에 하지 못했으니, 혹시 관직에 제수되는 일을 계기로 한다면 가할 듯하다. 이제 만일 느닷없이 국휼을 당한 상황에서 소를 올린다면 더욱 온당치 않을 듯하다. 어떻게 생각하는가? 그리고 이번에 정한 의주[276]가 비록 이해할 수는 없지만, 어찌 사서土庶를 두고 하는 말이겠는가? 주자께서 여정보余正甫에게 보내신 답장에서 국상國喪을 논하실 때 "조정과 주현에서는 모두 삼년상을 치르되 평소에는 백견건白絹巾, 백량삼白涼衫, 백대白帶의 착용을 허락하고, 선인選人[277]과 소사신小使臣[278]은 부제祔祭[279]를 지낸 뒤 최복을 벗되 조건皂巾, 백량삼, 청대青帶로 상을 마치고, 서인庶人과 이졸吏卒들은 3년 동안 붉은색 계열의 옷을 입지 않아야 한다"라고 하셨다. 이것으로 비추어 보면, 지금의 의주는 너무 지나친 듯하다. 강등 없이 모두에게 3년을 행하라고 하는가? 그렇다고 이러한 의주의 온당치 못함으로 인해 소를 올린다는 것이 불가함도 자명하니 헤아려 처리하라.

191

稱號, 當時據程子論濮王稱號而定, 不知明彦舍此, 當何取而定號耶. 他有所據則善矣, 不然, 恐不可改也. 致祭、稱號等事, 非遠外所敢與聞, 但以皇字爲皇帝之皇, 未敢必其爲是也. 自他人稱之, 則可與皇子、皇孫之類同義, 此則皇帝自稱其本生父母, 何敢自擧其尊號, 而加於親上耶? 故疑只是美大之義. 古人尚質, 此等字通上下稱之. 無服之說, 固無的確可據處, 只因『儀禮經傳』'君爲臣服圖' 及 '天子諸侯絶旁期不服圖' 内推類, 依古 "嫂叔無服" 之禮而云也. 然此則滉亦酌度之言, 何敢必乎? 略在答明彦書中, 惟在明彦博考而定之耳, 然豈有不止期年之理?

'칭호稱號'[280]에 대해서는 당시에 정자께서 복왕濮王의 칭호를 논하셨던 것에 근거하여 정하였다. 기대승奇大升이 이를 버리고 어떤 것을 근거로 취하여 칭호를 정했는지 모르겠다. 다른 근거가 있다면 좋겠지만 그렇지 않다면 아마 고쳐서는 안 될 것이다. 치제致祭[281]와 칭호 등의 사안은 벼슬을 그만둔 사람이 감히 간여할 바 아니나, 다만 '황皇' 자를 '황제皇帝'의 '황'으로 보는 것은 반드시 옳은 견해라고 할 수 없다. 타인이 상대방에게 칭하는 것이라면 '황자皇子'나 '황손皇孫' 따위와 같은 의미라고 할 수 있겠지만, 이것은 황제가 스스로 그 본생부모를 칭하는 것인데 어찌 감히 스스로 자신의 존호를 들어 어버이 위에 가할 수 있겠는가? 그러므로 이것은 아마도 '아름답고 위대하다'는 의미일 것이다. 옛날 사람은 질박함을 숭상하였으니 이런 글자들은 윗사람과 아랫사람에게 통용하여 칭하였을 것이다. '해당하는 복服이 없다'라고 한 말이 적확하게 근거할 만한 곳이 없음은 분명하다. 다만 『의례경전통해』의 '군위신복도'와 '천자제후절방기불복도' 내에서 유추하고, "형수와 시동생 간에는 복이 없다"라는 고례에 의거해서 한 말이다. 그러나 이는 내가 짐작으로 헤아려 한 말이니 어찌 감히 반드시 그렇다고 단정할 수 있겠는가? 대략적인 것은 기대승에게 보낸 답장에 있다. 그저 기대승이 널리 고증해서 정하는 데 달려 있으나, 어찌 기년에 그치지 않을 리가 있겠는가?

주

266 이 내용은 『주자대전』39, 「답범백숭(答范伯崇)」(7)에 나온다. "옛날 사람들은 상
을 치를 때 최마(衰麻: 최복과 질대)로 된 상복을 몸에서 벗지 않았고, 곡읍(哭泣)하
는 소리가 입에서 끊어지지 않았으며 출입, 기거, 언어, 음식 모두가 평소와 완
전히 달랐으므로 종묘의 제사를 정지하더라도 유명(幽明)에 모두 유감이 없었
다. 지금 사람들이 상을 치르는 것은 옛날 사람과 달라서, 졸곡 이후에 바로 최
복을 검게 물들이고(墨衰), 무릇 출입, 거처, 언어, 음식 등에서 평소에 하던 것
은 모두 폐하지 않으면서 유독 이 제사 하나만은 폐지하니 온당치 못한 점이
있는 듯하다. 내 생각에는 이 의리에 따라 처신하고자 한다면 상을 치르는 예
를 스스로 살펴야만 한다. 처음부터 끝까지 전례(典禮)에 일일이 합치할 수 있다
면 제사를 폐지하는 것은 의심의 여지가 없다. 하지만 다른 때에는 묵최를 입
고 〔아무 곳이나〕 출입하는 것을 면하지 못하고 기타 〔예에〕 합치하지 못하는 것이
오히려 많다면, 졸곡 이전에는 부득이 예에 따라 〔제사를〕 정지하되 졸곡 이후에
는 『좌전(左傳)』 두예(杜預) 주(註)의 설에 따라서 사시제(四時祭)를 지내는 날이 되
면 상복을 입고 궤연(几筵)에만 제사하고 묵최를 입고는 종묘에서 상사(常祀)를
지내는 것도 괜찮다. 〔古人居喪, 衰麻之衣不釋於身, 哭泣之聲不絕於口, 其出入・起居・言語
・飮食皆與平日絕異, 故宗廟之祭雖廢, 而幽明之間兩無憾焉. 今人居喪與古人異, 卒哭之後遂墨其
衰. 凡出入・居處・言語・飮食與平日之所爲皆不廢也, 而獨廢一此事, 恐亦有所不安. 竊謂欲處此
義者, 但當自省所以居喪之禮. 果能始卒一一合於典禮, 卽廢祭無可疑, 若他時不免墨衰出入, 或其
他有所未合者尙多, 卽卒哭之前, 不得已準禮且廢, 卒哭之後可以略放『左傳』杜註之說, 遇四時祭日,
以衰服特祀於几筵, 用墨衰常祀於宗廟可也.〕"

267 『가례』에 따르면 신주의 내용을 쓰는 제주(題主)의 의절은 다음과 같다. 집사(執
事)가 영좌(靈座)의 동남쪽에 서향으로 탁자를 마련하고 벼루, 붓, 먹을 놓는다.
탁자 맞은편에 대야와 수건을 놓는다. 주인(主人)이 그 앞에 서서 북향을 하면,
축(祝)은 손을 씻은 다음 목주(木主)를 내와서 탁자 위에 눕혀놓는다. 그러면 글
씨 잘 쓰는 사람이 손을 씻고 서향으로 서서 함중(陷中)에 돌아가신 분의 제기
(第幾), 분면(粉面)에는 명호(名號), 좌방(左旁)에는 봉사자(奉祀者)를 차례로 쓴다.

제주하기를 마치면, 축은 목주를 받들어 영좌에 놓고, 혼백(魂帛)은 상자 속에 넣어 그 뒤에 둔다. 향을 피우고 술을 따른 다음, 축판(祝板)을 가지고 주인의 오른쪽에 꿇어앉아 축문을 읽는다. 읽기를 마친 다음 '그것'을 품고 일어나 자리로 돌아온다. 주인이 재배(再拜)하고 슬픔이 다할 때까지 곡하고 그친다. 여기서 '그것'은 대부분 축문으로 이해하나, 퇴계는 신주라고 해석하였다.

268 '사성(思成)'이라는 말은 『시경』 「상송(商頌)·나(那)」의 "유아사성(綏我思成)"에서 인용한 것이다. 주자는 『시집전(詩集傳)』에서 '사성'이라는 단어에 대해 일단 미상(未詳)이라고 전제한 다음, 제사를 지내기 전 재계를 하면서 돌아가신 분의 여러 모습들을 생각함으로써 신명이 이르러 온다는(來格) 요지로 해석한 정현(鄭玄)의 설을 제시한다.(『詩集傳』: "思成, 未詳. 鄭氏曰, '安我以所思而成之人, 謂神明來格也. 『禮記』曰, "齊之日, 思其居處, 思其笑語, 思其志意, 思其所樂, 思其所嗜, 齊三日, 乃見其所爲齊者. 祭之日, 入室, 僾然必有見乎其位. 周還出戶, 肅然必有聞乎其容聲. 出戶而聽, 愾然必有聞乎其嘆息之聲.' 此之謂思成.'") 이로 미루어 볼 때 퇴계도 아마 '신명이 이르러 온다'는 의미로 이 말을 사용했으리라 추측된다.

269 여조검(呂祖儉, 1146~1200) 자는 자약(子約)이며, 여조겸(呂祖謙, 1137~1181)의 아우이다.

270 이 내용은 『예기』 「단궁상」에 나온다.

271 이 내용은 『가례의절』 「상례」 '소상(小祥)'조의 "차(次)를 설치하고, 연복(練服)을 진설한다(設次, 陳練服)." 아래 주(註)에 나온다.

272 수복(受服) 상을 치르면서 복(服)을 입는 기간 동안, 무거운 복(重服)을 가벼운 복(輕服)으로 갈아입는 것이다. 이에 관해 섭숭의(聶崇義)는 다음과 같이 설명한다. "참최(斬衰)의 상에서 또한 관(冠)과 최(衰)을 받는 것은 무엇 때문인가? 무릇 상에서 상복을 제정한 것은 슬픔을 표현하기 위한 것이다. 슬픔에는 성한 때와 줄어드는 때가 있으니, 그 상복도 슬픔의 정도에 따라 융성하게 하기도 하고 줄이기도 한다. 그러므로 처음의 상복은 거칠고 조악하지만 장례를 치른 후, 연제(練祭: 소상)를 지낸 후, 상제(祥祭: 대상)를 지낸 후에 이르면 점차 세밀하게 하여 문식을 가한다. 참최의 상을 예로 들면, 최는 처음 3승(升)의 베로 만들고, 관은 6승의 베로 만들지만, 장례를 치른 후에는 그 관의 승수로 수복을 하여 6승의 최와 7승의 관을 받는다. 연제를 지낸 후에는 또 그 관의 승수로 수복을 하여 7승의 최와 8승의 관을 받는 식이다. 이는 장례를 치른 후와 상제를 지낸 후에 모두 다시 가벼운 상복으로 받는 것이다. 이 때문에 '수관(受冠)' 또는 '수복(受服)'이라는 명칭이 있게 된 것이다. 강복(降服)으로 자최(齊衰)의 복을 입을 경

우에, 상을 당한 처음에는 4승의 최를 입고 7승의 관을 쓰지만, 장례를 치른 후에는 그 관의 승수로 수복을 하여 7승의 최와 8승의 관을 받는다. 정복(正服)으로 자최의 복을 입는 경우에, 처음에는 5승의 최를 입고 8승의 관을 쓰지만, 장례를 치른 후에는 그 관의 승수로 수복을 하여 8승의 최와 9승의 관을 받는다. 의복(義服)으로 자최의 복을 입는 경우에, 처음에는 6승의 최를 입고 9승의 관을 쓰지만, 장례를 치른 후에는 그 관의 승수로 수복을 하여 9승의 최와 10승의 관을 받는다. 강복으로 대공의 복을 입는 경우에, 처음에는 7승의 최를 입고 10승의 관을 쓰지만, 장례를 치른 후에는 그 관의 승수로 수복을 하여 10승의 최와 11승의 관을 받는다. 정복으로 대공의 복을 입는 경우에, 처음에는 8승의 최를 입고 10승의 관을 쓰지만, 장례를 치른 후에는 10승의 최와 11승의 관을 받는다. 의복으로 대공의 복을 입는 경우에, 처음에는 9승의 최를 입고 11승의 관을 쓰지만, 장례를 치른 후에는 11승의 최와 12승의 관을 받는다. 처음 상을 당했을 때 쓰는 관의 승수(升數)는 모두 장례를 치른 후에 받는 최의 승수와 동일하다. 그러므로 전(傳)에서 '자최와 대공의 복에는 장례를 치른 후에 새롭게 받는 최와 동일한 승수의 관을 쓴다(齊衰. 大功. 冠其受)'고 한 것이다."(호배휘, 『의례정의』 참조.)

273 실올(升) 베(布)는 80올이 1승(升)으로, 참최(斬衰)는 6승, 자최(齊衰)는 7승, 대공(大功)은 10승, 소공(小功)은 11승, 시마(緦麻)는 15승의 베로 상복을 만든다.

274 『예기』 「단궁상」에 "소상(小祥)에는 누인 명주로 만든 중의(中衣)를 입는데, 황색으로 안감을 대고 옅은 분홍색 비단(縓)으로 깃과 가선을 장식한다(練, 練衣, 黃裏縓緣.)"라고 하였고, 진호(陳澔)는 『예기집설』에서 다음과 같은 주를 달았다. "소(疏)에서 말한다. '연(練)'은 소상(小祥)이다. 소상에는 누인 명주로 만든 관(練冠)과 중의를 착용하므로 연(練)이라고 한다. '연의(練衣)'는 누인 명주로 중의를 만든 것이고, '황리(黃裏)'는 황색 천으로 중의의 안감을 댄 것이다. 정복(正服)은 바꿀 수 없다. 중의는 정복이 아니고 최복에 받쳐서 입는 것일 뿐이다. '전(縓)'은 옅은 분홍색 비단이다. '연(緣)'은 중의의 깃과 소매의 가선을 가리킨다'라고 하였다.(疏曰: "練, 小祥也. 小祥而著練冠·練中衣, 故曰練也. '練衣'者, 以練爲中衣, '黃裏'者, 黃爲中衣裏也. 正服不可變. 中衣非正服, 但承衰而已. '縓', 淺絳色. '緣', 謂中衣領及袂之緣也.")"

275 보문(報聞) 군주가 신하의 상소에 비답(批答)을 내릴 적에 구체적인 내용을 말하지 않고 "이미 들어서 알고 있다"라는 뜻으로 '문(聞)'이라는 글자를 써서 내리는 것을 말한다.

276 의주(儀註) 『국조오례의』의 시행세칙을 적은 『국조오례의주』이다.

277 선인(選人) 선발한 관리이다.

278 소사신(小使臣) 미관말직을 말한다.

279 부제(祔祭) 삼년상을 마친 뒤에 그 신주를 사당으로 모시고 들어가 조상의 신주 곁에 모실 때 지내는 제사를 말한다.

280 칭호(稱號) 새로 즉위한 선조(宣祖)가 자신의 생부인 덕흥군(德興君)에게 사용할 칭호를 말한다.

281 치제(致祭) 임금이 제물과 제문을 보내어 제사를 지내는 일을 이르던 말로, 여기에서는 새로 즉위한 선조가 자신의 생부모인 덕흥군과 하동군부인(河東郡夫人) 정씨(鄭氏)의 사당에 치묘한 것을 가리킨다.

우성전에게 답하다 1566

答禹景善丙寅

握手, 所以斂手也. 旣謂之斂手, 不可以二幅斂也明矣. 或謂: "死生異禮, 死者之手, 不必如生者之拱也", 是不然. 人之生也, 收其四肢, 不容放惰, 故其始死也, 人子不忍死其親, 襲用衣冠, 與平日不少變, 襲之斂手, 恐或不無其義也. 『家禮』劉氏註云: "中掩之手纏相對也." 用二幅裏手, 各置于左右傍, 則安有纏相對之名乎? 又有 "兩端各有繫, 繞掔一匝, 還從上自貫向上鉤中指, 反與繞掔者結於掌後節" 等語, 『儀禮』云: "牢中旁寸." 疏曰: "牢, 讀爲摟, 義謂削約. 握之中央以安手也." 若如瓊山之圖, 旣失所謂牢中之制, 而上下左右之繫各相對結而已, 何必繞掔一匝, 從上自貫向上鉤指, 反與繞掔者結乎? 又何必削約之, 然後安其手乎? 今以瓊山之圖, 欲倣『儀禮』之制, 非特不必爲, 亦不得爲也. 所謂 "兩端各有繫"

者, 指左右之兩端有繫云耳, 若如瓊山之圖, 正與幎目同制, 只曰
四角有繫, 可也, 何必 "兩端有繫"云乎哉?

🔲 악수握手[282]란 그것을 이용하여 손을 거두는 것입니다. 기왕에
손을 거둔다고 하였으니 두 폭으로 거둘 수 없음은 분명합니다. 혹
자는 "삶과 죽음은 예를 달리하니 죽은 사람의 손은 산 사람이 손
을 맞삽는 것과 같을 필요는 없다"라고 합니다만 그렇지 않습니다.
사람이 살아 있을 때엔 그 사지를 거두어 방종과 나태함을 용납하
지 않습니다. 그러므로 그분이 막 돌아가셨을 때 그의 자식은 차
마 그 어버이를 돌아가셨다고 인정하지 않고 의관으로 습襲을 하여
평소와 조금도 변함이 없게 합니다. 습할 때 손을 거두는 것은 혹
여 그럴 만한 의리가 없지 않을 것입니다. 『가례』 유장劉璋의 주註
에 "중앙을 덮으면 손이 서로 마주하게 된다"라고 하였으니, 두 폭
으로 손을 싸서 각각 좌우 양쪽에 두면 어떻게 '서로 마주하게 된다
〔纔相對〕'라는 표현이 있겠습니까? 또 "양쪽 끝에 각각 끈이 있는데,
끈 하나를 손목에 한 바퀴 감은 다음 다시 위쪽으로부터 꿰고, 다
른 끈은 위쪽을 향해 중지에 건 다음 손목에 감은 끈과 손의 뒤쪽
마디에 묶는다" 등의 말이 있습니다. 『의례』에 "중앙의 양쪽 부분을
안으로 1촌씩 줄인다"라고 했고,[283] 소疏에서는 "'뢰牢'는 '루摟'의 뜻
으로 읽으니, '루'는 악수의 중앙을 줄여서 손을 안정시킨다는 뜻이
다"라고 했습니다. 구준丘濬이 실은 〔악수의〕 그림에는 이미 이른바

'중앙을 줄인다'는 제도를 상실하고 상하좌우의 끈이 각각 서로 마주하도록 묶었을 뿐이니, 어찌 손목에 한 바퀴 감은 다음 다시 위쪽으로부터 꿰고, 다른 끈은 위쪽을 향해 중지에 건 다음 손목에 감은 끈과 손의 뒤쪽 마디에 묶을 필요가 있겠습니까? 또 어찌 그것을 줄인 다음에 그 손을 안정시킬 필요가 있겠습니까? 이제 구준의 그림이 『의례』의 제도를 모방하고자 하였으나 할 필요가 없게 되었을 뿐 아니라 할 수도 없게 되었습니다. 이른바 "양쪽 끝에 각각 끈이 있다"라는 것은 좌우 양쪽 끝에 끈이 있음을 가리키는 말입니다. 구준의 그림은 멱목幎目[284]과 같은 제도가 되었으니, 그렇다면 '네 모퉁이에 끈이 있다'라고 하면 될 것을 "양쪽 끝에 끈이 있다"라고 할 필요가 뭐가 있겠습니까?

握手之制, 在『儀禮』『家禮』有不可曉處, 奇明彦考訂論辨, 頗得詳細, 所以從來欲從其說, 以爲當用二幅, 但其施用曲折, 有未明了爾. 今奉示諭, "當用一幅, 非二幅"之意甚力, 正與明彦說相反. 滉以本未明了之見, 安能定是非於其間耶? 但私心終不能無疑於一幅之說者, 『儀禮』用尺, 必是周尺, 則尺二寸之帛, 僅當今尺四寸二分强, 只用此一幅而裹兩手, 則兩掌裏面, 猶有不足, 何能包及手表, 而可名爲裹乎? 來論謂之 "斂手", 禮中但云: "裏手", 無 "斂手"之說. 況 『儀禮』: "設決麗于擘", 疏云: "握手, 長尺二寸, 裏手二端, 繞於手表必重." 二端之二, 今本作一, 必缺一畫也. 若用一幅, 短帛如彼, 且不能

出於手表, 安有相重於手表乎? 此恐爲用二幅之證也. 且疏以經之
"設決"一段爲右手, 以記之 "設握"一段爲左手, 此亦似爲別用二幅
之證也. 瓊山圖不用『儀禮』之制, 而自出意造, 固不當引此而論
『儀禮』之制也. 劉氏所引禮疏云 "中掩之手纏相對"者, 似謂尺二寸
帛中折而掩手, 恰然周裹故云云, 似非謂 "兩手之相對"也. 來喩以
兩手並置, 爲象平時拱手, 亦恐未然. 蓋人於平時, 或坐或立, 而拱
手則其勢順便. 今試於夜臥, 伸兩手相並而置於一處, 如設握者然,
則兩掌所置, 正當兩股之間, 而臂肘所在 斜搭髀骴之上, 勢甚妨戾
不便, 此豈如事生之意哉? 故妄意以爲不若分手各置兩股近旁之
爲順且便安也. 不審於盛意何如?

🗊 악수에 관한 제도는 『의례』나 『가례』에 있지만 분명하게 이해할
수 없는 곳이 있다. 기대승奇大升의 고정과 논변이 대단히 상세하여
여태껏 '마땅히 두 폭을 사용해야 한다'는 그 설을 따르고자 했던
것이다. 다만 시행하는 곡절이 명료하지 못한 부분이 있을 뿐이다.
보내온 편지에 "마땅히 한 폭을 사용해야 하며 두 폭은 잘못"이라
고 한 의견이 매우 강력하여, 기대승의 설과 상반된다. 내가 본래
명료하지 않은 견해를 가지고 어떻게 그 사이에 시비를 정할 수 있
겠는가? 다만 내 마음이 '한 폭'을 주장하는 설에 대해 의심이 없을
수 없다. 그것은 『의례』에서 사용한 척尺이 필시 주척일 텐데, 그렇
다면 1척 2촌의 백帛은 오늘날의 척으로 치면 4촌 2푼 남짓에 불과

316

하다. 이런 한 폭만을 사용하여 양손을 싸면 양쪽 손바닥의 안쪽만 싸기에도 오히려 부족할 텐데 어떻게 손의 바깥쪽까지 쌀 것인가? 그러고도 '싸다[裹]'라고 말할 수 있겠는가? 편지에는 "손을 거둔다[斂手]"라고 했으나, 예에는 "손을 싸다[裹手]"라고만 했지 "손을 거둔다"라는 말은 없다. 하물며 『의례』에 "깍지[決]를 손목에 끼운다"라고 했고, 소에서는 "악수는 길이가 1척 2촌이다. 손을 싼 두 개의 가닥을 손의 바깥쪽에 감되 반드시 겹으로 한다"라고 했다. "두 개의 가닥"이라고 할 때의 '이二' 자가 요즘 판본에는 '일一' 자로 되어 있는데, 필시 획 하나가 결손되었을 것이다. 만일 한 폭을 사용한다면 저렇게 짧은 비단으로는 손의 바깥쪽까지 나오는 것도 불가능할 텐데 어떻게 손의 바깥쪽에 겹으로 감을 수 있겠는가? 이것이 조심스럽지만 두 폭을 사용했을 것이라는 증거이다. 또 소疏에서는 경經의 "깍지를 설치한다"라는 단락은 오른손으로 보고, 기記의 "악수를 설치한다"라는 단락은 왼손으로 본다. 이 역시 두 폭을 따로 사용하는 증거가 될 듯하다.

구준의 그림은 『의례』의 제도를 사용하지 않고 스스로 의견을 내서 만든 것이니, 이것을 인용하여 『의례』의 제도를 논하는 것은 부당하다. 유장이 인용한 『의례』 「사상기」 소疏의 "중앙을 덮으면 손이 서로 마주하게 된다"라는 말은 1척 2촌의 비단의 중앙을 갈라서 손을 덮으면 그것이 흡사 빠진 데 없이 싼 것 같기 때문에 한 말인 듯하며 "양손이 서로 마주한다"를 말하는 것 같지는 않다. 편지에서 양손을 나란히 둠으로써 평소의 공수拱手를 나타낸다는 것 역시 그렇지 않다. 대개 사람이 평상에 앉거나 설 때에는 공수하는 것이 그 자세가 자연스럽지만, 밤에 누워있을 때는 악수를 설치하듯이 양손을 나란히 펴서 한 곳에 두면 양 손바닥의 위치가 양 넓적다리 사이에 오게 되는데, 팔꿈치가 넓적다리 위에 비스듬히 놓이게 되어 자세가 매우 부자연스러우니 이것이 어찌 '살아 계시는 분 섬기는 것'과 같이 하는 뜻이겠는가? 그러므로 내 생각에는 양손을 나누어 각각 양쪽 다리의 부근에 두어 자연스럽고 편안하게 하는 것만 못한 듯하다.

193

斬衰之用環経, 固爲不是. 但朱先生何以 "兩股相交" 之語, 只係於腰経之下, 而不言於首経乎? 是非偶然而然, 必有其由也. 且先生之爲 『家禮』 書也, 不從古禮處多矣. 試以一事言, 古經則 "哭踊有等", 『家禮』 則 "哭辟無數"; 古經則 "小殮経帶", 『家禮』 則 "成服乃経帶." "斬衰用環経", 或者其類是乎? 有人云: "吉服華飾在首, 凶服麤飾在首. 環経比繆経未成而麤故在首, 腰比首差輕故用兩股. 絞帶比経尤輕, 故用四股, 自上至下漸有等殺." 此言似有理. 又云: "古則小殮環経, 成服繆経, 卒哭還加環経, 而朱子從簡爲禮, 只用環経, 都無數更之節." 此言又與 『家禮』 '卒哭' 條下楊氏說相類, 未知何者爲正耶?

🔒 참최斬衰에 환질環経을 쓰는 것은 진실로 옳지 않습니다. 그런데 주자께서는 왜 "두 가닥을 서로 교차한다"라는 말을 요질腰経 아래에만 달아두시고, 수질首経에는 언급하지 않으신 것입니까? 이는 우연히 그렇게 된 것이 아니고 반드시 연유가 있을 것입니다. 더구나 선생께서 『가례』를 만드실 때 고례를 따르지 않은 곳이 많습니다. 예를 들어 말하자면, 고경古經에서는 "곡을 하고 발을 구르며 뛰는 것에 차등이 있다"[285]라고 했는데 『가례』에서는 "곡을 하고 가슴을 치기를 무수히 한다"라고 했고, 고경에서는 "소렴을 하고 질経과 대帶를 하라"라고 했는데 『가례』에서는 "성복成服을 하고 질과 대를 하라"라고 합니다. "참최에 환질을 쓰라"라고 하신 것도 혹시 이런 것인지요? 어떤 사람은 말하기를 "길복吉服은 머리를 화려하게 꾸미고, 흉복凶服은 머리를 거칠게 꾸민다. 환질은 규질繆経에 비해 완성도가 떨어지고 거칠기 때문에 머리에 있는 것이고, 허리는 머리에 비해 조금 가볍기 때문에 두 가닥을 쓰고, 효대絞帶는 질経에 비해 더욱 가볍기 때문에 네 가닥을 쓴다. 위에서부터 아래까지 점차 등쇄等殺를 둔 것이다"라고 합니다. 이 말이 일리가 있는 듯합니다. 또 말하기를 "옛날에는 소렴을 하고 환질을 했다가, 성복을 하고는 규질을 하고, 졸곡卒哭에는 다시 환질을 했는데, 주자가 간소화하는 방식으로 예를 만들면서 환질만 사용하게 하고 자주 변경하는 절차를 모두 없애버렸다"라고 합니다. 이 말이 『가례』 '졸곡'조 아래 양복楊復의 설과 서로 유사합니다. 어떤 것이 바른 것

입니까?

環経亦謂之弁経, 單股不絞, 蓋経之最輕者也. 故用之於吊喪, 用
之於未成服, 用之於卒哭後從權服王事之人. ^{所謂"金革之事無避"者也.}
雖如功、緦輕服, 猶不用此, 況擬於斬、齊衰乎?「檀弓」註曰:"五服
之経皆繆, 惟吊服之経一股."今公何乃致疑於此? 若凡學皆如此,
末梢恐不免多歧亡羊之惑也.

⑤ 환질은 변질弁経[286]이라고도 하는데, 한 가닥으로 되어 있어서
꼬지 않기 때문에 질 중에서 가장 가벼운 것이다. 그러므로 상중에
남을 조문할 때 사용하고,[287] 성복하기 전에 사용하고, 졸곡 이후에
권도權道에 따라 천자의 일[王事]에 복무하는 사람에게 사용한다.
이른바 "전쟁에 나가는 일도 마다하지 않는다"이다.[288] 공功이나 시緦와 같은
가벼운 상복도 오히려 이를 사용하지 못하는데, 하물며 참최나 자
최에 견줄 수 있겠는가?『예기』「단궁」의 주에 "오복五服의 질은 모
두 교차하여 꼬며, 오직 조복吊服의 환질만은 한 가닥이다"라고 했
다. 그런데 그대는 어찌하여 이에 대해 의심하는가? 만일 모든 배
움이 다 이런 식이면 끝내 갈림길이 많아서 양을 잃는(多歧亡羊)[289]
의혹을 면치 못할 것이다.

虞祭之前, 朝夕朔望, 奠而不獻, 虞, 卒哭之後, 漸用吉禮, 則必用
三獻, 固也. 但朝夕上食, 亦必用三獻則近於繁, 只用一酌則非祭
之吉, 未知如何而可耶. 世或有上食不斟酒者, 此則務爲苟簡, 決
不可從也. 草堂以謂: "古人旣葬之後, 恐無朝夕上食之禮, 事有明
證, 朱先生丁外憂, 居寒泉精舍, 只以朔望來拜几筵. 若朝夕上食,
則先生豈可遠去几筵, 而獨寓寒泉乎? 云云." 愚意以爲旣罷朝夕
之奠, 又廢上食之禮, 則几筵之設爲何事耶? 無乃先生守墓於寒
泉, 而主婦進饌於几筵耶?

🔲 우제虞祭 이전에는 조석朝夕과 삭망朔望으로 전奠을 올리면서 술
을 올리지 않고, 우虞와 졸곡 이후로 점차 길례吉禮를 쓰게 되면서
는 반드시 삼헌三獻을 하는 것은 분명합니다. 다만 조석상식에도
반드시 삼헌을 하는 것은 번다함에 가깝고, 한 잔만 올리자니 길
한 제사가 아니게 되니, 어찌하면 좋을지 모르겠습니다. 세간에는
상식을 할 때 술을 따르지 않는 사람도 있는데, 이는 간소화하는
데만 힘쓰는 것으로 결코 따라서는 안 될 것입니다. 초당草堂 허엽
許曄[290]은 "옛날 사람은 장례를 치른 다음에는 아마도 조석상식하는
예가 없었을 것이다. 분명한 증거가 있다. 주자께서 부친상을 당하
셨을 때 한천정사寒泉精舍에 거처하시다가 삭망으로만 와서 궤연几
筵에 절을 올리셨다. 만일 조석상식을 해야 했다면 선생께서 어찌

궤연에서 멀리 떠나 홀로 한천정사에 계실 수 있단 말인가?"라고 하였습니다. 제 의견으로는 이미 조석의 전을 폐하였는데 상식하는 예마저 폐한다면 궤연은 무엇을 위해 모셔두는 것이겠습니까? 어쩌면 선생께서는 한천정사에서 묘를 지키시고 주부主婦가 궤연에 음식을 올렸던 것은 아닐까요?

虞後吉禮三獻, 謂如卒哭、祔、練、祥、禫等祭用此禮耳, 上食非祭之比, 安有三獻? 但或人欲不奠一酌, 此則又非也. 至於葬後上食與否, 許祭酒所疑似然, 而實有未然者. 昔陸子壽兄弟亦有此說, 又謂: "几筵不終喪而徹", 朱子力辯其不然, 其答子壽書, 可考也. 夫几筵, 旣云當仍設而終三年, 則上食決不可廢, 當如公說是矣. 朱子於寒泉往來之禮顧如彼, 滉亦每疑於此, 而不得其說, 今亦不敢妄爲之說. 恐只當從俗終三年上食, 每上一酌爲是耳.

[답] 우제 이후는 길례이니 삼헌을 한다는 것은 졸곡, 부祔, 연練, 상祥, 담禫 등의 제사에 이 예를 적용한다는 말이다. 상식은 제사에 견줄 것이 아닌데 어찌 삼헌이 있겠는가? 다만 누군가가 한 잔만 올리지 않고 싶어서 그런 것이겠지만 이것도 잘못이다. 장례를 치른 후에 상식할 것인가 여부는 좨주祭酒 허엽의 문제 제기가 그럴듯하나 실은 그렇지 않다. 옛날에 육구령陸九齡 형제도 이런 설을 제기하면서 "궤연은 상을 마치지 않고 치우겠다"라고도 하였는데,

주자께서 그렇게 하면 안 된다며 강력히 변론하셨다. 육구령에게 답한 편지[291]에 찾아볼 수 있다.

대저 궤연에 대해 기왕에 마땅히 모셔두고 3년을 마친다고 했으면, 상식도 결코 폐할 수 없다. 그대의 말처럼 하는 것이 옳다. 주자께서 한천정사에서 왕래하신 예가 그러했던 것은 나 역시 늘 의심스러워하고 있는 점이지만 아직 이해할 수 없으니 감히 함부로 말할 수도 없다. 다만 시속에 따라 삼년상을 마칠 때까지 상식을 하고, 상식할 때마다 술 한 잔씩 올리는 것이 옳을 것이다.

195

喪三年不祭, 禮也. 朱子 "獨廢此一事, 恐有未安"之論, 尤有以合今之宜, 得禮之正. 卒哭之後, 當依朱子之說行之, 可也. 但我國俗本不制墨衰, 出入只有喪服俗所謂深衣也. 著衰入家廟, 旣云不可, 況服所謂喪服, 而行祭於廟乎? 坐此廢祭, 尤未安, 其有不悖於禮而可以行之者乎? 爲此欲追制墨衰, 以爲廟祭之服, 則旣有喪服, 又有墨衰, 事涉繁亂, 當如何而可耶? 不以繁亂爲嫌, 而制墨衰以行之乎? 廟祭與墓祭同.

[문] 삼년상을 치르는 동안 제사를 지내지 않는 것이 예입니다. 주자께서 "유독 이 한 가지(제사)만 폐하는 것은 온당치 못하다"[292]라고 하신 논의는 더욱 현재의 적절성에 부합하고 예의 정당성을 획

득하였으니, 졸곡 이후에는 마땅히 주자의 말씀에 따라 행하는 것이 가할 것입니다. 다만 우리나라의 풍속이 원래 묵최墨衰를 만들지 않아서 출입할 때도 상복일반적으로 말하는 심의만 있습니다. 최복〔衰〕을 입고 가묘家廟에 들어가는 것도 이미 불가하다고 하는데, 하물며 상복으로 불리는 옷을 입고 사당에서 제사를 지내는 것이겠습니까? 이 문제 때문에 제사를 폐하는 것은 더욱 온당치 못한 일입니다. 예에 어긋나지 않으면서도 제사를 지낼 방법이 있을까요? 이 문제를 해결하자고 묵최를 뒤늦게 만들어서 묘제廟祭의 복식으로 삼으려 해도 이미 상복이 있는데 또 묵최를 두는 것이 번잡하고 혼란스럽게 느껴집니다. 어찌 하는 것이 마땅할까요? 번잡하고 혼란스러움을 신경 쓰지 말고 묵최를 만들어 행해야 할까요? 묘제廟祭와 묘제墓祭도 마찬가지입니다.

今制未有墨衰, 恐未易論至此也. 或只用白衣無妨, 但冠、帶用純白以祭, 亦極未安, 權用玉色, 未知何如? 或令子弟代行亦可.

🔖 오늘날 제도에 묵최가 없으니, 쉽게 뭐라 논할 수 없다. 혹자는 흰색 옷만 착용하면 무방하다고 하는데, 관冠과 대帶를 순백으로 하고 제사를 지낸다는 것도 대단히 온당치 못한 일이다. 상황을 고려하여 옥색을 사용해 보는 것은 어떻겠는가? 혹은 자제에게 제사를 대행하도록 하는 것도 가할 것이다.

282 악수(握手) 시신의 손을 감싸기 위해 직사각형의 주머니
모양으로 만든 것으로, 한 손에 한 짝씩 감싼다. 보통
명주로 만드는데, 안쪽의 천은 붉은색으로 겉면의 천
은 검은색으로 하며, 중간 부분을 양끝보다 1촌씩 줄여
잘록하게 하고, 입구 양끝에 끈을 매달아 묶을 수 있게
한다. 악수의 모양에 대한 설명은 고대에서부터 여러
견해가 분분하다.(『삼례사전(三禮辭典)』 참조.)

그림 17 악수
(출처: 섭숭의, 『삼례도』)

283 『의례』 「사상례」에 나온다.

284 멱목(幎目) '멱(幎)'은 '덮는다'라는 의미로 '멱(幂)'으로도
쓰인다. 멱목은 시신의 얼굴을 덮는 것으로 수의의 한
부분이다. 겉면은 검은 천을 안쪽은 붉은 천을 각각
사용하고, 가운데에 솜을 넣는다. 그리고 네 귀퉁이에
명주실로 된 끈을 달아 시신의 목뒤에서 양쪽으로 묶
을 수 있게 한다.

285 이 내용은 『예기』 「단궁상」에 "곡을 하고 발을 구르며
뛰는 것에 절도가 있다(哭踊有節)"라고 되어 있다.

그림 18 멱목
(출처: 섭숭의, 『삼례도』)

286 변질(弁絰) 대부가 조문할 때 쓰는 모자의 한 종류이다.
「김취려에게 답하다 · 1561」 127번 조목 '변질'에 대한
주석에 있는 〈그림 13〉 참고.

287 『예기』 「잡기상」 "대부가 대부의 상(喪)에 조문을 가서 곡을 할 때 머리에 변질
을 쓴다. 대부가 조문을 가서 빈(殯)에 참여할 때에도 역시 머리에 변질을 쓴
다.(大夫之哭大夫, 弁絰. 大夫與殯, 亦弁絰.)"

288 『예기』 「상대기」 "장례를 마친 후 다른 사람과 나란히 섰을 때 제후(君)는 천자
의 일(王事)에 대해 말할 수는 있지만 자기 나라의 일(國事)에 대해서는 말하지
않는다. 대부와 사는 제후의 일(公事)에 대해 말할 수는 있지만 자신의 집안 일
(家事)에 대해서는 말하지 않는다. 제후가 장례를 마친 후에는 천자의 정령(王政)

이 하달되고, 졸곡(卒哭)을 마친 후에는 천자의 일에 복무한다. 대부와 사는 장례를 마친 후엔 제후의 정령(公政)이 집안에 하달되고, 졸곡을 마친 후엔 소변(素弁)에 환질(環絰)을 두르고 요대(腰帶)를 차고서 전쟁에 나가는 일도 마다하지 않는다.〔既葬, 與人立. 君言王事, 不言國事. 大夫, 士言公事, 不言家事. 君既葬, 王政入於國. 既卒哭而服王事. 大夫, 士既葬, 公政入於家, 既卒哭, 弁絰帶, 金革之事無辟也.〕"

289 갈림길이 많아서 양을 잃는(多岐亡羊) 『열자(列子)』 「설부(説符)」에 다음과 같은 이야기가 나온다. 양자(楊子)의 이웃 사람이 양을 잃고 그 무리를 다 동원하고 다시 양자의 종까지 동원하여 찾으려 하였다. 이에 양자가 묻기를 "한 마리 양을 잃고 찾으러 가는데 사람이 어찌 이렇게 많은가?"라고 하자, 그는 말하기를 "갈림길이 많기 때문입니다"라고 하였다. 찾으러 갔다가 돌아오는 것을 보고, 양자가 "양을 찾았는가?" 하고 묻자, 그는 "잃었습니다"라고 하였다. 양자가 다시 "어째서 잃었는가?"라고 하자, 그는 말하기를 "갈림길 속에 다시 갈림길이 있어 양이 어디로 갔는지 알 수 없기에 돌아오고 말았습니다"라고 하였다. 이에 심도자(心都子)가 "큰길은 갈림길이 많아서 양을 잃고, 학자는 방도가 많아서 생명을 잃는다" 하였다.

290 허엽(許曄, 1517~1580) 조선 중기의 문신이자 성리학자로, 자는 태휘(太輝)이고, 호는 초당(草堂), 본관은 양천(陽川)이다. 서경덕(徐敬德)과 퇴계의 문하에서 수학하고, 이언적(李彦迪)을 사숙하였다. 진사시에 합격한 뒤 1546년(명종 1) 식년 문과에 갑과로 급제하여 명종 때 관직에 올랐으며, 문과급제 후 1551년 부교리를 거쳐 1553년 사가독서한 뒤 장령(掌令) 때 재물을 탐하였다가 파면되었다. 1559년 필선(弼善), 1560년 대사성, 1562년 지제교(知製敎)를 거쳐 동부승지 겸 경연참찬관이 되었다. 1568년(선조 1) 진하부사(進賀副使)로 명나라에 다녀온 뒤 대사간에 올라 향약(鄕約)의 시행을 건의하였다. 1575년 을해당론으로 동인과 서인의 당쟁이 시작될 때는 동인에 가담하였다. 이후 부제학(副提學)을 거쳐 경상도 관찰사가 되었으나 병으로 사퇴하고 동지중추부사로 전임되었다.

291 관련 내용은 『주자대전』36, 「답육자수(答陸子壽)」(1)과 (2)에 나온다.

292 이 내용은 『주자대전』39, 「답범백숭(答范伯崇)」(7)에 나온다.

우성전에게 답하다 1567

答禹景善丁卯

196

服中死者, 斂襲所用吉凶之服, 此亦所當議定, 而未有所考, 不敢
輒爲之說. 公須廣問知禮者, 後日示及, 望望. 若古禮未有考據, 而
以意推之, 如公言用孝服似當. 然一用此服, 地下千萬年長爲凶服
之人, 此亦情理極礙難執處, 如何? 愚意襲用素服、黑巾帶, 斂時
著身正服亦用素, 其餘顚倒用服, 雜用吉服. 當大斂入棺之時, 其
孝服一具與吉服一具對置, 孝服右而吉服左, 似有"服盡用吉", 可
以兩得之意, 不至長爲凶服之人, 或非大乖否耶?

상을 치르던 중에 돌아가신 분에 대해 염습斂襲을 할 때 길복吉服
을 써야 할지 흉복凶服을 써야 할지[293] 이 역시 마땅히 의논해서 결
정해야 하는데 상고할 데가 없으니 감히 경솔하게 뭐라 말하지 못

하겠다. 그대는 모름지기 예를 잘 아는 분들에게 널리 물어서 나중에 알려 주기 바란다. 고례古禮에 고거考據할 데는 없으나 내 의견으로 미루어 보자면, 그대의 말처럼 효복孝服²⁹⁴을 쓰는 것이 타당할 듯하다. 그러나 한 번 이 복을 사용하면 지하에서 천년만년 영원히 흉복을 입은 사람이 될 것이니, 이 또한 정리情理에 심각한 문제가 있어서 집행하기 어렵다. 어떻게 생각하는가? 내 의견으로는 습襲을 할 때는 소복素服과 검은색 건巾과 대帶를 사용하고, 염斂을 할 때는 몸에는 정복正服을 입히되 역시 흰색(素)을 사용하고, 그 나머지는 뒤집어서 복을 사용하되 길복을 섞어서 사용하며, 대렴大斂과 입관入棺을 할 때는 효복 한 벌과 길복 한 벌을 마주 놓되 효복은 오른쪽에 길복은 왼쪽에 둔다. 그렇게 하면 "상복을 입는 기간이 다하면 길복을 착용한다"가 되어 두 가지 의미를 다 획득할 수 있을 것 같다. 그리고 영원히 흉복을 입은 사람이 되는 데 이르지 않게 될 것이니, 크게 예에 어긋난 것은 아니지 않겠는가?

*

前日金謹恭云: "有祖父母喪而遭父喪者, 不爲祖父母追制服之文, 見於『儀禮』." 不知見『儀禮』何卷第幾板某條中乎. 問金生示及, 何如?

예전에 김근공金謹恭²⁹⁵이 "조부모의 상을 치르던 중에 아버지의

상을 당한 사람은 조부모를 위한 상복을 나중에 제조하지 않는다
는 내용이 『의례』에 나온다"라고 하였는데, 『의례』 몇 번째 권 어디
에 나오는지 모르겠다. 김생에게 물어서 알려 주면 어떻겠는가?

293 길복(吉服)을 써야 할지 흉복(凶服)을 써야 할지 보통의 경우라면 일상복인 길복을 써서 염습할 테지만, 상복을 입고 상을 치르던 중에 돌아가셨기 때문에 돌아가실 당시에 입었던 흉복을 써서 염습해야 하는지에 관한 문제이다.

294 효복(孝服) 상을 치를 때 입는 백포(白布) 또는 마포(麻布)로 만든 상복이다.

295 김근공(金謹恭. 1526~1568) 자는 경숙(敬叔), 호는 척암(惕菴), 본관은 강릉(江陵)으로, 목사 김모(金瑁)의 서자(庶子)이다. 벼슬은 동몽훈도(童蒙訓導)를 지내고 43세에 죽었다. 이중호(李仲虎)의 문하에서 수학하였다. 아내 송씨(宋氏)는 규암(圭菴) 송인수(宋麟壽)의 서매(庶妹)이다.

우성전에게 답하다 1568

答禹景善 戊辰

197

『家禮』大祥祝文 "子某"下, 當添入 "謹遣子某" 等字, "不寧" 下當添入 "適嬰疾病, 遠離几筵, 未獲躬奠, 采增號慟" 等字. 祝辭添此數語似可, 而 "采增號慟" 與 "敢用" 語意不無不相屬之意耶. 伏望下敎.

『가례』 대상大祥 축문祝文에 "아들 아무개는[子某]" 아래에 마땅히 "삼가 아들 아무개를 보내[謹遣子某]"라는 말을 집어넣고, "편치 않습니다[不寧]" 아래에 마땅히 "마침 병이 들어 궤연에서 멀리 떠나 있기에 직접 올릴 수 없으니 울부짖고 슬픈 마음이 더욱 더합니다"라는 말을 집어넣어야 할 것입니다. 축사에 이렇게 몇 마디 말을 집어넣어야 가할 듯한데, "울부짖고 슬픈 마음이 더욱 더합니다[采增號慟]"라는 표현이 "~를 감히 써서[敢用]"라는 의미와 서로 의

미상 연결되지 않는 점이 없지 않습니다.[296] 가르쳐 주시기 바랍니다.

當依此行之. 但 "號慟" 之慟, 改作痛尤切. 以此接得, 未有不可.

📋 당연히 이에 의거하여 행하라. 다만 '울부짖고 슬픈 마음[號慟]'의 '슬픔[慟]'은 '아픔[痛]'으로 바꾸는 것이 더욱 간절하다. 이것으로 연결하면 불가할 것이 없다.

198

鄭君重遭大禍, 天之於此一何如是之酷耶? 不忍道不忍聞. 奔喪曲折, 古無可據, 雖有, 吾未知之, 何敢妄云? 須更問知禮處. 然以臆料言之, 重喪旣成服, 在途恐只以重喪服行, 而至彼行變成之禮似可. 蓋重喪遭輕喪, 當其事則服其服, 旣事, 反重服云, 則重服爲常故也, 何如何如?

정 군鄭君[297]이 거듭 큰 화를 만났으니[298] 하늘이 이 사람에게만 어찌 이리 혹독하신가? 차마 말할 수도, 들을 수도 없구나. 분상奔喪하는 곡절은 옛글에도 고거할 데가 없고, 비록 있다 한들 내가 지금 알고 있지 못하니 어찌 감히 함부로 말하겠는가? 모름지기 예를 잘 아는 곳에 다시 물어야 할 것이다. 그러나 나의 억측을 말해 보자면, 소후부所後父의 무거운 상이 이미 성복成服을 하였으니 가는 도중에는 아무래도 무거운 상의 복을 입고 가고, 본생모本生母의 상가에 이르러서는 복을 바꿔 입는 예를 행하는 것이 가할 듯하다. 대개 무거운 상을 치르는 중에 가벼운 상을 만나게 되면, 가벼운 상에 해당하는 일을 할 때만 그 복을 입고, 일이 끝나고 나면 도로 무거운 상의 복을 입는다고 하였다. 그렇다면 무거운 상의 복이 평소의 복이 되어야 하겠기 때문에 이렇게 이야기하는 것이다. 어떠한가?

199

今旣成服, 當告南中訃音發喪, 則當別設哭位, 就哭位時, 仍著衰服乎? 所後斬衰. 出哭後, 當還本喪次, 以待成服乎? 出在別設哭位, 以待成服乎? 若仍在別設哭位, 以待成服, 則其間亦常著衰服乎?

🔲 지금 이미 성복을 했으니, 마땅히 남중南中에 부음과 발상을 고해야 할 것입니다. 그러면 마땅히 곡위哭位[299]를 별도로 설치해야 할 텐데, 곡위에 나아갈 때는 여전히 최복衰服을 입어야 합니까? 소후부의 참최이다. 본생모의 곡위에 나가서 곡을 한 뒤에는 당연히 본래의〔소후부의〕상차喪次로 돌아와서 성복〔본생모의 상복〕을 기다려야 합니까? 별도로 설치한 곡위에 나가 있으면서 성복을 기다려야 합니까? 만일 별도로 설치한 곡위에 계속해서 있으면서 성복을 기다려야 한다면, 그 기간에도 항상 최복을 입어야 합니까?

此事亦未有考據, 但以意言之. 就哭位時, 不得已脫去衰服而就位, 自此至成服中間, 恐不可間間還著衰服入前喪次之理, 須待成服還脫而入前次矣. 然此亦斟酌而言, 須博問而處之.

🏷 이 사안 역시 아직 고거할 수 없다. 다만 내 의견을 말하자면, 곡위에 나아갈 때는 부득이 최복을 벗고 곡위에 나아가야 할 것이다. 이때부터 성복할 때까지는 틈틈이 최복으로 바꿔 입고 이전의 〔소후부의〕 상차에 들어가서는 안 될 것 같고, 모름지기 성복을 한 다음에 이 복을 벗고 이전의 상차에 들어가야 할 것이다. 그러나 이 역시 짐작해서 말하는 것이니, 모름지기 널리 물어서 대처해야 한다.

200

『家禮』‘奔喪’ 條云: "若不得行, 則爲位不奠." 此則爲常時遭父母之喪言也. 今此之事, 雖曰非如此例, 若只設哭位, 而不爲神位, 則哭哀成服, 俱無依向處, 不審何以爲之.

📧 『가례』‘분상奔喪’조에 "만약 당장 갈 수 없다면, 위位를 마련하고 전은 올리지 않는다"라고 했는데, 이것은 일반적으로 부모의 상을 만났을 때를 위해 한 말입니다. 지금 이 일은 비록 이와 같은 사례는 아니라고 하지만, 만일 곡위만 마련하고 신위를 만들지 않는

다면 곡을 하면서 슬픔을 표하고 성복을 하는 예가 모두 의거하고 향할 곳이 없게 되니 어찌해야 할지 모르겠습니다.

"爲位不奠"之位, 非獨指哭位也, 固兼謂設神位, 故曰: "設椅子一枚, 以代尸柩云云." 今亦恐當依此爲之.

📋 "위를 마련하고 전은 올리지 않는다"라고 할 때의 위는 곡위만을 가리키는 것은 아니고 틀림없이 신위도 마련하라고 겸해서 한 말일 것이다. 그래서 "의자椅子 하나를 마련하여 시구尸柩를 대신한다"라고 하였으니, 마땅히 이에 의거해서 해야 할 일이다.

296 '~를 감히 써서(敢用)'라는 말은 "감히 결생(潔牲), 유모(柔毛), 자성(粢盛), 예제(醴齊)를 써서 이 상사(常事)를 올립니다(敢用潔牲, 柔毛, 粢盛, 醴齊, 薦此常事.)"를 가리킨다. 이 말이 '울부짖고 슬픈 마음이 더욱 더합니다(采嗚號慟)'라는 말과 서로 의미상 연결되지 않는다고 한 것은, 자신이 병이 들어서 직접 제사를 지내지 못하고 아들을 보내서 대신 제사를 지내게 되었기 때문에 '울부짖고 슬픈 마음 더욱 더하다'고 말해놓고 마치 자신이 이러이러한 제사 음식을 써서 바치는 것처럼 문장이 되어 있기 때문이다.

297 정 군(鄭君) 정곤수(鄭崑壽, 1538~1602)이다. 본관은 청주(淸州), 자는 여인(汝仁), 호는 백곡(栢谷)·경음(慶陰)·조은(朝隱), 시호는 충익(忠翼)이다. 한강(寒岡) 정구(鄭逑)의 중형(仲兄)인데 종백부(從伯父: 오촌 당숙)인 정승문(鄭承門)의 후사로 출계(出繼)하여, 정구와 재종(再從)의 형제가 되었다.

298 정구의 기록 중에 "중형(仲兄: 정곤수)이 소후부(所後父: 정승문)의 상을 당했는데 또 본생모(本生母)인 정부인(貞夫人)의 상을 당했다. 천리를 사이에 두고 두 개의 상이 한꺼번에 났다. 참최(斬衰)를 성복하기도 전에 자최(齊衰)의 부음이 이른 것이다. 예법상 대처하기 어려운 점이 있어서 우성전(禹性傳)이 선생께 편지를 보내 질의하였다(仲兄遭所後父憂, 又遭本生貞夫人憂. 千里兩喪偕出, 斬衰未成, 而齊衰訃至, 禮有難處, 禹性傳往復稟質于先生.)"라고 하였다. 『퇴계선생문집고증』6, 제32권 참조.

299 곡위(哭位) 곡을 하는 자리를 의미한다. 『예기』「분상(奔喪)」에 "부고를 듣고 분상할 수 없을 경우 곡을 하고 슬픔을 다한다(聞喪不得奔喪, 哭, 盡哀.)"라고 하였고, 이에 대하여 정현(鄭玄)은 주(注)에서 "위(位)에는 줄을 서는 곳이 있어 집에서 아침저녁으로 하는 곡위와 같다(位有鄭列之處, 如於家朝夕哭位矣.)"라고 하였다.

우성전에게 답하다 1570

答禹景善庚午

201

性傳反哭于家, 而往來展墓. 謬意始以爲朔望之奠, 旣行於几筵,
而又欲設於墓側, 旋被諸公明論, 悟其非而止之矣. 但吾東人四時
節祠皆得墓祭, 故節祠則性傳依此往奠墓側, 而李養中以爲: "寒
食、端陽則可矣, 正朝、秋夕乃朔望也, 朔望, 殷奠也, 虛几筵而往
奠墓側不可云." 此說如何? 大抵節祠家廟亦當有事, 而以上墓之
故, 不得躬莅, 每令代行, 此亦未安. 曾見南中人前期三四日行事
於墓側, 此與朱子所云 "鄉里所爲" 者相似, 未知其果不違於義理
也, 如何?

🔠 저는 〔장례를 치른 다음에〕 집으로 반곡反哭을 하고, 묘소를 오가
면서 살피고 있습니다. 저의 그릇된 소견으로, 처음에는 삭망전朔

337

望奠을 궤연几筵에 올린 다음에 다시 묘소에도 차려드리고 싶었습니다. 그러다가 여러 사람의 일깨움을 받고는 그것이 잘못된 것임을 깨닫고 그만두었습니다.

다만 우리나라 사람들은 사시四時의 절사節祠에는 모두 묘제墓祭를 지내기 때문에 절사만큼은 이러한 풍습에 따라 묘소에 가서 전을 드렸습니다. 그런데 이양중李養中[300]이 "한식과 단오에는 그래도 된다. 하지만 설날과 추석은 초하루와 보름이고, 초하루와 보름에는 은전殷奠[301]을 해야 하는데 궤연을 비워두고 묘소에 가서 전을 올리는 것은 불가하다"라고 하였습니다. 이 말이 어떻습니까?

대저 절사는 가묘에서도 당연히 지내야 할 일인데, 묘소에 간다는 이유로 가묘에서 지내는 절사에 직접 참여하지 않고 매번 누군가에게 대행하도록 한다면 이 역시 온당치 못한 일입니다. 남중南中[302] 사람들은 사나흘 전에 묘소에서 절사를 치르는 것을 전에 본 적이 있습니다. 이는 주자께서 말씀하신 "향리鄕里에서 하는 것"[303]과 유사한 일인데, 의리義理에 어긋나지 않는지 모르겠습니다. 어떻습니까?

葬後反魂, 已得古禮之意. 若朔望奠, 奠於几筵, 朱子所行, 已見於『家禮』,『言行錄』,『大全』等書. 今悟初計之非, 善矣. 至如節祠, 亦當於几筵行之. 但節祠古所無, 而起於後, 今人平日皆行於墓所. 如使三年內幷節祠皆歸几筵, 則體魄所在一無所事, 是謂神不在於彼也. 直待喪畢, 然後始行於彼, 則無乃有求神於所無之嫌乎? 李

君養中所謂正朝、秋夕、朔望之礙, 亦思得良是. 或此二節依南中
所爲, 而寒、端二節用當日行於墓; 或正、秋仍只行於几筵, 而餘二
節行於墓, 恐皆無不可也, 如何?

🗒 장례를 치른 다음 반혼返魂을 한 것은 이미 고례의 뜻에 부합한
다. 삭망전의 경우는 궤연에서 전을 올리는 것으로, 주자께서 그리
하셨다는 것이 『가례』, 『언행록』, 『주자대전』 등에 이미 나와 있다.
지금이라도 원래의 생각이 잘못인 줄 깨달은 것은 잘한 일이다. 절
사의 경우도 마땅히 궤연에서 행해야 할 것이다. 다만, 절사는 옛
날에는 없었고 후대에 제기된 것이며, 요즘 사람들은 〔상중이 아닌〕
평소에도 묘소에서 지낸다. 만일 삼년상을 치르는 동안에 절사마
저도 궤연에서 지내게 된다면 체백體魄이 계시는 곳에서는 아무것
도 하는 일이 없게 되고, 이는 신혼神魂이 그곳〔묘소〕에 계시지 않다
는 말이 된다. 그러다가 상을 모두 마친 다음에 그곳〔묘소〕에서 절
사를 지낸다면 신혼이 계시지 않는 곳에서 신혼을 찾는 혐의가 있
지 않겠는가?[304] 설날과 추석은 초하루와 보름에 걸린다는 이양중
의 말도 좋은 생각이다. 다음의 두 가지 방법이 있을 듯하다. 첫 번
째 방법은, 두 명절〔설날과 추석〕은 남중에서 하는 것처럼 하고,[305]
한식과 단오는 당일에 묘소에서 지내는 것이다. 두 번째 방법은,
설날과 추석은 궤연에서만 지내고, 한식과 단오는 묘소에서 지내
는 것이다. 이 두 가지 방법 모두 안 될 것은 없을 듯한데, 어떻게

생각하는가?

202

喪三年, 家廟行事固不可全然廢之, 而吾東人無墨衰, 難其服. 昔者先人之居憂也, 仰稟門下, 先生答曰云云, 見上. 第以玉色乃旣祥就吉之服, 決非墨衰之比, 似難輕著, 而且於彼時有性傳在, 故只遵代行之教矣. 今則曾祖以下唯性傳一身, 便無可代之人, 痛哭痛哭. 廢而不祭則已, 祭則惟性傳當主. 不能臆斷, 議于諸丈, 論說紛紜, 未之適從, 伏望下教何如. 金而精以爲 "廢而不祭亦可"云, 此則然矣. 但居喪萬不及朱子一節, 而廢朱子之所嘗行者, 無乃過乎? 如何如何? 此中有令婢僕代行者, 此則如不祭也, 固不可論也.

[문] 상을 치르는 3년 동안 가묘家廟에서 행해야 할 일들을 완전히 폐하는 것이 불가함은 당연합니다만, 우리나라 사람들은 묵최墨衰가 없어서 그 복을 입기 어렵습니다. 옛날 저의 선친께서 상을 치르실 때 선생님께 여쭈었더니, 선생님께서 답을 해 주셨습니다. 답의 내용은 위에 나온다. 다만 옥색은 이미 대상大祥을 마치고 길吉로 나아가는 복색이니, 결코 묵최에 견줄 바가 아니므로 경솔하게 입기 어려울 듯합니다. 더구나 그때는 제가 있었기 때문에 대행하라는 가르침을 따를 수 있었습니다만, 지금은 증조 이하에 오직 저 혼자라서 대행할 사람이 없으니 통곡할 일입니다. 제사를 폐하고 안 지

내면 그만이겠습니다만, 지내야 한다면 오직 저만이 주관해야 합니다. 제 생각만으로 판단할 수 없어서 여러 어른께 상의하였으나 의견이 분분하여 따르지 못하고 있습니다. 가르쳐 주시기를 엎드려 바랍니다. 김취려金就礪는 "폐하고 제사를 지내지 않아도 괜찮다"라고 합니다. 이 말도 맞기는 합니다만, 상을 치르는 데 있어 주자의 만분의 일도 미치지 못하면서 주자께서 일찍이 행하신 것조차 폐한다면 너무 지나친 것이 아니겠습니까? 어찌해야 합니까? 종들에게 대행하도록 하는 경우도 있습니다만, 이것은 제사를 지내지 않는 것과 같으니 진실로 논할 것도 못 됩니다.

三年内家廟祭否, 先賢已有定論. 今以無墨衰, 致有諸論之不一. 愚意有子弟者, 令子弟行之, 上也. 無而自行者, 其服色, 前日謬論玉色, 固不可, 其所謂白衣, 卽河西所謂白布衣, 似若差可, 所難者, 冠亦白布, 尤爲乖異, 如何如何? 愚今又思得一說, 與其創新而用白布冠衣, 孰若倣『家禮』所稱墨衰之服, 其制如今直領樣, 冠亦用墨, 一如侍者冠服, 而行事卽去藏之, 以待後祭. 其出入等時, 勿用中原例服之, 以取俗駭, 此意如何? 但稟鄙意, 勿以語人, 恐大得衆誹也.

📖 상을 치르는 3년 동안 가묘에서 제사를 지내야 하는지에 대한 것은 선현들이 이미 정론을 만들어 놓으셨다. 지금 〔주자가 말씀하

신]) 묵최가 없다는 것 때문에 여러 논의가 일치하지 않게 된 것이다. 내 생각으로는 자제가 있으면 자제에게 대행하도록 하는 것이 최상이다. 그럴 만한 자제가 없어서 직접 행해야 한다면 그 복색은 전에 잘못 말했던 것처럼 옥색으로 해서는 참으로 안 된다. 이른바 '백의白衣'는 하서河西 김인후金麟厚[306]가 말한 '백포의白布衣'로 괜찮을 것 같기도 하다. 문제는 관冠도 백포白布로 만든다는 것이 더욱 예에 어긋나고 이상하다. 어떠한가? 내가 이번에 하나의 방도를 생각해 낸 것이 있는데, 새로운 방안을 만들어 내서 백포로 관과 옷을 사용하는 것보다는 『가례』에서 말한 묵최를 모방하는 것이 낫겠다는 것이다. 만드는 방법은 오늘날 직령直領의 모양으로 하고 관도 역시 검은색으로 해서 시자侍者들의 관복과 같게 한다. 이 옷은 제사를 지낸 다음 곧바로 벗어서 다음 제사 때까지 따로 보관해 둔다. 바깥출입을 할 때는 중국식의 옷을 착용함으로써 시속을 놀라도록 하지 말아야 할 것이다. 이 의견이 어떠한가? 이는 그저 나의 좁은 의견을 말한 것이니, 다른 사람에게는 말하지 말라. 사람들의 비난을 받을까 두렵다.

300 이양중(李養中. 1552~?) 자는 공호(公浩), 호는 서천(西川), 본관은 전주(全州)이며, 서울에 거주하였다. 그는 파곡(坡谷) 이성중(李誠中. 1539~1593)과 단애(丹厓) 이경중(李敬中. 1542~1584)의 아우로 세 형제가 모두 퇴계의 문인이 되었다. 특히 퇴계는 기대승(奇大升)에게 보낸 편지에서 이양중을 언급하면서 "후생 중에 이런 사람이 있으니, 몹시 기뻐할 만하다"라고 하였고, 김취려(金就礪)에게 보낸 편지에서는 '무극(無極)'과 관련한 내용을 논하면서 "이에 관한 이양중의 논의가 대단히 명쾌하다"라고 언급한 바 있다. 1572년 문과에 급제하여 관직이 승지(承旨)에 이르렀다.

301 은전(殷奠) 제사에 음식을 성대하게 차려서 올리는 것을 말한다.

302 남중(南中) 경기 이남 지역을 말한다.

303 관련 내용은 『가례』「통례(通禮)」 '사당(祠堂)'조, "설날, 동짓날, 초하루, 보름에는 참례를 한다(正.至.朔.望, 則參.]" 아래 부주(附註)에 수록된 양복(楊復)의 말에 나온다.

304 퇴계의 의도는 어차피 상을 모두 마친 뒤에 묘소에 가서 절사를 지낼 것이라면, 제사의 연속성이라는 측면에서 상을 치르는 기간부터 묘소에서 절사를 지내는 편이 낫지 않겠느냐는 것이다.

305 즉 사나흘 전에 묘소에 가서 절사를 지낸 다음, 당일에는 집에서 지내는 것을 의미한다.

306 김인후(金麟厚. 1510~1560) 자는 후지(厚之), 호는 하서(河西)이며, 본관은 울산(蔚山)이다. 1519년(중종 14) 김안국(金安國)에게서 『소학』을 배웠다. 1531년 사마시에 합격하고 성균관에 입학하였으며, 이때 퇴계와 교우 관계를 맺고 함께 학문을 닦았다.

별지
別紙

203

前諭 "墨衰如侍者冠服"云云, 侍者只有俗所謂頭巾而無其冠, 又當著何帶?

[문] 지난번 편지[307]에서 "묵최墨衰는 시자의 관복冠服과 같이 하라" 라고 하셨습니다. 시자한테는 세속에서 말하는 두건頭巾만 있지 관冠은 없습니다. 또 대帶는 어떤 것을 착용해야 합니까?

墨衰冠帶之制未詳, 率意言之未安. 然似不過冠頭巾而帶亦墨耳.

[답] 묵최와 관대의 제도를 상세히 알지 못하면서 경솔하게 말하는 것은 온당치 못하다. 그러나 두건을 쓰는 데 지나지 않아야 하고,

대 역시 검은색으로 해야 할 듯하다는 말이었다.

204

期而功衰之文, 只見於『戴記』「問喪」、「雜記」等篇, 而未見於『儀禮
經傳』. 是何耶? 抑有之而性傳不能詳考耶? 古者卒哭亦有受服, 而
『家禮』無此節次, 故性傳依此行之. 今於期亦只依『家禮』, 練布爲
冠, 去首経、負版、辟領、衰, 而不別有功衰耶? 何以則不戾於聖賢
制禮之意耶?『家禮』雖不言中衣, 而性傳依古禮制之, 今不可不受
以練, 如何?

🔲 기년이 되면 대공의 최복인 공최功衰를 입으라는 글이 『예기』
「문상」[308]과 「잡기」[309] 등에만 보이고, 『의례경전통해』에는 보이지 않
는 이유는 무엇입니까? 혹시 있는데 제가 자세히 살피지 못한 것
입니까? 옛날에는 졸곡卒哭에도 수복受服이 있었는데『가례』에는 이
절차가 없습니다. 그래서 저는 이에 따라 행하였습니다. 이제 기년
期年에도 다만 『가례』에 따라 연포練布로 관을 만들고, 수질首経, 부
판負版, 벽령辟領, 최衰만 없애고 별도로 공최를 두지 않아야 합니
까? 어떻게 하면 성현께서 예를 제정하신 뜻에 어긋나지 않겠습니
까?『가례』에는 비록 속옷(中衣)에 대해 언급하지 않았지만, 제가
고례에 따라 만들 때 연포로 받지 않을 수 없을 것입니다. 어떻습
니까?

功衰之不見『儀禮經傳』, 亦不知何故. 卒哭受服,『家禮』闕之, 於期亦只練布爲冠, 去首経等, 不別有功衰, 乃古今損益之宜. 頃年廷議國恤, 於練亦以不別制服爲定, 今當遵依. 練中衣, 則依示爲當.

▣ 공최가 『의례경전통해』에 나오지 않는 것은 나도 그 이유를 모른다. 졸곡에 수복하는 것을 『가례』에서 뺀 것이라든가, 기년에도 연포로 관을 만들고 수질 등을 없애라고만 하고 별도로 공최를 두지 않은 것은 옛날과 오늘의 상황을 짐작하여 덜 것은 덜고 보탤 것은 보탠 것이다. 몇 년 전 조정에서 국휼國恤과 관련하여 논의하면서 '연제를 지낸 다음 별도로 복을 만들지 않는 것'으로 결정하였으니, 이제 마땅히 이에 따라 하면 된다. 연포로 만드는 속옷은 말한 대로 하면 되겠다.

205

以練爲冠, 則武纓當用漚麻. 俗所謂頭巾, 亦皆當練, 如何?

▤ 연포로 관을 만들게 되면 무武와 영纓[310]은 당연히 물에 불린 삼〔漚麻〕을 사용해야 할 것입니다. 세속에서 말하는 두건도 모두 누인 베〔練布〕를 사용해야 할 것입니다. 어떻습니까?

旣以練爲冠, 武纓自當以漚麻爲之. 頭巾亦當用練, 不可獨仍生布也.

답 이미 연포로 관을 만든다고 했으니 무와 영도 당연히 물에 불린 삼으로 만들어야 한다. 두건 역시 누인 베를 사용해야지, 그것만 그대로 생포生布로 해서는 안 된다.

206

屨,『家禮』言: "以粗麻",『儀禮』曰: "菅屨", 楊氏以『儀禮』爲正. 今若依古禮, 於期當受以繩屨, 如何?

問 신발(屨)에 대하여 『가례』에서는 "거친 삼(粗麻)으로 한다"라고 했고, 『의례』에서는 "띠풀로 엮은 짚신(菅屨)"이라고 했는데, 양복楊復은 『의례』가 맞다고 했습니다. 지금 만일 고례에 의거한다면 기년에 당연히 마끈으로 엮은 짚신(繩屨)으로 받아야 할 것입니다. 어떻습니까?

屨依楊說, 受以繩屨, 合於漸殺之意也.

답 신발은 양복의 설대로 하고, 마끈으로 엮은 짚신으로 받는 것이 점쇄漸殺의 의미에 부합한다.

207

前論墨衰, 更思之, 上衣下裳一如正服之制, 而但墨其色, 冠與巾亦必用墨爲之, 而只去腰首経, 如何?

📧 전에 말씀하신 묵최에 관해 다시 생각해 보았습니다. 상의上衣와 하상下裳은 모두 정복正服의 제도처럼 하되 그 색깔만 검게 하고, 관과 건도 반드시 검은색을 사용해 만들며, 요질과 수질만 없애면 어떻겠습니까?

墨衰, 旣曰衰矣, 似當如示. 然未有考據, 不敢索言之耳.

🗣 묵최도 기왕에 '상복(衰)'이라고 하였으니, 그렇게 해도 괜찮을 듯하다. 그러나 참고하여 근거할 데가 없으니 감히 해 줄 말을 찾지 못하겠다.

208

按『家禮』, 凡祭進饌在初獻之前, 侑食在終獻之後, 墓祭獨無此兩節. 丘氏『儀節』敷衍其禮, 一依家祭之儀, 未知何據. 或又因此謂: "墓祭不設飯、羹, 故無侑食之文." 旣有三獻盛禮, 而不具酒食, 寧有是理? 愚意原野之禮, 所當有殺於廟寢之事, 故少變其節, 亦是情禮之固然也, 如何? 其節次何以則可? 飯、羹、魚、肉竝與蔬、果而同進, 扱匙正筯卽在降神之後耶?

🔖 『가례』를 살펴보면, 모든 제사에 음식을 올리는 진찬進饌은 초헌初獻 이전에 하고, 더 드시기를 권하는 유식侑食은 종헌終獻 뒤에 하게 되어 있습니다. 그런데 묘제墓祭만큼은 이 두 절차가 없습니다. 구준丘濬의 『가례의절』에는 그 예를 붙여 넣으면서 일체를 집에서 지내는 제사의식에 의거하였는데, 무엇을 근거로 그리하였는지 모르겠습니다. 혹자는 "묘제는 밥과 국을 진설하지 않기 때문에 유식이 없는 것"이라고 말합니다. 하지만 이미 삼헌三獻이 있는 성대한 예식인데 어찌 술과 밥을 갖추지 않을 리가 있겠습니까? 제 소견으로는 산이나 들에서 치르는 예이다 보니 당연히 묘침廟寢에서 하는 것보다 간소화한 부분이 있을 것입니다. 그래서 그 절차를 다소 변경한 것인데, 이 또한 인정과 예법상 그럴 만한 것입니다. 어떻습니까? 그 절차는 어떻게 하면 좋을까요? 밥, 국, 생선, 고기는 채소, 과일과 함께 올리고, 숟가락을 밥에 꽂고 젓가락을 바로 하는 것은 강신례 다음에 하면 될까요?

墓祭無進饌、侑食之節, 或人以爲不設飯、羹, 恐其不然也. 示喩原野禮當有殺云云, 此爲得之. 況今宗法廢而不行, 人家衆子孫不能盡孝敬於家廟之祭, 而墓祭不得以不重, 乃反疎略如此, 無乃未安乎? 故竊謂依丘氏禮行之無妨.

🔖 묘제에는 진찬과 유식의 절차가 없는데, 그렇다고 혹자의 말

처럼 밥과 국을 진설하지 않기 때문은 아닐 것이다. 말한 대로 '산
과 들에서의 예이다 보니 마땅히 간소화했을 것'이라고 보는 것이
타당할 듯하다. 하물며 요즘은 종법宗法이 폐지되어 행해지지 않기
때문에 집안의 뭇 자손들이 가묘家廟의 제사에 효도와 공경을 다하
지 못하는 만큼 묘제라도 중하게 치르지 않으면 안 된다. 그런데
도리어 이와 같이 소략하게 한다면 못내 사리에 안 맞지 않겠는가?
이런 이유로 구준의 예에 의거하여 행하는 것도 무방하다고 조심
스럽게 생각한다.

209

親盡之主, 當遷於最長之房, 而勢有所不能然者, 則出於祠堂, 而
安于別室, 不得已也. 四時之享, 共設於正寢, 則是涉於祭五代之
僭; 廢而不祭, 則又大違於情禮, 如何? 愚意享日之曉, 先就別室,
行事於遷主, 然後奉四代之祭於正寢, 如何? 或倣古制 "疎數不同"
之義, 只於春秋設之, 亦庶乎可也, 如何? 前日再稟, 每教以 "難
言", 然當此變禮, 豈可諉以難處, 而每於失禮之中又失禮乎? 伏望
明誨.

📧 친진親盡한 신주는 마땅히 집안에서 가장 큰어른인 분의 방으
로 옮겨야 하지만, 형편상 그럴 수 없는 경우에는 사당에서 모시고
나와 별실에 봉안하는 것은 어쩔 수 없습니다. 하지만 사시四時의

제향에 정침正寢에서 함께 제사를 지내는 것은 5대까지 제사를 지내는 참월僭越에 해당하며, 폐하고 제사를 지내지 않는 것은 또 인정과 예의에 크게 어긋나니 어떻게 해야 합니까? 제 생각으로는 제삿날 새벽에 먼저 별실로 가서 옮겨온 신주께 제사를 지내고, 그런 다음에 4대의 제사를 정침에서 지낼까 하는데 어떻습니까? 혹시 옛 제도인 "횟수를 달리하는" 의의를 본떠서 봄가을에만 제사를 지내는 것도 가할 듯한데, 어떻습니까? 이전에도 두 번이나 여쭈었는데, 그때마다 "말씀하시기 곤란하다"라고 하셨습니다. 그러나 이러한 변례變禮의 상황에서, 어찌 대처하기 곤란하다는 핑계로 늘 예를 잃은 가운데 또 예를 잃는 잘못을 범해야 하겠습니까? 밝게 가르쳐 주시기를 엎드려 바랍니다.

親盡之主, 四時共設於正寢, 實爲未安. 奉安別室, 只於春秋設祭, 似爲處變之宜, 然終未必其當否.

🖻 친진한 신주를 사시마다 정침에서 함께 제사를 지내는 것은 실로 온당하지 못한 일이다. 별실에 봉안했다가 봄가을로만 제사를 지내는 것이 변례에 대처하는 적절한 방법이 될 듯하다. 그러나 결국 그것이 타당한지 아닌지는 장담할 수 없다.

210

朔望之參, 必設酒果, 而主人或有疾或遠出, 子弟又無代行之者, 則姑廢不設, 似合情禮. 世俗或令婢僕爲之, 其瀆褻不敬甚矣, 如何? 且其設酒果, 若只爲參禮而起者, 則子弟雖存, 不可無主人而擅入祠堂, 獨行參拜, 如何?

[문] 매달 초하루와 보름에 참례參禮[311]를 올릴 때 반드시 술과 과일을 장만해야 하겠지만, 주인主人이 병이 들었거나 멀리 나가 있고 대행할 만한 자제도 없다면 일단 폐하고 장만하지 않는 것이 인정과 예법에 부합할 듯합니다. 세속에서는 비복婢僕을 시켜서 대행하기도 하는데, 함부로 대하는 불경스러움이 심합니다. 어떻습니까? 또 술과 과일을 차리는 것이 만일 오로지 참례만을 위해 만들어진 것이라면, 자제가 비록 있다 하더라도 주인 없이 사당에 마음대로 들어가서 홀로 참배하는 것은 불가합니다. 어떻습니까?

朔望奠, 專爲主人自展己思慕之誠而設, 有故而使子弟猶或可也, 婢僕必不可也. 俗節之祭亦然. 然此事今世或已他居者, 於墓祭等事, 不得已有令婢僕代行者, 又使盡廢, 尤甚未安, 如何如何?

[답] 삭망전朔望奠은 오로지 주인이 자신의 사모하는 정성을 펼치기 위해 마련한 것이다. 사정이 있어서 자제를 시켜서 대행하게 하는

것은 혹시 가하겠지만, 비복에게 대행하게 하는 것은 절대로 불가하다. 명절에 지내는 제사도 마찬가지다. 그러나 이 일은 지금 세상에서는 다음과 같은 점을 고려해야 한다. 이미 다른 지역에 사는 사람이 묘제墓祭 등의 일에 부득이 비복을 시켜서 대행하게 하는 경우가 있는데, 이런 경우마저 모두 폐기하라고 하면 더욱 온당치 못한 일일 것이다. 어찌해야 하겠는가?

211

祖先生日設奠, 擧俗鮮有不行者, 而性傳之家亦未免有此事. 但竝設祠堂, 又更瀆亂, 故出祭于寢. 非祫非忌, 而出主行事, 亦極無據. 從此欲廢, 而行之已久, 遽然矯革, 在所難處. 與其未安於瀆亂, 寧失於遽改耶? 如何?

[문] 조상의 생신날에 음식을 장만해서 전奠을 올리는 것을 시속에서는 행하지 않는 사람이 드뭅니다. 저희 집안에서도 이렇게 하고 있습니다. 그런데 사당의 모든 신위마다 전을 올리는 것 역시 조상을 모독하고 문란하게 하는 것이기 때문에, 생신을 맞으신 조상의 신위만 정침으로 모시고 와서 제사를 드립니다. 하지만 협祫제사도 아니고, 기忌제사도 아닌데 신주를 모시고 나와서 일을 치른다는 것 역시 대단히 근거 없는 일입니다. 이러한 이유로 인해 생신날 올리는 전을 폐하려 해도, 행해 온 지가 이미 오래되었는데 갑자기

뜯어고치기에는 난처한 바가 있습니다. 모독하고 문란하여 부적절해지는 것보다 차라리 갑자기 뜯어고치는 잘못을 하는 편이 나을까요? 어떻습니까?

生忌之說, 出於近世, 寒門所未擧行. 今承垂問, 怳然愴然, 未敢妄有所對.

🗊 생기生忌[312]라는 말은 근세에 나온 것으로, 우리 집안에서는 거행하지 않는다. 이제 질문을 받고 보니, 두렵고 당황스러워서 감히 뭐라 함부로 대답하지 못하겠다.

212

祔主, 當於祖考妣室, 西向奉安, 而國俗祠堂例不寬敞, 龕室亦小. 然平時則或可以容祔主, 至於朔望俗節設酒果之時, 尤覺不便安, 如何?『家禮』'祠堂圖', 置祔位於堂東壁下, 此何所據耶?

🗊 부주祔主는 마땅히 할아버지, 할머니의 감실에 서쪽을 향해 봉안해야 하는데, 우리나라는 사당이 으레 넓지 못하고 감실도 작습니다. 평시에는 그런대로 부주를 수용할 수 있지만, 삭망이나 명절에 술과 과일을 차려야 할 때가 되면 더욱 불편함을 느끼게 됩니다. 어찌해야 합니까?『가례』의 '사당도祠堂圖'에는 부위를 사당의

동쪽 벽 아래에 안치했는데,[313] 이것은 어디에 근거한 것입니까?

祔主, 祖考妣室西向奉安, 古禮然也. 今同堂異室, 而龕小難設, 正如所諭. 嘗反復籌度, 未得其宜. 朱先生非不知其然, 尙以 "愛禮存羊"之義, 不敢變其所祔位置之他處, 今亦何敢輕爲之說? 欲從古禮者, 不如寬作龕室, 令其可容西向之設, 及其設酒果時, 出置東壁下行之, 庶或可也, 如何如何?

[답] 부주를 할아버지, 할머니의 감실에 서쪽을 향해 봉안하는 것은 고례가 그러하다. 지금은 한 건물에 공간을 달리하는데, 말한 것처럼 감실이 작아서 그렇게 시설하기가 어렵다. 일찍이 여러모로 궁리해 보았으나 적당한 방법을 찾지 못했다. 주자께서도 이런 문제를 모르지 않으셨을 것이나 "예를 아까워해서 양의 희생을 존속한다"[314]라는 의리에 입각하여 감히 부위의 위치를 바꾸어 다른 곳에 안치하지 않으신 것인데, 지금 어찌 감히 가볍게 뭐라 하겠는가? 고례를 따르고자 하는 자는 부위를 서쪽으로 향하도록 안치할 수 있을 만큼 감실을 넓게 만들고, 술과 과일을 차려야 할 때가 되면 〔부주의 신위를〕 동쪽 벽 아래로 모시고 나와서 이를 치르는 것이 가할 것이다. 어떠한가?

我國人家正廳, 南北長而東西短, 凡四時大祭於北壁下, 自西設位, 狹窄難行, 不得已高祖在北, 曾祖·祖·禰分東西相對, 若昭穆之列者. 祠堂旣爲同堂異室之制, 而至此乃變其位, 無乃未安, 如何?

⊟ 우리나라는 집의 정청正廳이 남북으로 길고 동서로 짧습니다. 무릇 사시四時에 지내는 대제大祭는 북쪽 벽 아래에 서쪽부터 신위를 모시는데, 공간이 좁아서 그렇게 하기가 어렵습니다. 그래서 부득이 고조할아버지는 북쪽에 모시고, 증조할아버지·할아버지·아버지는 동쪽과 서쪽으로 나누어 소목昭穆의 열처럼 마주 보게 합니다. 사당이 이미 한 건물에 공간을 달리하는 구조인데, 이때만 이렇게 그 위치를 바꾸는 것이 못내 편치 않습니다. 어떻습니까?

正寢設祭位, 有大屋可依禮設者, 自當如古, 其不然者, 不得不隨地形排設, 雖若未安, 亦無如之何矣.

⊟ 정침에 제위祭位를 마련할 때, 예법대로 할 만큼 큰 건물을 가진 자는 당연히 옛날처럼 해야겠지만, 그렇지 못한 자는 어쩔 수 없이 지형에 따라 배치해야 할 것이다. 비록 편치 않은 듯하지만, 이 역시 어쩔 수 없는 일이다.

辛酉四月, 先生答鄭子中問目云: "有子之妻, 則旣祔而主還几筵, 及喪畢, 仍祔祖妣, 或別置他室可也云云." 『家禮』 '祔' 下高氏 "別室藏主"之說, 先儒非之, 未知如何.

🔳 신유년〔1561〕 4월에 선생님께서 정유일鄭惟一의 문목問目에 답하신 내용 중에 "아들을 둔 아내는〔할머니에게〕 부祔한 다음 신주를 궤연几筵으로 다시 모시고 나온다. 그리고 상이 모두 끝나고 나면 다시 할머니에게 부하거나 다른 방에 별도로 안치하는 것이 옳다"라고 하셨습니다.[315] 그런데 『가례』 「상례」 '부祔' 아래 "별실에 신주를 보관한다"라는 고항高閌의 설[316]에 대해 선유들이 틀렸다고 하였습니다. 어찌해야 할지 모르겠습니다.

妻喪, 高氏 "別室藏主"之說, 先儒非之, 固依禮文而云也. 滉所以云云者, 夫尚主祭, 如設酒果等時, 夫拜跪庭下, 而妻祔祖妣龕, 有所未安, 權藏別室, 恐未爲大失故耳, 如何如何?

🔳 아내의 상을 치를 때, "별실에 신주를 보관한다"라는 고항의 설을 선유들이 틀렸다고 한 것은 진실로 예문에 의해서 한 말이다. 내가〔정유일에게〕 그렇게 말한 까닭은 남편이 제사를 주재하기 때문에 술과 과일 등을 차릴 때 남편은 뜰 아래에서 절을 하거나 무

룷을 끓는데 아내는 할머니의 감실에 부(祔)해 있으면 온당치 못한 바가 있기 때문에 상황에 맞게 별실에 보관하는 것이 큰 잘못은 아니라고 여겼기 때문이다. 어떠한가?

215

或因"小祥, 止朝夕哭"之文, 幷與上食時哭臨而廢之, 愚意恐未可也. 禮當漸殺, 練後朝夕之哭止之無疑, 但上食非如朝夕之比, 几筵有奉, 而不爲哀臨, 或乖人子之情, 如何? 金而精亦云: "當幷止之", 未知其果合情禮也, 伏望下誨.

📖 어떤 사람은 "소상小祥에 조석곡朝夕哭을 멈춘다"[317]라는 예문禮文을 근거로 상식上食을 할 때 곡을 하면서 임하는 것조차 폐합니다. 제 생각으로는 그러면 안 될 듯합니다. 예란 마땅히 점차 줄여나가야 하는 것으로, 소상(練)을 치른 뒤에 조석곡을 멈추는 것이야 의심할 것이 없지만, '상식'은 '조석'과 같은 것이 아닙니다. 궤연을 모시고 있는데 슬픔으로 임하지 않는다면 혹여 자식의 정에 어긋날 것입니다. 어떻습니까? 김취려金就礪도 "마땅히 한꺼번에 멈춰야 한다"라고 하는데, 그것이 과연 인정과 예법에 부합하는 것인지 모르겠습니다. 가르침을 주시기 바랍니다.

細觀禮意, 卒哭漸用吉禮, 朝夕之間哀至不哭, 猶存朝夕哭. 練而

358

止朝夕哭, 惟朔望會哭, 哀漸殺, 服漸殺, 哭亦漸殺也. 若猶朝夕上食哭, 不應曰"惟朔望哭而已." 今欲以己意行之, 亦恐未安. 古之篤孝一節人, 或有如此, 若知禮君子自當依禮, 盡誠而行之, 恐未宜特出踰禮之行, 以徇情而揜俗也. 夫苟徇情以行, 則情何窮之有?

📖 예의 의미를 세밀히 살펴보면, 졸곡卒哭부터는 점차 길례吉禮를 사용하므로 아침부터 저녁까지 순간순간 슬픔이 밀려와도 곡을 하지 않되 아침과 저녁의 정해진 시간에 하는 곡은 남겨놓았다. 소상을 치르고서는 조석곡마저 그치게 하고 오직 초하루와 보름에만 모두 모여서 곡을 하게 하였다. 슬픔이 점차 감소하고 복服이 점차 감소하면 곡도 점차 감소하는 것이다. 만일 조석으로 상식할 때 곡을 해도 된다면 "오직 초하루와 보름에만 곡을 한다"라고 말해서는 안 된다. 이제 자신의 의견대로 행하려고 하는 것 역시 온당치 못한 일이다. 옛날에 '효도' 한 가지에만 독실한 사람 중에 이렇게 한 경우가 있었을 수는 있겠지만, 예를 아는 군자라면 당연히 예에 의거하여 정성을 다해 행할 것이다. 예를 뛰어넘는 특출한 행동으로 감정에 따르고 풍속을 가리는 것은 적절치 않다. 자신의 감정대로만 행한다면, 〔부모에 대한 자식의〕 감정이 어찌 다함이 있겠는가?

216

練後雖廢朝夕之哭, 而只於晨昏展拜几筵, 似合情禮. 或云: "禮無

明文, 難以義起", 或謂: "『家禮』有晨謁祠堂之文, 依此只得晨謁爲
當, 夕則不可", 愚以爲未然. 几筵三年, 不廢生事之禮, 恐與祠堂
有異, 晨昏之禮廢之, 實所不忍. 且嘗見朱門人問於先生曰: "趙子
直晨昏必謁影堂, 而先生只行晨謁, 如何?" 先生答云: "昏則或在
宴集之後, 此似未安, 故只用晨謁云云." 以此觀之, 先生不以晨昏
之謁爲未當, 而只以宴集等有礙不可行, 故只存晨謁之禮也. 憂人
旣無此等事, 而況几筵與祠堂不同, 晨昏之謁, 未有所妨也, 如何?
金而精亦以鄙說爲是.

🔢 소상을 치른 뒤에 비록 조석곡은 폐하더라도 새벽과 저녁으로
궤연에 절을 올리는 것은 인정과 예법에 부합한 듯합니다. 그런데
어떤 사람은 말하기를 "예에 명문明文이 없으니 의기義起하기 어렵
다"라고 하고, 또 다른 어떤 사람은 "『가례』에 '새벽에 사당에 알현
한다'는 내용이 있으니, 이에 의거하여 새벽에만 알현하는 것이 마
땅하고 저녁은 불가하다"라고 합니다. 그러나 저는 그렇지 않다고
생각합니다. 궤연은 3년 동안 살아 계실 때처럼 섬기는 것을 폐기
하지 않는 예입니다. 그러니 사당과는 다른 점이 있습니다. 새벽과
저녁으로 문안을 드리는 예를 폐한다는 것은 실로 차마 할 수 없는
일입니다. 또 일찍이 주자의 문인이 선생께 "조여우趙汝愚[318]는 새벽
과 저녁으로 반드시 영당影堂을 알현하는데 선생께서는 새벽에만
알현하시니 어째서입니까"라고 묻자, 선생께서 답하시기를 "저녁

은 혹시 연회나 모임 뒤가 될 수가 있으니, 이것이 온당치 못한 듯해서 새벽에만 알현하는 것이다"라고 하였습니다.[319] 이 말씀을 잘 살펴보면, 선생은 새벽과 저녁의 알현 자체를 마땅치 않다고 여기신 것이 아니라, 단지 연회나 모임 등 장애가 되는 상황이 있어서 행하지 못할까 하여 새벽에 알현하는 예만 보존하신 것입니다. 상중에 있는 사람은 이미 이런 연회나 모임이 없을뿐더러, 하물며 궤연은 사당과 같지 않으니 새벽과 저녁으로 알현해도 문제 될 것이 없습니다. 어떻습니까? 김취려도 저의 설을 옳다고 했습니다.

來說欲行朝夕, 至當至當.

📝 아침저녁으로 알현하려는 그대의 설이 지당하고 지당하다.

217

金而精制深衣, 用綿布. 性傳疑其當用白麻布, 金云: "凡禮言麻布者, 是麻布; 只言布者, 皆是綿布也. 故大小斂之絞, 皆用綿布爲是." 此說如何? 五服之布, 亦不言麻布, 而只云生熟, 此其爲麻布, 則深衣白細布之獨爲綿布, 何義耶?

📝 김취려가 심의深衣를 만들면서 면포綿布를 사용했는데, 저는 당연히 백마포白麻布를 사용해야 하는 것이 아닌지 의문입니다. 김취

려는 말하기를 "무릇 예禮에서 '마포麻布'라고 한 것은 '마포'이고, 그냥 '포布'라고만 한 것은 모두 '면포'이다. 그러므로 소렴과 대렴에 사용하는 효絞도 모두 면포를 사용하는 것은 이 때문이다"라고 합니다. 이 설이 어떻습니까? 오복五服의 포도 '마포'라고 하지 않고 그저 생포生布 또는 숙포熟布라고 말했지만, 그것은 마포입니다. 그렇다면 심의에 사용하는 '백세포白細布'만 홀로 '면포'임은 어떤 뜻입니까?

亦未知的是何布, 然綿布靭, 無乃好手?

🗄 나 역시 정확하게 어떤 포인지 모르겠다. 그러나 면포가 질기니 좋지 않겠는가?

218

國法三歲前收而養之者, 名之曰 "即同己子", 而其子女爲其所養父母行齊衰三年. 或所生父母在, 則降服期. 然則爲母之養父母, 亦依外祖父母例, 服小功之服乎? 伏望下誨.

🗄 국법에 3세 이전에 거두어 기른 사람은 "곧 자신의 자식과 같다"라고 명명하였고, 그 자녀도 길러준 부모를 위해 자최복을 입고 삼년상을 치를 것이며, 혹시 낳아 주신 부모가 계시면 기년으로 강

복降服하라고 하였습니다. 그렇다면 어머니의 양부모를 위해서도 외조부모의 예에 따라 소공복을 입는 것입니까? 가르침을 주시기 바랍니다.

此等變禮無經據, 而率意言之, 皆涉謬妄. 但疑母旣以爲父母, 子安得不以外祖父母服之耶?

📖 이러한 변례는 경전적 근거가 없어서 경솔하게 의견을 피력해 본들 모두 그릇되고 허망한 것이다. 다만 어머니가 이미 부모로 여기셨다면 자식이 어찌 외조부모의 복으로 입지 않겠는가 싶다.

307 지난번 편지 「우성전에게 답하다·1570」의 202번 조목을 말한다.

308 『예기』「문상」에는 공최(功衰)와 관련된 내용이 없다. 아마 「문상」이 아니고, 그 다음 편인 「복문(服問)」을 착각한 것이 아닐까 추측된다. 「복문」에는 다음과 같은 내용이 나오기 때문이다. "삼년상에서 연제(練祭)를 지냈거나 기년상에서 장례(葬禮)를 치렀다면, 대(帶)는 본래의 갈대(葛帶: 삼년상에서 연제를 지낸 후 두르는 갈포로 만든 띠)를 착용하고, 수질(首経)은 기년상의 갈질(葛経)을 착용하고, 최복은 대공의 최복(功衰)을 입는다.〔三年之喪旣練矣, 有期之喪旣葬矣, 則帶其故葛帶, 経期之経, 服其功衰.〕" 이에 관해 정현(鄭玄)은 주(注)에서 "'대(帶)는 본래의 갈대를 착용한다'고 한 것은 삼년상에서 연제를 지낸 것과 기년상에서 장례를 치른 것이 그 차이가 비슷하기 때문이다. '수질은 기년상의 갈질을 착용한다'라고 한 것은 삼년상에서 연제를 지내고 수질을 벗기 때문이다. 아버지 상을 치를 때는 연제를 지내고 난 후 최복은 7승(升)으로 하고, 어머니 상을 치를 때는 연제를 지내고 난 후 최복은 8승으로 한다. 무릇 자최상에서 장례를 마치고 나면 최복은 8승으로 하기도 하고 9승으로 하기도 한다. '대공의 최복을 입는다'라는 것은 거친 최복을 입는다는 뜻이다〔帶其故葛帶'者, 三年旣練, 期旣葬, 差相似也. '経期之葛経', 三年旣練, 首経除矣. 爲父, 旣練, 衰七升, 母旣葬, 衰八升. 凡齊衰, 旣葬, 衰或八升, 或九升. '服其功衰', 服麤衰.〕"라고 하였다.

309 『예기』「잡기상」에 "부모의 상을 당하여 〔소상(小祥)을 지내고〕 아직 대공(大功)의 상복을 입고 있는 기간인데〔有父母之喪, 尚功衰〕"라는 구절이 있고, 이에 관해 정현은 주에서 "참최(斬衰)와 자최(齊衰)의 상에서 연(練: 소상)이 되면 모두 대공의 최복을 받는다. 이것을 가리켜 '공최(功衰)'라고 한다"라고 하였다. 한편, 「잡기하」에는 "삼년상에는 비록 소상을 마치고 대공의 상복으로 갈아입은 상태라도 조문을 가지 않는다〔三年之喪, 雖功衰, 不弔.〕"라는 구절이 있고, 이에 관해 정현은 주에서 "공최는 연제(練祭)를 지낸 뒤에 입는 상복이다〔功衰, 旣練之服也.〕"라고 하였다. 또 「잡기하」에 "공최를 입고 있을 때는 채소와 과일을 먹고 물과 신맛이 나는 음료(漿)를 마시되, 소금과 유장(酪)은 없다〔功衰, 食菜果, 飮水漿, 無鹽酪.〕"라는

구절이 있고, 이에 관해 정현은 "공최는 자최와 참최의 끝자락(즉, 연제를 지낸 뒤)에 입는다(功衰, 齊斬之末也.)"라고 하였다.

310 『의례』「상복」 '참최삼년(斬衰三年)'에는 "삼을 꼬아 관끈(纓)을 만든다(冠繩纓)"라고 하였고, 「상복(喪服)」 전(傳)의 '참최삼년'에 대한 부분에서는 "수마(枲麻)를 꼬아 관끈(纓)을 만든다. 한 가닥의 끈으로 무(武: 머리둘레를 두르는 부분)를 만들고 남은 부분을 늘어뜨려 관끈으로 삼는다. 관량(冠梁)은 오른쪽으로 꿰맨다. 관(冠: 머리 정수리를 덮는 부분)은 6승의 베로 만들고, 관의 끝부분은 (무의 아래를 감싸) 무의 바깥쪽으로 낸다. 베는 물로 씻되 잿물로 표백하지 않는다(冠繩纓, 條屬, 右縫, 冠六升, 外畢, 鍛而勿灰.)"라고 하였다.

311 『가례』「통례(通禮)」 '사당(祠堂)'조에 "설날과 동짓날 그리고 초하루와 보름에는 참례를 올린다(正,至,朔,望則參.)"라고 하였다.

312 생기(生忌) 돌아가신 날 지내는 제사를 '기(忌)'라고 한 것을 원용하여, 돌아가신 분의 생신상을 차려드리는 것을 '생기'라고 한다.

313 『가례』「가례도」에 있는 그림 중에서 '사당도'를 보면 부위(祔位)가 동쪽 벽에 위치해 있다.

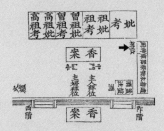

그림 19 부위의 위치

(출처: 『가례』「가례도」)

314 예를 아까워해서 양의 희생을 존중한다 절차가 번거롭다고 줄이면 예법이 무너질까 염려하여, 기존의 절차를 유지한다는 뜻이다. 『논어』「팔일」에서 공자와 자공의 대화에서 유래하였다. 자세한 내용은 「김태정의 문목에 답하다 · 1569」 10번 조목에 있는 주석을 참고.

315 이 내용은 「정유일에게 답하다·1561」 66번 조목에 나온다.

316 『가례』「상례」 '부(祔)'조 아래 부주(附註)에 실린 고항의 설은 다음과 같다. "만일 아버지가 살아 계시는데 돌아가신 어머니를 부(祔)해야 하는 경우라면 할머니

를 체천(遞遷)할 수 없으므로 마땅히 별도의 방을 마련하여 그 신주를 보관했다가 아버지가 돌아가신 다음 함께 부한다. 만일 아버지와 어머니를 함께 부해야 하는 경우라면 할아버지와 할머니의 신위를 함께 마련한다.〔若父在而祔妣, 則不可遞遷祖妣, 宜別立室, 以藏其主, 待考同祔. 若考妣同祔, 則並設祖考及祖妣之位.〕"

317 관련 내용은 『가례』「상례」 '소상(小祥)'조에 나온다.

318 조여우(趙汝愚, 1140~1196) 남송의 정치가로, 자는 자직(子直)이다. 조여우는 효종(孝宗)이 붕(崩)하고 광종(光宗)이 병이 들자, 헌성태후(憲聖太后)에게 주청(奏請)하여 광종의 제2자로 가왕(嘉王)에 봉해진 영종(寧宗)을 받들어 즉위시켰다. 지추밀원사(知樞密院事)를 거쳐 우상(右相)에 오른 그는 주자를 경연관(經筵官)으로 불러들여 함께 세도(世道)를 바로잡으려 하였으나, 한탁주(韓侂胄)의 참소를 입어 귀양 가던 중 병사하였다.

319 관련 내용은 『주자대전』58, 「답섭미도(答葉味道)」(3)에 나온다.

허봉에게 답하다 1570

答許美叔庚午

219

"官備則具備." 註云: "具者, 奉祭之物也." 筌竊以爲雖外内之官不
備, 視吾力所及, 當盡力而已, 豈可待外内之官備, 然後乃備奉祭
之物乎? 未審所謂具者的指何事?

🔠 "역할의 담당자가 갖추어지면 제물이 갖추어진다"[320]라 하였고,
주註에 이르기를 "'구具'란 제사에 바칠 제물"이라고 하였습니다. 제
가 가만히 생각해 보니, 비록 외관外官과 내관內官이 갖추어지지 않
았더라도 내 힘으로 할 수 있는 것을 살펴서 마땅히 힘을 다할 뿐
이지, 어찌 외관과 내관이 갖추어지기를 기다린 연후에야 제사에
바칠 제물을 갖춘단 말입니까? 여기에서 말하는 '구'라는 것이 정
확하게 무엇을 가리키는 것입니까?

非謂官不備則物不備, 亦非謂官備然後方備此物. 主人、主婦各有
所薦獻, 假令主婦不與祭, 而主人或他人代之, 則雖薦此物, 亦不
可謂具備故云耳.

⊟ '역할의 담당자가 갖추어지지 않으면 제물을 갖추지 않음'을 말
하는 것도 아니고, '담당자가 갖추어진 연후에야 이런 제물을 갖춤'
을 말하는 것도 아니다. 주인과 주부가 각각 올리는 제물이 있으
니, 가령 주부가 제사에 참여하지 못해서 주인이나 타인이 대신한
다면 비록 해당 제물을 올린다 해도 또한 갖추어졌다고 말하지 못
할 것이기 때문에 그렇게 말하는 것이다.

220

"致齊於內, 散齊於外." 陳曰: "致齊, 若心不苟慮之類. 散齊, 若不
飲酒不茹葷之類." 吳曰: "內外, 以廟之內外言." 或以前說爲長, 或
以爲二說皆有理, 當兼看如何?

🔲 "안으로 치재致齊를 하고, 밖으로 산재散齊를 한다"[321]에 대해 진
선陳選은 "'치재'는 마음에 구차한 생각을 하지 않는 따위이고, '산
재'는 술을 마시지 않고 훈채를 먹지 않는 따위이다"라고 했고, 오
눌吳訥은 "'안(內)'과 '밖(外)'은 사당의 안과 밖을 말한 것이다"라고
했습니다. 혹자는 진선의 설이 더 낫다고 하고, 혹자는 두 설 모두

일리가 있다고 합니다. 두 설을 함께 보는 것이 어떻겠습니까?

雖兼有此義, 然其內外字, 實以廟內外言.

🖩 비록 두 가지 의의를 다 가지고 있지만, 거기에서 안과 밖이란 실은 사당의 안과 밖을 말한 것이다.

221

"立如齊." 註云: "當如祭前之齊." 謂方祭之前乎? 未祭之前乎?

🖩 "서 있을 때는 재계하듯 한다"[322]에 대해 주註에 이르기를 "마땅히 제사를 앞두고 하는 재계처럼 하라"라고 하였습니다. 이제 막 제사를 지내기 직전입니까? 아직 제사를 지내지 않은 이전입니까?

方祭以前, 皆爲祭前也.

🖩 이제 막 제사를 지내기 이전은 모두 제사 이전이 된다.

222

司馬公論喪章, 首云: "禫而飮酒食肉", 是則因今俗通行之禮而言. 其下則曰: "大祥之前, 皆未可以飮酒食肉", 是則據王肅之說服二十五月而除也. 二說似有前後之不同, 而載乎『小學』書, 何也?
君子至當歸一之論, 果若是乎?

🔲 사마광司馬光이 상례에 관하여 논한 장의 앞부분에 "담제禪祭를 지내고, 술을 마시고 고기를 먹는다"라고 한 것은 요즘 시속에서 통행되는 예에 따라 한 말이고, 그 아래에 "대상大祥 이전에는 모두 술을 마시거나 고기를 먹어서는 안 된다"라고 한 것은 '상복은 25개월이 되면 벗는다'는 왕숙王肅의 설에 근거한 말입니다. 두 가지설이 앞뒤가 같지 않은 점이 있음에도『소학』에 함께 실어놓은 것은 왜입니까? 하나의 지당한 결론으로 귀결되어야 할 군자의 논의가 과연 이러합니까?

此事, 禮家已有兩說. 然 "中月而禪", 本謂大祥月中, 自鄭玄訓中爲間之後, 遂爲二十七月而禪. 朱子以王肅說爲得禮本意, 故『家禮』大祥後飲酒食肉, 而禪從鄭說, 禮宜從厚故也. 其後丘氏禮移飲酒食肉於禪後, 故今人以是通行, 皆是從厚之意耳. 禮之本則只以孔門彈琴一事觀之, 可知王肅非誤也.

🔲 이 사안과 관련하여 예가禮家에는 이미 두 가지 설이 있다. 그러나 "중월이담中月而禪"은 본래 '대상을 치르는 달 가운데'를 두고 한 말이었는데, 정현이 '중中'을 '간격(間)'이라고 풀이한 이후로 '27

370

개월째 되는 달에 담제를 지낸다'가 되었다. 주자는 왕숙의 설이 예의 본의本意를 얻었다고 보았기 때문에 『가례』에서 대상 이후에 술을 마시고 고기를 먹으라고 하였다. 하지만 담제와 관련해서는 정현의 설을 따랐으니, 그것은 예란 후한 쪽을 따르는 것이 마땅하기 때문이다. 그 뒤에 구준丘濬의 『가례의절』은 '술을 마시고 고기를 먹는 것'을 담제를 지낸 뒤로 옮겨놓았다. 그래서 요즘 사람들이 이것으로 통행하는 것이니, 모두 후한 쪽을 따르는 의미이다. 예의 근본은 공문孔門에서 거문고를 탔던[323] 한 가지 사례만 가지고도 왕숙이 틀리지 않았음을 알 수 있다.

320 이 내용의 본문은 『예기』 「제통(祭統)」에 나온다. 하지만 허봉이 질문한 내용은 『소학』 「명륜(明倫)·명부자지친(明父子之親)」(29)에서 인용한 것이며, 이하에서 질문한 내용도 마찬가지다.

321 안으로 치재(致齋)를 하고, 밖으로 산재(散齋)를 한다 이 내용은 『예기』 「제의(祭義)」에 나오고, 『소학』 「명륜·명부자지친」(31)에서 인용하였다. 이 말 다음에 다음과 같은 내용이 이어진다. "재계하는 기간에는 부모가 거처하시던 바를 생각하고, 웃고 말씀하시던 것을 생각하고, 뜻을 두고 의향하시던 바를 생각하고, 좋아하시던 음악을 생각하고, 즐기시던 음식을 생각한다. 그렇게 3일을 재계하면, 곧 재계하며 생각하였던 대상을 본다.〔齊之日, 思其居處, 思其笑語, 思其志意, 思其所樂, 思其所嗜. 齊三日, 乃見其所爲齊者.〕" 제사를 드리기 전에 미리 7일 동안 재계하는 것을 '산재(散齋)'라 하고, 산재 7일 중에 마지막 3일 동안 재계하는 것을 '치재(致齋)'라고 한다. '산재' 때에는 외출할 수는 있지만 말을 타는 것, 음악을 즐기는 것, 조문하는 것 등을 하지 않는다. '치재' 때에는 집안에 머무르면서 제사를 올리는 대상에 대하여 거처하시던 곳, 말씀하시던 모습, 즐기시던 것, 지향하시던 뜻, 좋아하시던 음식 등 생전의 모습을 상기하면서 마음을 경건하게 갖는다.

322 이 내용의 본문은 『예기』 「곡례상」에 나오고, 『소학』 「경신(敬身)·명위의지칙(明威儀之則)」(17)에서 인용하였다.

323 『공자가어』 하권, 43편에 다음과 같은 내용이 실려 있다. "장사 지낸 지 25개월이 되면 대상을 지내고, 대상을 지낸 뒤 5일 후에 거문고를 연주하되 하나의 곡조를 끝까지 연주하지 않으며, 10일이 지나 담제를 지낸 뒤에 생황을 연주하며 노래한다.〔及二十五月而大祥, 五日而彈琴不成聲, 十日過禫而成笙歌.〕"

정곤수에게 답하다 1569

答鄭汝仁己巳

223

詢及數事, 皆是莫大之禮, 豈懵陋人所能臆決? 須問於當世知禮之君子, 或以咨稟於禮官, 而取僉議決之, 則可永爲典式, 尤爲至當矣. 佔畢先生之言, 未知因何而發. 雖依其言而處之, 但從夫服期, 而勿用中心之制. 雖稍加於古, 而亦不至太徇於情, 不知如何. 若不爾而從奪情之擧, 則其除似當如來諭後月之朔, 而節文亦如之. 妄意雖重服在身, 旣云除服, 則蒙服黲服而行之, 旣而反喪服, 不得不然也. 所論"齊衰期除服", 恐亦此同. 然皆出於妄料, 未有經據, 千萬於送終大事, 勿輕用貽後悔也. 率易爲罪, 惶恐不宣.

물어 온 사안들은 모두 중대한 예들이니, 어찌 잘 모르는 사람이 억측으로 결단할 바이겠는가? 모름지기 당세의 예를 잘 아는 군자에게 묻거나 혹은 예관禮官에게 자문한 다음 여러 논의를 취합하여 결정한다면 가히 영원토록 전식典式이 될 것이며 더욱 지당할 것이다.

　점필재佔畢齋 김종직金宗直 선생의 말씀이 무엇을 근거로 하신 말씀인지 모르겠다. 비록 그 말씀에 의거하여 대처한다 하더라도, 다만 남편을 따라 기년복만 하고 심상心喪의 제도는 준용하지 말아야 한다. 비록 고례보다 조금 더하기는 했으나 그렇더라도 과도하게 감정만 따르지 않은 방법인데 어떨지 모르겠다. 만일 그렇지 않고 감정을 탈취하게 하는〔奪情〕 방법을 따른다면, 보내온 편지 내용처럼 다음 달 초하루에 상복을 벗어야 하고, 세부적인 절차들 역시 그렇게 하라. 내 생각으로는 비록 무거운 상복을 입고 있다 할지라도 이미 상복을 벗었다고 하였으니 잠깐 참색黲色의 옷을 입고 행했다가 마친 다음 다시 상복으로 바꿔 입는 방법밖에 없겠다. 보내온 편지 내용에 "자최齊衰의 기년복을 벗는 것"도 이와 같다. 그러나 이 모든 것이 허튼 짐작에서 나온 것이고 경전적 근거가 없으니, 돌아가신 분을 보내드리는 큰일에 경솔히 적용했다가 후회를 남기지 말기 바란다. 경솔한 죄송스러움에 두려운 마음으로 이만 줄인다.

224

夫爲人後, 其妻爲本生舅姑服期, 前已濫陳鄙意. 雖違禮 "服大功" 之文, 然其止服大功, 太不近情, 可如此從厚故也. 夫申心喪而妻不許申, 固有如來示之未安者. 然自禮之大功而引之於期, 已汰矣, 復自期而引之於三年, 其爲徑情直行不已甚乎? 所以不敢輒許其申也. 然雖不許申, 爲其妻者亦不必二鼎而烹飪, 對案而飮啖, 自有隨時之宜. 但必欲立爲申心喪三年之法, 則不敢耳.

남편이 타인의 후계(人後)가 되었다면 그 아내는 본생本生의 시부모님을 위해 기년복을 입으라는 것은 지난번 편지에 이미 내 의견을 진술하였다. 비록 "대공복大功服을 입으라"라는 예문禮文을 어겼지만, 대공복을 입는 데 그치는 것은 매우 인정에 가깝지 않으므로 이렇게 후한 방법을 따르는 것이 옳기 때문이다. 남편은 심상을 통해 감정을 펼치는데 아내에게는 이를 허락하지 않는 것은 진실로 말한 바와 같은 온당치 못한 점이 있다. 그러나 대공복을 입으라는 예를 기년복으로 늘인 것도 이미 지나친 것인데, 다시 기년을 3년으로 늘린다면 그것은 자신의 감정에 따라 곧장 행하는 짓이 되는 것이니 너무 심하지 않은가? 이런 이유로 감히 그것을 허락하지 못하는 것이다. 비록 〔심상을 통해 감정을〕 펼치는 것을 허락하지는 못하지만, 그 아내가 솥을 두 개를 걸고 따로 음식을 해 먹을 필요는 없다. 같은 밥상에서 음식을 먹는 것은 상황에 따른 적절함이 있다. 다만 3년 동안 심상을 펼치게 하는 법을 기필코 세우려고 하는 것은 감히 할 수 없다.

225

除服, 各服其喪之除服, 卒事, 反喪服, 禮有明文, 奇承旨之意, 未
知何如而云爾也. 然則旣不服 黲服, 又不與小祥祭, 則是自此以後
至畢喪, 無復更入於其喪次矣, 恐無是理也. 今之喪人廬中或未能
常著衰服者, 多以麤布白衣居之廬中, 依此以處, 似不戾於權宜也,
如何?

　제복除服이란 각각 해당 상喪에 입었던 복을 벗는다는 것이다.
일을 마친 다음 다시 상복을 입는다는 것은 예禮에 분명한 내용이
있다. 승지承旨 기대승奇大升의 의견이 어떠해서 그렇게 말했는지는
모르겠다. 기 승지의 말대로라면 참색의 복(黲服)을 입지도 않은 데
다 소상제小祥祭에도 참여하지 않는다는 것으로, 이는 이때부터 상
을 마칠 때까지 다시는 그 상차喪次에 들어갈 일이 없다는 것인데,
이런 이치는 없을 것이다. 요즘 여막廬幕 중에서 항상 최복衰服을
입지 못하는 상인喪人은 대부분 거친 포로 만든 흰색 옷을 입고 거
처하는데, 이런 방식에 의거하여 대처하면 권의權宜에 어긋나지 않
을 듯한데 어떠한가?

226

黲色與玉色無甚異, 從俗何害?

참색은 옥색과 크게 다를 것이 없으니, 시속을 따라도 무슨 문제
가 있겠는가?

227

小祥後, 往來本生喪時, 在途及廬中恆服, 恐不得輒去衰服. 入于
本生几筵前, 則亦難以衰服, 服玉色而入, 卒事退, 又反喪服, 如何
如何?

소상을 치른 뒤에 본생의 상에 왕래할 때 길에서나 여막에서나
항상 최복을 입어야 하며, 벗어서는 안 된다. 본생의 궤연에 들어
갈 때는 최복 차림으로 들어가기 곤란하니, 옥색 옷을 입고 들어갔
다가 마치고 물러나오면 다시 상복으로 바꿔 입는 것이 어떠한가?

228

妻於別處除服, 恐當與成服同. '成服' 條: "爲位不奠." 其註云: "若
喪側無子孫, 則設奠如儀云." 其不然者, 不奠明矣.

아내가 별처에서 상복을 벗을 때는[324] 마땅히 성복成服할 때처럼
해야 할 것이다. '성복' 조에 "(만약 당장 갈 수 없다면) 위位[325]를 마련하
고 전奠은 올리지 않는다"라고 했고, 그 주註에 "만일 상차에 자손이
없으면, 일반적인 의식처럼 전을 진설한다"라고 하였다.[326] 이런 경

우 말고는 전을 올리지 않는 것이 분명하다.

229

朱子答陳安卿書曰: "某家不曾用明器云云", 而『家禮』卻有 "藏明器"一條. 明器者, 待死者以有知無知之間, 恐是孝子罔極之至情, 而朱子之所以不用者, 何意也? 且如苞、筲等物, 尤見不忍死其親之至意, 而『家禮』註有 "雖不用, 可也"之語, 今當何如?

[문] 주자께서 진순陳淳에게 답한 편지에 "우리 집안에서는 일찍이 명기明器[327]를 사용한 적이 없다"라고 하셨는데,[328]『가례』에는 "명기를 넣는다"라는 조목이 있습니다. 명기란 돌아가신 분을 지각이 있기도 하고 없기도 한 사이에서 대우하는 것으로, 효자의 망극한 감정을 반영한 것입니다. 그런데 주자께서 사용하지 않으신 것은 어떤 뜻입니까? 또 포苞[329]와 소筲[330] 등의 물건은 더욱 그 어버이를 차마 돌아가셨다고 여기지 못하는 지극한 뜻을 보여 주는데,『가례』의 주에서는 "비록 사용하지 않더라도 괜찮다"라고 했으니, 어찌해야 합니까?

古所謂明器, 象平時服用人物車馬之屬, 皆爲之, 故朱子以謂 "不必用." 若如今人行器等亦不用, 則未安, 苞、筲亦當用.

답 옛날에 '명기'라고 한 것들은 평소에 사용하던 것을 본뜬 것으로, 사람, 물건, 수레, 말 등이 모두 이에 해당되므로 주자께서 "반드시 사용해야 하는 것은 아니다"라고 하신 것이다. 요즘 사람들의 행기行器[331] 같은 것들조차 사용하지 않는 것은 온당치 않다. 포와 소도 당연히 사용해야 한다.

230

祠后土祝文, 朱子『家禮』稱"后土氏", 而瓊山『儀節』據『大全集』, 稱"土地氏." 今按『大全』所稱土地, 皆是所居宅之神, 而於墓山之神, 例稱后土, 不知瓊山所見如何而據以爲證也.

답 후토后土의 신에게 제사를 지낼 때의 축문에서 주자의 『가례』는 "후토씨后土氏"라고 칭하였고, 구준의 『가례의절』은 『대전집大全集』『주자전서』에 의거하여 "토지씨土地氏"라고 칭하였습니다.[332] 이제 『대전』에서 칭한 '토지土地'를 살펴보니, 모두 사람이 사는 집의 신이었으며, 묘가 있는 산의 신에 대해서는 으레 '후토后土'라고 칭하였습니다. 구준의 소견이 어떠했기에 이를 근거로 증거를 삼았는지 모르겠습니다.

當從朱子『家禮』.

答 마땅히 주자의 『가례』를 따라야 한다.

231

今不用挽詞, 不知何如.

問 오늘날에는 만사挽詞를 사용하지 않는 것이 어떨지 모르겠습니다.

廣求虛誇則非, 不然, 用之何害? 況今用者多, 而不用者罕乎?

答 허황된 과장을 널리 구한다면 잘못이지만, 그렇지 않다면 사용
한들 무엇이 해롭겠는가? 하물며 오늘날 사용하는 사람이 많고, 사
용하지 않는 사람이 드물지 않은가?

232

崐壽出繼從伯父之後, 今遭本生母喪, 又遭所後父喪. 本母當祔於
本母之祖妣, 則祖妣之主又在所繼之宗, 於隮祔之祭, 崐壽當以宗
子主之, 而又以重喪在身, 則祝板當何如書乎? 當書曰: "孝曾孫孤
子某使再從弟孤哀子某, 適于顯曾祖妣某封某氏, 祔以孫婦某封某
氏云云." 又於本母前曰: "從姪孤子某使再從弟孤哀子某, 薦祔事
于從叔母某封某氏, 適于曾祖妣某封某氏云云"否? 與舍弟並告于
本母而曰"從姪某使再從弟某云云", 於情意極爲未安, 不知何如.

📩 저는 종백부從伯父의 후계로 출계出繼하였는데,[333] 이번에 본생모本生母의 상을 당하고 또 소후부所後父의 상을 당했습니다. 본생모를 마땅히 본생모의 할머니께 부묘祔廟해야 하는데, 할머니의 신주는 또 제가 출계한 종가에 있기 때문에 부묘해 올리는 제사를 제가 종자로서 주재해야 합니다. 그런데 제가 무거운 상(소후부의 상)을 치르고 있으니 축판祝板에 어떻게 써야 합니까? "효증손孝曾孫[334] 고자孤子 아무개는 재종제再從弟[335]인 고애자孤哀子 아무개를 시켜 현증조비顯曾祖妣 모봉某封 모씨某氏에게 가서 손부孫婦인 모봉 모씨를 부묘하게 합니다"라고 쓰고, 본생모께는 "종질從姪[336] 고자 아무개는 재종제인 고애자 아무개를 시켜 종숙모이신 모봉 모씨를 부묘하기 위해 증조모이신 모봉 모씨께 가게 하였습니다"라고 써야 합니까? 친동생과 함께 본생모께 고하면서 "종질 아무개가 재종제 아무개를 시켜서……"라고 하는 것이 마음에 대단히 편치 못합니다. 어찌해야 할지 모르겠습니다.

祔祭四稱謂雖極未安, 然舍此, 無他道理. 無他故實可作稱謂, 只得如是.[337]

📩 부제祔祭의 네 가지 호칭[338]이 비록 대단히 편치 않겠지만, 이렇게 하는 것 말고는 다른 도리가 없다. 호칭을 만들 만한 다른 참고 사항이 없으니 이렇게 할 수밖에 없다.

233

祠后土祝文, 改葬則曰: "宅兆不利, 將改葬于此云云." 新葬則: "今爲某封某氏, 營建宅兆云云." 今新舊合葬, 其祝文當何如書乎? 欲書曰: "宅兆不利, 將改葬于此, 以某封某氏祔云云." 何如?

[문] 후토신에게 제사 지낼 때 축문이, 개장改葬을 할 때는 "택조宅兆가 이롭지 못해 장차 이곳에 개장하려고 하니……"라고 되어 있고, 새로 장례를 치르는 경우에는 "이제 모봉 모씨를 위해 택조를 만드니……"라고 되어 있습니다. 그렇다면 지금 새로 돌아가신 분과 예전에 돌아가신 분을 합장合葬할 때는 축문을 어떻게 써야 합니까? "택조가 이롭지 못해 장차 이곳에 개장하면서 모봉 모씨를 부장祔葬하니……"라고 쓰려고 하는데 어떻습니까?

當如此, 而祔字上加新字.

[답] 마땅히 그렇게 하되 '부장'이라는 표현 앞에 '새롭게'라는 표현을 첨가하라.

234

改葬前一日, 當告于祠堂, 而服衰入廟, 極爲未安. 姑使無服者假告否? 雖服衰而不若自告否? 抑欲權以墨縗入廟則何如? 古人多言墨縗, 而墨縗之制未詳, 今欲皂紵網巾、黑草笠、國喪則用白笠. 白衣、白帶、白皮靴子, 不知可否.

📙 개장하기 하루 전에 마땅히 사당에 고해야 할 텐데, 최복[상복]을 입은 채 사당에 들어가는 것은 대단히 온당치 못하니, 상복을 입지 않은 사람을 시켜 대신 고하게 해야 합니까? 비록 최복을 입었더라도 제가 직접 고하는 것이 낫겠습니까? 아니면 대안을 모색하여 묵최墨縗를 하고 사당에 들어가려고 하는데 이 방법은 어떻겠습니까? 옛날 분들이 묵최에 대해 많이 말했지만 묵최의 제도를 잘 모르겠습니다. 검은색 망건網巾과 검은색 초립草笠, 국상國喪을 당한 경우에는 백립白笠. 흰색의 옷과 띠와 가죽신을 착용하는 것이 괜찮을지 모르겠습니다.

改葬告廟, 使無服者爲之, 而己不入告, 亦甚非宜. 其服如來喻爲可, 蓋墨縗今無, 而又當國喪故也.

📗 개장하는 것을 사당에 고하는 일을 상복을 입지 않은 사람을 시켜서 하더라도, 자신이 들어가 고하지 않는 것은 매우 적절치 않다. 그때 입는 옷은 말한 대로 하는 것이 가하다. 대개 묵최라는 것이 지금은 없어졌고 또 국상을 당했기 때문이다.

235

改葬時, 贈玄纁, 送明器等事, 當一如初葬時乎? 雖合葬, 亦當各具否?

📖 개장을 할 때 검은색 비단과 붉은색 비단을 폐백으로 드린다든
가, 명기를 넣는 일들은 마땅히 처음 장례를 치를 때와 똑같이 해
야 합니까? 그리고 비록 합장이라 하더라도 두 분 각각 준비해야
합니까?

改葬玄纁之類, 隨力措送. 雖合葬, 力不及之物外, 不可兼也.

📖 개장에서 사용하는 검은색과 붉은색 비단 따위는 힘에 따라 준
비하고, 아무리 합장이라 해도 힘이 미치지 못하는 것 이외의 물건
은 겸해서는 안 된다.

竊考丘瓊山改葬儀節, 當就幕所, 只行一虞而止. 新葬則有反哭三
虞於正堂之禮. 今合葬則母之初虞, 當并父之虞而行於墓次, 旣虞
之後, 反哭母於室, 哭畢, 卻入廟告父以改葬. 自再虞, 仍只祭母於
堂否? 抑旣題神主, 即當反哭, 則父之虞亦當并行於正堂, 自再虞
亦只祭母否? 曲折處之甚難, 伏乞詳敎.

🔡 구준의 개장 관련 의절을 살펴보면, 막소幕所에서 한 번의 우제
虞祭만 행하고 그치도록 되어 있습니다. 신장新葬인 경우에는 정당
正堂에서 반곡反哭과 삼우제三虞祭를 행하도록 되어 있습니다. 이제
합장을 하게 되면 처음 장례를 치르는 어머니의 첫 번째 우제는 마
땅히 개장을 하는 아버지의 우제와 함께 묘소 옆 임시 거처에서 함
께 지내야 할 것이고, 우제가 끝난 다음 어머니는 집에서 반곡하
고, 곡하기를 마치면 사당에 들어가 아버지께 개장하였음을 고하
고, 두 번째 우제부터는 당堂에서 어머니께만 제사를 지내면 되는
것입니까? 아니면 신주의 내용을 쓴 다음 즉시 반곡을 해야 하므
로, 개장을 한 아버지의 우제도 정당에서 함께 지내고, 두 번째 우
제부터는 어머니께만 제사를 지내면 되는 것입니까? 이런 세부적
인 것에 대처하기가 매우 어렵습니다. 상세한 가르침을 주시기 바
랍니다.

兩葬行虞之節, 按禮偕喪, 偕葬先輕後重, 虞則先重後輕. 今改葬
當虞於幕所, 新葬反哭而虞.

🔡 두 분의 장례를 함께 치를 때 우제를 지내는 절차와 관련하여
해상偕喪의 예禮를 살펴보면, 해장偕葬은 가벼운 상의 장례를 먼저
치르고 무거운 상의 장례를 나중에 치르며, 우제는 무거운 상에 먼
저 행하고 가벼운 상에는 나중에 행하라고 하였다.[339] 지금 개장인

아버지의 우제는 마땅히 막소에서 먼저 지내고, 신장인 어머니의 우제는 반곡을 한 다음에 지내야 한다.

237

竊考祭禮, 初獻, 主人爲之, 亞獻、終獻, 則主婦或主人之弟或長子或親賓爲之, 而不許諸父、諸兄爲之. 今雖諸父、諸兄共祭, 亦不使爲亞終獻, 只使主婦或弟或長子或親賓爲之乎? 諸父、諸兄或欲自爲亞終獻, 則亦當以主人旣以子弟之行爲初獻, 不可倒使尊長爲亞終獻之意申告, 强止之否? 不知當如何.

[문] 제례를 가만히 살펴보면, 초헌初獻은 주인主人이 하고 아헌亞獻과 종헌終獻은 주부主婦나 주인의 동생 또는 장자, 혹은 친빈親賓이 하도록 되어 있고, 제부諸父나 제형諸兄이 하는 것은 허락되지 않습니다. 이제 비록 제부나 제형이 함께 제사를 지내더라도 아헌과 종헌을 하도록 하지 않고 주부, 동생, 장자, 친빈이 하게 해야 하는 것입니까? 제부나 제형이 혹시 아헌이나 종헌을 하고 싶다고 자청하더라도, 역시 주인이 이미 자제의 항렬로 초헌을 하였으니 거꾸로 존장을 아헌이나 종헌을 하게 해서는 안 된다는 뜻을 거듭 고하여 강력히 제지해야 하는 것입니까? 어찌 하는 것이 마땅한 것인지 모르겠습니다.

亞終獻不使諸父, 應有其意, 不可考. 然以情理言之, 廟中以有事
爲榮, 況諸父之於祖考, 非衆子弟之比, 終祭無一事, 豈非欠缺耶?
若諸兄則其所云 "兄弟之長", 此兄卽諸兄也, 非不使爲獻也. 來諭
申告而强止之, 恐不近情也, 如何?

아헌과 종헌을 제부가 하도록 하지 않는 데는 응당 그럴 만한
뜻이 있을 터인데 상고할 수가 없다. 그러나 정리情理로 말한다면,
사당에서는 맡은 역할이 있는 것을 영예로 삼는다. 하물며 돌아가
신 할아버지나 아버지에게 있어서 제부는 여러 자제들의 비할 바
가 아닌데도 제사가 끝나도록 맡은 역할이 하나도 없다면 어찌 흠
결이 아니겠는가? 제형의 경우는 제례에서 "형제 가운데 나이 많
은 사람"이라고 할 때 '형'이 곧 '제형'이므로 헌관獻官을 하게 하지
않는 것은 아니다. 그대가 말한 '거듭 고하여 강력히 제지하는 것'
은 인정에 가깝지 않다. 어떠한가?

238

后土祭, 『家禮』無酹酒, 而瓊山『儀節』有酹酒之文. 酹酒當傾少許
於地, 而以其盞卽奠于神位, 如廟祭之祭酒手?

후토제后土祭를 지낼 때, 『가례』에는 '뇌주酹酒'[340]가 없는데, 구
준의 『가례의절』에는 '뇌주'가 있습니다. 뇌주를 할 때는 마땅히 땅

에 약간의 술을 부은 다음 그 잔을 신위에 올려야 하는데, 그 방식이 묘제廟祭에서 제주祭酒[341]하는 것과 같습니까?

從朱子.

답 주자를 따르라.

239

改墓, 開出舊棺, 未葬之前, 當行朝夕上食否?

문 묘를 개장할 때 기존의 관을 들어내었으나 아직 장례를 치르기 전이라면 마땅히 조석朝夕으로 상식上食을 행해야 합니까?

改葬朝夕上食, 不可考. 然今旣見柩, 事象初喪者多, 恐上食爲當.

답 개장할 때 조석으로 상식한다는 것은 고거할 수 없다. 하지만 기왕에 널을 뵈었고 일이 초상初喪을 치를 때와 유사한 점이 많으니 아무래도 상식을 하는 것이 마땅할 듯하다.

240

虞祭, 謹按『家禮』, 無參神條,『儀節』雖補入, 而乃在降神之後. 蓋旣出主, 不可虛視, 必當拜而肅之, 則參神宜居於降神之前. 灌則所以爲將獻而親饗其神之始, 則降神宜居於參神之後. 今欲先降後參, 倣四時祭爲之, 不知可否.

[문] 우제와 관련하여 삼가 『가례』를 살펴보면 '참신參神' 조항이 없고, 『가례의절』은 비록 보충해 넣었으나 '강신降神'의 뒤에 있습니다. 기왕 신주를 모시고 나왔다면 멀뚱멀뚱 쳐다보고만 있어서는 안 되고 반드시 절을 올려야 할 것입니다. 그렇다면 참신이 마땅히 강신 앞에 있어야 할 것입니다. '관灌'이란 장차 술을 올려 신께 음식을 대접하는 시작입니다. 그렇다면 강신은 마땅히 참신의 뒤에 있어야 할 것입니다. 이제 '강신례를 먼저 하고 참신례를 나중에 하도록 한 것'을 사시제에서 하는 것[342]처럼 하려고 하는데 그렇게 해도 되는지 모르겠습니다.

虞祭參神, 朱子所以虞祭無參神一節, 非闕漏也. 虞者, 祭之未吉者, 至卒哭而後, 謂之吉祭. 且參者, 謁見之名. 當是時, 如事生、如事存之兩際, 故去參神, 以見生前常侍之意; 行降神, 以見求神於恍惚之間, 此甚精微曲盡處. 瓊山率意添入, 恐有不知而作之病也, 當從朱子.

[답] 우제의 참신과 관련하여 주자는 우제에서 참신하는 절차를 없

애신 것이지 빠뜨린 것이 아니다. 우제란 제사 중에서 아직 길하지 않은 제사이며, 졸곡이 되어야 길제吉祭라고 한다. 그리고 '참參'이란 알현한다는 말이다. 그런데 우제를 지내는 때는 '살아 계신 분 섬기듯 하라', '계시는 분 섬기듯 하라' 하는 즈음이므로, 참신례를 없앰으로써 생전에 모시던 뜻을 보인 것이다. 강신례를 행하는 것은 황홀한 사이에 신명을 구하는 것이니, 이는 매우 정미하고 곡진한 부분이다. 그런데 구준이 경솔하게 참신 절차를 삽입한 것은 알지도 못하면서 제멋대로 만들어 내는 병통이 있다. 마땅히 주자를 따라야 할 것이다.

241

來論先降後參, 恐當作先參後降.

보내온 편지에서 '강신례를 먼저하고, 참신례를 나중에 한다'라고 한 것은 아무래도 '참신례를 먼저하고, 강신례를 나중에 한다'고 해야 마땅할 듯하다.

324 부부가 함께 상복을 벗을 수 없기 때문이다.

325 위(位) 곡을 하는 자리를 의미한다. 『예기』「분상」에 "부고를 듣고 분상(奔喪)할 수 없는 경우에는 곡을 하고 슬픔을 다한다(聞喪不得奔喪, 哭, 盡哀.)"라고 하였고, 정현(鄭玄)은 주(注)에서 "위(位)에는 집에서 아침저녁으로 하는 곡위와 같이 줄을 서는 곳이 있다(位有鄲列之處, 如於家朝夕哭位矣.)"라고 하였다

326 관련 내용은 『가례』「상례」'문상·분상(聞喪·奔喪)'조에 나온다.

327 명기(明器) 무덤에 부장하는 식기(食器)·용기(用器)·악기(樂器)·병기(兵器)·연기(燕器) 등의 기물로, 살아 있는 사람이 사용하는 기물과는 달리 실제로 사용할 수는 없도록 하였다. 『의례』「기석례(旣夕禮)」에 "죽은 사람이 생전에 늘 쓰던 기물을 진설하는데, 활과 화살, 쟁기와 보습, 밥그릇 두 개, 국그릇 두 개, 물받이 그릇, 물주전자 등이다. 물주전자는 물받이 그릇 속에 담는데 주둥이가 남쪽을 향하도록 한다(用器, 弓矢·耒耜·兩敦·兩杆·槃·匜. 匜實於槃中, 南流.)"라고 하였다.

328 관련 내용은 『주자대전』57, 「답진안경(答陳安卿)」(5)에 다음과 같이 나온다. 〔진순이 물었다.〕 "명기는 또한 군자가 자신의 어버이가 죽었다 여기지 않는다는 뜻입니까? (스스로 버리는 것을 용납하지 못하는 것입니까?)"〔주자가 답했다.〕 "우리 집안에서는 일찍이 사용한 적이 없다."〔(問)"明器亦君子不死其親之意, (自不容以廢之耶?)" (答)"熹家不曾用."〕

329 포(苞) 『가례』「상례」'치장(治葬)'조의 본주(本註)에 다음과 같이 설명한다. "대나무 덮개 하나로, 견전례를 하고 남은 포(脯)를 담는다.〔竹掩一, 以盛遣奠餘脯.〕"

330 소(筲) 『가례』「상례」'치장'조의 본주(本註)에 다음과 같이 설명한다. "대나무 그릇 다섯 개로, 오곡을 담는다.〔竹器五, 以盛五穀.〕"

331 행기(行器) 외출하거나 먼 길을 갈 때 사용하는 물건을 말한다.

332 구준(丘濬)은 『가례의절』에서 "『문공대전집』을 상고해 보면, 토지신에게 제사 지내는 제문이 있다. 지금 이에 준하여 '후토씨(后土氏)'를 '토지지신(土地之神)'으로 고쳤다(考之『文公大全集』, 有祀土地祭文, 今擬改后土氏爲土地之神.)"라고 하였다. 참고로 『주자대전』86에 여러 편의 「제토지문(祭土地文)」이 실려 있다.

333 정곤수는 종백부(從伯父)인 대호군(大護軍) 정승문(鄭承門)에게 출계하였다.

334 정곤수 본생모의 할머니는 정곤수 본인에게는 증조모가 되기 때문에 '효증손'
이라고 한 것이다.

335 재종제(再從弟)는 정곤수 자신의 친동생인 정구(鄭逑)를 가리킨다. 정곤수 본인이
종백부(從伯父: 오촌 당숙)인 정승문의 후사로 출계하였기 때문에 정구는 재종제
(再從弟: 육촌 동생)가 된다.

336 종질(從姪) 정곤수가 종백부에게 출계하였기 때문에 본생모에게는 종질(從姪: 오
촌 조카)이 되고, 본생모를 호칭할 때도 종숙모(從叔母: 오촌 당숙모)라고 한다.

337 이에 관한 내용은 앞서 한강(寒岡) 정구(鄭逑)에게 답한 내용에 나온다.

338 네 가지 호칭 정곤수가 자신을 증조모에게는 '효증손고자(孝曾孫孤子)', 본생모에
게는 '종질(從姪)'이라고 칭하고, 본생모를 '종숙모(從叔母)', 동생인 정구를 '재종
재(再從弟)'라고 칭하는 것을 가리킨다.

339 관련 내용은 『예기』 「증자문」에 나온다. 「김부인, 김부신 김부륜의 문목에 답하
다 · 1555」의 112번 조목에 이 내용이 인용되어 있다.

340 뇌주(酹酒) 술을 땅에 부어서 신에게 제사를 지내는 것을 말한다.

341 『가례』 「제례」 '사시제(四時祭)'조의 초헌(初獻)에 대한 내용에는 '제주(祭酒)'와 관련
하여 "주인은 고조고(高祖考)의 잔반(盞盤)을 받아 오른손으로 잔을 취하여 모사
(茅沙) 위에 고수레(祭)한 다음에 잔반을 집사자에게 주어 원래의 자리에 가져다
둔다(主人受高祖考盤盞, 右手取盞, 祭之茅上, 以盤盞授執事者, 反之故處.)"라고 하였다.

342 참신례를 먼저 하고 강신례를 나중에 하는 것을 말한다.

김성일에게 답하다

答金士純

242

昨當私忌, 而壓尊不敢告, 殊覺未安.

🔖 지난번에는 집안에 기일을 당하였으나 압존壓尊 때문에 감히 고하지 못했는데 매우 온당치 못했음을 느낍니다.

昨日之事, 今以來示觀之, 正是欲致謹而反生病也. 當初辭以忌日 而不入, 非爲慢也. 若以初到未見, 不欲徑辭, 則來見而告之故以 去, 亦可也. 所謂 "壓尊不伸私服"者, 如臣於君前之類, 非謂尋常 長者之前皆不得伸也. 旣不敢告, 又不敢出, 此臨事過謹之病也. 若告故而長者不聽其去, 則如昨所處, 無不可耳.

📋 지난번 일과 관련하여 이번에 보내온 글을 보니 신중을 기하려다 도리어 병통이 생긴 꼴이다. 당초에 기일이라 이야기를 하고 들어오지 않았더라도 태만함이 되지는 않았을 것이다. 만일 처음 당도하여 아직 만나기도 전에 곧장 하직하고 싶지 않아서였다면, 와서 만나고 사유를 고하고 갔어도 됐을 것이다. 이른바 "압존에 대해 사적인 상복을 펴지 못한다"라는 것은 신하가 임금 앞에서의 경우에나 해당하는 것이지, 일반적인 어른 앞에서도 모두 펼 수 없다는 것은 아니다. 감히 고하지 못했을 뿐만 아니라 감히 나가지도 못했으니, 이것이야말로 일을 대처함에 지나치게 신중한 병통이다. 만일 사유를 고하였음에도 떠나는 것을 어른이 들어주지 않았다면 어제처럼 대처해도 불가하지 않다.

243

私忌遇尊客, 設素食何如?

📖 집안 기일에 존귀한 손님을 대접하게 되었을 때 소식素食[343]을 차리는 것이 어떻습니까?

私忌遇尊客, 而設素食本爲未安, 然忌有隆殺, 尊客亦有等級. 滉於亡妻忌日, 方伯欲來, 前數日泛稱家忌, 逆辭於旁邑, 方伯不聽而來. 此乃忌輕而客尊, 不敢設素. 但於進肴, 客肉而主素, 方伯察知, 令俱進素矣. 若遇忌非此等之輕, 君子以喪之餘處之也, 何可謂進肉爲宜乎? 自非極尊之賓, 恐皆當設素爲禮. 然其中實有未安者, 故古禮以 "忌日不接客"爲言. 今欲遵此禮, 而客或知主人有忌亦至, 則非矣. 又如當筵而聞緦麻等服, 撤膳止飮禮也, 而客不知止, 雖客之過, 然爲主者尤不得辭其責. 又若服未盡, 而遇尊長强之開素, 此等事皆當以善辭得請爲期. 至其甚不得已處, 斃依朱子答門人說處之, 恐或可也.

[답] 집안 기일에 존귀한 손님을 대접하게 되었을 때 소식을 차리는 것은 원래는 온당치 못한 일이다. 그러나 기일도 높낮이가 있고 존귀한 손님도 등급이 있을 것이다. 나는 아내의 기일에 방백方伯[344]이 찾아오겠다 하기에, '집안에 기일이 있다'는 말을 며칠 전에 미리 고을에 해두었으나 방백이 듣지 않고 찾아왔었다. 이런 경우가 기일은 가볍고 손님은 존귀한 경우여서 감히 소식을 차리지 못했다. 다만 음식을 낼 때 손님에게는 고기를 올리고 주인은 소식을 했더니, 방백이 알아차리고 손님과 주인 모두 소식을 내오라고 하였다. 만일 기일을 당했어도 이렇게 가벼운 경우가 아니면 군자는 상喪의 연장으로 대처해야 할 것이니, 어찌 고기를 내옴이 마땅하다 하겠느냐? 극존의 손님 이하는 모두 소식을 차리는 것이 예일 것이다. 그러나 그러는 중에도 실은 온당치 못한 점이 있기에 고례에 "기일에는 손님을 접대하지 않는다"라고 한 것이다. 이제 이 예를

따르려 하는데, 혹시 주인이 기일을 당한 줄 알고도 손님이 찾아왔다면 잘못이다. 그리고 연회 같은 데에서도 시마복 등의 상을 당한 것에 대해 들었다면 음식을 치우고 그만 마시도록 하는 것이 예이다. 그런데도 손님이 그만둘 줄 모른다면 비록 손님의 허물이기는 하나 주인 된 자가 더욱 그 책임을 면치 못할 것이다. 또 만일 복服이 아직 다하지 않았는데 존장이 강하게 개소開素[345]하라고 하거나 하면, 이런 상황에서는 모두 마땅히 좋은 말로 기한을 지키게 해 줄 것을 청해야 하며, 심히 부득이한 상황에 이르게 되면 잠시 주자께서 문인에게 답해 주신 말씀에 따라 대처하는 것이 가할 것이다.

244

忌祭邀客, 己赴人邀, 何如?

🔲 기제忌祭에 손님을 초대하거나, 자신이 남의 초대를 받고 가는 것은 어떻습니까?

忌祭邀客, 己赴人邀, 雖爲非宜, 涚自不能盡如禮, 不敢爲說以報. 然雖非當日參祭之人, 而親族、親客在傍, 雖與之同餕, 恐或無害. 若辦酒食召遠客, 則自不當爲耳.

🔲 기제에 손님을 초대하거나, 자신이 남의 초대를 받고 가는 것

이 비록 적절한 것은 아니지만, 나 스스로 예대로 다 못하니 감히 어떻게 하라고 말하지 못하겠다. 하지만 비록 제사에 참여한 사람은 아닐지라도 친한 친척이나 손님이 곁에 있다면 함께 음식을 나눠 먹는 것은 무방할 것이다. 술과 음식을 장만해서 먼 곳의 손님을 부르는 것은 해서는 안 될 일이다.

245

高祖之祭, 準以古禮, 則士大夫分不當祭, 而朱子著爲『家禮』, 何也?

[문] 고조에게 제사를 지내는 것은 고례에 따르면 사士나 대부大夫의 신분으로는 부당한 것입니다. 그런데도 주자께서 『가례』에 그렇게 하도록 하신 것은 어째서입니까?

祭高祖, 斷以古禮, 則士大夫似不敢祭. 然高祖旣有服, 『禮記』又有 "干祫及高祖"之文, 故程子以謂 "不可不祭", 朱子因著爲『家禮』, 今好禮慕古之士依此行之, 豈爲僭乎? 但時王之制, 祭三代有典, 夫子亦從周, 則又恐難於據『家禮』, 盡責人人以行此禮耳.

[답] 고조에게 제사를 지내는 문제를 고례로 단정한다면 사대부는 감히 제사를 지내지 못할 것 같다. 그러나 고조에 대해 상복을 입게 하였을 뿐 아니라, 『예기』에 "신분을 넘는 협제(干祫)는 고조에게

까지 미친다"라는 예문도 있다.[346] 그러므로 정자께서 "제사를 지내지 않을 수 없다"라고 하셨고, 주자께서도 이에 따라 『가례』에 그렇게 하도록 하신 것이다. 그러니 오늘날 예를 좋아하고 옛것을 흠모하는 선비가 이에 의거하여 행한다 하여 어찌 참람하다 하겠는가? 다만 시왕時王의 제도가 3대까지만 제사를 지내도록 하였고, 공자께서도 주나라의 예제를 따르겠다고 하셨으니, 『가례』를 근거로 모든 사람에게 이 예를 행하라고 하기는 어려울 것이다.

246

七日戒, 三日齊, 古禮也, 而『家禮』時祭只言三日齊, 何也?

▣ 7일 동안 계戒를 하고, 3일 동안 재齊를 하는 것이 고례인데, 『가례』에서 '시제時祭'를 지낼 때 3일 동안 재하라고만 한 것은 어째서입니까?

七日戒, 三日齊, 古禮爲然, 故今廟社四時大享, 百官前期十日受誓戒, 誓戒之辭正以云云之事爲禁, 前三日入淸齋. 所患人不能盡如禮耳. 蓋大享, 禮之至重, 故如此, 其他祭不盡然也.

▣ 7일 동안 계를 하고, 3일 동안 재를 하는 것은 고례에 그렇게 되어 있다. 그래서 오늘날 종묘나 사직의 사시대향四時大享에 백관百官들은 열흘 전에 서계誓戒를 받는데, 서계의 말은 바로 이러저러

한 종류의 일을 금한다는 것이다. 사흘 전에는 청재淸齋[347]에 든다. 문제는 사람들이 모든 것을 예와 같이 하지 못한다는 것이다. 대향大享은 예 중에서도 지극히 중요한 것이기 때문에 이렇게 하지만, 기타의 제사는 모두 그렇게 하지 못한다.

247

今人居喪, 例於葬送·祥祭之日, 設酒食以饋吊客, 甚無謂也.

🖫 요즘 사람들은 상을 치르면서 으레 장례 때나 상제祥祭 날에 술과 음식을 장만해서 조문객에게 대접하는데 말할 것 없이 매우 잘못된 일입니다.

喪次設酒食, 甚非禮, 而其說甚長, 今不敢輒云.

🖹 상차喪次에서 술과 음식을 장만하는 것은 심히 비례非禮이지만, 이에 관한 이야기가 매우 길어서 지금 감히 말할 수 없다.

248

父兄以子弟讀書爲重, 家廟祭祀之時, 或在山房, 或處旁近, 而不令與祭, 於心甚未安.

📧 부형이 자제의 공부를 중하게 여겨서 가묘家廟에 제사가 있는 날에도 혹 산방山房에 있거나 혹 가까운 곳에 있으면서도 제사에 참여하라고 하지 않으니 마음에 매우 온당치 못합니다.

讀書爲重, 而不得參祭, 揆之 "餘力學文"之義, 甚未安, 當以開陳 得請爲先. 然若請不得命, 亦當從令, 恐不可率意直行也.

📧 공부가 중요하기는 하지만, 제사에 참여하지 못한다는 것은 "남은 힘으로 글을 배우라"[348]라는 의리로 헤아려 보았을 때 매우 온당치 못한 일이다. 마땅히 내용을 잘 설명해서 받아들이도록 하는 것을 우선으로 삼아야 할 것이다. 그러나 만일 설명을 하였으나 허락을 얻지 못했거든 마땅히 명을 따라야 할 것이요 제멋대로 곧장 행해서는 안 될 것이다.

249

昨承自 "非極尊之賓, 恐皆當設素"云云, 已聞命矣, 第未知所謂極 尊者, 以齒、德乎? 以爵位乎?

📧 지난번 편지에 "극존의 손님 이하는 모두 소식素食을 차리라"고 하신 말씀은 이미 들었습니다. 그런데 이른바 '극존'이라는 것이 연세(齒)나 덕德을 말씀하신 것입니까? 작위爵位를 말씀하신 것입니까?

極尊, 謂如下士於公、卿之類, 非以齒、德論也. 蓋下士爲私忌, 而設素於公、卿之賓, 恐不可爲者, 卑之私故難以及於尊也, 雖重忌亦然. 但於己也, 重忌則設素, 輕忌則設肉不食, 何如? 輕忌, 如妻子忌之類.

🖹 '극존'이란 하사下士에게 공公이나 경卿 등을 말한 것이며, 나이나 덕으로 논한 것이 아니다. 대개 하사가 집안의 기일 때문에 손님으로 온 공이나 경에게 소식을 차리는 것은 해서는 안 될 일이다. 신분이 낮은 사람의 사적인 일을 신분이 높은 사람에게 미치도록 해서는 곤란하다. 아무리 무거운 기일이라도 마찬가지다. 다만 자신의 밥상에 차이를 두어서, 무거운 기일에는 소식을 차리고 가벼운 기일에는 고기를 차리되 먹지는 않으면 어떻겠는가? 가벼운 기일이란 아내와 자식의 기일 같은 것이다.

250

七日戒, 三日齊, 只施於大享, 而他祭則不得盡然者何?

🖺 7일 동안 계를 하고, 3일 동안 재를 하는 것은 큰 제사에만 시행하고 다른 제사에는 모두 그렇게 할 수 없는 것은 어째서입니까?

七日戒, 三日齊, 在士大夫, 則家廟四時祭齊戒是也. 但『家禮』只言: "前期三日齊", 不言七日戒, 必有所以然, 當思而得之. 若忌日則通言 "前期一日齊戒"而已, 家間每遇親忌, 自有不忍之意, 故從前二日齊戒. 今若并七日, 則爲十日齊戒, 雖或甚厚, 自一介篤行之士言之, 誠是至孝, 然以是爲天下萬世通行之法, 則恐或過中矣.

[답] 7일 동안 계를 하고, 3일 동안 재를 하는 것은 사대부에게 있어서는 가묘에서 지내는 사시제四時祭에 하는 재계가 해당된다. 다만, 『가례』에서 "사흘 전에 재하라"라고만 했을 뿐 '7일 동안 계하라'고는 하지 않은 것은 필시 이유가 있을 테니 마땅히 생각해서 알아내야 할 일이다. 기일의 경우에는 "하루 전에 재계하라"라고 통틀어 말했을 뿐이다. 집안에서 매번 어버이 기일이 되면 자연히 '차마 못 하는' 감정이 일어서 이틀 전부터 재계를 하는데, 이제 만일 7일 동안 아울러 하라 하면 열흘 동안 재계를 하게 되니 매우 후한 일이라 하겠다. 이것이 한 사람의 독실하게 행하는 선비의 입장에서라면 진실로 지극한 효성이라 하겠으나, 이를 온 천하가 영원토록 행해야 할 법으로 삼는다면 아무래도 지나친 것일 듯싶다.

251

忌者, 喪之餘, 當親忌食稻, 自有所不忍. 昔吉注書每於是日, 疏食水飮. 依此行之, 何如?

🔳 기일이란 상喪의 연장이기 때문에, 어버이 기일을 당하여 쌀밥을 먹는 것은 자연히 차마 못 하는 바가 있습니다. 예전에 주서注書 길재吉再[349]는 언제나 어버이 기일이 되면 거친 밥을 먹고 물만 마셨다고 하니, 이에 따라 행하면 어떻겠습니까?

吉注書忌日疏食水飲, 甚善, 後人法之, 亦固至意. 若其人有父兄在, 則如當餕時, 父兄依他食稻, 己獨別設疏食, 豈不難乎? 不知若此處當如何.

📑 길 주서가 기일에 거친 밥을 먹고 물만 마신 것은 매우 훌륭한 일이며, 후인들이 이를 본받겠다는 것 역시 좋은 생각이라 하겠다. 그러나 어떤 사람의 부형이 계신다면 제사 음식을 먹을 때 부형은 쌀밥을 먹는데 자기만 따로 거친 밥을 차리는 것이 어찌 곤란하지 않겠는가? 이런 상황에는 어떻게 하는 것이 마땅한지 모르겠다.

252

喪次設酒食, 固爲悖禮, 所謂 "其說甚長"者, 何謂也?

🔳 상차에서 술과 음식을 장만하는 것은 진실로 예에 어긋난 것인데, "이에 관한 이야기가 매우 길다"라고 하신 것은 무슨 말씀입니까?

喪次設酒食處之之道, 如陳安卿書所云, 當矣. 此則己赴他喪所處之宜耳, 最是己當喪而待客, 欲反今之弊俗而合古之禮意, 其間曲折至爲難處者多, 故前云: "其說甚長, 今不敢輕云."

답 상차에서 술과 음식을 장만하는 것에 대해 대처하는 방법으로는 진순陳淳의 편지[350]에서 말한 대로 하는 것이 마땅하다. 그러나 이것은 내가 남의 상에 갔을 때 대처하는 것이고, 문제는 내가 상을 당했을 때 손님을 접대하는 것이다. 오늘날의 잘못된 풍속을 뒤집어서 옛날의 예의禮意에 부합하게 하려면, 그 사이의 곡절에 지극히 난처한 것이 많을 것이므로 "이에 관한 이야기가 매우 길어서 지금 감히 말할 수 없다"라고 말했던 것이다.

343 소식(素食) 상을 당하여 생선이나 고기류의 음식을 먹지 않고 채식(菜食)하는 것을 말한다.

344 방백(方伯) 관찰사(觀察使)의 별칭이다.

345 개소(開素) 상중(喪中)에 소식(素食)하던 것을 해제한다는 말로, 생선과 고기를 먹게 한다는 뜻이다.

346 『예기』「대전(大傳)」에 나오는 관련 내용은 다음과 같다. "대부(大夫)와 사(士)도 협제(祫祭)가 있는데, 반드시 군주에게 묻고 허락을 얻어 시행하며, 신분을 넘는 협제(干祫)는 고조에게까지 미친다.〔大夫.士有大事. 省於其君. 干祫及其高祖.〕" 이와 관련하여 진호(陳澔)는 『예기집설』에서 다음과 같이 설명했다. "'대사(大事)'는 협제(祫祭)를 말한다. 대부는 삼묘(三廟)이고 사는 이묘(二廟)나 일묘(一廟)인데, 감히 마음대로 협제를 거행할 수 없고, 반드시 임금에게 물어서 임금이 허락하면 거행할 수 있다. 그 협제는 또한 위로 고조에게까지 미친다. '간(干)'은 아래로부터 위에 간여한다는 뜻으로, 지위가 낮은 자가 높은 자의 예를 행하는 것이기 때문에 '간협례(干祫禮)'라고 한 것이다. 관련 내용이 「왕제(王制)」에 보인다.〔大事, 謂祫祭也. 大夫三廟, 士二廟一廟, 不敢私自舉行, 必省問於君, 而君賜之, 乃得行焉. 而其祫也, 亦上及於高祖. '干'者, 自下干上之義, 以卑者而行尊者之禮, 故謂之'干祫禮.' 說見「王制」.〕"

347 청재(淸齋) 제사를 거행하기에 앞서 몸과 마음을 청결하게 하여 신령께 성경(誠敬)을 보이는 것을 말한다.

348 관련 내용은 『논어』「학이」에 나온다.

349 길재(吉再. 1353~1419) 자는 재보(再父), 호는 야은(冶隱)이다. 박분(朴賁), 이색(李穡), 정몽주(鄭夢周), 권근(權近) 등으로부터 성리학을 전수 받고, 1374년 생원시에 합격하고, 1386년 진사시에 합격하여, 성균학정(成均學正), 성균박사(成均博士) 등의 관직을 거쳤다. 1389년 문하주서(門下注書)가 되었으나, 사직하고 고향으로 돌아가 늙은 모친을 봉양하며 후학들을 가르침에 『가례』와 『소학』의 실천을 특별히 중시하였다. 조선이 건국된 뒤에 태종의 추천으로 태상박사(太常博士)에 임명되었으나, 불사이군(不事二君)의 뜻을 지켜 벼슬에 나가지 않았다.

350 『주자대전』57, 「답진안경(答陳安卿)」(1)에 다음과 같은 내용이 있다. "조문을 갔다
가 술과 음식을 대접받게 되면 애써 사양해야 하며, 부득이하여 만류하더라도
여러 번 사양하고 먼저 일어나야지 취하게 술을 마시거나 배부르게 음식을 먹
어서는 안 된다.〔行弔而遇酒食, 此須力辭, 必不得已而留, 亦須數辭先起, 不可醉飽.〕"

김성일에게 답하다 1568

答金士純戊辰

253

丘氏曰: "前期一日, 告于祠堂云云." 墓所若近, 則此禮固也, 若在遠, 則其告廟節次當如何? 或云: "當先定遷墓之日, 主人臨行, 告廟而去." 或云: "主人先去墓所, 經營葬事, 及其葬前一日, 令在家子姪代行其禮." 二說是否何如?

📖 구준丘濬은 "하루 전날 사당에 고한다"라고 했습니다.[351] 묘소가 만일 가깝다면 이 예가 틀림없겠습니다만, 만일 먼 데 있다면 사당에 고하는 절차를 어떻게 해야 합니까? 혹자는 "당연히 천묘遷墓하는 날을 먼저 정하고, 주인이 행차할 때 임해서 사당에 고하고 떠나야 한다"라고 하고, 혹자는 "주인이 먼저 묘소로 가서 개장改葬에 관한 일을 경영하고, 개장 하루 전날 집에 있는 자식이나 조카를

시켜서 그 예를 대행하게 하라"라고 합니다. 이 두 설의 옳고 그름이 어떻습니까?

似兩可.

[답] 두 가지 설 모두 가할 듯하다.

254

丘氏曰: "旣葬, 就墓所靈座前, 行虞禮云云." 但言行虞禮, 而不言三虞, 此與初喪襄事不同, 故虞止於一否? 緦, 三月內別無行祭之禮否?

[문] 구준은 "장례를 마치고 나면 묘소의 영좌靈座 앞에서 우례虞禮를 행한다"라고 했습니다. 우례를 행한다고만 하고 삼우三虞를 언급하지 않았으니, 이는 초상初喪 때의 장례와 같지 않기 때문에 우례가 한 번에 그치는 것입니까? 시마복緦麻服을 입은 3개월 동안 별달리 제사를 지내는 예는 없습니까?

虞祭則只一, 三月內別無行祭節次.

[답] 우제虞祭는 한 번만 한다. 3개월 동안 별달리 제사를 지내는 절차는 없다.

255

丘氏曰: "祭畢, 撤靈座. 主人以下出就外³⁵²所, 釋緦麻服, 素服而
還云云." 禮 "衰麻不去身", 改葬若服緦, 則宜若不當去身, 而 "釋
之而還", 何耶? 在途素服, 則還家當服何服而終三月乎?

📖 구준은 "우제를 마친 뒤 영좌를 철거한다. 주인 이하 모두는 별
도의 처소로 가서 시마복을 벗고 소복素服을 입고 집으로 돌아온
다"라고 했습니다. 예禮에 "상복은 몸에서 벗지 않는다"라고 했으
니, 개장改葬할 때 시마복을 입었으면 마땅히 벗지 않아야 할 듯한
데 "벗고 돌아온다"라고 한 것은 어째서입니까? 집으로 돌아오는
길에 소복을 하면, 집에 돌아와서는 어떤 옷을 입고 3개월을 마쳐
야 합니까?

疑仍服素.

📑 아마 계속 소복을 입어야 할 듯하다.

256

在官者與士、庶不同, 國有七日之制. 七日之後, 不許三月之服則
如何? 或云: "出仕用吉服, 居家還服素." 此說何如?

⊟ 관직에 있는 사람은 사士, 서인庶人과 달라서 국법에 7일 동안의 제한이 있습니다. 7일 뒤에는 3개월 동안의 상복이 허락되지 않으면 어떻게 합니까? 혹자는 "벼슬에 나갈 때는 길복吉服을 착용하고, 집에 있을 때는 다시 소복을 입는다"라고 하는데 이 설이 어떻습니까?

居家則服素爲是.

⊟ 집에 있을 때는 소복을 입는 것이 옳다.

257

丘氏曰: "改葬緦, 子與妻也云云." 所謂妻者, 莫是子之妻否? 死者妻否? 但云子與妻, 而不及女, 何也?

⊟ 구준은 "개장改葬을 할 때 시마복을 입는 사람은 아들과 아내이다"라고 했습니다. 여기서 말하는 '아내'는 아들의 아내입니까? 죽은 사람의 아내입니까? 아들과 아내만 말하고 딸을 언급하지 않은 것은 어째서입니까?

所謂妻, 子之妻也, 女在其中.

📖 이른바 '아내'는 아들의 아내이며, 딸은 그 안에 포함된다.

258

丘氏曰: "三月而除云云." 除時, 別無除服節次否?

📖 구준은 "3개월이 되면 벗는다"라고 했습니다. 상복을 벗을 때 별도의 절차는 없습니까?

未詳.

📖 잘 모르겠다.

259

若同葬父母, 則先輕後重, 奪情故也. 改葬啓墓時, 亦當先啓母, 出棺改殮時, 亦當先殮母否?

📖 아버지와 어머니를 함께 장례할 경우에 가벼운 상〔어머니 상〕을 먼저 하고 무거운 상〔아버지 상〕을 나중에 하는 것은 감정을 탈취하게 하는 것〔奪情〕 때문입니다. 그렇다면 개장에서 무덤을 열 때도 마땅히 어머니부터 열고, 관을 드러내서 다시 염殮을 할 때도 마땅히 어머니부터 해야 합니까?

皆當先.

[답] 모두 마땅히 먼저 해야 한다.

260

按丘氏之禮, 則葬時服緦麻, 旣葬, 易服而還, 更無服緦節次, 而乃曰: "三月而除", 所謂除者, 除何服也?

[문] 구준의 예禮를 살펴보면, 장례를 치를 때는 시마복을 입고, 장례를 마치고 나면 바꿔 입고 돌아온다고만 했을 뿐 다시 시마복을 입는 절차가 없습니다. 그런데 "3개월이 되면 벗는다"라고 합니다. 여기서 '벗는다'라는 것은 어떤 복을 벗는다는 것입니까?

丘說可疑, 然恐有所據, 豈不以旣葬非如見柩時, 而仍服麻, 似無漸殺之意, 故只服素食素, 而持緦服之意在其中, 至三月而止, 以爲終服之節也歟?

[답] 구준의 설이 의문스럽기는 하다. 그러나 아무래도 근거한 바가 있었을 것인데, 어쩌면 다음과 같은 것이 아니었을까? 즉, 장례를 마쳤다는 것은 널을 뵈었을 때만큼은 아닌데도 계속 시마복을 입고 있는 것은 점쇄漸殺의 의미가 없다고 보았을 것이다. 따라서 단

지 소복을 입고 소식을 먹는 것만으로도 시마복을 유지하는 의미가 그 안에 포함되어 있으며, 이렇게 3개월을 하고 그침으로써 상복을 입는 기간을 마치는 절차로 삼았을 것이다.

261

韓文改葬議曰: "或曰: '經稱改葬緦, 不著月數, 則三月而後除也.' 子思對文子則曰: '旣葬而除之.' 今宜如何? 自啓至于旣葬而三月則除之, 未三月則服而終三月." 按此說, 則宜若服緦終三月, 而丘氏乃謂素服而還, 何也? 二說牴牾, 未知何去何從.

[문] 한유韓愈는 개장의改葬議[353]에서 다음과 같이 말했습니다. "혹자는 '경문經文에 개장을 할 때는 시마복을 입는다고만 하고 개월 수를 말하지 않았으니, 3개월이 지나면 벗는다'라고 하였고, 자사子思는 문자文子에게 '개장을 마친 뒤 벗는다'라고 하였으니, 어떻게 하는 것이 적절한가? 무덤을 열 때부터 장례를 마칠 때까지 기간이 3개월 이상이 걸리면 장례를 마치는 대로 시마복을 벗고, 3개월 미만이면 3개월이 될 때까지 시마복을 입는다." 이 설을 살펴보면, 시마복을 입고 3개월을 마쳐야 할 것 같은데, 구준은 '소복을 입고 집으로 돌아온다'고 한 것은 어째서입니까? 두 가지 설이 상충하는데, 어떤 설을 버리고 어떤 설을 따라야 할지 모르겠습니다.

安知韓公所謂除不與丘說同耶? 然未敢質言.

☞ 한유가 '벗는다'고 말한 것이 구준이 말한 것과 같지 않음을 어찌 알겠는가? 그러나 감히 질정하여 말하지 못하겠다.

262

初葬則有魂帛爲之主, 改葬則無魂帛, 於靈座中設紙牓乎? 只設靈座乎?

☷ 초장初葬에는 혼백魂帛이 있어서 그것으로 주主를 삼는데, 개장에는 혼백이 없으니 영좌靈座 가운데 지방紙牓을 설치해야 합니까? 영좌만 설치합니까?

似只設靈座.

☞ 영좌만 설치해야 할 듯하다.

263

妻亡無後及妹在室成人而死, 則題主時, 屬稱旁題將何書之而可? 或云: "無旁題, 則神無所依." 或欲設紙牓祭妹. 此說何如?

[문] 아내가 죽었는데 자식이 없는 경우와 시집가지 않은 여동생이 성인成人으로 죽었을 경우에, 신주의 내용을 쓸 때 속칭屬稱과 방제旁題는 어떻게 써야 합니까? 혹자는 "방제가 없으면 신이 의지할 데가 없다"라고 하고, 혹자는 지방紙膀을 마련해서 여동생에게 제사를 지내고 싶어 합니다. 이 설이 어떻습니까?

示事皆禮之變處, 禮之變, 聖賢猶以爲難, 昧者何敢妄議於其間乎? 然以所示諸說言之, 書"亡室某封某氏", 而不書旁題者, 似爲得之. 蓋旁題施於所尊, 以下則不必書, 乃朱先生說也. 亡欲代以'故'字, 鄙意果如此, 未知是否. 無封則稱鄕貫. 其於妹也亦然, 亦以右例, 書"故妹云云", 而無旁題. 蓋旣稱爲妹, 則固神之所依. 何必旁題而後可依耶? 旁題乃尊敬之禮, 不宜施於此等也. 紙膀之說, 亦恐太忽略耳.

[답] 제시한 사안들은 모두 변례變禮에 해당하는 것들이다. 변례는 성현聖賢도 오히려 난처해 하시는데 어리석은 사람이 어찌 감히 그 사이에 허튼 논의를 할 수 있겠는가? 그러나 제시한 설들을 가지고 말하자면, 〔속칭은〕 "망실亡室 모봉某封 모씨某氏"라고 쓰고, 방제는 쓰지 않는 것이 좋을 듯하다. 대개 방제란 존귀한 분에게 시행하는 것이므로, 아랫사람에게는 쓸 필요가 없다는 것이 주자의 설이다. '망亡' 자는 '고故' 자로 대체하고 싶다. 내 의견은 그렇지만 옳은지

는 모르겠다. 봉호가 없으면 향관을 칭한다. 여동생에 대해서도 마찬가지이며, 이상의 예에 따라 "고매故妹⋯⋯"라고 쓰고, 방제는 없다. 기왕 '매妹'라고 칭했으니 틀림없이 신이 의지할 것이다. 어찌 반드시 방제를 한 뒤에야 의지하겠는가? 방제란 존경의 예이므로 이들에게 시행하는 것은 적절치 않다. 지방을 사용한다는 설은 너무 소홀한 듯싶다.

351 관련 내용은 『가례의절』 '보(補) 개장(改葬)'에 있다. 이하의 질문들에 이어지는
구준의 설도 마찬가지다.

352 外 『가례의절』에는 '별(別)' 자로 되어 있다.

353 개장의(改葬議) 한유(韓愈)의 「개장복의(改葬服議)」를 가리키며, 『한창려문집(韓昌黎文
集)』과 『당송팔대가문초(唐宋八大家文抄)』 등에 실려 있다.

김성일에게 답하다 1570

答金士純 庚午

264

在途遭兄喪, 飯含之具不能備禮, 幎目·握手亦裁布假用, 到家大
斂之時, 依禮作二件物事, 安之於當面手處, 此等事出於臨時杜撰,
未知是否如何.

📖 여행 중에 형님이 돌아가셔서 반함飯含[354]을 하는 물건들이 능
히 예를 갖추지 못하였고, 멱목幎目과 악수握手[355] 역시 베를 재단해
서 임시로 사용하였다가 집에 도착해서 대렴大斂을 할 때 예에 따
라 두 가지 물건을 만들어 낯과 손에 안치하였습니다. 이런 일들은
임시 상황에서 아무렇게나 만들어 낸 것으로, 옳은지 어떤지는 잘
모르겠습니다.

逆旅倉卒, 臨時杜撰, 勢所不免.

[답] 여행 중 갑작스러운 상황에서 임시방편으로 대처하는 것은 형편상 어쩔 수 없는 일이다.

265

在途喪未殮殯, 故兄弟過四日亦未成服, 到家殮殯後一日方成服, 而第念奔喪者至家四日方成服, 則此雖非奔喪之例, 以兄嫂觀之, 則聞喪而喪未至, 亦猶奔喪而未到喪次者也. 喪至之日大殮, 則雖即爲之, 其儀節則一依始死之禮, 第四日成服, 如何?

[문] 여행 중에 당한 상이라서 염殮과 빈殯도 못했기 때문에 형제들은 4일이 넘도록 성복成服을 하지 못하다가, 집에 도착해서 염과 빈을 하고 하루 뒤에 성복을 했습니다. 그런데 분상奔喪하는 사람은 집에 도착한 지 4일이 되어서야 성복하는 것을 생각해 보니, 이것이 비록 분상의 예는 아니지만 형수의 입장에서 보면 문상聞喪은 했으나 상이 아직 도착하지 않은 것으로, 또한 분상을 하되 아직 상차喪次에 도착하지 않은 경우와 같다 하겠습니다. 상이 도착한 날 대렴은 비록 곧장 하더라도 그 의식과 절차는 일체 이제 막 죽은 사람의 예에 따라야 하며 4일째에 성복을 해야 하겠습니다. 어떻습니까?

當如是.

📇 마땅히 그렇게 해야 한다.

266

成服後, 始行朝夕奠, 禮也. 途中不殮未服, 而日數已過四日, 不忍廢奠, 將生時路次所用之物, 食時乃上食, 此亦徑情直行, 是否如何?

📇 성복을 한 뒤에 비로소 조석전朝夕奠을 행하는 것이 예입니다. 하지만 여행 중에 염殮을 하지 못하고 복服도 입지 못한 채 날짜는 이미 4일을 넘어버렸습니다. 그렇다고 전奠을 차마 폐할 수는 없어서 생시에 여행 중에 사용하던 음식물을 식사 때에 맞춰 상식하였습니다. 이 역시 감정에 따라 곧장 행한 것이지만, 옳은지 여부가 어떻습니까?

亦當如是.

📇 이 역시 마땅히 그렇게 해야 한다.

267

婦人服制, 朱子『家禮』似無明文, 瓊山『儀節』有大袖、長裙、蓋頭、
腰経等服. 依此製服, 未知果合於古, 而不戾於今否?

🔳 부인婦人의 복제服制는 주자의 『가례』에 명문이 없는 것 같고,
구준의 『가례의절』에는 대수大袖[356], 장군長裙[357], 개두蓋頭[358], 요질
腰絰[359] 등의 복이 제시되어 있습니다. 이에 의거하여 복을 만들면
과연 옛날에도 부합하고 오늘에도 어긋나지 않겠습니까?

今按『家禮』楊復註, 婦人亦用大袖、長裙、蓋頭, 而無経帶之文云
云. 然今於『家禮』本文, 亦未見三物之文, 只依丘氏禮爲宜.

🔳 『가례』 양복楊復의 주를 살펴보면, 부인 역시 대수, 장군, 개두
를 사용한다고 하였으나 질대絰帶에 관한 내용은 없다고 되어 있
다. 그러나 지금 『가례』 본문에 세 가지 물건에 관한 내용이 보이지
않으니, 구준의 예禮에 의거하는 것이 옳을 것이다.

268

兄弟當服齊衰, 而今不用其制, 只以素帶爲服, 甚無謂也. 衰裳之
制, 今不可必行否?

📧 형제의 상에는 마땅히 자최복을 입어야 하는데, 요즘에는 그 복제를 쓰지 않고 단지 소대素帶로 복을 삼으니 말할 것 없이 매우 잘못된 일입니다. 상복 제도를 오늘날에는 꼭 행하려고 해서는 안 되는 것입니까?

兄弟服如所示, 豈不善哉? 但病庸無狀, 凡期、功以下諸服皆不能如禮, 只從俗過了, 今承示問, 不知所以爲對, 縮恧歎服而已. 曾聞領相李浚慶行其伯判書公服, 頗采用古制, 未知何如, 聞見可知矣. 且聞凡事有父兄在, 則皆當稟行, 此意亦當謹之, 乃爲得之.

📧 형제의 상복을 그대가 말한 대로 한다면 어찌 좋지 않겠는가? 다만 병들고 용렬하기 짝이 없어서 기년복과 대공복 및 소공복 이하 모든 상복을 예와 같이 하지 못하고 그저 시속에 따라 해온 내가 이런 물음을 받고 보니, 응대할 바를 모르고 그저 부끄럽고 탄복할 따름이다. 일찍이 듣자니, 영상領相이준경李浚慶이 그의 맏형 판서공判書公[360]의 복을 행할 때, 자못 옛 제도를 채용했다던데, 어찌하였는지 모르겠다. 듣고 보면 알 수 있을 것이다. 또 들으니, 범사에 부형父兄이 계시면 모든 일을 마땅히 여쭈어 행해야 한다고 하니, 이런 의미도 마땅히 신중하게 해야 될 것이다.

269

服祖父母喪而赴擧者, 程子旣非之, 則兄弟之喪同是朞服也, 冒哀赴擧, 於義何如? 舍弟會試後遭兄喪, 將不入殿試, 或謂: "堂有老親, 不可徑情而行, 故且留爲赴試計耳."

[문] 조부모의 상에 상복을 입고 과거시험에 나간 자를 정자께서 이미 잘못이라고 하셨습니다. 그렇다면 형제의 상도 같은 기년복朞年服인데 슬픔을 무릅쓰고 과거시험에 나가는 것이 의리에 어떻습니까? 제 아우가 회시會試[361]를 치른 뒤에 형님의 상을 만나 전시殿試[362]에 들어가지 않겠다 합니다. 혹자는 "연로하신 어버이가 계시니 감정대로 해서는 안 되므로 만류하여 시험에 나가도록 하는 것이 계책"이라고 합니다.

程子只云祖父母喪, 不云兄弟喪, 非遺忘也, 其間必有差間故也. 但殿試在成服前, 則似未安.

[답] 정자께서 조부모상에 대해서만 말씀하시고 형제상에 대해 말씀하시지 않았다. 그것은 빠뜨리거나 잊어서가 아니고, 그 사이에는 필시 차등이 있기 때문이었을 것이다. 단, 전시가 성복하기 전에 있다면 온당치 않을 것 같기는 하다.

免新, 或謂: "過一月後, 爲之無妨"; 或謂: "易月之制雖過, 兄喪若在淺土, 則不可爲"云, 未知是否如何.

📖 면신免新[363]과 관련하여 혹자는 "한 달이 지난 뒤에 해도 무방하다"라고 하고, 혹자는 "역월易月의 제도에 비추어 비록 형님의 상을 지냈다 할지라도 만일 천토淺土[364]에 있다면 해서는 안 된다"라고 합니다. 어떻게 하는 것이 옳은지 모르겠습니다.

免新, 在匝一月之後爲之, 恐未爲害也.

📖 면신은 만 1개월 뒤에 해도 문제가 되지 않을 것이다.

354 반함(飯含) 염습할 때 죽은 사람의 입에 구슬과 쌀을 넣는 것을 말한다.

355 멱목(幎目)과 악수(握手) '멱목'은 죽은 사람의 얼굴을 덮는 것으로 검은 비단을
쓰고, '악수'는 죽은 사람의 손을 싸는 것으로 검은 천을 쓰는데, 모두 시신
을 염습할 때 쓰는 도구이다. 『가례』4 「상례(喪禮)」 '목욕·습·전·위위·반함(沐
浴·襲·奠·爲位·飯含)'에 "염습할 옷을 진설한다(陳襲衣)"라고 한 문장의 주에 "멱
목은 사방 1자 2치의 비단을 쓰는데 죽은 사람의 얼굴을 덮는 것이다. 악수는
길이 1자 2치, 너비 5치의 비단을 쓰는데 죽은 사람의 손을 싸는 것이다(幎目,
帛方尺二寸, 所以覆面者也; 握手, 用帛長尺二寸廣五寸, 所以裹手者也)."라고 하였다. 그리
고 "이에 반함한다. 시종은 염습을 마치면 이불로 덮는다(乃飯含. 侍者卒襲, 覆以
衾)."라고 한 문장의 주에 "복건을 씌우고 귀를 막고 멱목을 설치하고 신을 신긴
뒤에 심의를 껴입히고는 큰 띠를 매듭짓고 악수를 설치한 다음 이불로 덮는다
(加幅巾充耳, 設幎目納履, 乃襲深衣, 結大帶, 設握手, 乃覆以衾)."라고 하였다.

356 대수(大袖) 『가례의절』은 '대수'의 제도를 다음과 같이 설명한다. "가장 거친 생
삼베로 만드는데 오늘날의 부인들이 입는 단삼(短衫)과 같지만 넓고 크다. 그 길
이는 무릎까지 닿고, 소매의 길이는 1자 2치이다. 그 가장자리는 모두 바깥을
향하도록 꿰매고 가장자리를 감치지 않는다. (남자 상복의 상의 제도에 준한다.)(用極
麤生麻布爲之, 如今婦人短衫而寬大. 其長至膝, 袖長一尺二寸. 其邊皆縫, 向外, 不緶邊.【準男子
衰衣之制.】)"

357 장군(長裙) 『가례의절』은 '장군'의 제도를 다음과 같이 설명한다. "가장 거친 생
삼베 여섯 폭으로 만든다. 여섯 폭을 모두 열두 조각으로 자른 뒤 이어 붙여 치
마를 만든다. 그 길이는 땅에 끌리도록 하며, 그 변폭(邊幅)은 모두 안쪽을 향하
도록 꿰매고 가장자리를 감치지 않는다. (남자 상복의 치마 제도에 준한다.)(用極麤生
麻布六幅爲之. 六幅共裁爲十二破. 聯以爲裙. 其長拖地, 其邊幅俱縫, 向內, 不緶邊.【準男子衰裳
之制.】)"

358 개두(蓋頭) 『가례의절』은 '개두'의 제도를 다음과 같이 설명한다. "조금 가는 삼베
로 만든다. (상의와 치마에 비해 조금 가는 것이다.) 모두 세 폭으로 길이는 몸과 가지

런하고 가장자리를 꿰매지 않는다.〔用稍細麻布爲之.【比衣·裙稍細者.】凡三幅, 長與身齊, 不緝邊.〕"

359 요질(腰経) 『가례의절』은 '요질'의 제도를 다음과 같이 설명한다. "씨가 있는 삼으로 만드는데 제도는 남자의 경우와 같이한다. 대수의 위에 띠고 성복을 하기 전에는 풀어 늘어뜨리지 않는다.〔用有子麻爲之, 制如男子. 繫於大袖之上, 未成服不散垂.〕"

360 판서공(判書公) 이윤경(李潤慶, 1498~1562)을 가리킨다. 이윤경의 자는 중길(重吉), 호는 숭덕재(崇德齋)이며, 본관은 광주(廣州)이다. 이극감(李克堪)의 증손으로, 할 아버지는 판중추부사 이세좌(李世佐)이며, 아버지는 수찬(修撰) 이수정(李守貞)이고, 어머니는 상서원판관 신승연(申承演)의 딸이다. 대사헌, 우의정, 영의정 등을 역임한 동고(東皐) 이준경(李浚慶)의 형이다.

361 회시(會試) 문무과 과거의 초시(初試)에 급제한 사람들이 서울에 모여 다시 보는 과거시험을 가리키는 말로, 복시(覆試)라고도 한다. 회시에 급제한 사람들에게는 전시(殿試)에 응시할 수 있는 자격이 주어진다.

362 전시(殿試) 임금이 친림(親臨)하여 보는 시험으로, 과거(科擧)의 최종 시험이다. 식년시(式年試)에 있어서는 성균관, 한성부, 각 도에서 치르는 초시(初試), 초시에 합격한 자를 서울에 모아서 치르는 복시(覆試)가 있고, 복시 합격자 33인을 갑과 3인, 을과 7인, 병과 23인으로 등제를 매기는 전시의 3단계의 시험이 있다.

363 면신(免新) 새로 부임한 관원이 선임 관원을 초청하여 음식을 대접하는 예를 말한다. 면신례(免新禮)라고도 하며, 허참(許參) 혹은 허참례(許參禮)라고도 한다.

364 천토(淺土) 임시로 매장한 무덤을 말한다.

김기에게 답하다 1569

答金止叔己巳

271

示孽屬服制, 今人多疑問, 然吾嘗疑古人雖嚴嫡庶之間, 只以其分言之, 至於骨肉之恩, 則嫡庶無異, 故不分差等. 古旣如此, 故吾東國典亦不敢分差等. 今豈敢臆決, 以爲當如何處之耶? 惟在自度處之耳. 若庶母則古人妾御良多, 其恩義似泛, 且無骨肉之恩, 故制服如此, 安可與天屬之親同之耶? 然此皆愚見妄言之, 不敢必以爲然, 須更問知禮者處之.

보내온 편지에서 언급한 서얼庶孽의 복제服制에 관해 요즘 사람들이 의문이 많다. 그러나 나는 일찍이 다음과 같이 의심해 본 적이 있다. 옛날 사람이 비록 적서嫡庶의 차이에는 엄격하였지만 그것은 단지 분수를 따질 때이고, 골육骨肉의 은혜에 이르러서는 적서가 차이가 없으므로 차등을 나누지 않았다. 옛날에 이미 이러하였기 때문에 우리나라 국전國典에도 감히 차등을 나누지 않았던 것이라고 말이다. 이제 어찌 감히 함부로 억측으로 판결해서 어떻게 대처해야 한다고 할 수 있겠는가? 오직 자신이 헤아려 처리하기에 달려 있을 뿐이다. 서모庶母의 경우는, 옛날 사람이 첩을 많이 두었기 때문에 그 은의恩義가 특별할 것이 없는 데다 골육의 은혜마저 없기 때문에 상복을 이렇게 제정한 것이다. 어찌 천속天屬의 친親과 같을 수 있겠는가? 그러나 이는 모두 어리석은 견해를 함부로 말한 것이며 감히 반드시 그렇다고 장담하는 것은 아니니, 부디 예를 잘 아는 곳에 물어서 대처하라.

이덕홍에게 답하다 1570

答李宏仲 庚午

272

首経單股,『周禮』謂之弁経, 古人用此経以吊喪, 乃経之至輕者也.
五服之経皆兩股, 況於親喪用單股経乎?『儀節』之文, 吾所未知
也. 今勿疑用兩股. 今俗用三股, 亦無稽之事, 不可從也.

수질首経이 한 가닥〔單股〕인 것은 『주례』에 나오는 '변질弁経'[365]이
라는 것이다. 옛날 사람이 이 질을 써서 남의 상에 조문을 했던 것
으로, 질 중에 가장 가벼운 것이다. 오복五服의 질이 모두 두 가닥
〔兩股〕인데, 하물며 어버이 상에 한 가닥의 질을 쓰겠는가?『가례의
절』의 내용은 내가 알지 못하는 바이다. 이제 두 가닥을 사용하는
것에 대해 의심치 말라. 시속에서 세 가닥〔三股〕을 사용하는 것은
황당무계한 일로 좇아서는 안 된다.

喪主之說,『家禮』"立喪主"下本註及附註不啻詳說, 何疑之有? 但
今一家主人外, 無同居之親且尊者, 則不得已主人兼拜賓耳.

상주喪主에 관한 설은 『가례』 "상주를 세운다" 아래 본주와 부주
에 매우 상세히 설명되어 있는데 무슨 의심이 있는가? 다만 한 집
안의 주인 이외에 함께 사는 친분이 가깝고 항렬이 높은 어른이 없
으면, 부득이 주인이 조문객들에게 절하는 것도 겸해야 한다.

喪主之說,『家禮』"立喪主"下本註及附註不啻詳說, 何疑之有? 但今一家主人外, 無同居之親且尊者, 則不得已主人兼拜賓耳.

상주喪主에 관한 설은 『가례』 "상주를 세운다" 아래 본주와 부주에 매우 상세히 설명되어 있는데 무슨 의심이 있는가? 다만 한 집안의 주인 이외에 함께 사는 친분이 가깝고 항렬이 높은 어른이 없으면, 부득이 주인이 조문객들에게 절하는 것도 겸해야 한다.

주

365 변질(弁絰) 대부가 조문할 때 쓰는 모자의 한 종류이다. 「김취려에게 답하
다 · 1561」 127번 조목 '변질'에 대한 주석에 있는 〈그림 13〉 참고.

금난수에게 보내다 1561

與琴聞遠辛酉

274

昨簡問庶母之服, 對客忘報, 今乃追告. 禮庶母之服緦麻, 指父有
子之妾言也. 然則似謂無子之妾無服也, 然又謂 "父妾代主母幹家
事者加厚"云. 今尊公侍人雖無子, 乃代幹之人, 宜服緦而稍加日數
爲可也. 嘗思古禮所以辨有子、無子而服者, 古之卿大夫妾御頗多,
凡婢皆妾之類也, 不可泛指父妾而皆服緦, 故以 "有子服緦"爲文,
其實當觀情義輕重而處之. 故又有 "稟父命行服"之言, 須以此等事
理量處之爲當, 謹告.

　지난번 편지에서 서모庶母의 상복에 관한 질문을 받고도 손님을
접대하느라 답장하는 것을 잊고 있다가 이제야 뒤늦게 답을 한다.
예禮에 서모의 복은 시마緦麻라고 한 것은[366] 아버지와의 사이에 자

식을 둔 첩妾을 가리켜 한 말이다. 그렇다면 자식이 없는 첩의 경우에는 복이 없음을 말한 듯하지만, "아버지의 첩으로서 어머니를 대신해 집안일을 주간한 분은 더 후하게 하라"라는 말도 있다. 이제 그대의 부친(尊公)을 모시는 분이 비록 자식이 없다고 하더라도 어머니 대신 집안일을 주간한 분이라면 마땅히 시마복을 입고 기간은 조금 더 늘리는 것이 가할 것이다.

일찍이 고례에 자식이 있고 없고를 따져서 복을 입게 한 까닭을 생각해 보니, 옛날의 경대부卿大夫들은 모시는 첩이 매우 많아서 모든 여종들도 모두 첩에 속하였으니, 아버지의 첩이라고 해서 모두 시마복을 입을 수는 없었을 것이다. 그래서 "자식이 있으면 시마복을 입으라"라고 명문화하였을 것이나, 실은 정의情義의 경중을 살펴서 대처하는 것이 마땅할 것이다. 그러므로 또 "아버지께 여쭈어 명을 받은 다음 복을 행하라"라는 말이 있게 된 것이다. 모름지기 이러한 사리로 헤아려 처리하는 것이 타당할 것이기에 삼가 고한다.

366 『의례』「상복」'시마삼월(緦麻三月)'조에 "사(士)가 서모를 위해〔시마 삼월로 복을〕한
     다(士爲庶母.)"라고 하였고, 그 아래 전(傳)에는 다음과 같이 말한다. "왜 시마복
     을 하는가? 어머니라는 명분(名) 때문이다. 대부 이상은 서모를 위해 복을 하지
     않는다.(何以緦也? 以名服也. 大夫以上, 爲庶母無服.)"

금난수에게 보내다 1563

與琴聞遠癸亥

275

書至爲慰. 東宮禍變出於不意, 萬姓無所係望, 此古來莫大之患,
柰何柰何? 然而服制則內外百官 四日成服, 七日而除, 其他士庶
人則無服, 以未嘗臨莅而德惠不及於民庶故也. 惟於禮曹啓單字內
有 "禁屠殺一月" 之文, 然此亦指都城內而言, 非指外方也, 則外方
士人之家過六七日後, 擧行廟祭, 恐無不可也. 若如宴會等事, 則
葬前決不可爲耳. 禮 "過仲月則不擧時祭", 但窮家多不及仲月, 而
每因以廢之, 反爲未安, 故寓兒有如此之時, 亦不禁而遂行之矣,
於君何可異云耶?

  편지를 보내 주어 위로가 된다. 동궁東宮의 화변禍變[367]이 불의에
생겨서 만백성이 희망을 걸 데가 없어졌으니, 이는 지금까지 그 어

435

떤 것보다 큰 우환이니 어찌해야 할까? 그러나 복제服制는 내외 백관百官들이 4일 만에 성복成服하고 7일째에 벗으며, 그밖에 사士와 서인庶人은 상복이 없는데 이는 일찍이 〔백성에게〕 다가가지 않아서 은덕과 은혜가 백성들에게 미치지 않았기 때문이다. 예조禮曹에서 올린 단자單子에 "도살을 한 달 동안 금한다"라는 내용이 있지만, 이 역시 도성 안을 가리켜 한 말이고 도성 이외 지역을 가리킨 것이 아니다. 따라서 도성 밖에 사는 선비들의 집에서는 6~7일이 지난 뒤로는 묘제廟祭를 거행해도 불가함이 없을 듯하다. 연회宴會와 같은 일은 장례 이전에는 결코 해서는 안 된다.

예禮에 "중월仲月이 지나면 시제時祭를 거행하지 않는다"라고 했지만, 빈궁한 집에서는 중월에 미치지 못한 경우가 많은데 매번 이로 인해 시제를 지내지 못하다 보니 도리어 온당치 못하다. 그래서 내 아들 준雋[368]이 이런 국휼을 당한 때에도 금하지 않고 거행함이 있었을 것이지, 그대에게 어찌 다른 말을 했을 리가 있겠는가?

276

先亡於父母者, 有父母喪, 其祭用肉與否, 禮文無之, 難以臆決, 當俟後日, 更商量也.

부모보다 먼저 죽은 사람이 부모의 상을 당했을 경우에 그의 제사에 고기를 사용하는지 여부와 관련해서는 예문禮文이 없어서 억

측으로 판결하기 어렵다. 그러니 시간을 두고 더 헤아려 보는 것이
마땅할 것이다.

367 동궁(東宮)의 화변(禍變) 명종의 아들 순회세자(順懷世子, 1551~1563)가 세자빈을 맞이하는 가례(嘉禮)를 올리고 얼마 지나지 않아 후사도 없이 열세 살로 요절한 것을 말한다.

368 준(寯) 퇴계의 맏아들 이준(李寯, 1523~1583)이다.

류중엄에게 답하다 1569

答柳希范己巳

277

"君臣禮葬",『周禮』: "凡有爵者之喪, 職喪以國之喪禮, 涖其禁令, 序其事."369『孟子』"公行子有子之喪"註: "以君命往吊, 故謂之朝廷." 又『禮記』君臨臣喪所記非一. 然則以君命治臣喪而葬之, 謂之 "君臣禮葬"耳. 若謂君從君禮而葬, 則於孔子之事, 不應擧此再言之也.

"군신예장君臣禮葬"370이라는 것은 『주례』에 "무릇 작위가 있는 사람의 상에는 직상職喪371이 나라에서 정한 상례를 근거로 상이 난 집에서 금령禁令에 따라 상을 치르고 있는지 직접 가서 살펴보며, 그 일을 절차에 맞추어 거행하게 한다"라는 내용이 있고, 『맹자』의 "공항자公行子의 아들 상이 났다"372라는 부분 주註에 "임금의 명을 받고 가서 조문한 것이기 때문에 '조정朝廷'이라고 한 것"이라고 했으며, 또 『예기』에는 임금이 신하의 상에 납시는 것에 관한 기록이 한두 군데가 아니다. 그렇다면 임금의 명으로 신하의 상을 치르고 장례를 치르는 것을 "군신예장"이라고 한다. 만일 임금이 임금의 예로 신하의 장례를 치르는 것을 말하는 것이라면 공자의 일에 대해 이를 들어 재론함이 마땅치 않다.

278

所喩尊先壠各葬事, 正與滉家事相類, 捧讀以還爲之哽愴. 據禮言之, 兩妣皆當祔於考塋, 未則遷先而祔, 可也. 滉先妣葬在別處, 而先考葬於族葬. 族葬, 乃家後山也. 滉兄弟六七人遭後母喪, 取便近而祔葬於先塋. 先妣墓已經七十餘年, 難於遷動. 又亡兄嫂及姪隨葬亦多, 已成一族葬, 因遂未遷, 其於事理, 極爲未安. 尙賴所云別處, 亦去家僅五六里而近, 每祭, 兄弟子姪祭於先壠, 次日祭於先妣墓, 未嘗設位於先壠而遙祭之也. 兩處皆有齋舍, 或於其一處有故, 不可行祭, 則就無事處, 設位合祭之耳. 此乃從前處事未盡善, 曁于今日, 雖欲改之, 勢有甚難之故也.

편지에서 언급한 귀댁 부모님 묘소가 따로 계시는 것에 관한 일은 나의 집안일과 유사하여 읽으면서 목이 메고 슬펐다. 예에 의거하여 말하자면, 두 분 어머니 모두 아버지의 묘에 부장祔葬하는 것

440

이 마땅하며, 그렇게 못했다면 어머니의 묘를 옮겨 부장하는 것이 가하다. 나의 어머니는 별처別處에 장례를 치렀고 아버지는 가족의 장지에 장례를 치렀다. 가족의 장지는 집 뒷산이다. 나의 형제 6~7인이 후모後母의 상을 당했을 때 편하고 가깝다는 이유로 아버지의 묘에 부장하였으나 낳아 주신 어머니의 묘는 이미 칠십여 년을 경과해버려서 옮기기가 어려워졌다. 게다가 돌아가신 형수와 조카들도 그곳에 많이 장례를 치러서 이제는 이미 하나의 가족 장지가 되어버려서 끝내 옮기지 못하고 있다. 그것이 사리에는 극히 온당치 못하다. 하지만 그 별처라는 곳이 집에서 겨우 5~6리 떨어진 가까운 곳이어서, 제사 때마다 형제와 자식, 조카가 선영에 제사를 지내고 다음 날 어머니의 묘에도 제사를 지냈으며, 한 번도 선영에 신위를 마련하고 멀리서 제사(遙祭) 지낸 적은 없다. 두 곳에 모두 재사齋舍가 있어서 혹시 한 곳에 변고가 생겨서 제사를 지낼 수 없으면 무사한 곳에 신위를 마련하고 합제合祭한다. 지금까지 대처한 일이 완벽하지 않은 방식이어서 지금이라도 고치고 싶지만 형편상 매우 어려운 점들이 있다.

279

祠堂神主, 則兩妣同入一龕, 而先妣共一櫝, 後妣別櫝安別牀, 及出主行祭時, 先妣共一卓, 後妣別一卓, 聯席而坐. 蓋兩妣並祔, 朱先生答李晦叔書已言, 後妣別櫝雖不明言, 其勢似當如此. 墓祭不

當遷祭, 亦於答王晉輔書言之. 惟祔葬事, 自不能盡得如禮, 故於
來問不敢云如何, 只在公量處. 至於忌祭共行, 不應禮文, 但滉家
自先世皆如此行之, 從前家長之意亦不欲改, 故未敢改耳.

사당의 신주는 두 분 어머니를 같은 감실에 함께 모시되, 선비先
妣를 〔아버지와〕 같은 독櫝에 함께 모시고 후비後妣는 별도의 독에 모
셔서 별도의 상에 안치한다. 신주를 모시고 나와서 제사를 지낼 때
는 선비를 〔아버지와〕 같은 탁자에 함께 모시고 후비는 별도의 탁자
에 모시되 나란히 앉으시게 한다. 대개 두 분 어머니를 함께 부장
하는 것은 주자께서 이휘李輝에게 보낸 답장에 이미 언급하셨고,[373]
후비를 별도의 독에 모시는 것은 비록 분명하게 말씀하시지는 않
았지만 그 형세가 마땅히 그래야 할 듯하다. 묘제墓祭를 지낼 때 멀
리서 제사(遙祭)를 지내는 것은 부당하다는 것도 왕현王峴에게 보낸
답장에 언급하셨다.[374] 오직 부장에 관한 일은 나 스스로가 다 예
禮처럼 하지 못하기 때문에 질문한 것에 감히 뭐라 말하지 못하니,
그대가 헤아려 대처하라. 기제忌祭를 공동으로 지내는 문제는 예문
禮文에 맞지는 않지만, 나의 집안에서도 선대로부터 모두 그렇게
행해 왔고 집안 어른들의 뜻도 고치고 싶어 하지 않으셔서 감히 고
치지 못하고 있다.

369 관련 내용은 『주례』「춘관종백(春官宗伯)」'직상(職喪)'에 다음과 같이 나온다. "직
상(職喪)은 제후의 상사(喪事)와 경, 대부, 사로서 작위가 있는 자의 상사를 관장
한다. 그리고 나라에서 규정한 상례에 따라, 상이 난 집에서 금령에 따라 상사를
치르고 있는지 직접 가서 살펴보며, 그 상사를 절차에 맞추어 거행하게 한다.(職
喪掌諸侯之喪及卿, 大夫, 士凡有爵者之喪, 以國之喪禮范其禁令, 序其事.)"

370 군신예장(君臣禮葬)『논어』「자한(子罕)」11장 "또 내가 가신(家臣)의 손에서 죽는 것
보다는 차라리 너희들 손에서 죽는 것이 낫지 않겠는가? 또 내가 비록 성대한
장례(大葬)을 치르지는 못한다 할지라도 설마 길거리에서 죽기야 하겠는가?(且子
與其死於臣之手也, 無寧死於二三子之手乎? 且子縱不得大葬, 予死於道路乎?)"라는 내용에 나
오는 '성대한 장례'에 대하여 주자가 주(註)에서 "'성대한 장례'란 군신의 예장(禮
葬)을 말한다(大葬, 謂君臣禮葬)"라고 한 말에서 인용한 것이다.

371 직상(職喪) 주나라 때 상례를 관장하던 벼슬 이름이다.

372 관련 내용은 『맹자』「이루하」에 나온다.

373 관련 내용은 『주자대전』62, 「답이회숙휘(答李晦叔輝)」(3)과 (7)에 나온다.

374 관련 내용은 『주자대전』62, 「답왕진보현(答王晉輔峴)」(5)에 나온다.

권호문에게 답하다1564

答權章仲甲子

280

食時上食.

[문] 식사 때 상식上食과 관련하여.

當依『家禮』行之, 世俗行三獻之節, 甚非禮也. 蓋三獻, 禮之文且盛也. 喪主哀, 不以文, 又朝夕上食, 象平日事親之常禮, 若常時用此節文, 則於盛祭當用何禮耶? 世俗不知而譏之, 不可苟避而行三獻也.

[답] 마땅히 『가례』에 의거하여 행해야 한다. 세속에서 삼헌三獻을 행하는 절차는 심히 비례非禮이다. 대개 삼헌이란 예禮의 문식, 그

것도 성대한 문식이다. 그런데 상喪은 슬픔을 위주하므로 문식을 사용하지 않는다. 게다가 조석상식이란 평소에 어버이를 섬기던 일상의 예를 본뜬 것인데, 만일 평소에 이런 의절과 문식을 쓰게 되면 성대한 제사에는 어떤 예를 써야 하는가? 세속에서 모르면서 비난을 하더라도 그것을 피하자고 삼헌을 행해서는 안 될 것이다.

281

朔望奠.

🔲 삭망전朔望奠과 관련하여.

旣曰朔望奠, 則固當不比於朝夕之略, 世俗所爲合於高氏禮, 斯爲 得之. 朱子謂 "如朝奠儀"者, 謂只一獻, 無其他三獻節文耳, 非謂 設饌只如朝奠也. 但禮緣人情, 設饌有加於朝夕, 而只獻一杯, 近 於欠略. 『國朝五禮儀註』有 "連奠三酌"之禮, 依此行之爲當. 士惟 朔奠者, 先王制禮有降殺等級, 降至於士, 視大夫有殺, 亦其宜也. 然今人非至於窮不能辨, 則幷擧望奠, 亦未爲僭也.

🔲 기왕 삭망전이라고 했으면, 조석전朝夕奠의 간략함에 견줄 수 없음은 당연하다. 세속에서 하는 것이 고항高閌의 예에 부합하므 로, 그렇게 해도 괜찮다. 주자께서 "조전의朝奠儀처럼 하라"라고 하

신 것은 일헌一獻만 하고 삼헌을 하는 절차와 문식이 없음을 말씀
하신 것이지, 음식 장만을 조전朝奠처럼 하라는 말씀이 아니다. 다
만 예가 인간의 감정에 연유하는 것이라서 음식 장만도 조석전보
다 더 차리게 되는데, 술을 한 잔만 올리는 것이 뭔가 부족한 듯해
서 『국조오례의주』에 "연달아 석 잔을 올린다"라는 예가 있으니 이
에 의거해서 행해야 할 것이다.

　사士는 오직 삭전朔奠만 하라는 것은 선왕이 예를 제정하시면서
강쇄降殺의 등급을 두셨기 때문이다. 사에 내려오면 대부大夫에 비
해 쇄殺를 두는 것도 또한 마땅한 것이다. 그러나 요즘에는 너무 가
난해서 장만할 수 없는 형편이 아니라면 망전望奠까지 함께 거행해
도 참람한 것이 되지는 않는다.

282

三月而葬.

🔳　3개월 만에 장례를 치르는 것과 관련하여.

及期甚當. 不幸而窮不及期, 則不得已而至於擇葬, 亦勢所不免.
若如今人兄弟各拘吉凶, 久而不葬者, 甚不可也.

🔳　기한에 맞추어 하는 것이 매우 마땅하다. 불행하게도 곤궁해서

기한을 맞추지 못하면 어쩔 수 없이 날짜를 잡아서 장례를 하는 것도 형편상 어쩔 수 없는 것이다. 요즘처럼 형제들이 저마다 길흉에 구애되어서 오래도록 장례를 치르지 못하는 것은 매우 불가하다.

283

穿壙.

🔲 무덤의 구덩이를 파는 것과 관련하여.

隧道, 後世上下通行, 然其間棺槨尺量等事, 或有差誤, 則有至難處者, 不如直下之爲穩也.

🔲 수도隧道[375]란 후세에 위와 아래를 통행하도록 만든 것이다. 그러나 그 사이에 관棺과 곽槨의 두께, 길이, 폭을 자로 측량하는 등의 일이 혹시라도 어긋남이 있게 되면 대단히 곤란한 문제가 생기게 된다. 그러니 곧장 아래로 파는 것이 온당하다.

284

作灰隔.

🔲 회격灰隔을 만드는 것과 관련하여.

此當與下文"加灰隔、內外蓋"處通看，方得其詳. 蓋此所謂灰隔，非今人所用之灰隔也.『家禮』不用外槨，而顧多用瀝靑，故別用薄板，權爲外槨之形，姑去其蓋板，而塗瀝靑於其地板與四周. 以此代槨，而安於壙底炭灰之上，乃下棺於其中，正如下棺於槨中也. 然後始用今所用灰隔，而下灰隔，依今下灰隔之法，轉轉築上，及隔之平而止，則其狀亦如槨外用灰炭也. 於時方加此隔內外蓋. 其內外蓋之制及所用先後節次，『家禮』詳之，可考而知也. 蓋無槨則瀝靑無所用於塗，故爲此制，專爲用瀝靑設也，故此灰隔者，所以隔灰與瀝靑也. 今所用灰隔者，所以隔灰與炭也，今人未有無槨而葬者，其用瀝靑，又不如『家禮』之多，而只用於外槨之外，則無所用於此灰隔爲也. 不知者乃以今之灰隔之制，解此灰隔之文，牽强乖繆，由不致詳於上下之文故耳.

[답] 이것은 마땅히 아래의 "회격을 안과 밖의 덮개에 채운다"라는 부분과 함께 보아야 비로소 소상하게 이해할 수 있다. 여기에서 말하는 '회격'은 요즘 사람들이 사용하는 회격이 아니다.『가례』에서는 외곽外槨을 사용하지 않고 역청瀝靑을 많이 사용한다. 그러므로 별도의 얇은 판자를 사용해서 임시방편으로 외곽의 형태를 만들되, 잠시 그 덮개 판자를 제거한 다음 그 바닥 판자와 네 면에 역청을 바른다. 이것으로 곽을 대신하여 구덩이 밑 탄회炭灰 위에 안치하고 그 중앙에 하관下棺을 한다. 이렇게 되면 곽 속에 하관을 하는

것과 똑같아진다. 그런 다음에야 비로소 오늘날 사용하는 회격을 사용하는데, 회격을 내리는 것은 오늘날 회격을 내리는 방법처럼 빙 둘러쌓아 올리다가 격隔과 평평할 만큼이 되면 그만한다. 이렇게 하면 그 모양이 역시 곽 밖에 회탄을 사용한 것과 같아진다. 이때 비로소 이것[회]을 채워 안과 밖의 덮개를 격하는데, 안과 밖의 덮개의 제도와 사용하는 선후 절차는 『가례』에 상세하게 나와 있으니 살펴보면 알 수 있다.

대개 곽이 없으면 역청은 바르는 데 사용할 곳이 없다. 그러므로 이 제도는 오로지 역청을 사용하기 위해 마련된 것이다. 따라서 이 회격은 회와 역청을 격하는 것이고, 오늘날 사용하는 회격은 회와 숯을 격하는 것이다. 요즘은 곽 없이 장례를 치르는 사람이 없으니, 사용하는 역청도 『가례』만큼 많지 않고, 그저 외곽의 바깥에 사용한다. 그러니 이 회격에서는 사용할 데가 없다. 이것을 모르는 사람들이 오늘날의 회격하는 제도로 이 〔『가례』의〕 회격하는 글을 해석하려다 보니 억지스럽고 사리에 어긋나게 되는 것이다. 이 모두가 위아래 글을 꼼꼼하게 살피지 않은 데서 기인한 것이다.

285

反哭.

🔲 반곡反哭과 관련하여.

古人深以反魂爲重且急，葬之日，未及成墳而反虞，所以欲反其平時所居處、所安樂之處，庶幾神魂不至於飄散也. 自廬墓俗興，此禮遂廢，仍奉魂於空山荒僻平昔所未嘗居處安樂之地，以歷三年而後反之. 重體魄而輕神魂，其不知而無稽也甚矣. 然來喻欲反而因遂入廟，與前神主合櫝共祭，此又何其考之不詳，而擬議踈謬耶? 據禮，旣反而設几筵於正寢，三虞而卒哭，卒哭而祔. 祔時，蹔奉至廟，行祔祭後，復反於几筵，以終三年而後入廟. 皆有節次不啻詳且謹也，何可以遽入廟耶? 且今人葬後，合祭前後主. 以前主而言，旣吉而反凶，非禮也. 以後主而言，方凶而援吉，亦非禮也. 觀忌日之祭，猶只祭當主，而不并祭他，則喪不可合祭前主較然矣. 雖然，今有人篤孝而能謹居喪者，反哭後，能嚴內外之辨，寢苫枕塊，以終三年，則固爲至善，雖違衆而不廬墓，何不可之有? 苟或不然，反後，凡居處守喪之道有不能致謹者，則其罪又甚於不反魂之非，此在喪者自信而能盡心以處之耳. 合祭，雖擧俗皆然，然亦在孝子信古據禮，至誠哀痛而改之，則改世俗之非禮，以從禮文，亦何不可之有哉? 若不幸而信不能及此，難於違俗而合祭，則只設紙牓之類以行之，猶或可言，至於出主而合祭廬所，尤爲大錯，千萬不可爲也.

[답] 옛날 사람은 '반혼反魂'을 매우 중하고도 급하게 여겨서, 장례를 치르는 날 미처 분묘가 완성〔成墳〕되기도 전에 집으로 돌아와 우제虞祭를 지냈다. 이렇게 함으로써 평소 거처하시면서 안락해하시던

곳으로 돌아와서 신혼神魂이 정처 없이 흩어지시지 않게 하고 싶은 것이다. '여묘廬墓'의 풍속이 흥기하고서부터 이 예는 마침내 폐기되어, 평소 거처하거나 안락해 본 적 없는 텅 빈 산의 황량하고 궁벽한 곳에 신혼을 모시다가 3년이 지난 다음에야 돌아온다. 체백體魄만 중히 여기고 신혼은 가볍게 여기는 것의 무지하고 생각 없음이 대단히 심하다.

그런데 보내온 편지에는, 집으로 돌아오자마자 사당에 모시고 들어가 이전의 신주[376]와 함께 같은 독櫝에 모시고 함께 제사를 지내려고 한다니, 이것은 또 얼마나 검토가 꼼꼼하지 못하여 의론이 어설프고 그릇된 것인가? 예에 따르면, 집으로 돌아온 다음에는 정침正寢에 궤연几筵을 마련하고, 삼우제三虞祭를 지낸 다음 졸곡제卒哭祭를 지내고, 졸곡제를 지낸 다음에는 부제祔祭를 지낸다. 부제를 지낼 때 잠시 〔신주를〕 모시고 사당에 갔다가, 부제를 지낸 다음에는 다시 궤연으로 모시고 돌아와서 3년을 마친 다음에 사당으로 모시고 들어간다. 이 모든 것이 절도와 순서가 있다. 그것이 얼마나 상세하고 조심스러운 것인데, 어떻게 느닷없이 사당으로 모시고 들어간단 말인가? 더구나 요즘 사람들은 장례를 치른 다음 〔부부 중에〕 앞서 돌아가신 분과 나중에 돌아가신 분의 신주를 함께 모시고 제사를 지낸다. 〔이런 일을〕 앞서 돌아가신 분의 입장에서 보면 이미 길한 상황에서 흉한 상황으로 되돌아가는 것이니 비례非禮이고, 나중에 돌아가신 분의 입장에서 보면 이제 막 흉한 상황이 시작되었는데 길한 상황으로 끌어가는 것이니 역시 비례이다. 기일忌日의 제사도 해당 신주에게만 제사를 지내고 다른 신주와 함께 제사를 지내지 않는 것을 보면, 상喪에서 앞서 돌아가신 분과 함께 제사를 지내는 것은 불가하다.

비록 그렇기는 하지만, 돈독한 효성으로 상을 치르는 데 신중함을 기하는 이가 있어서 반곡한 뒤에 능히 내외의 변별을 엄격히 지켜 거적자리에서 잠자고 흙덩이를 베개 삼아 3년을 마칠 수 있다면 참으로 대단히 잘한 일이라 할 것이니, 비록 다중의 방식과 어긋나게 여묘를 하지 않았다 해도 무슨 불가함이 있겠는가? 그러나 혹시 그렇지 못하고 돌아온 후에 거처하는 것이나 상을 치르는 도가 신중함을 다하지 못하는 경우가 있다면, 그 죄는 반혼을 하지 않은 잘못보다도 심할 것이다. 이는 상을 치르는 이가 스스로 자신을 믿고 마음을 다해 대처하는 데 달린 문제이다.

두 분을 함께 제사 지내는 것은 비록 온 세상이 다 그렇게 하지만, 그렇더라도 이 역시 효자가 옛날을 믿고 예에 의거하는 데 달려있다. 지성으로 애통해하며 고쳐 나간다면 세속의 비례를 고쳐 예문禮文대로 하는 것이 무슨 불가함이 있겠는가? 만일 불행하게도 믿음이 이에 미치지 못해서 세속에 어긋나기 어려워 함께 제사를 지내게 되더라도 지방紙牓을 마련해서 행한다면 그나마 말이 되지만, 신주를 모시고 나와 여묘하는 곳에서 함께 제사를 지낸다는 것은 더욱 큰 잘못이니 절대로 해서는 안 된다.

卒哭後祭禮云云.

🔲 졸곡을 지낸 뒤의 제례祭禮와 관련하여.

未葬, "事死如事生", 專以凶哀爲主, 故奠而不祭. 旣葬, 則曰: "反
而亡焉", 於是不得不以神道事之, 所謂 "事亡如事存"也. 以神事
之, 則何可專循孝子哀痛之故而尚純凶, 只奠而不用祭禮乎? 故備
三獻等節文, 而讀祝於主人之左, 此所謂 "漸用吉"耳. 孝子衰経以
行之, 何所疑哉? 來喻謂 "今人三年用吉祭者蓋寡"者, 必以用肉爲
吉祭而言也, 是不然. 古人自初喪, 奠亦皆用肉, 非至此而始用肉,
謂之吉祭也. 不用肉, 亦今人之大失. 雖不能免俗, 而未可常用, 或
有新得則薦之, 薦後, 以神意即饋門族可也. 合祭之說, 前已悉, 不
再云耳.

🔲 장례를 치르기 전, "돌아가신 분 섬기기를 살아 계시는 분 섬기
는 것처럼" 할 때는 오로지 흉함과 슬픔을 위주하므로 전奠만 올리
고 제사를 지내지는 않는다. 장례를 치르고 나면 "집으로 돌아왔으
나 계시지 않는다"[377]라는 말도 있듯이, 이때부터는 신도神道로 섬
기지 않을 수 없다. 이른바 "안 계시는 분 섬기기를 계시는 분 섬기
는 것처럼 하라"이다. 신으로 섬기게 되면 어찌 효자의 애통함만을

따라 순흉純凶만을 숭상하여 전만 올리고 제례를 사용하지 않겠는
가? 그러므로 삼헌 등의 절문節文을 갖추고, 주인의 왼쪽에서 축문
을 읽는 것이다. 이것이 이른바 "점차 길함을 쓴다"라는 것이다. 효
자가 상복[衰絰]을 입고 [제사를] 행하는 것이 어찌 의심스러운가?

　보내온 편지에 "요즘 사람은 3년 동안 길제吉祭를 준용하는 이가
적다"라고 했는데, 이것은 필시 [제사에] 고기를 사용하는 것을 길
제라고 여겨서 한 말일 것이다. 하지만 그렇지 않다. 옛날 사람은
초상初喪 때부터 전에도 다 고기를 사용했으며, 이때가 되어서야 비
로소 고기를 사용하고 길제라고 한 것이 아니다. 고기를 사용하지
않는 것도 요즘 사람들의 큰 잘못이다. 비록 시속을 벗어나지 못해
항상 [고기를] 사용하지는 못하더라도, 혹시 새로 얻었을 경우에는
올리고, 올린 뒤에는 '신의 뜻'을 앞세워 즉시 문족門族들에게 보내
는 것이 가할 것이다. 두 분을 함께 제사 지내는 것에 관한 설명은
전에 이미 다했으니 다시 말하지 않는다.

287

雙墓分左右.

🔖 쌍묘雙墓의 왼쪽과 오른쪽을 나누는 것과 관련하여.

自北面南而分左右, 則考當西爲右, 妣當東爲左. 蓋神道尙右, 地

454

道亦然, 而祭時設位亦以右爲上故也. 朱子自云: "葬亡室時, 虛東一坎." 此則可疑, 然恐或記者之誤, 未可以此而易 "神道尚右" 之義也. 雙墓表石、牀石, 今人率用一件, 恐不違禮.

📋 북쪽에서 남쪽을 바라보는 상태에서 왼쪽과 오른쪽을 나누자면, 아버지는 서쪽에 해당하니 오른쪽이 되고 어머니는 동쪽에 해당하니 왼쪽이 된다. 대개 신도神道는 오른쪽을 위쪽으로 삼고, 지도地道 역시 그러하며, 제사를 지낼 때 신위를 마련하는 것 역시 오른쪽을 위쪽으로 하기 때문이다. 주자께서 스스로 "죽은 아내를 장례 치를 때 동쪽에 자리 하나를 비워두었다"라고 하셨다. 이것이 의심스러운 대목이기는 하나 혹시 기록한 자의 잘못일지도 모르니 이것을 이유로 "신도는 오른쪽을 위쪽으로 삼는다"라는 의리를 바꿀 수는 없다. 쌍묘의 표석表石과 상석牀石을 요즘 사람들은 대개하나로 하는데, 예에 어긋나지 않을 듯하다.

288

居喪, 出入、謝答可否.

📧 상을 치르는 중에 외부 출입을 하는 것과 감사의 답례를 하는 것의 가부와 관련하여.

居喪, 非甚不得已, 勿爲出入, 其出入官府, 尤甚不可. 然此亦不可以一槪斷置, 其有因營辦喪具, 不可坐待其自成者, 不得少有出入, 亦須大段加畏愼斂避也. 丘氏所譏"衰絰奔走拜謝"者, 固爲非禮, 然亦豈可專無謝答耶? 『家禮』"卒哭前, 不謝答, 而令子姪代之", 極合居喪之道, 但恐此亦尊者事爾. 若身爲士, 而地主以卿大夫之尊, 贈遺相續, 己之喪已及三月, 而葬與卒哭尚遠, 恐須謹奉一疏, 言所以葬未及時, 身且疾病, 受恩稠疊, 不得躬謝死罪之意. 如此, 似方爲得禮之變也. 府使近當見訪於此, 吾亦當致謝, 兼言喪人不敢衰絰入官府拜謝之意耳.

상을 치르는 중에는 대단히 부득이한 경우가 아니면 외부 출입을 하지 말 것이며, 특히 관부에 출입하는 것은 더욱 불가하다. 그러나 이 역시 일괄적으로 단정해서는 안 된다. 상구喪具를 마련하는 것과 관련하여 저절로 이루어지기를 앉아서 기다릴 수 없는 상황에는 다소의 출입이 없을 수 없다. 아무리 그렇더라도 대단히 두렵고 신중한 태도로 조심해야 한다.

구준丘濬이 비난한 "상복을 입고 분주하게 감사를 표하는" 것도 비례非禮인 것은 틀림없다. 그러나 이 역시 어찌 감사의 답례가 아예 없을 수 있겠는가? 『가례』의 "졸곡 이전에는 감사의 답례를 하지 않고 아들이나 조카에게 대신하게 한다"[378]라는 것이 상을 치르는 도리에 지극히 부합한 것이다. 그러나 이 역시 존자尊者에게나 해당하는 것이다. 예를 들어, 자신이 사士인데 그 지역의 어른이 경대부卿大夫의 존귀한 신분으로 금전이나 물품을 계속 보내주었다고 해 보자. 이럴 경우에 자신의 상은 이미 3개월이 되었지만 장례와 졸곡이 아직 멀었다면, 아무래도 한 통의 편지를 받들어 '제때 장례를 치르지 못하고 몸도 병이 들어서 여러 번의 은혜를 입었으나 직접 찾아가 감사드리지 못하여 큰 죄를 짓게 되었습니다'라는 의사를 표해야 할 듯하다. 이렇게 해야 비로소 변례變禮에 합당할 듯하다. 부사府使가 근자에 이곳을 찾아왔다면 나 역시 감사를 드리는 것이 마땅하니, '상주가 감히 상복을 입고 관부에 들어가서 감사를 드릴 수 없다'는 의사도 함께 표하라.

289

宗子居喪.

[문] 종자宗子가 상을 치르는 것과 관련하여.

家廟四時大祭, 則孫不可以代行, 若節日及薦新則可行, 此朱先生之論, 已見於『家禮』註.

[답] 가묘家廟에서의 사시대제四時大祭는 손자가 대행할 수 없으며, 명절이나 새로운 음식을 올리는 것은 할 수 있다. 이것은 주자의

말씀으로, 이미 『가례』주註에 나와 있다.

290

宗子居喪, 宗子妻喪, 雖已過三年, 其子之祭其母, 亦當依上所云
而行之, 不得別異於先祖而獨用時祭也.

　종자가 상을 치르는 중에는 종자의 아내 상이 비록 3년을 이미
지났더라도 그 아들이 어머니 제사를 지내는 것 역시 마땅히 위에
서 말한 바에 의거하여 행해야 하나, 선조와 별도로 시제를 지내서
는 안 된다.

375 수도(隧道) 지하에 굴을 파서 길을 내고 그 안에 영구(靈柩)를 안치하는 현실(玄室)
을 만들어, 영구를 밀어 넣는 방법으로 장사(葬事)를 진행할 때, 지하의 입구에
서 현실에 이르는 굴을 수도라 하였다. 고대의 장법(葬法)에 천자는 수도를 사용
하고, 제후는 연도(羨道)를 사용한다고 하였는데, 전국시대 이후로 제후는 물론
그 이하의 신분에 해당하는 사람들도 이 방법을 사용하는 경우가 있었으므로,
사마광(司馬光)의 『서의』에는 관을 줄로 매달아 하관하는 현관(懸棺)과 수도의 두
가지 장법이 있다고 하였는데, 『가례』의 '천광(穿壙)'조 본주에 수도와 현관에 대
한 사마광의 설이 인용되어 있다.

376 이전의 신주 부부 가운데 먼저 돌아가신 분의 신주를 말한다.

377 이 내용은 『예기』 「단궁하」에 나온다.

378 관련 내용은 『가례』 「상례」 '사장(謝狀)'에 나온다.

이함형에게 답하다 1569

答李平叔己巳

染疫遭罔極之變者, 不當避而求生, 所論甚善. 滉前日所擧朱先生
之言, 謂 "曉人當以義理不可避"者, 正是此意, 非有異也. 然此就
病死斂殯時而言之, 固宜如此, 若在旣斂殯後, 則容有可議者, 何
也? 蓋避者, 未必皆生, 然而避者, 生之道也; 不避者, 未必皆死,
然而不避者, 死之道也. 然則當此時, 欲付葬祭於何人, 必處其身
於死地, 而不少避以圖後事乎? 然此乃人事之大變極致處, 吾未到
能權地位, 恐難以立下一格法以訓世也. 比如人與至親同遭水火之
急, 固當不避焚溺, 以相拯捄, 及不免焚溺, 而一有偶脫者, 斂殯旣
畢, 乃不顧後事, 而反自投於水火, 則其所處得失何如耶? 此滉所
未判斷處也.

전염병으로 부모님이 돌아가시는 망극한 변고를 당한 사람은 몸을 피해 살기를 도모해서는 안 된다는 말은 매우 훌륭하다. 내가 전일에 거론한 "사람을 일깨우되 마땅히 의리의 불가피함으로 하라"라는 주자의 말씀이 바로 이런 뜻이며 다른 것이 아니다. 그러나 이것이 병으로 돌아가신 상황에서 염斂과 빈殯을 해야 하는 경우라면 이렇게 하는 것이 마땅하겠지만, 이미 염과 빈을 한 다음이라면 논의의 여지가 있다. 무슨 말인가 하면, 대개 피한다고 모두 살라는 보장은 없지만 피하는 것은 사는 길이오, 피하지 않는다고 모두 죽지는 않겠지만 피하지 않는 것은 죽는 길이다. 그렇다면 이럴 때, 장례나 제사는 누군가에게 맡겨놓고 굳이 그 자신을 사지에 처하도록 하고 조금 피했다가 후사를 도모하는 일은 하지 않으려고 하는가? 하지만 이것은 사람이 살아가는 세상에서 더없는 변고이고 내가 아직 권도權道를 능히 행사할 수 있는 지위에 있지 못하기에, 하나의 올바른 법을 세워 세상을 가르치기는 어렵다. 비유컨대, 누군가 지친至親과 함께 다급한 수재나 화재를 당했다면, 당연히 불에 타거나 물에 빠지는 것을 피하지 않고 서로를 구하려고 해야 할 것이다. 하지만 불에 타고 물에 빠지는 것을 도저히 피할 수 없는 상황에서 그중에 누군가가 우연히 탈출했는데, 염과 빈을 모두 마친 다음에 그가 뒷일은 고려하지 않고 다시 물과 불 속으로 몸을 던졌다면 이러한 대처방식의 득실은 어떻다고 생각하는가? 이는 내가 판단할 수 없는 부분이다.

292

夫存妻死, 則神主不書"顯妣", 疑當云"亡室"? 妻存無子而夫亡, 未詳當何書. 都下有一家書曰"顯辟", 蓋依『禮記』"夫曰皇辟"之語也, 未知是否.

남편은 살아 있고 아내가 죽은 경우에, 신주에 "현비顯妣"라고 쓰지 않고 마땅히 "망실亡室"이라고 써야 하지 않을까? 아내는 살아 있고 자식이 없는 상태에서 남편이 죽은 경우에는 어떻게 써야 할지 잘 모르겠다. 서울의 어떤 집안에서는 "현벽顯辟"이라고 썼는데, 아마도 『예기』의 "남편은 황벽皇辟이라고 한다"[379]라는 말에 의거한 것일 텐데, 옳은지는 모르겠다.

293

期、九月之喪, 復寢之節, 以「喪大記」考之, "期, 居廬, 終喪不御於內者, 父在爲母." 此言惟父在爲母期者終喪不御於內, 其他則不然也. 又云: "爲妻齊衰期者. 大功布衰九月者, 皆三月不御於內." 此言惟此二者三月不御內, 其他則不然也. 葉賀孫嘗擧此以問曰: "不知小功、緦麻獨無明文, 其義安在?" 朱子曰: "禮旣無文, 卽當自如矣, 服輕故也." 賀孫亦有問五服飮食居處之節, 朱子答之云云.

右兩條, 皆見於『朱子書節要』第十二卷, 可考見也.

기년상과 9개월상에서 침실로 복귀하는 절차를『예기』「상대기」
의 내용으로 살펴보면, "기년의 상에서 의려倚廬에 거처하고 상을
마칠 때까지 〔부인이〕 안에서 모시지 않는 경우는 아버지가 살아 계
시는 상황에서 어머니상을 치를 때"라고 했으니, 이는 오직 아버지
가 살아 계시는 상황에서 어머니에 대한 기년상을 치르는 경우에
만 상을 마칠 때까지 〔부인이〕 안에서 모시지 않는 것이며, 그 나머
지는 그렇지 않음을 말한 것이다. 또 이르기를, "아내를 위해 자최
齊衰를 입고 기년상을 치르거나 대공포최大功布衰를 입고 9개월상을
치르는 경우에는 모두 3개월 동안 〔부인이〕 안에서 모시지 않는다"라
고 했는데, 이는 오직 이 두 가지 경우에만 3개월 동안 〔부인이〕 안에
서 모시지 않는 것이며, 그 나머지는 그렇지 않음을 말한 것이다.

섭미도葉味道가 일찍이 이 문제를 들어서 물었다. "소공小功과 시
마緦麻에 대해서만 명문이 없는데, 이렇게 한 뜻이 어디에 있는 것
입니까?" 주자께서 대답하셨다. "예에 명문이 없으면 자유롭게 하
면 되는데, 복服이 가볍기 때문이다." 섭미도가 오복五服의 음식과
거처의 절도에 대해서도 물었는데, 주자께서 이에 관해 답하셨다.

이상 두 조목은 모두『주자서절요』제12권에서 찾아볼 수 있다.[380]

294

神主尺度不中, 改造似當. 然昔李堯卿造家先牌子, 不用伊川神主制, 而用溫公牌子, 未詳. 只用匠尺, 其後覺長大不合度, 欲改之, 問於朱子.
朱子云: "而今不可動." 以此觀之, 神主與牌子庸何異乎? 牌子不
可動, 則神主可易改乎?

右李堯卿所稟一條, 見『朱子書節要』十一卷.

신주의 척도가 예법에 맞지 않으면 다시 만드는 것이 마땅할 듯
하다. 그러나 예전에 이당자李唐咨가 집안 조상의 위패(牌子)를 제조
할 때 이천의 신주 제도를 준용하지 않고 사마광의 위패를 준용한 것인지는 미상이
다. 그냥 장척匠尺을 사용해서 만들었다가 나중에서야 길이와 크기
가 법도에 맞지 않다는 것을 깨닫고 다시 만들려고 하면서 주자께
여쭈었다. 그러자 주자께서는 "지금은 변동할 수 없다"라고 하셨
다. 이런 사실로 미루어 보면, 신주와 위패가 무엇이 다르겠는가?
위패가 움직일 수 없다면 신주라고 쉽게 고칠 수 있겠는가?

이상 이당자가 여쭙는 조목은 『주자서절요』 11권에 나와 있다.[381]

295

玄纁, 如韓永叔說, 卷束而置棺左右, 比世人鋪在棺上, 此爲得之.
魂帛, 恐不必如申啓叔說.

검은 비단(玄)과 붉은 비단(纁)[382]은 한수韓脩의 설처럼 돌돌 말아서 관의 좌우에 안치하는 것이 요즘 사람들이 관 위에 펼쳐두는 것에 비해 타당하다. 혼백魂帛은 신옥申沃의 설처럼 할 필요는 없을 듯하다.

296

夫在妻喪, 『家禮』 "立喪主"及 "朔奠"等處註說如彼分曉, 只得遵依. 其 "題主"條, "母喪稱哀子", 未詳何意. 或者雖父母俱歿, 於母喪則止稱哀子云乎? 若此處須更問知禮人, 爲佳.

남편이 살아 있는 아내의 상과 관련하여, 『가례』의 "상주를 세우다(立喪主)" 또는 "초하룻날 올리는 전(朔奠)" 등의 주註에 저렇게 분명하게 설명해 놓았으니 그대로 따르기만 하면 된다. "신주의 내용을 쓰다(題主)" 부분에서 "어머니의 상에는 애자哀子라고 칭한다"라는 말은 어떤 의미인지 잘 모르겠다. 혹시 부모가 모두 돌아가셨더라도 어머니의 상에는 애자라고만 칭하라는 말인가? 이런 부분은 예를 잘 아는 분에게 다시 묻는 것이 좋겠다.

297

葬旣久, 而下誌石, 雖欲於壙內下之, 其勢爲難, 所以不得不倣壙南之說而處之. 然堨砌下太遠於堨上, 依數尺之說, 量宜用之.

장례를 치른 지 이미 오래된 뒤에 지석誌石을 〔무덤 속에〕 내릴 때,[383] 비록 광壙의 내부에 내리고 싶겠지만 그 형세가 곤란할 것이니, 부득불 '광의 남쪽'이라는 설에 따라 대처해야 할 것이다. 그러나 계단 아래가 계단 위쪽과 너무 멀면 '몇 자 떨어진 곳'이라는 설에 따르되 적당하게 준용하라.

298

妻喪在途, 而聞兄弟之喪, 此等事, 古無明文, 臆說爲難. 恐遇此變者, 固當奔兄弟之喪. 然若妻喪無人幹護, 不可以成葬, 則至妻喪掩壙而後奔, 其或可也.

아내의 상喪에 가는 도중에 형제의 상을 듣게 되는 이런 일은 고례에 명문이 없으니 억측으로 이야기하기 어렵다. 아무래도 이런 변을 당한 사람은 마땅히 형제의 상에 분상奔喪해야 할 것이다. 그러나 만일 아내의 상을 주간할 사람이 없어서 장례를 치를 수 없다면, 아내의 상에서 관에 흙을 덮는 것〔掩壙〕까지 본 뒤에 분상해도 가할 것이다.

299

時祭祝文, 若用丘氏禮, 倂一祝文, 則當不用 "昊天罔極"之語. 但來示所謂 "祝文上端批云義起之", 此說滉記不得, 未審何謂?

시제時祭의 축문을 구준의 예禮[384]를 준용하여 하나의 축문으로 합친다면, 당연히 "호천망극昊天罔極"이라는 표현은 사용할 수 없다. 다만 편지에서 "축문 상단에 '의기義起'라는 비批[385]를 달았다"라고 한 말을 나는 기억하지 못하겠다. 그것이 무슨 말인가?

300

世人遇妻親無主祀者, 不免爲徇情權行之祭. 然度其勢, 難於祝文之辭, 其不用祝者或有之矣. 今若用祝, 則恐如所論, 似亦可矣. 忌日祝末, 丘氏 "恭伸奠獻" 之文用之爲善. 張兼善 "無祝人, 則設祝文而不讀", 在苟簡不備禮中, 自盡其心之事, 其意善矣. 但此等權行事, 只爲一時自處之事, 難乎以此爲訓於世耳.

요즘 사람들은 처부모의 제사를 주재할 사람이 없는 경우에, 어쩔 수 없이 상황에 따라 임시방편으로 제사를 지내게 된다. 그러나 그 형세를 헤아려보면, 축문의 내용에 곤란함을 느끼게 된다. 그래서 축문을 사용하지 않는 경우도 간혹 있다. 만일 축문을 사용한다면, 편지에 쓴 내용처럼 하는 것이 옳을 듯하다. 기일忌日의 축문 말미에는 구준의 "공손히 음식과 술을 펼칩니다"라는 글을 사용하는 것이 좋겠다. 장경세張經世는 "축문 읽을 사람이 없으면 축문을 진설은 하되 읽지는 않는다"라고 하였는데, 간략하여 예를 갖추지 못하는 중에도 스스로 그 마음을 다했으니 그 뜻은 좋다. 다만 이는 한때 임시로 행할 일이지, 세상의 교훈으로 삼기는 어렵다.

301

郭巨埋子與廬墓之是非, 申啓叔之說近是. 但以爲 "聖賢復起, 必
爲廬墓", 此則非矣. 若公則知廬墓之非而欲矯之, 其意非不善矣.
惟其言太激發過當, 誚廬墓太刻急, 至比於郭巨埋子, 其事本不相
同而强同之, 宜乎啓叔之不肯可也.

　곽거郭巨가 자식을 묻으려 한 일[386]과 여묘의 시비 문제는 신옥申
沃의 설이 더 옳다. 다만 "성현이 다시 세상에 오신다 해도 반드시
여묘를 하실 것"이라고 한 것은 잘못됐다. 그대의 경우는 여묘의
그릇됨을 알고 그것을 바로잡으려고 한 것이니 그 의도가 나쁜 것
은 아니다. 다만 그 발언이 너무 과격하고 여묘에 대한 비판이 너
무 급박한 데다 곽거가 자식을 묻는 비유에 이르러서는 그 사안이
본래 같지 않은 것임에도 억지로 같다고 우겼으니, 신옥이 수긍하
지 않는 게 당연하다.

302

喪服, 袖加一幅, 勢出於不得已, 似當從河西之爲. 但如是每事輒
率己意, 變亂古制, 恐亦非輕事.

468

상복에서 소매를 한 폭 더하는 것은 형세상 부득이함에서 나온 것이니, 하서河西 김인후金麟厚의 방식을 따르는 것이 타당할 듯하다. 다만 이처럼 매사를 자신의 의견에 따라 옛 제도를 변경하여 어지럽히는 것은 아무래도 가벼운 일이 아니다.

379 이 내용은 『예기』 「곡례하」에 나온다.

380 이 글은 『주자대전』 58, 「답섭미도(答葉味道)」(3)에 나온다.

381 이 글은 『주자대전』 57, 「답이요경(答李堯卿)」(3)에 나온다.

382 검은 비단(玄)과 붉은 비단(纁) 장례를 치를 때 무덤 속에 넣어드리는 예물이다. 『가례』에서는 "검은 비단 여섯과 붉은 비단 넷을 쓰는데, 길이는 1장 8척이다. 주인은 〔검은 비단과 붉은 비단을〕 받들어 널의 옆에 놓고 두 번 절하고 이마를 바닥에 찧는다. 그 자리에 참석한 사람은 모두 슬픔을 다해 곡한다. 집이 가난하여 이 숫자를 갖출 수 없으면 검은 비단과 붉은 비단 각각 하나씩만도 괜찮다. 그 밖의 금과 옥, 노리개 등은 모두 광에 넣어서 돌아가신 분에게 누가 되게 해서는 안 된다(玄六纁四, 各長丈八尺. 主人奉置柩旁, 再拜稽顙, 在位皆哭盡哀. 家貧或不能具此數, 則玄纁各一, 可也. 其餘金玉寶玩, 並不得入壙以爲亡者之累.)"라고 하였다.

383 『가례』에 '지석을 내리다(下誌石)'라는 조목이 있는데, 이와 관련하여 『가례』에서는 다음과 같이 설명한다. "분묘(墳墓)가 평지에 있다면 광(壙) 안의 앞쪽 가까운 곳에 먼저 벽돌을 한 겹 깔고 지석을 그 위에 놓는다. 또 벽돌로 사방을 둘러싸고 그 위를 덮는다. 만약 분묘가 산기슭 가파른 곳에 있다면, 광의 남쪽 몇 자 떨어진 곳에 땅을 4~5척 깊이로 파고 이 방식에 따라 묻는다.(墓在平地, 則於壙內近前, 先布磚一重, 置石其上, 又以磚四圍之, 而覆其上. 若墓在山側峻處, 則於壙南數尺間, 掘地深四五尺, 依此法埋之.)"

384 구준의 예(禮) 구준의 『가례의절』을 가리킨다.

385 비(批) 책에 찌를 붙여서 자신의 생각이나 의심스러운 점을 기록해 놓는 것을 말한다.

386 곽거(郭巨)가 자식을 묻으려 한 일 후한(後漢) 때의 효자 곽거는 가난한 형편에도 노모를 극진히 봉양하였는데, 마침 아내가 아들을 낳아 3세가 되었을 때 노모가 항상 자기 밥을 덜어서 손자를 먹이곤 하였다. 그러자 곽거가 자기 아내에게 말하기를 "가난해서 어버이 봉양을 제대로 할 수 없으니, 우리 함께 저 자식을 땅에 묻읍시다. 자식은 다시 얻을 수 있지만, 어머니는 다시 얻을 수 없소" 하

고, 아내와 함께 아이를 안고 가서 묻으려고 하였다. 땅을 2척 남짓 파자 그곳에 황금이 가득한 가마솥 하나가 있었는데, 그 솥 위에 "하늘이 효자 곽거에게 내린 것이니 관청에서도 빼앗을 수 없고 다른 사람도 취할 수 없다(天賜孝子郭巨, 官不得奪, 人不得取.)"라고 쓰여 있었다. 그래서 아이 묻는 일을 중단하고 바로 돌아와서 어버이도 잘 봉양하고 아이도 잘 기를 수 있었다는 고사에서 나온 말이다.

조진에게 답하다 1568

答趙戊辰

303

祭四代, 古禮亦非盡然, 『禮記』「大傳」: "大夫有事, 省於其君, 干祫
及其高祖." 說者謂: "祫本諸侯祭名, 以大夫行合祭高祖之禮, 有自
下干上之義, 故云干祫." 以此觀之, 祭四代, 本諸侯之禮, 大夫則
家有大事, 必告於其君而後, 得祭高祖而告之, 不常祭也. 後來, 程
子謂: "高祖有服之親, 不可不祭." 朱子 『家禮』 因程子說, 而立爲
祭四代之禮. 蓋古者代各異廟, 其制甚鉅, 故代數之等不可不嚴.
後世只爲一廟, 分龕以祭, 制殊簡率, 猶可通行代數, 故變古如此,
所謂 "禮雖古未有, 可以義起"者此也. 今人祭三代者, 時王之制也.
祭四代者, 程朱之制也, 力可及則通行, 恐無妨也.

4대까지 제사 드리는 것은 고례에도 모두 그랬던 것은 아니다.

472

『예기』「대전」에 "대부大夫가 일이 있으면 그 임금께 고하고 신분을 넘어서 고조에게까지 협제가 미친다"라고 하였다. 이와 관련하여 "'협제'란 본래 제후가 올리는 제사 이름이므로 대부가 고조까지 합제를 행하는 예에는 아래로부터 위를 구하는 의미가 있다. 그러므로 '신분을 넘어선 협제干袷'라고 한다"라고 설명한다. 이러한 설들을 근거로 살펴보면, 4대까지 제사 드리는 것은 본래 제후의 예이고, 대부의 경우는 집안에 대사大事가 있으면 반드시 그 임금께 고한 뒤에 고조에게 제사를 드리면서 [그 대사에 대해] 고했던 것이지 항상 제사를 드리지는 못했다. 나중에 정자께서 "고조는 상복을 입는 친親이므로 제사를 드리지 않을 수 없다"라고 하셨고, 주자의 『가례』는 정자의 설에 따라 4대까지 제사 드리는 예를 세웠던 것이다.

대개 옛날에는 대代마다 각각 사당廟을 달리하여 그 제도가 매우 거창하였기 때문에 대수代數의 차등이 엄격하지 않을 수 없었다. 하지만 후세에는 같은 사당에 감실龕室만 나누어 제사를 드리기 때문에 제도가 매우 간솔하여 여러 대수의 제사를 모두 드릴 수 있게 되었다. 그러므로 이와 같이 옛날과 달라진 것이니, 이른바 "예禮가 비록 옛날에 없었던 것일지라도 의義로써 제기할 수 있다"라는 것이 이런 경우이다. 요즘 사람들이 3대만 제사 드리는 것은 시왕時王의 제도이고, 4대까지 제사 드리는 것은 정자와 주자의 제도이다. 힘이 미칠 수만 있다면 4대까지 함께 제사 드리는 것도 무방할 것이다.

題主左旁之說, 何士信「小學圖」雖書神主左旁, 然今『家禮』及
『大明會典』等圖皆書神主右邊, 即人之左旁也, 此不容皆誤. 只得
從『家禮』『會典』可也, 何必苦疑?

신주의 내용을 왼쪽에 쓴다는 설과 관련하여 하사신何士信의 「소
학도」에 비록 '신주의 왼쪽'에 쓰도록 되어 있지만, 『가례』와 『대명
회전』 등의 그림에는 모두 '신주의 오른쪽' 곧 '사람의 왼쪽'에 쓰도
록 되어 있다. 『가례』와 『대명회전』이 모두 틀렸을 수는 없다. 그러
니 『가례』와 『대명회전』을 따르면 되는데 어찌 그렇게 애써 의심하
는가?

握手, 『儀禮』「士喪禮」言 "右手設決" 者, 「旣夕禮」言 "左手無決"
者, 旣分左右言, 又有有決、無決之云, 非二而何? 丘瓊山『家禮』
雖非盡用『儀禮』, 亦言用二, 又何必苦欲用一耶?

악수握手와 관련하여 『의례』「사상례」에서는 "오른손에 결決을 끼
운다"라고 하였고,[387] 「기석례」에서는 "왼손에는 결이 없다"라고 해

서[388] 이미 왼쪽과 오른쪽을 나누어 언급하였다. 또 '결'이 있다거나 없다는 표현이 있으니, 둘이 아니고 무엇인가? 구준의 『가례의절』 이 비록 『의례』를 모두 준용한 것은 아니지만, 역시 둘을 이야기하고 있는데 왜 굳이 애써 하나를 쓰려고 하는가?

306

異姓人侍養, 自是人家苟且之事. 然旣云奉祀, 則不容無安神設 祭之所, 仍指其所爲廟, 亦勢所必至. 然比廟制, 亦當稍減損, 乃爲 得之.

성씨가 다른 분을 모신다는 것은 누구의 집안에서든 〔있어서는 안 될〕 구차한 일이다. 하지만 기왕에 '제사를 받든다'라고 하였으면 신神을 봉안하고 제사를 진설할 곳이 없을 수 없고, 그곳을 가리켜 사당이라고 하는 것도 형편상 어쩔 수 없는 일이다. 그렇더라도 집안 사당의 규모와 비교해서 마땅히 약간은 줄여서 해야 할 것이다.

307

未葬前, 朝夕奠, 何以爲之?

🔲 아직 장례를 치르기 전에 조석전朝夕奠은 어떻게 합니까?

今俗殯前設几筵, 朝夕奠及上食皆行於此矣. 『儀禮』有饋食下室之文, 註: "下室, 猶今中堂." 然則古人設几筵處, 只行朝夕奠, 而上食則象平時, 行於中堂矣. 此與今制不同, 未知其上食處以何依神而上食也. 未可考.

☐ 요즘 풍속에서는 빈殯 앞에 궤연几筵을 마련하고, 조석전과 상식上食을 모두 여기에서 한다. 『의례』에는 하실下室에서 아침저녁 진지를 올린다고 했는데, 정현은 주註에서 "'하실'은 오늘날의 '중당中堂'과 같다"라고 했다.[389] 그렇다면 옛날에는 궤연을 마련한 곳에서는 조석전만 행하고, 상식은 평상시처럼 중당에서 행했던 것이다. 이것이 요즘 방식과 다르다. 그런데 그곳에서 상식을 하게 되면 무엇으로 신을 의지하게 해서 상식을 하는 것인지는 아직 검토하지 못했다.

308

居廬與返魂事, 何者爲是?

☐ 거려居廬와 반혼返魂 중에 무엇이 옳은 것입니까?

設殯於正寢者, 使其神安在於生存之處也. 歸葬于山野, 平土纔畢, 題主畢, 使子弟看封墓, 卽速返魂者, 恐神魂飄散無依泊, 欲趁依

歸, 即安於平昔居息之處, 此孝子之心也. 今只以居廬爲善, 未知
返魂之意, 至畢三年後, 乃返魂于家, 魂散久矣, 其能返乎? 胡伯量
問曰: "某結屋數間於壙所, 葬後, 與諸弟常居其間. 敬子以爲: '主
喪者旣葬當居家, 蓋神已歸家, 則家爲重, 卻令弟輩宿墓, 可也.' 舜
弼亦云: '廬墓非禮.' 某自此常在中門外別室, 更令一二弟居宿墳
菴, 某時一展省, 未知可否." 朱子曰: "墳土未乾, 時一展省, 何害
於事? 但不立廬墓之名耳."[390] 蓋漢、唐以下未有居廬之名, 其中或
有廬墓者, 表旌其閭, 由是廬墓成俗, 而返魂之禮遂廢, 甚可歎也.
但末禮法壞亂, 返魂于家者多有不謹之事, 反不若廬墓之免於混雜
也. 然其不謹如此者, 名雖廬墓, 恐亦不能致謹於廬墓也.

🔲 정침正寢에 빈殯을 마련하는 것은 신혼神魂으로 하여금 생존하
시던 곳에 편안히 계시게 하는 것이다. 산이나 들판에서 장례를 치
를 때 평토平土가 끝나고 신주에 내용을 쓰는 제주題主가 끝나면 자
제들로 하여금 무덤을 축조하는 것을 보게 하고, 〔주인은〕 곧장 신
혼을 모시고 집으로 돌아온다. 이렇게 하는 이유는 신혼이 의지할
데 없이 흩어져 떠도실까 두려워서 의지할 데로 가시게 하려는 것
으로, 평소 머무시던 곳에서 안식을 취하시게 하는 것이다. 이것이
효자의 마음이다. 요즘은 단지 '거려'만을 좋다고 하고 '반혼'의 의
미는 알지도 못하다가, 3년을 마친 다음에 집으로 반혼을 하지만,
신혼이 흩어져 버린 지 오래인데 돌아갈 수 있겠는가?

호영胡泳이 물었다. "제가 무덤 곁에 두어 칸의 집을 엮고 장례를 치른 뒤 그곳에서 모든 아우들과 항상 거처하였습니다. 그런데 이번李燔[391]이 '상주는 장례를 치른 뒤에는 마땅히 집에 거해야 한다. 신혼은 이미 집으로 돌아오셨으니 집이 중하기 때문이다. 아우들에게 묘소를 지키게 하는 것이 가하다'라고 하였고, 주모周謨[392]도 '여묘는 예가 아니다'라고 하였습니다. 제가 이때부터 항상 중문中門 밖 별실에서 지내면서, 아우 한두 명에게 분암墳菴에서 지내게 하고 저는 시간 날 때 한 번씩 묘소에 가서 성묘를 합니다. 이런 방법이 괜찮은지 모르겠습니다." 주자께서 답하셨다. "무덤의 흙이 아직 마르지 않았으니 시간 나는 대로 한 번씩 성묘를 하는 것이야 어찌 나쁘겠는가? 다만 '여묘'라는 말은 하지 말라."

대개 한漢·당唐 이래로 '거려'라는 말이 없었는데, 중간에 누군가 여묘를 한 사람이 있어서 그 여문閭門에 표정表旌을 하자, 이로 말미암아 여묘의 풍속이 형성되었고 반혼의 예는 드디어 폐기되었으니 심히 한탄스럽다. 다만 말세에 예법이 붕괴하고 문란해져서 집으로 반혼한 자들 중에 신중하지 못한 일들이 많다 보니 도리어 혼잡스러움을 면할 수 있는 여묘보다 못하게 되었다. 그러나 이처럼 신중하지 못한 자는 비록 여묘를 한다고 해도 또한 여묘에도 신중치 못할 것이다.

終三年上食否?

▣ 상을 마치는 3년 동안 상식上食을 해야 합니까?

返魂於正寢, 設几筵於其前, 至卒哭後, 行祔祭, 几筵不撤. 朱子答友人書論葬後几筵不可撤. 但據『儀禮』, 則當不復饋食於下室云云, 所謂 "几筵不可撤"者, 尙有朔望祭故也. 若不復饋食於下室, 則祔祭後, 似不復上食矣. 但今人皆終三年上食, "禮宜從厚", 從俗而行之可也. 祔祭事, 陸象山以謂: "祔祭畢, 新主入于廟, 可也." 朱子曰: "祔祭, 所以告先祖以當遷他廟, 而告新主以當入此廟之漸耳, 祭畢, 祖還于故龕, 主返于几筵, 以畢三年而後, 遷且入也."

▣ 정침에 반혼을 하고 그 앞에다 궤연几筵을 마련하고, 졸곡제卒哭祭를 마치고 부제祔祭를 지낼 때까지 궤연은 치우지 않는다. 주자께서 친구에게 보내신 답신에서 장례를 치른 뒤에도 궤연은 치워서는 안 되는 것에 대해 논하였다. 다만『의례』에 따르면 당연히 더 이상 하실에서 음식을 올리지 않아야 한다. 이른바 "궤연은 치우면 안 된다"라는 것은 아직 삭망제朔望祭가 있기 때문이다. 만일 더 이상 하실에서 음식을 올리지 않아야 한다면 부제 이후에는 더 이상 상식을 하지 않아야 할 듯하다. 하지만 요즘 사람들은 모두 상을

마치는 3년 동안 상식을 한다. "예禮는 마땅히 후한 방향으로 해야 한다"라고 했으니, 풍속에 따라서 행하는 것이 가하다. 부제에 관한 일은 상산象山 육구연陸九淵이 "부제가 끝나면 새로운 신주는 사당에 들이는 것이 가하다"라고 하자, 주자께서는 "부제는 선조들께는 '다른 사당으로 옮기셔야 함'을 고하는 것이고, 새로운 신주께는 '마땅히 이 사당에 드셔야 함'을 고하는, 앞으로의 점차적 변화일 뿐이다. 제사가 끝나고 나면 선조들은 기존의 감실로 돌아가고, 새로운 신주는 궤연으로 돌아와, 3년을 마친 뒤에 〔선조의 신주는〕 옮기고 〔새로운 신주는〕 들인다"라고 하셨다.

310

時祭、忌祭齊戒.

🔠 시제時祭와 기제忌祭의 재계齊戒와 관련하여.

朱子『繫辭本義』曰: "湛然純一之謂齊, 肅然警惕之謂戒." 忌祭及節祭, 則禮之小而近人情者, 故只齊一日; 時祭則禮之重大, 所以致盡於事神之道者, 故七日戒三日齊也. 清齊二日, 并祭日爲三也. 然今人親父母忌日, 則迫於情意, 亦或齊二日.

🔠 주자께서 『계사본의繫辭本義』에 "담박하게 한결같음을 '재齊'라

480

하고, 숙연하게 긴장함을 '계戒'라고 한다"라고 하셨다. 기제사와 명절 제사는 작은 예로서 인정에 가까운 것이므로 하루만 재를 하고, 시제는 중대한 예로서 신을 섬기는 도에 극진함을 다해야 하므로 7일 동안 계를 하고 3일 동안 재를 한다. 청재淸齋 이틀과 제삿날을 합하면 3일이 된다. 그러나 요즘 사람들은 부모님의 기일에는 정감이 더해서 재를 이틀 하기도 한다.

311

弔喪時, 欲以白帶爲之, 何如?

[문] 남의 상에 조문을 할 때 백대白帶를 착용하고 조문을 하려고 하는데 어떻습니까?

古人至以首腰絰往弔, 今人雜服以弔, 俗之弊也. 素冠雖不可爲, 白衣、白帶, 甚可也.

[답] 옛날에는 수질首絰과 요질腰絰을 하고서 조문을 가기도 했는데, 요즘에는 아무 옷이나 입고 조문을 하니 세속의 폐단이다. 소관素冠은 비록 해서는 안 되겠지만, 백의白衣와 백대는 매우 바람직하다.

387 『의례』「사상례」의 관련 내용은 다음과 같다. "결(決: 깍
지)을 시신의 오른손 엄지손가락에 끼우는데, 먼저 결의
끈을 엄지손가락 밑동에 맨 다음 손목에 맨다. 악수(握
手: 손싸개)를 양손에 끼우고 악수의 끈을 손목에 맨 결
의 끈과 묶는다.〔設決麗于掔, 自飯持之. 設握, 乃連掔.〕"

388 『의례』「기석례」의 관련 내용은 다음과 같다. "돌아가신
분의 왼손에 악수를 묶을 때, 검은색 면을 손바닥에 붙
이고, 묶는 고리를 왼손 가운뎃손가락에 만들어 두고
손목에서 묶는다.〔設握, 裏親膚, 系鉤中指, 結於掔.〕"

그림 20 결
(출처: 섭숭의, 『삼례도』)

389 인용한 『의례』의 내용은 「기석례」에 나오는데, 자세한 내용은 다음과 같다. "아
침과 저녁으로 곡(哭)을 하고 전(奠)을 올리는 기간에는, 돌아가신 분이 생전에
한가로이 거처할 때 봉양 받던 것, 즉 아침저녁의 진지, 사계절에 나는 맛있거나
색다른 음식, 목욕할 때 쓰던 뜨거운 물 등을 평소와 같이 진설한다. 초하루에
전을 올릴 때〔朔月奠〕와 철에 따라 새로운 음식을 올릴 때〔薦新〕는 하실(下室)에 진
설하지 않는다.〔燕養·饋·羞·湯沐之饌, 如他日. 朔月, 若薦新, 則不饋於下室.〕" '하실'과 관
한 정현의 주는 "'하실'은 지금의 내당(內堂)과 같다〔下室, 如今之內堂.〕"라고 했다.

390 이 글은 『주자대전』63, 「답호백량영(答胡伯量泳)」(1)에 나온다.

391 이번(李燔) 자는 경자(敬子), 남강군(南康軍) 건창현(建昌縣) 사람으로 주자의 문인이
며, 시호는 문정(文定)이다.

392 주모(周謨) 자는 순필(舜弼), 주자의 문인으로, 효우(孝友)가 깊었고, 상례를 치르
는 데 고례(古禮)를 사용하여 많은 사람이 본받았다.

정구에게 답하다

答鄭道可

312

老母在堂, 而伯兄見背, 寡嫂獨存, 惟有二女子, 又仲兄出後大宗,
遂在母側, 而家廟即繼祖之宗, 與仲兄同薦時事, 未知孰爲主人,
祝文書名, 初獻行禮. 不知何以乃爲合宜? 母意欲待吾仲、季生子,
以立兄後. 如是則事無難處, 情禮俱得矣. 苟或未果也, 伯兄之祀
當從俗例, 使外孫奉之耶? 抑依古禮, 班祔家廟耶?

🔖 노모가 살아 계시는데 백형伯兄이 세상을 떠났습니다. 홀로 된
형수에게는 두 딸만 있습니다. 또 중형仲兄은 대종大宗으로 출후出
後하였고, 제가 어머니 곁에 있습니다. 저희 가묘家廟는 할아버지를
잇는 소종小宗인데, 중형과 함께 시사時事를 드릴 적에 누가 주인으
로서 축문에 이름을 써야 하고, 초헌례初獻禮를 행해야 하는지 모르

겠습니다. 어떻게 하는 것이 합당하겠습니까? 어머니의 의중은 둘째나 막내가 아들 낳기를 기다렸다가 백형에게 입후立後하시려고 합니다. 이렇게 하면 일에 난처함이 없고 인정과 예의에도 모두 맞을 것입니다. 그러나 만일 그렇게 되지 못할 때에는 백형의 제사는 마땅히 시속에 따라 외손外孫에게 받들도록 해야 하는 것입니까? 아니면 고례에 의거하여 가묘에 반부班祔해야 하는 것입니까?

宗子成人而死, 則當爲之立後, 朱子答李繼善之書可考. 今尊堂欲爲長子立後, 甚合禮義, 兩君極宜贊成之, 一擧而百事皆順矣. 且宗子而已成人有室, 非旁親比, 而泛然班祔, 更恐非所宜爲, 故必以立後爲善耳. 廟祭祝文書名所宜, 亦有李繼善問答見於『續集』, 今依此處之, 則繼後子雖在襁褓, 亦當書其名, 而季也爲攝主以奠獻可也. 然則其未立後之前, 亦不得已權以季爲攝主, 不稱孝, 只書名稱攝而行之爲可. 仲則已出繼人後, 雖攝主, 恐亦未安也. 但今人無子而有女, 牽掣情私, 鮮能斷以大義而立後, 至以外孫奉祀, 一廟而二姓同祭. 夫天之生物, 使之一本, 而此則爲二本焉, 甚不可也. 今人或不幸其外家祖先無後而未有所處者, 不忍其主之無歸, 則權宜奉置別所, 而往來奠省, 未爲不可. 若公然與其本親同享一廟, 則悖理莫甚, 所謂"神不歆非禮"者, 此類之謂也. 故今於外孫奉祀之問, 不敢苟徇, 而以爲可行也.

答 종자宗子가 성인이 된 다음에 죽으면 마땅히 그를 위해 입후를 해야 한다. 주자께서 이효술李孝述에게 답하신 글에서 확인할 수 있다.[393] 이제 어른〔어머니〕께서 장자長子를 위해 입후를 하시고자 하신다니 예의禮義에 매우 부합한다. 그대 형제 두 사람은 최선을 다해 찬성해야 할 것이며, 그리하면 일거에 모든 일이 다 순탄해질 것이다. 더구나 종자인 데다 이미 성인에 아내까지 있으니 방친旁親에 비할 바 아님에도 범연히 반부를 하는 것은 적절치 않은 듯하다. 그러므로 반드시 입후를 하는 것이 최선이다. 묘제墓祭를 지낼 때 축문에 이름을 쓰는 적합한 방식도 『속집續集』의 이효술과의 문답에 나와 있다.[394] 이에 의거하여 대처한다면 계후자繼後子가 비록 강보襁褓에 있더라도 마땅히 그 아이의 이름을 쓰고 막내가 섭주攝主가 되어 음식을 올리고 술잔을 바치는 것이 가하다. 그렇다면 입후를 하기 이전에도 역시 권도權道를 행하지 않을 수 없으니, 막내를 섭주로 하되 '효孝'라는 표현은 뺀 채 이름만 쓰고 '대신 행합니다' 라고만 칭하는 것이 가할 것이다. 둘째는 이미 남의 후사로 출계하였으니 아무리 섭주라 하더라도 역시 온당치 못하다.

다만, 요즘에는 아들이 없고 딸만 있는 경우에 사사로운 감정에 끌려서 능히 대의大義로 결단하여 입후를 하는 이가 적고, 심지어는 외손에게 제사를 지내도록 하여 한 사당에서 두 개의 성씨에게 함께 제사 지내는 상황에 이르게 된다. 대저 하늘이 만물을 내실 때 근본이 하나이게 하셨는데, 이것은 근본이 둘이 되는 것이니 매우 불가하다. 혹시 불행하게도 그 외가의 조상들이 후사가 없어서 의지할 곳이 없게 된 사람이 차마 그 신주가 돌아갈 곳이 없음을 내버려둘 수 없는 경우라면, 임시적으로 별도의 장소에 받들고 왕래하면서 살피는 것이야 안 될 것이 없다. 하지만 공공연하게 본친과 한 사당에서 함께 제향을 드리는 것은 몹시 이치에 어긋난 일이다. 이른바 "신은 예가 아닌 제사에 흠향하지 않는다"[395]라는 것이 이런 것을 두고 한 말이다. 그러므로 외손 봉사에 관한 물음에 감히 동조하여 행해도 괜찮다고 말하지 못하겠다.

313

主人已死無后, 將欲繼後而未果, 則爲攝主者於晨謁大門之禮, 何如?

[문] 주인主人이 이미 죽었으나 후사가 없어서 장차 계후를 하려고 하지만 아직 그러지 못하였을 때, 섭주가 된 사람은 새벽에 사당의 대문에 참알參謁하는 예를 행하는 것이 어떻습니까?

旣云攝主, 宜攝此禮.

[답] 기왕에 섭주라고 했으니, 이 예도 섭행攝行하는 것이 마땅하다.

314

唯主人由阼階, 則攝主亦不當由阼階否?

📖 오직 주인만이 조계阼階[396]를 경유할 수 있으니, 섭주라 해도 조계를 경유하는 것은 부당합니까?

恐當避.

📑 아무래도 피하는 것이 마땅할 것이다.

315

旣爲攝主, 祝文中攝之之意當書何處?

📖 기왕 섭주가 되었으면 섭행한다는 뜻을 축문 어디에 쓰는 것이 마땅하겠습니까?

宗子未立後, 已爲攝主之意當告於攝行之初祭, 其後則年月日子下, 只當云 "攝祀事子某敢告于云云."

📑 종자가 아직 입후를 하지 않은 상황에서, 자신이 섭주가 되려는 뜻은 마땅히 섭행하는 첫 번째 제사에 고해야 할 것이며, 그 뒤

로는 연월일자 아래에 "제사를 섭행하는 아들 아무개가 감히 고합니다"라고만 하면 될 것이다.

316

有冢婦, 則攝主妻不敢作亞獻否? 攝主旣爲初獻, 則冢婦之爲亞獻, 甚爲未安, 奈何?

🔖 총부冢婦가 있으면 섭주의 아내는 감히 아헌亞獻이 되지 못하는 것입니까? 섭주가 이미 초헌初獻을 했는데 총부가 아헌을 하는 것은 매우 온당치 못합니다. 어떻습니까?

禮曾孫爲曾祖承重, 而祖母或母在, 則其祖母或母服重服, 妻不得承重云. 然則攝主妻似不得代冢婦而行亞獻. 然嫂叔之嫌, 未知當避與否, 更詳之.

🔖 예禮에 증손이 증조를 위해 승중承重을 하였을 경우, 할머니나 어머니가 계시면 그 할머니나 어머니가 무거운 상복을 입기 때문에 아내는 승중할 수 없다고 했다. 그렇다면 섭주의 아내가 총부를 대신해 아헌을 행할 수 없을 듯하다. 그러나 형수와 시동생 간의 혐의(嫂叔之嫌)를 마땅히 피해야 하는 것인지 여부는 잘 모르겠으니 다시 살펴보아야 한다.

祠堂之制, 欲依文公『家禮』, 而『家禮』所載圖自今觀之, 似有未解, 不知正寢是今之中堂, 廳事是今之外廳否? 曰架、曰龕, 其制如何?

🔖 사당祠堂의 제도를 주자의『가례』에 의거하고 싶지만,『가례』에 실린 그림이 지금 보았을 때 잘 이해가 되지 않는 듯합니다. 정침正寢이 오늘날의 중당中堂이고, 청사廳事가 오늘날의 외청外廳입니까? '가架'니 '감龕'이니 하는 것들은 그 제도가 어떻게 되는 것입니까?

'祠堂圖'多與本文不相應, 未詳何意. 但正寢與廳事, 非係祠堂之制. 正寢, 今之東西軒待賓客之處. 然古人正寢, 皆在前而不在東西, 故曰: "正寢, 前堂也." 廳事, 如今大門內小廳, 所謂斜廊者耳. 柱上加梁楣曰架. 龕, 字書以爲"塔下室", 蓋室之小者.

📖 〔『가례』의〕'사당도祠堂圖'가 본문의 내용과 상응하지 않은 데가 많은데, 어떤 의도가 있는지 상세하지 않다. 다만, 정침과 청사는 사당 제도에 딸린 것이 아니다. '정침'이란 오늘날 손님을 접대하는 동헌東軒 또는 서헌西軒에 해당한다. 그러나 옛날의 정침은 모두 앞쪽에 있었고 동쪽이나 서쪽에 있지 않기 때문에 "정침은 전당前堂이다"라고 하는 것이다. '청사'는 오늘날 대문 안쪽의 소청小廳과 같

은 것으로, 이른바 '사랑斜廊'이다. 기둥 위에 기둥〔梁〕과 처마〔楣〕를 얹은 것을 '가'라 하고, '감'은 자서字書[397]에 "탑 아래 방〔塔下室〕"이라고 되어 있으니 작은 방일 것이다.

318

支子生而立齋, 死而爲祠, 亦可否?

[문] 지자支子는 살아 있을 때 재齋를 세웠다가, 죽으면 사祠로 삼는다는 것이 가합니까?

『家禮』云云者, 以生時居處, 神所依安故也.

[답] 『가례』에서 그렇게 말한 것은 살아 있을 때 거처하던 장소가 〔돌아가신 뒤에〕 신혼神魂이 의지하여 안정을 취하는 곳이기 때문이다.

319

逐日晨謁, 出入必告, 或未潔則柰何?

[문] 매일 새벽 사당에 참알을 하고, 외부 출입을 할 때마다 반드시 사당에 고하는데, 혹시 정결하지 못하면 어떻게 합니까?

若計此則是乃 "周澤長齊", 恐無是理. 蓋晨謁, 但行庭拜, 非有薦
獻故也.

답 만일 이런 것을 따진다면 이것이야말로 "재계만 하는 주택周澤"[398]
꼴이니, 아마도 이런 이치는 없을 것이다. 새벽에 하는 참알은 뜰
에서 배례만 행하고, 음식이나 술을 올리는 것이 아니기 때문이다.

320

參則先降神, 祭則先參神, 何意?

문 사당에 참례[參]를 할 때는 강신降神을 먼저하고, 제사[祭]를 지
낼 때는 참신參神을 먼저 하는 것은 어떤 의미입니까?

參則是日之禮本爲參而設, 若先參, 則降神後都無一事, 其所以先
降神者, 爲參故也. 祭則降神後有許多薦獻等禮, 所以先參而後
降耳.

답 참례는 이날의 예禮가 본디 참신을 위해 마련된 것인데, 만일
참신을 먼저 해 버리면 강신한 뒤에 할 일이 아무것도 없기 때문이
다. 강신을 먼저 하는 까닭은 참신을 하기 위해서다. 제사는 강신
한 뒤에 음식과 술을 올리는 등 여러 가지 예가 있으니, 참신을 먼

저하고 강신을 나중에 하는 것이다.

321

参神、辭神, 朱子則用再拜, 瓊山則用四拜.

📖 참신과 사신辭神을 할 때 주자는 재배再拜를 적용하고, 구준丘濬은 사배四拜를 적용했습니다.

程子亦以爲當再拜, 瓊山意未可知.

📄 정자께서도 마땅히 재배를 해야 한다고 했다. 구준의 의도는 잘 모르겠다.

322

凡獻禮, 参則主人手自斟酒, 祭則執事斟之.

📖 무릇 술잔을 바치는 예가 참례〔参〕일 때는 주인이 손수 직접 술을 따르고, 제사〔祭〕일 때는 집사執事가 술을 따릅니다.

恐無他意, 只是参無代神祭, 節文似略, 故自斟爲盡愛敬之心; 祭則有代神祭等, 許多自行節文, 足以盡愛敬之心, 故雖非自斟,亦可耳.

🗟 아마 별다른 뜻은 없을 것이다. 다만 참례일 때는 신神을 대신하여 모사茅沙에 술을 붓는 제祭가 없고 절문節文이 소략한 듯하므로 스스로 술을 따름으로써 사랑과 공경의 마음을 다하는 것이고, 제사에는 신을 대신하여 모사에 술을 붓는 제를 하는 등 직접 행하는 절문들이 많아서 충분히 사랑과 공경의 마음을 다할 수 있기 때문에 직접 술을 따르지 않아도 괜찮다.

323

"未嘗, 不食新." 在禮當然, 若出遊遠方, 未便即薦, 而再三遇之, 柰何?

🗟 〔새로 나온 음식을〕 침묘寢廟에 올리기 전에는 먹지 않는다"[399]라는 것은 예禮에 있어 당연한 것입니다만, 만일 먼 곳에 나가서 〔새로 나온 음식을〕 곧장 올리지 못했는데 계속해서 만나게 되면 어찌해야 합니까?

隨地隨宜, 力所可及處, 當盡吾心, 其不及處, 恐難一一守一法爲定規也. 若膠守而不變, 則出遠方者不食新穀, 飢而死矣, 無乃不可乎?

답 상황에 따라 적절하게 대처해야 할 것이다. 힘이 미칠 수 있는 곳에서는 마땅히 내 마음을 다하되, 그럴 수 없는 곳에서는 하나의 법을 고정된 규칙으로 삼아서 일일이 지키기 어려울 것이다. 만일 융통성 없이 고수하려고만 하고 변수에 적절하게 대응하지 못한다면, 먼 곳에 나가 있는 사람은 새 곡식을 먹지 못해 굶어 죽을 것이니 불가하지 않겠는가?

324

『家禮』祝版長一尺高五寸, 當用周尺否? 不言其廣, 廣用幾寸?

문 『가례』에 축판祝版의 길이는 1척이고 높이는 5촌이라고 했는데, 마땅히 주척周尺[400]을 사용해야 합니까? 너비는 말하지 않았는데 몇 촌으로 해야 합니까?

若周尺, 恐太小. 或疑高是廣字之誤, 未詳是否.

답 주척으로 한다면 아무래도 너무 작을 것이다. 혹시 높이를 나타내는 '고高' 자가 너비를 나타내는 '광廣' 자의 잘못이 아닐까 의심스러운데, 옳은지는 모르겠다.

325

四時之祭, 卜日則立於右, 讀祝則立於左?

[문] 사시제四時祭에서 날짜를 점쳐서 정할 때는 〔주인의〕 오른쪽에 서고, 축문을 읽을 때는 〔주인의〕 왼쪽에 섭니까?

卜日亦立于左矣. 至其終, 立于右者, 主人與諸執事東西相對而立, 皆北上以次而南, 則主人之右即執事爲首者對立之處, 故就此而告爲順. 若左則不與對也.

[답] 날짜를 점쳐서 정할 때도 왼쪽에 선다. 끝마칠 때 오른쪽에 서는 것은 주인과 모든 집사들이 동서로 서로 마주 보고 설 때 양측 모두 북쪽을 위쪽으로 하여 차례차례 남쪽으로 서게 되는데, 이때 주인의 오른쪽이 곧 집사의 우두머리가 마주 서는 곳이므로 여기에 나아가 고하는 것이 순리적이다. 만일 왼쪽이면 마주 보게 되지 않는다.

326

讀祝, 當高聲讀? 抑低聲讀?

[문] 축문을 읽을 때 소리를 높여서 읽어야 합니까? 아니면 소리를

낮춰서 읽어야 합니까?

太高旣不可, 太低亦不可. 要使在位者得聞其聲, 可也.

☷ 너무 높아도 안 되고, 너무 낮아도 안 된다. 중요한 것은 그 자리에 있는 사람들이 그 소리를 들을 수 있도록 해야 한다는 것이다.

327

主人有故, 使其子行祭, 則祝文當何書?

☷ 주인이 사정이 있어서 그 아들에게 제사를 대행하도록 한다면, 축문에는 어떻게 써야 합니까?

恐當曰 "孝子某使子某敢告于云云."

☷ 아무래도 "효자 아무개가 아들 아무개를 시켜 감히 고합니다"라고 써야 할 것이다.

328

時祭, 或前旬擇日, 或例用分、至, 或例用上丁, 不知誰最得宜? 所謂环珓, 即今之何物? 若仲月有故, 則季月當不祭否?

問 시제時祭를 누구는 열흘쯤 전에 택일을 하고, 누구는 으레 춘분과 추분, 하지와 동지에 지내고, 누구는 으레 그달 상순에 든 정일丁日에 지냅니다. 어떤 것이 가장 적합한 것입니까? 이른바 '배교环珓'[401]라는 것은 오늘날의 어떤 것입니까? 만일 중월仲月에 사정이 생겼다면 계월季月에는 제사를 지내지 않는 것이 마땅합니까?

『家禮』'卜日' 註, 溫公及朱子說已明, 不必更求異. 況环珓今不知爲何物, 以意造作而用, 反涉不虔乎? "過時不祭", 禮經之文.

答 『가례』의 '날짜를 점쳐서 정한다(卜日)' 부분 주註에 보면, 사마광司馬光과 주자의 설명이 이미 분명하니 다른 방법을 찾을 필요가 없다.[402] 하물며 '배교'라는 것이 어떤 것인지 오늘날에는 알 수도 없는데, 임의로 만들어 사용하면 도리어 경건치 못할 수 있지 않겠는가? "때를 넘겼다면 제사를 지내지 않는다"라는 것은 예경禮經의 예문禮文이다.[403]

329

祭酒, 用淸酒? 用醴酒? 或用平生所嘗嗜, 何如?

問 제사에 사용하는 술은 청주淸酒를 써야 합니까? 예주醴酒를 써야 합니까? 혹시 생전에 좋아하셨던 음식을 쓰는 것은 어떻습니까?

用平生所嗜, 恐未安. 屈到嗜芰, 遺言要薦, 君子有譏.

🗅 평소에 좋아하셨던 음식을 쓰는 것은 아무래도 온당치 못하다. 굴도屈到가 마름을 좋아해서 자신의 제사상에 그것을 올리라고 유언을 하였는데, 그것에 대해 군자가 나무랐다.[404]

330

亞獻、終獻, 如禮文則當只俯伏興否?

🗒 아헌亞獻과 종헌終獻은 예문禮文대로 한다면 마땅히 몸을 굽혀서 엎드렸다가 일어나기만 해야 하는 것입니까?

亞獻、終獻, 並云: "如初儀", 則當拜.

🗅 아헌과 종헌 모두 "초헌初獻의 의절처럼 한다"라고 했으니, 마땅히 절을 해야 한다.[405]

331

闔門之後, 或有不出而俯伏於前者, 何如?

🗒 문을 닫은 뒤에도 혹시 나가지 않고 그 앞에 엎드린 경우가 있

498

습니다. 어떻습니까?

『家禮』所 "闔"之門, 即中門也, "出"者, 出此門也. 旣曰闔此門, 安得不出而闔耶? 但今人家廟中門與古所謂中門似異, 若以今楣下出入户爲中門, 則所謂 "俯伏於前", 即是出也.

[답] 『가례』에서 "닫는다"라고 한 문은 곧 중문中門이고, "나간다"라는 것은 이 문을 나간다는 것이다. 이미 이 문을 닫는다고 했으니, 어찌 나가지 않고 닫을 수 있겠는가? 다만, 요즘 사당의 중문은 옛날의 이른바 중문과 다른 듯하다. 만일 요즘에 '처마 아래 드나드는 문'을 중문이라고 한다면, 이른바 "그 앞에서 엎드린다"라는 것이 곧 나가는 것이다.

332

茶是古人常用, 故祭亦用之. 今旣罕用點茶, 何以爲之?

[문] 차는 옛날 사람들이 항상 마시던 것이므로 제사에서도 사용합니다. 지금은 이미 차를 마시는 일이 드문데 어떻게 해야 할까요?

今人進湯水, 是古進茶之意.

答 요즘 사람들은 끓인 물〔숭늉〕을 올리는 것이 옛날에 차를 올리는 의미이다.

333

今主婦不參祭, 扱匕、點茶主人爲之否?

問 요즘에는 주부主婦가 제사에 참여하지 않으니, 숟가락을 꽂거나 차를 올리는 것을 주인主人이 해야 합니까?

當然.

答 마땅히 그래야 한다.

334

主婦參祭何如?

問 주부가 제사에 참여하는 것이 어떻습니까?

好.

答 좋다.

335

無執事而主人獨行, 則受胙、嘏辭及告利成等禮, 何以爲之?

🏠 집사가 없어서 주인이 혼자 제사를 지내야 한다면, 〔제사를 마친 뒤 복주를 마시고〕 제사 지낸 고기를 받는 것〔受胙〕, 〔제사를 주관한 주인에게 신을 대신하여〕 복을 내리는 말씀을 전하는 것〔嘏辭〕, 그리고 조상을 봉양하는 제사의 예가 원만하게 이루어졌음을 고하는 것〔告利成〕 등의 예는 어떻게 합니까?

無執事, 已闕於禮, 安能備此禮耶?

🏠 집사가 없으면 이미 예가 원만하게 이루어지지 못한 것인데, 어찌 이런 예들을 다 갖추겠는가?

336

禰祭當前旬擇日, 而時祭用分、至, 則獨於禰祭擇日, 何如? 欲例用重陽, 何如?

🏠 아버지 제사〔禰祭〕는 마땅히 열흘쯤 전에 택일을 하고, 시제는 춘분과 추분, 하지와 동지를 준용한다고 하였습니다. 아버지 제사에만 택일을 하는 것은 어째서입니까? 많이들 하는 중양절重陽節에

지내고 싶은데 어떻습니까?[406]

擇日之說, 見上.

답 택일에 관한 설명은 위에서 했다.[407]

337

忌祭行素, 止行一日否? 世俗亦於齊戒日不敢食飮, 此是過於厚
處, 從俗何如?

문 기제忌祭에 하는 소식素食[408]은 그날 하루만 행하는 것입니까?
세속에서는 재계하는 날에도 감히 고기를 먹거나 술을 마시지 않
습니다. 이것은 후함이 과도한 것인데 세속을 따르는 것이 어떻습
니까?

禮宜從厚, 此類之謂也.

답 예는 마땅히 후한 방향을 따른다는 것은 이런 것을 두고 하는
말이다.

338

忌日著白笠, 何如?

🔡 기일忌日에 백립白笠을 착용하는 것은 어떻습니까?

恐異.

🔡 아무래도 이상하다.

339

忌日欲祭一位, 何如?

🔡 기일에 한 분의 신위에만 제사를 지내려고 하는데 어떻습니까?

愚意亦然. 但中古亦有祭兩位之說, 比於當喪兩祭, 此似無甚礙, 故家間從先例兩祭.

🔡 내 뜻도 그러하다. 다만, 중고中古에도 두 분 신위에 제사를 지낸다는 설이 있었으니, 상을 당했을 때 두 분에게 제사를 지내는 것[409]에 비하면 이것은 심히 문제 될 것은 없을 것 같다. 그래서 집안에서 해오던 대로 두 분에게 제사를 지낸다.

340

忌祭, 若家內有故, 借僧舍以祭, 猶愈於廢祭否? 若於墓側立齋宇, 使僧守之, 何如?

[문] 기제를 지내야 하는데, 만일 집안에 사정이 생겼다면 절집을 빌려서라도 제사를 지내는 것이 제사를 지내지 않는 것보다 나을까요? 만일 묘소 옆에 재우齋宇를 세웠다면 중에게 그곳을 지키게 하는 것은 어떻습니까?

墓所齋舍, 爲祭而設, 其行於此, 豈害於事? 若借他僧舍則不可. 若墓舍僧守, 朱子於婺源先塋亦令僧守, 恐無妨.

[답] 묘소의 재사齋舍는 제사를 지내기 위해 마련한 건물이니, 여기에서 제사를 지내는 것이 어찌 문제가 되겠는가? 하지만 다른 절집을 빌리는 것은 불가하다. 묘소 옆 재사를 중이 지키는 문제는 주자께서도 무원婺源의 선영先塋을 중에게 지키도록 하셨으니 무방할 듯하다.

341

忌祭, 欲定行於主人之家, 支子、女子則只以物助之而已, 何如?

🔲 기제는 주인의 집에서 지내고 지자支子와 딸들은 단지 제물祭物로 돕게만 하는 것으로 정하고 싶은데, 어떻습니까?

此意甚好. 然亦有一說, 朱子與劉平父書, 有支子所得自主之祭之說. 想支子所主之祭, 恐是忌祭、節祀之類也. 今若一切皆歸於宗子, 而支子不得祭, 則因循偸惰之間, 助物不如式, 以致衆子孫全忘享先之禮, 而宗子獨當追遠之誠, 甚爲未安. 又或宗子貧窶, 不能獨當, 而并廢不祭, 則反不如循俗行之之爲愈也.

🔲 이 의견이 매우 좋다. 그러나 또 다른 설도 있다. 주자께서 유평劉平에게 보내신 답장에 '지자가 직접 주재할 수 있는 제사'에 관한 이야기가 있다.[410] 생각건대, 지자가 주재하는 제사란 아무래도 기제나 명절 제사 등이 될 것이다. 이제 만일 모든 제사를 종자宗子에게 돌리고 지자는 제사를 지낼 수 없게 한다면, 당연하다는 듯 타성에 젖은 사이에 제물을 돕는 것조차 법식대로 되지 않을 것이다. 그 결과 종자 이외의 자손들은 조상을 받드는 예에 관해 전연히 망각하고, 종자만 추원追遠하는 정성을 담당하게 될 테니 심히 온당치 못한 일이다. 또 혹시 종자가 가난해서 홀로 감당하지 못하여 기제사마저 지낼 수 없게 된다면, 도리어 풍속[411]에 따라 행하는 것만 못할 것이다.

342

今人姑老在堂, 則當廢之祭亦不敢廢, 曰冢婦在是, 何如?

[문] 요즘 사람들은 연로하신 시어머니가 살아 계시면 당연히 지내지 말아야 할 제사마저도 감히 폐하지 못하고 '총부가 계시니까'라고 합니다. 어떻습니까?

古無此禮.

[답] 옛날에 이런 예는 없다.

343

己所不當祭, 如外高曾、妻祖, 無人與祭, 己爲初獻, 則祝文當何書? 書之有礙, 則祝文闕之, 何如?

[문] 자신이 마땅히 지내야 할 제사는 아니지만, 예컨대 외가의 고조할아버지나 증조할아버지 또는 처의 할아버지 등의 제사에 참여할 사람이 없어서 자신이 초헌初獻이 되었다면 축문에 뭐라고 써야 합니까? 뭐라고 쓰는 것이 애로가 있다면 축문은 생략하는 것이 어떻습니까?

闕.

답 생략하라.

344

瓊山『儀節』如獻時不奠而先祭, 與夫婦共一卓等處, 皆未浹意.

문 구준의『가례의절』중에, 술잔을 바칠 때 신위에 올리지 않고 모사에 술을 붓는 제祭를 먼저 한다든가, 남편과 아내를 탁자 하나에 함께하게 하는 것 등은 모두 내키지 않습니다.

瓊山禮多可疑.

답 구준의 예는 의심할 만한 부분이 많다.

345

喪祭雖曰從先祖, 量力可改, 則不若一從禮文之爲愈也.

문 상례와 제례는 비록 선조가 해오던 방식대로 따른다고 했습니다만, 잘못된 관습을 고칠 힘만 있다면 예문대로 하는 것이 나을 것입니다.

亦有不得盡如此者.

🔒 모조리 그렇게 할 수 없는 것들도 있다.

346

逮嘗緦不祭, 蓋齊則忘哀, 哀則未齊, 所以廢祭.

🔒 저는 일찍이 시마복을 입었을 때 제사를 지내지 않았습니다.
재계를 하자면 슬픔을 잊게 되고, 슬픔을 유지하자면 재계가 안 되
어서 제사를 지내지 않았습니다.

服有重有輕, 祭有備有簡. 緦而廢祭, 古恐未然.

🔒 상복에도 무거운 것과 가벼운 것이 있고, 제사에도 완비해서
지내야 할 것과 간소하게 지내도 되는 것이 있다. 시마복을 입었다
고 제사를 지내지 않다니, 옛날에는 아마 그러지 않았을 것이다.

347

"匹士大牢以祭, 謂之攘", 則大牢無乃不可乎? 今或一家伐牛, 十
家分用, 將以薦祖廟, 甚非薦祖之意. 若家貧則寧以鷄鴨代牲, 而
不欲用此, 何如?

🔵 "필사匹士[412]가 태뢰太牢로 제사를 올리면 훔쳤다고 한다"[413]라고 했으니, 태뢰는 불가하지 않겠습니까? 혹시 어느 집에서 소를 잡아 열 집이 이 고기를 나눠서 사당에 올린다면, 이것은 조상에게 바치는 본래의 취지가 아닐 것입니다. 만일 집이 가난하다면 차라리 닭이나 오리로 희생을 대신하더라도 소를 나눠 쓰는 방법을 쓰고 싶지는 않습니다. 어떻습니까?

殺牛以祭, 非士之禮. 然買肉以祭, 亦恐難非之.

🔴 소를 잡아서 제사를 지내는 것이 사士의 예는 아니다. 그러나 고기를 사서 제사를 지내는 것 역시 잘못이라고 하기는 어렵다.

348

祭席欲用蒲席, 何如?

🔵 제사에 쓰는 자리로 부들로 짠 자리(蒲席)를 쓰려고 하는데, 어떻습니까?

用莞席, 有何礙乎?

🔴 왕골로 짠 자리(莞席)를 쓰면 어떤 문제가 있는가?

349

國喪廢祭否? 若不廢祭, 亦當上墓否?

[문] 국상國喪 중에는 〔사가의〕 제사를 폐해야 합니까? 만일 제사를 폐하지 않는다면 마땅히 성묘도 해야 합니까?

卒哭前, 未可上墓. 其就廟如節祀之禮, 有官者恐亦不可行也.

[답] 〔국상이〕 졸곡이 되기 전에는 성묘해서는 안 된다. 사당에 나아가는 예는 명절 제사의 예와 같이 하며, 관직에 있는 사람은 이 역시 행해서는 안 된다.

350

夢見先君, 或己所當祭, 而有故未參, 則臨食於飯中扱匕少頃, 以盡誠意, 何如?

[문] 꿈에 돌아가신 아버지를 뵈었거나, 마땅히 지내야 하는 제사에 사정이 있어서 참여하지 못했다면, 밥 먹을 때 잠깐 동안 밥에 수저를 꽂아놓고 성의를 다하는 것은 어떻습니까?

此等事何可立定規式? 然以理言之, 但於中心致盡思慕之誠可也.
若務行此等事, 切恐漸近於乖異也.

📋 이런 일들을 어찌 규율로 정할 수 있겠는가? 그러나 이치로 이
야기하자면, 마음속으로 사모하는 정성을 다하기만 하면 될 것이
다. 만일 이런 일들을 행하는 데 힘쓰게 되면 점점 이치에 어긋나
고 괴이한 데 가까워질 것이다.

351

先代有勳勞於國家, 爲不遷之主, 祝文當書 "幾代孫某官某敢昭告
于幾代祖某官府君" 否?

📋 선대 조상 중에 국가에 공로가 있어서 불천不遷의 신주가 되신
분이 계신다면 축문에는 마땅히 "몇 대손 모관某官 아무개는 감히
몇 대조 모관 부군께 고합니다"라고 써야 합니까?

當如此.

📋 마땅히 그렇게 해야 한다.

前後室三神主共安一櫝否? 主人後出, 則前後坐次何如?

🔲 〔남편을 포함하여〕 전처 후처 세 분의 신주를 한 독櫝에 함께 봉안
해야 합니까? 주인이 후처의 소생인 경우에는 전처와 후처의 자리
위치는 어떻게 합니까?

朱子曰:"繼室亦禮聘, 當並配." 然未知共一櫝或異櫝耳. 坐次, 不
可以所出前後有改易也.

🔲 주자께서 "계실繼室도 예禮를 갖추어 맞이한 아내이므로 당연히
함께 모셔야 한다"라고 하셨다.[414] 그러나 한 독에 함께 봉안해야
하는지, 다른 독에 봉안해야 하는지는 모르겠다. 자리 위치는 전처
또는 후처의 소생으로 바뀌어서는 안 된다.

代盡將祧, 而無繼宗主人, 則諸孫中只以次子之嫡孫主之否? 抑擇
其雖非支宗, 代稍近而年稍大者乎?

🔲 대代가 다한 신주를 장차 사당에서 모시고 나오려고 하는데, 종
宗을 계승한 주인이 없으면 모든 후손들 중에 차자次子의 적손嫡孫

이 주재하도록 합니까? 아니면 비록 지종支宗은 아니더라도 대가 조금 더 가깝고 나이가 조금 더 많은 분을 선택합니까?

禮只云: "代未盡最長之房", 不分適支也.

[답] 예禮에 "대가 다하지 않은 가장 큰어른의 방"이라고만 했고,[415] 적適인지 지支인지는 구분하지 않았다.

354

墓祭當依禮文, 則不用羹飯否?

[문] 묘제墓祭를 마땅히 예문에 따라 한다면, 국〔羹〕과 진지〔飯〕를 사용하지 않아야 합니까?

禮文不見有不用羹飯之說.

[답] 예문에 '국과 진지를 사용하지 않는다'는 설은 나오지 않는다.

355

蘋藻之薦、筥篚之用, 古人所尚, 而朱子之時已不能復, 今之時又與朱子時不同. 三品脯醢固不易得, 米麪之食亦不能辦. 只依 "家中所有云云", 又以麪代麪食, 餠代米食, 何如?

🔲 빈蘋과 조藻를 올리고 보簠와 궤簋를 사용하는 것을 옛날 사람들은 숭상하였지만 주자 당시에 이미 복원할 수 없었고, 오늘날은 주자 당시와 또 다릅니다. 세 가지의 포脯와 해醢를 마련하기가 쉽지 않은 것은 물론이고, 미식米食과 면식麪食도 장만할 수 없습니다. 그저 "집 안에 있는 대로" 등등에 의지할 뿐이며, 면으로 면식을 대체하고 떡으로 미식을 대체하는 것은 어떻습니까?

溫公『書儀』已不能盡依古, 朱子『家禮』酌古禮,『書儀』, 而又簡於『書儀』, 今俗又異於朱子時, 安得一一依得? 如所示爲善. 但尋常以麪爲麪食, 以餠爲米食, 今以兩物代兩物云, 其別爲他物耶? 是今之何物耶? 此愚所未知也. 至如今人骨董雜陳, 只務多品, 此不知禮者之事, 何用議爲?

🔲 사마광의『서의』가 이미 완벽하게 고례에 의거하지 못한 데다, 주자의『가례』는 고례와『서의』를 참작하되『서의』보다도 간략하게 했다. 오늘날의 시속은 주자 당시와 또 다르니 어떻게 일일이 그대로 할 수 있겠는가? 편지에서 말한 대로 하는 것이 좋겠다. 다만, 보통 면을 면식이라고 하고 떡을 미식이라고 하는데, 이제 면과 떡으로 면식과 미식을 대체한다고 하니, 〔면식, 미식은 면, 떡과〕서로

514

다른 것인가? 그렇다면 오늘날의 어떤 것들인가? 이는 내가 알지 못하는 바이다. 요즘 사람들이 이것저것(骨董)[416] 섞어놓고 그저 많이 차리기만을 힘쓰는데, 이는 예를 모르는 자들의 일이니 말해 무엇 하겠는가?

356

娶妻, 經年而歸, 或積年而歸, 則入門拜舅姑, 訖, 使之即拜祠堂, 何如? 蓋古之必待三月者, 未成婦也. 今之時異於古, 雖未歸而久 修婦道, 又或生子而後始歸, 如是而尚待三月, 無乃執泥不通乎? 存羊之義亦不可不取, 不知何如.

🖺 장가를 들면 그 해를 지낸 다음에 돌아오거나, 여러 해가 지난 다음에 돌아옵니다. 그렇다면 문에 들어서자마자 시부모님께 절을 올리고, 마치면 곧장 사당에 절을 올리게 하는 것이 어떻습니까? 옛날에 반드시 석 달을 기다리라 한 것은 아직 며느리가 되지 못해서였습니다. 하지만 지금은 옛날과 달라서 비록 돌아오지 않았더라도 오랫동안 며느리의 도리를 닦았거나 혹은 자식을 낳은 다음에 돌아옵니다. 이런데도 석 달을 기다려야 한다면 융통성 없이 집착하는 것이 아닙니까? '양을 희생을 존속하는 의리'[417] 역시 취하지 않으면 안 될 테니, 어찌해야 할지 모르겠습니다.

此處存羊之義, 恐用不得.

🔲 이런 사안에 양의 희생을 존속하는 의리는 적용할 수 없을 것이다.

357

納采而壻之父母死, 則當待服除爲昏, 若壻死則柰何?

🔲 납채納采[418]를 한 상태에서 신랑의 부모님이 돌아가셨다면 마땅히 상복 벗기를 기다려 혼례를 치르게 되는데, 만일 신랑이 죽었다면 어찌합니까?

「曾子問」 '吉日而女死' 條, "夫死亦如之." 註: "若夫死, 女以斬衰往弔, 旣葬而除也." 未論許嫁與否, 然先儒云: "聖人不能設法以禁再嫁." 此女必無禁嫁之理, 況吾東方婦女不許再嫁, 則此女成服往弔, 亦恐難行也.

🔲 『예기』 「증자문」 '길한 날(혼례일) 신부가 죽음' 조목에서 "신랑이 죽어도 마찬가지다"라고 하였고,[419] 주註에 "만일 신랑이 될 남자가 죽었다면 신부 될 여자는 참최복을 입고 가서 조문을 하며 장례가 끝나면 상복을 벗는다"라고 하였다.[420] 여기에서 시집갈 것을 허락했는지 여부는 논하지 않았다. 그러나 선유先儒들은 "성인聖人도 법

516

을 만들어서 재가再嫁를 금할 수는 없다"라고 했으니, 〔신부가 되었
을〕 이 여자는 분명 다시 시집가는 것을 금했을 리가 없다. 하물며
우리나라에서는 아녀자들에게 재가를 허락하지 않으니, 이 여자가
성복成服을 하고 가서 조문을 하기란 아무래도 어려울 것이다.

358

定昏未納采, 而壻之父母死, 則奈何?

🔠 정혼定昏은 하였으나 아직 납채를 하지 않은 상태에서 신랑의
부모님이 돌아가셨다면 어찌합니까?

未納采, 不可以定昏論.

🔡 아직 납채를 하지 않았다면 정혼이라고 할 수 없다.

359

納采而壻之父母死, 則世之人或送衰服於婦家, 是何如?

🔠 납채를 한 상태에서 신랑의 부모님이 돌아가시면 어떤 사람은
상복〔衰服〕을 신부의 집에 보내기도 하는데, 이것은 어떻습니까?

當依「曾子問」納幣有吉日而壻之父母死處之, 送衰服, 不可也.

답 마땅히 「증자문」에 나오는 '납폐納幣를 하고 날짜도 정한 상태에서 신랑의 부모님이 돌아가신' 사례에 따라 대처해야 할 것이다.[421] 상복을 보내는 것은 불가하다.

360

今有士人某性孝, 其先君平生雅居之所, 不忍坐臥, 至於幽閉. 遂以爲此意甚可愛, 然一家之中若有敬謹之事, 必就其處決之, 何如?

문 아무개라는 어떤 선비는 성품이 효성스러워 그 선군先君이 평소 거처하시던 곳에 차마 앉거나 눕지를 못하고 〔그곳을〕 유폐幽閉하기에 이르렀습니다. 저는 그의 의도는 매우 사랑스럽다고 생각합니다만, 집안에 만일 공경스럽고 신중하게 처리해야 할 일이 있으면 반드시 그곳에 나아가 결정하면 좋겠다고 생각되는데, 어떻겠습니까?

此意甚好, 然亦恐有難行處. 苟如是說, 古人 "踐其位、行其禮、奏其樂"等事, 似皆爲忘親, 而先人所居之室皆閉而移他乃可, 阼階更無人爲升降之主, 如何如何? 故愚意此人於此輒有不忍坐臥之心甚當, 而至於幽閉, 則恐難於推行之處. 至如決事於其處, 尤爲未

518

穩, 若是, 是以先神爲不依於祠廟而依於此, 其可乎?

🖎 그대의 뜻이 매우 좋기는 하지만, 행하기 어려운 부분도 있을 듯하다. 만일 이 말대로 한다면 옛날 사람들이 "그 자리를 밟고, 그 예를 행하고, 그 음악을 연주하는"⁴²² 등의 일은 모두 어버이를 망각한 것이 되는 것이며, 선인先人이 거처하시던 방은 모두 닫아두거나 다른 곳으로 옮겨야 할 것이며, 조계阼階도 더 이상 오르내릴 주인主人이 없을 것이다. 어떠한가? 그러므로 내 생각에는 이 사람이 여기에서 차마 앉거나 눕지 못하는 마음을 갖는 것은 매우 당연하지만, 유폐하기에 이른 것은 미루어 행하기 어렵다는 것이다. 그곳에서 일을 결정한다는 것은 더욱 온당치 못하다. 이렇게 한다면 이것은 선친의 신혼神魂이 사당에 의지하지 않고 여기에 의지하신다는 것인데, 그것이 옳겠는가?

361

古人臨食必祭, 今亦祭之, 何如?

🖎 옛날에는 음식을 먹을 때면 반드시 고수레(祭)⁴²³를 했는데, 지금도 고수레를 하는 것이 어떻습니까?

此亦有難通處. 我爲客而獨祭, 主人不祭; 或我爲主而獨祭, 客不

祭, 二者無一可者也. 若爲是不可, 爲客而到處勸主人同祭, 爲主
而每見客勸同祭, 豈不大取怪於俗耶?

🗒 이 역시 통용되기 어려운 부분이 있다. 내가 손님이 되어서 혼
자 고수레를 하는데 주인은 고수레를 하지 않거나, 내가 주인이 되
어서 혼자 고수레를 하는데 손님은 고수레를 하지 않는다면, 둘 중
그 어떤 것도 가당한 것은 없다. 만일 이것이 불가하다 하여 손님
이 되어서는 가는 곳마다 주인에게 함께 고수레를 하자고 권하거
나, 주인이 되어서는 손님을 대접할 때마다 함께 고수레를 하자고
권한다면, 어찌 괴상하다는 취급을 받지 않겠는가?

362

城隍之祀, 何如?

🗒 성황城隍에 대한 제사는 어떻습니까?

嘗見先儒說, 亦以城隍爲不當祀, 未記出何處, 徐更詳之.

🗒 일찍이 선유의 설을 보았는데, 거기서도 성황은 제사를 지내면
안 된다고 했다. 어디에서였는지는 기억나지 않는다. 천천히 다시
살펴보라.

凡諱, 當諱幾代? 叔父、叔祖、外祖、妻父皆可諱耶? 世人亦諱生在
之親, 何也?

🔲 무릇 휘諱는 몇 대를 휘해야 합니까? 숙부叔父, 숙조叔祖, 외조
外祖, 처부妻父도 모두 휘해야 합니까? 사람들은 살아 계시는 어버
이를 휘하기도 하는데, 이유가 무엇입니까?

諱法,「雜記下」篇詳之, 試詳考之, 可見也. 其言: "母之諱, 宮中諱
之; 妻之諱, 不擧諸其側", 則外祖、妻父有當諱處, 有不必諱處, 可
知. 但 "卒哭而諱", 則生前不諱, 固也. 然生前豈敢擧親名而稱之
耶? 此尋常所疑.

🔲 휘에 관한 법은 『예기』 「잡기하」 편에 상세하게 나와 있으니, 상
세히 살펴보면 알 수 있을 것이다.[424] 거기에 "어머니가 휘하는 친속
에 대하여 같은 집 안에서는 자식도 휘한다. 아내가 휘하는 친속에
대하여 남편은 아내의 곁에서 그 이름을 일컫지 않는다"라고 한 것
으로 볼 때, 외조와 처부는 휘해야 하는 곳이 있고, 휘할 필요 없는
곳이 있음을 알 수 있다. 다만 "졸곡을 지내고 휘한다"라고 했으니,
생전에는 휘하지 않는 것이 틀림없다. 그렇더라도 생전에 어찌 감
히 어버이 이름을 들어 칭하겠는가? 이 점은 평소 의심하던 바이다.

364

中原人作『家禮集說』, 其中有所謂生忌. 蓋於先考妣生日, 設飲食
以祭, 象平生也. 其祭文曰: "存旣有慶, 歿寧敢忘云云." 此意何如?

🔲 중원 사람이『가례집설家禮集說』[425]이라는 책을 지었는데, 그 가
운데 이른바 '생기生忌'라는 것이 있습니다. 돌아가신 부모님의 생
신날 살아 계셨을 때처럼 음식을 장만해 제사를 드리는 것입니다.
그 제문祭文에는 "살아 계실 때 경사가 있었는데, 돌아가셨다고 어
찌 잊겠습니까"라고 합니다. 이 뜻이 어떻습니까?

恐孟子所謂 "非禮之禮", 此類之謂也.

🔲 아마도 맹자께서 말씀하신 "예가 아닌 예"[426]라는 것이 이런 것
을 두고 하신 말씀일 것이다.

365

弔人內喪, 弔於內甚未安, 弔於外處, 何如?

🔲 남의 내상內喪에 조문할 때 내당에서 조문하는 것이 심히 온당
치 못하니, 바깥에서 조문하는 것이 어떻습니까?

禮嘗升堂拜母之外, 不許入, 今人皆入弔, 未安.

目 예禮에 일찍이 '당에 올라 친구의 모친에게 절을 한 것'[427] 이외
에는 〔내당에〕 들어가는 것을 허락하지 않는데, 요즘 사람들은 모두
들어가서 조문하니 온당치 못하다.

366

既曰: "當齊衰期年而除, 申心喪三年", 則期而服禫服黲色. 雖重服
在身, 於變除之節, 自當各服其服, 既事, 反重服, 無乃可乎? 雖在
母喪次, 常服恐宜服重服, 不可輒去重而服黲也. 至於上食等有事
於几筵時, 又當服黲, 蓋既不可以斬衰入, 又不可以他服故也. 妄
意如此, 不知得否如何.

기왕에 "마땅히 자최복齊衰服을 기년 만에 벗고, 심상心喪으로
3년을 마쳐야 한다"라고 하였으니, 기년이 되는 날 담복禫服참색黲色
을 입는다. 비록 무거운 복을 입고 하더라도 어떤 상복을 벗어야
하는 때에는 마땅히 각각 해당하는 복을 입고, 일이 끝난 다음에
다시 무거운 복으로 갈아입는 것이 가하지 않겠는가? 비록 어머니
의 상차喪次에 있더라도 평소의 복은 아무래도 무거운 복을 입어야
할 것이며, 성급하게 무거운 복을 벗고 참색의 옷을 입어서는 안
된다. 상식上食 등 궤연几筵에 일이 있을 때에는 다시 참색의 옷을

입어야 한다. 어차피 참최복斬衰服을 입고 들어갈 수도 없고, 그렇다고 다른 복으로 할 수도 없기 때문이다. 나의 생각은 이러한데, 옳은지 여부는 알 수 없다.

367

『家禮』'陳器' 下不言用燭,『儀節』只有 "香卓上一燭", 今人逐位例用雙燭.

🔠 『가례』'제기祭器를 진설한다' 아래에는 '촛불 사용'에 대한 언급이 없고,『가례의절』에는 "향탁香卓 위에 촛불 하나"라고만 하였는데, 요즘 사람들은 모든 신위마다 으레 쌍촉雙燭을 사용합니다.

不言用燭, 而用燭雖可疑,「喪禮」弔客之入, 有 "然燭以待" 之文, 用燭恐無不可, 但不須每位雙燭.

🔡 〔『가례』에서〕 촛불을 사용하라고 말하지 않았는데 사용하는 것에 의구심이 들기는 하지만, 「상례」에 조문객이 들어오면 "촛불을 켜고 기다린다"라는 내용이 있으니,[428] 촛불을 사용해도 불가할 것은 없을 듯하다. 다만 모든 신위에 쌍촉을 사용할 필요는 없다.

368

『家禮』'陳器'下有設"鹽楪"之文, 至於設饌、進饌之時, 皆無用鹽之處, 獨『儀節』鹽醋俱設. 鄙意煎鹽之尚, 貴天産也. 朱子之設鹽楪而不用, 似與玄酒之義同, 而瓊山輒以意入於圖中, 恐非朱子之本意.

[문] 『가례』'제기를 진설한다'조 아래에 "소금 접시"를 진설하는 내용이 있지만, 정작 제사 음식을 진설하고 올릴 때에는 '소금'을 사용하는 곳이 없습니다. 『가례의절』에서만 '소금'과 '초'를 함께 진설하도록 되어 있습니다. 제 생각에 '구운 소금'을 높이 치는 것은 천연의 생산물임을 귀히 여기는 것으로, 주자께서 소금 접시를 진설하고도 사용하지 않는 것은 '현주玄酒'의 의의와 같은 것이라 여겨집니다. 그런데도 구준은 임의로 그림에 집어넣었으니 주자의 본의가 아닐 것입니다.

未詳.

[답] 잘 모르겠다.

369

『家禮』本註魚肉用二味, 而「通禮」"獻以時食"註引『語類』云: "大祭則每位用四味, 請出木主. 俗節小祭, 只就家廟, 止二味." 故今欲用四味, 蓋於大祭只設二味太略故也.

📖 『가례』「사시제四時祭」'진찬進饌'조 본주本註에는 생선과 고기 두 가지를 사용하도록 되어 있는데,「통례通禮」의 "제철 음식을 올린 다"라는 부분 주에서는『주자어류』의 "큰 제사에는 모든 신위에 네 가지를 쓰고 신주를 모시고 나갈 것을 청한다. 명절과 같은 작은 제사에는 사당 안에서 지내되 두 가지만 사용한다"[429]를 인용하였 습니다. 그러므로 저는 네 가지를 사용하고자 합니다. 큰 제사에 두 가지만 진설하는 것은 너무 소략하기 때문입니다.

善.

📖 좋은 생각이다.

370

禪服, 朱子參取『書儀』, 用黲衣冠.『國朝五禮儀』又許白衣、笠, 而 今人例用黑色笠、碧色衣, 是何據? 鄙意擬用黲制如朱儀, 何如?

📖 담복이란 주자께서『서의』를 참고해서 참색의 의관을 사용한 것입니다. 『국조오례의』에서는 또 백의와 백립을 허용하였습니다. 그런데 요즘 사람들은 으레 흑색립黑色笠과 벽색의碧色衣를 착용하

는데, 이것은 어디에 근거한 것입니까? 저는 주자의 방식대로 참색의 의관을 준용할까 하는데 어떻습니까?

黑笠, 於古無據. 但黲冠巾之制, 滉所未及行, 不敢云如何.

[답] 흑립黑笠은 옛 문헌에 근거가 없다. 다만 참색의 관건冠巾 제도는 나도 미처 행하지 못한 것이라 감히 뭐라 말하지 못하겠다.

371

忌日, 是君子終身之喪, 其服宜用禫服. 過禫之後, 欲留此一襲, 每遇忌日, 服此服而行哭奠之禮, 不知可否.

[문] 기일은 군자가 죽을 때까지 치르는 상이니[430] 그 복식도 마땅히 담복으로 해야 할 것입니다. 담제가 지난 뒤 이 옷을 한 벌 남겨 두었다가 매번 기일 때마다 이 옷을 입고 곡哭과 전奠의 예를 행하는 것이 가할지 모르겠습니다.

忌雖終身之喪, 與禫不同, 留禫服以爲終身之用, 必非先王制禮之意. 曾參孝己, 亦未聞行此事, 今欲行之, 無乃太過乎?

[답] 기일이 비록 죽을 때까지 치르는 상이기는 하지만, 담禫과는 다

른 것인데 담복을 남겨 두었다가 죽을 때까지 착용하겠다는 것은 분명 선왕께서 예를 제정하신 뜻이 아닐 것이다. 증자가 효성이 지극하였으나 이런 일을 행했다는 것은 들어 보지 못했다. 그런데 이제 그것을 행하려고 하니 너무 지나친 것이 아니겠는가?

372

『家禮』本註有 "未大祥間假以出謁者"之文, 其爲文義全未得曉.

📖 『가례』본주에 "아직 대상大祥을 지내지 않았는데, 그 사이에 임시로 나아가 알현할 때 착용하는 것"[431]이라는 내용이 있는데, 이 글의 뜻을 전혀 이해하지 못하겠습니다.

常未諭此文.

🗒 항상 이 글은 이해하지 못하겠더라.

373

家兄以出後, 初期除服之時, 只用玄草笠、玉色衣. 今述若用黲制, 則一几筵之中而服色不同, 不知何如.

📖 형님은 출후出後하였기 때문에 1주년이 되는 날 상복을 벗을 때

현초립玄草笠과 옥색의玉色衣를 입습니다. 제가 만일 참색의 예제를 준용하게 되면 동일한 궤연에 복색이 다르게 될 텐데 어찌해야 할 지 모르겠습니다.

兄旣循俗, 而弟獨改之, 如何?

🔲 형은 기왕 시속을 따랐지만, 아우 혼자라도 고치는 것이 어떠한가?

374

述以攝主自爲初獻, 則亞獻不可使丘嫂爲之, 前以此意奉稟, 伏蒙賜教, "禮曾孫爲曾祖承重, 而祖母或母在, 則其祖母或母服重服, 妻不得承重. 然則攝主妻似不得爲亞獻云." 鄙意竊恐未然. 孫旣代父之服, 妻不得代姑者, "著代"、"別嫌", 所以不容不然. 兄旣無嗣, 弟爲攝主, 與子代父之義不同, 而嫂叔之嫌更有甚焉, 行禮極礙, 敢以再稟.

🔲 제가 섭주로서 직접 초헌이 되면 아헌은 큰형수님에게 하도록 해서는 불가하다는 뜻을 지난번 편지에 여쭈었습니다. 그리고 "예禮에 증손이 증조를 위해 승중承重을 하였을 경우, 할머니나 어머니가 계시면 그 할머니나 어머니가 무거운 상복을 입기 때문에 아내는 승중할 수 없다고 했다. 그렇다면 섭주의 아내가 〔총부를 대

신해) 아헌이 될 수 없을 듯하다"라는 가르침을 받았습니다. 제 의
견은 조심스럽지만 그렇지 않습니다. 손자가 이미 아버지의 복을
대신했는데 아내가 시어머니를 대신할 수 없다는 것은 "〔아들이 아
버지를〕 대신함을 드러내고〔著代〕"[432] "혐의를 변별한다〔別嫌〕"[433]라는
점에서 그렇게 하지 않을 수 없습니다. 형이 이미 후사가 없어서
아우가 섭주가 된 것은 '아들이 아버지를 대신하는 의리'와 다르고,
'형수와 시동생 간의 혐의'가 이보다 더 심해서 예를 행하는 데 대
단히 자연스럽지 못합니다. 감히 다시 여쭙습니다.

似然.

🖺 그 말이 맞는 것 같다.

375

述旣爲初獻, 賤婦爲亞獻, 則終獻仲兄爲之何如? 仲兄以出繼之
故, 今此私喪不得爲攝主, 所以當爲終獻, 若賤婦當避嫌於主婦,
則仲兄爲亞獻, 賤婦爲終獻, 亦何如?

🖺 제가 기왕 초헌을 하고 제 아내가 아헌을 한다면, 종헌은 중
형仲兄이 하는 것은 어떻습니까? 중형은 출계出繼를 했기 때문에 이
본생모의 상에 섭주가 될 수 없으니 마땅히 종헌을 해야 하는데,

만일 제 아내가 주부主婦에 대한 혐의를 피해야 한다면 중형이 아헌을 하고 제 아내가 종헌을 하는 것은 또 어떻습니까?

恐當如此. 此謂兄爲亞獻, 主婦爲終獻也.

[답] 아무래도 그래야 하겠다. 이것은 형이 아헌을 하고, 주부가 종헌을 하는 것을 말한다.

376

「喪禮」“侑食”下, 只有添酒之說, 而無扱匙正筯之文. 竊恐此時主人悲迷, 禮文曲節不遑盡備, 故扱匙正筯直在進饌之初, 侑食只令執事者添酒而已否?

[문] 「상례」[434]의 “유식侑食” 아래에 ‘술을 첨작한다’라는 말만 있고, ‘숟가락을 꽂고, 젓가락을 정돈한다’라는 내용은 없습니다. 아무래도 이때 주인이 슬픔에 겨워 예문禮文의 세부적인 절차를 다 챙길 겨를이 없기 때문에 숟가락을 꽂고 젓가락을 정돈하는 것은 제사 음식을 올리는 처음에 하고, 유식할 때는 집사자로 하여금 술을 첨작하게만 하는 것이 아닐까요?

恐扱匙正筯在進饌之初, 此說是.

답 아무래도 숟가락을 꽂고 젓가락을 정돈하는 것은 제사 음식을 올리는 처음에 한다는 말이 맞겠다.

377

大小祥、卒哭, 辭神並 "如虞祭", 而虞祭辭神再拜, 乃在斂主之後, 與吉祭先辭神後納主之儀不同, 不知更有微意否?

문 대상과 소상 그리고 졸곡은 사신辭神을 모두 "우제처럼 하라"라고 했는데, 우제에서 사신할 때 올리는 재배再拜는 신주를 치운 뒤에 하게 돼 있습니다. 이런 방식은 길제吉祭에서 사신을 먼저하고 납주納主를 나중에 하는 의절과 다릅니다. 어떤 은미한 뜻이 있는 것입니까?

未詳何意, 不敢臆說.

답 어떤 의미인지 자세히 알지 못하면서 감히 억측해서 말하지 못하겠다.

378

先妣之祖妣在大宗之廟, 而仲兄主其祀, 今祔祭仲兄當爲主人, 而仲兄所後父斬衰之服尚未除, 當服斬衰主祭, 而祝文稱孤子否?

問 돌아가신 어머니의 돌아가신 할머니[祖妣]는 대종가大宗家의 사당에 계시고 중형이 그 제사를 주재합니다. 그렇기 때문에 이제 (어머니를) 부제祔祭할 때 중형이 마땅히 주인이 되어야 합니다. 그런데 중형이 소후부所後父의 참최복을 아직 벗지 못했으니 마땅히 참최복을 입고 제사를 주재하되 축문에 '고자孤子'라고 칭해야 합니까?

恐然.

答 그렇게 해야 할 것이다.

379

『家禮』"喪主非宗子, 則惟喪主、主婦以下還迎", 今祔祭仲兄以宗子爲主人, 則還奉先妣神主時, 仲兄當從還迎之列? 抑以宗子厭尊於祖妣而不敢往迎否?

問 『가례』에 "상주가 종자宗子가 아니면 상주와 주부만 돌아와 맞이한다"라고 했습니다.[435] 이제 부제에 중형이 종자로서 주인이 되면 어머니의 신주를 돌아와 받들 때 중형이 마땅히 돌아와서 맞이하는 대열을 따라야 합니까? 아니면 종자로서 돌아가신 할머니에게 의해 압존厭尊을 받아 감히 가서 맞이하지 못합니까?

不敢往迎爲是.

[답] 감히 가서 맞이하지 못하는 것이 옳다.

380

"喪主、主婦以下還迎", 則此主婦非主人之主婦, 乃喪主之主婦?

[문] "상주와 주부 이하는 돌아와 맞는다"라고 할 때, 이 '주부'는 '주인의 주부'가 아니고 '상주의 주부'입니까?

喪主之妻.

[답] 상주의 아내다.

381

祔祭當告于先妣之祖妣, 而『家禮』只云: "孝子某適于某妣", 『儀節』云: "孝孫某適于顯曾祖妣." 鄙意大宗廟高、曾、祖、禰神主未及改題, 今用曾孫、曾祖等稱謂, 恐亦未安, 如何?

[문] 부제에는 마땅히 돌아가신 어머니의 돌아가신 할머니에게 고해야 하는데, 『가례』에서는 "효자孝子 아무개가 모비某妣께"라고만

하였고, 『가례의절』에서는 "효손孝孫 아무개가 현증조비顯曾祖妣께"
라고 했습니다. 제 소견으로는 대종가 사당에 모셔져 있는 고조高
祖, 증조曾祖, 조祖, 녜禰의 신주를 아직 미처 고쳐 쓰지 못했는데,
증손이니 증조니 하는 호칭을 사용하는 것은 아무래도 온당치 못
한 듯합니다. 어떻습니까?

『家禮』豈不以此祭主於升祔先考、先妣而設, 故只稱孝子耶? 雖未
改題, 恐不可以曾祖妣爲祖妣也, 皆所未詳.

🗐 『가례』는 어쩌면 이 제사(부제)가 돌아가신 아버지와 어머니를
(조상을 모신 곳으로) 올리는 데 주안점을 두고 마련된 것이기 때문에
'효자孝子'라고만 칭한 것이 아니었을까? 비록 아직 고쳐 쓰지는 않
았더라도 증조비曾祖妣를 '조비祖妣'라고 해서는 안 될 것이다. 하지
만 이 모두가 상세하지 않다.

382

禪祭祝文尚稱孤哀子, 則禪祭之前, 仍用孤哀之稱, 無乃可乎?
🗐 담제의 축문에 오히려 '고애자孤哀子'라고 칭하였으니, 그렇다면
담제 이전에도 '고애'라는 호칭을 사용해도 괜찮지 않겠습니까?

恐當如此.

ⓐ 마땅히 그래야 할 것이다.

383

弊家旣於四時之祭, 例用分、至, 未能卜日, 此不敢獨行卜日之儀,
只用上丁爲之, 可否?

ⓠ 저희 집안에서는 기존에 사시제를 으레 춘분과 추분, 하지와 동
지에 지냈는데, 그것은 날짜를 점을 쳐서 정할 줄 몰라서 그랬습니
다. 이제 감히 점을 쳐서 날짜를 정하는 의식을 멋대로 저 혼자 행
할 수 없으니, 그냥 상정上丁에 하는 방식을 따라도 괜찮겠습니까?

今皆用上丁.

ⓐ 요즘은 다들 상정에 한다.

384

四時之祭, 雖用分、至, 而前期旬有一日, 例有告日戒衆之儀, 故今
亦擬用此禮, 可否?

ⓠ 사시제는 비록 춘분과 추분, 하지와 동지에 지내더라도, 11일
전에 으레 날짜를 통보하고 사람들을 경계시키는 의식이 있었으므

536

로 지금도 이 예를 따라서 할까 하는데 괜찮겠습니까?

此等亦不須問人. 何者? 他人難可否於其間.

📋 이런 것들은 다른 사람에게 물을 필요 없다. 왜냐하면, 타인이 거기에 대고 가타부타하기 어렵기 때문이다.

385

禪祭之服, 當用何服?『家禮』旣無所云,『儀節』只云: "主人以下俱素服, 詣祠堂", 而更無易服之儀. 今俗則例以吉服, 如大小祥陳服、易服之節, 此何如?

📋 담제 때의 복식은 어떤 옷을 사용해야 합니까?『가례』에서는 이에 관한 언급이 아예 없고,『가례의절』에서는 "주인 이하는 모두 소복素服을 입고 사당에 이른다"라고만 했을 뿐 옷을 바꿔 입는 의절이 없습니다. 요즘에는 으레 길복을 사용하되, 소상이나 대상 때 옷을 진열하고 바꿔 입는 절차와 같이 합니다. 이것은 어떻습니까?

不依陳服、易服之節, 不知禪服除在何節, 吉服著在何日.

📋 옷을 진열하고 바꿔 입는 절차에 의하지 않으면, 담복은 어느

대목에서 벗고 길복은 언제 입을 것인지 알 수 없을 것이다.

386

中國人家皆有正寢, 故告請神主, 有 "出就正寢"之文. 我國之人旣無正寢, 而襲稱正寢, 頗爲未安. 今欲改稱正堂, 不知可否. 但逑自先世未有家室, 早晩營構, 欲略倣堂寢之制.

[문] 중국 사람들의 집은 모두 정침正寢이 있어서 신주에게 고하거나 청할 때 "정침으로 나가시지요"라는 내용이 있습니다. 하지만 우리나라는 이미 정침이 없는데 그냥 따라서 정침이라고 칭하는 것은 매우 온당치 못합니다. 이제 〔정침이라는 표현을〕 정당正堂이라고 바꿔 부르고 싶은데 괜찮을지 모르겠습니다. 다만, 저희 집안은 선대부터 집이 없다가 조만간 집을 지으면 당堂과 침寢의 제도를 모방해서 지으려고 합니다.

正寢謂前堂, 今人以家間設祭接賓處, 通謂之正寢. 若用古制, 甚善, 第恐或有異宜處耳.

[답] 정침은 전당前堂을 말하는 것으로, 요즘 제사를 지내고 손님을 접대하는 공간을 통상 정침이라고 한다. 〔새로 집을 지을 때〕 옛날의 제도대로 짓는다면 매우 좋겠지만, 혹시나 〔옛날과 오늘에〕 다른 의

미의 적절한 곳이 있을까 걱정이다.

387

當祭之時, 神主當脫櫝特坐否? 其所謂笥者, 其制何如?

[문] 제사를 지낼 때 신주는 마땅히 독櫝을 벗기고 단독으로 앉게 합니까? 이른바 '상자(笥)'라는 것은 어떻게 만드는 것입니까?

似當脫櫝. 笥制未詳.

[답] 마땅히 독을 벗겨야 할 것이다. '상자'를 만드는 방법은 잘 모르겠다.

388

虞祭無參神一條, 前蒙下敎, 極盡情理. 如大小祥祭, 三年之內有常侍几筵之義, 宜不用參神之禮. 至於禫祭, 乃在祔廟之後, 似與常侍之義不符, 而亦無參神, 敢用仰稟.

[문] 우제에 '참신參神'에 관한 조항이 없는 이유에 대해서는 전번에 가르침을 받고 극진한 인정人情과 천리天理가 담긴 것임을 알았습니다. 대상이나 소상 때 지내는 제사의 경우는 3년 동안 항상 궤연

을 모시는 의의가 있기 때문에 당연히 '참신'의 예를 사용하지 않겠습니다. 하지만 담제의 경우에는 부묘를 한 이후이기 때문에 항상 모시던 의의와 부합하지 않는데도 역시 '참신'이 없는 이유에 대해 감히 여쭙습니다.

豈以禫亦喪之餘故耶?

[답] 어쩌면 담禫도 상喪의 연장에 있기 때문이 아닐까?

389

晦齋先生『奉先雜儀』註, "凡時祭盛服", "無官者用黑團領." 鄙意盛服無如黑團領, 若紅團領, 豈是盛服? 古人不以爲褻服?

[문] 회재晦齋 이언적李彦迪 선생의 『봉선잡의奉先雜儀』 주註에 "무릇 시제時祭에는 성복盛服을 착용하라"라면서, "관직이 없는 사람은 흑단령黑團領을 착용하라"라고 했습니다. 제 생각에 성복으로서 흑단령만 한 것은 없습니다. 홍단령紅團領 같은 것이 어떻게 성복이겠습니까? 옛날 사람은 설복褻服으로 여기지 않았습니까?

恐然.

答 아마 그럴 것이다.

390

韓魏公祭式有祠版長尺二寸象十二月、廣四寸象四時之規, 又有迎神
等禮. 弊家凡用紙牓, 必用魏公祠版之規與迎神之儀, 定爲恆式.

圖 위공魏公 한기韓琦의『제식祭式』에 사판祠版의 길이는 1척 2촌이
고 12개월을 상징한다. 너비는 4촌이다 4계절을 상징한다."라는 규격이 있
고, 신을 맞이하는 등의 예가 있습니다. 저희 집안에서는 지방紙牓
을 사용할 때 반드시 위공의 사판의 규격과 신을 맞이하는 의식을
준용하여 항식恆式으로 정했습니다.

自定一家之禮, 恐不必問人, 人亦不敢與論.

答 한 집안의 예를 스스로 정할 때는 타인에게 물을 필요가 없고,
타인도 감히 그것에 대해 상관할 수 없다.

393 관련 내용은 『주자대전』63, 「답이계선(答李繼善)」(4)에 나온다.

394 관련 내용은 『주자대전』 속집(續集) 10, 「답이효술계선문목(答李孝述繼善問目)」 끝부분에 나온다.

395 관련 내용은 『논어집주』「팔일」 6장 집주에 나온다.

396 조계(阼階) 사당과 같은 건물의 동쪽 계단이다. 관혼상제 등의 행사에서 주인은 조계를 이용하여 건물을 오르내린다.

397 자서(字書) 『설문해자(說文解字)』나 『옥편(玉篇)』 같은 사전류를 말한다.

398 재계만 하는 주택(周澤) 후한(後漢) 시대 주택(周澤)이라는 사람이 종묘를 지키는 태상(太常)의 관원으로 늘 재궁(齋宮)에 거처하였다. 그러자 아내가 찾아와서 늙고 병든 그의 몸을 슬퍼하였는데, 주택이 재금(齋禁)을 범했다는 이유로 아내를 조옥(詔獄)으로 보내버렸다. 그러자 당시에 사람들이 의아해 하면서 "이 세상에 못할 일은 태상의 처가 되는 것이다. 1년 360일 가운데 359일을 재계만 해야 하니까"라고 했다는 고사에서 나온 말이다.

399 관련 내용은 『예기』「소의(少儀)」에 나온다.

400 주척(周尺) 중국 주나라에서 제정하여 사용하던 자이다. 우리나라는 예전부터 이 제도를 본떠 길이의 단위로 사용해 왔으나 시대에 따라 변천을 거듭하여 정확한 표준을 갖지 못하였다. 조선 초기에는 『가례』에 기록된 석각(石刻)을 표준으로 해 왔으나 책의 판이 거듭됨에 따라 착오가 생겨 이도 역시 기준으로 삼을 수 없게 되었다. 1393년(태조 2) 허조(許稠)가 원나라의 진리(陳理)와 강금강(姜金剛) 등이 가지고 있던 주척을 입수하여, 『가례』를 참고로 하여 완전한 자를 만들어 조정에 바쳤다. 그 후 세종(世宗)이 제도를 정비하면서 나무로 주척을 만들어 각 지방에 보내어 이를 사용케 하였으니, 이 자는 주로 토지·도로의 측정 등에 사용되었다. 『경국대전(經國大典)』에 의하면, 주척 1척(尺)은 황종척(黃鍾尺) 6촌(寸) 6리(釐)로서 곡척(曲尺)으로는 6촌 6푼이며, 원기(原器) 실측 결과는 6촌 7푼 5리, 약 20cm에 해당된다.

401 배교(环珓) 옛날에 점을 칠 때 사용하던 도구로, 옥이나 대나무로 조개껍데기 모

양으로 양쪽 조각이 떨어졌다 붙었다 할 수 있도록 만들어서, 땅바닥에 던져 그 모양을 보고 길흉(吉凶)을 점쳤다. 환교(環玟)라고도 한다.

402 『가례』에서는 사시제(四時祭)를 춘분과 추분, 하지와 동지에 지내라고 하였다.

403 관련 내용은 『예기』 「증자문」에 나온다.

404 굴도(屈到)가 마름을 좋아해서 … 군자가 나무랐다 춘추시대 초(楚)나라 막오(莫敖)를 지낸 굴도는 평소에 마름(또는 마름의 열매)을 좋아했다. 병이 든 그는 종로(宗老)를 불러서 자신이 죽으면 제사상에 마름을 올려달라고 유언을 했다. 첫 번째 제사에 종로가 마름을 제사상에 올리려고 하자 그의 아들 굴건(屈建)은 자신의 아버지가 나라의 재상을 지낸 분이기 때문에 국법을 어겨서는 안 된다는 이유를 들어 올리지 못하게 했다. 이 일에 대해 당나라 때 유종원(柳宗元)은 굴건이 예(禮)의 지엽적인 부분을 이유로 아버지의 유언을 들어주지 않았다며 비판하였으나, 송나라 때 소식(蘇軾)은 공(公)과 사(私)의 관점에서 굴건의 처사는 정당했다면서 오히려 유종원의 비판을 비루한 견해라고 비난했다.

405 참고로 아헌(亞獻)과 종헌(終獻)에 대해 『가례』에는 "초헌의 의절처럼 한다〔如初獻儀〕"라고 되어 있고, 『가례의절』에는 "몸을 굽혀서 엎드렸다가 일어나 몸을 편다〔俯伏興平身〕"라고 되어 있다.

406 『가례』에 "계추(季秋)에 아버지 사당에 제사를 지낸다"라고 하였다. 계추는 음력 9월이므로 9월 9일 중양절에 아버지 제사를 지냈던 것이다. 한편, 주자는 자신의 생일이 9월 15일인 것을 이유로 아버지 제사를 9월 15일에 지냈다.

407 328번 조목에 설명이 나와 있다.

408 소식(素食) 상을 당하여 생선이나 고기류의 음식을 먹지 않고 채식(菜食)하는 것을 말한다.

409 두 분 중 나중에 돌아가신 분의 상을 치르는 과정에서 지내는 여러 제사에 먼저 돌아가신 분을 함께 제사 지내는 것을 말한다.

410 관련 내용은 『주자대전』40, 「답유평보(答劉平父)」(6)에 나온다.

411 당시에는 자식들이 제사를 돌아가면서 지내는 윤행(輪行)의 풍속이 있었다.

412 필사(匹士) 『예기주소(禮記注疏)』의 공안국(孔安國) 소(疏)에 따르면, "'필(匹)'은 짝한다는 뜻이다. 사(士)는 천하여 단독으로 일을 할 수 없고, 그를 개(介: 보좌)로 시켜주면 일할 수 있게 된다. 그러므로 '필사(匹士)'라고 한다. 서인(庶人)을 필부(匹夫)라고 부르는 것은 오직 처(妻)와 짝하기 때문이다〔匹, 偶也. 士賤不得特, 使爲介乃行, 故謂之'匹士.' 庶人稱匹夫者, 惟與妻偶耳.〕"라고 하였다.

413 『예기』 「예기(禮器)」에 나오는 말로, 전체 내용은 다음과 같다. "그러므로 군자가

태뢰로 제사를 올리면 예(禮)라고 하고, 필사가 태뢰로 제사를 올리면 훔쳤다(攘)고 한다.(是故君子大牢而祭謂之禮, 匹士大牢而祭謂之攘.)" 참고로 정현(鄭玄)은 관련 주(注)에서 "군자'는 대부 이상을 가리킨다. '양(攘)'은 '훔치다'라는 뜻이다.(君子, 謂大夫以上. 攘, 盜竊也.)"라고 했다.

414 관련 내용은 『주자어류』90, 123번째 조목에 나온다.

415 관련 내용은 『가례』「상례」'대상(大祥)'조에 나오며, 여기에서는 '대가 다하지 않은(代未盡)'이 아니라 '친이 다하지 않은(親未盡)'이라고 했다.

416 이것저것(骨董) 이것저것 여러 가지를 섞어 만든 음식을 '골동(骨董)'이라고 부른다. 『성리대전보주(性理大全補註)』에 "강남 사람들이 물고기와 채소 등을 함께 섞어서 끓인 국을 '골동갱(骨董羹)'이라 한다"라고 하였다.

417 양의 희생을 존속하는 의리 절차가 번거롭다고 줄이면 예법이 무너질까 염려하여, 기존의 절차를 유지한다는 뜻이다. 「김태정의 문목에 답하다 · 1569」 10번 조목의 주석 참고.

418 납채(納采) 전통 혼례의 절차 가운데 첫 번째 절차로, 남자 집에서 혼인을 하고자 예를 갖추어 청하면 여자 집에서 이를 받아들이는 것을 말한다. 납채의 '채(采)'는 채택의 뜻이므로 '납채'란 채택함을 받아들인다는 뜻이다. 그러나 이 납채의 채택은 다만 혼인을 논의할 만한 상대의 채택에 그치고 실질적인 혼인의 절차는 납채 이후에 진행된다.

419 관련 내용은 다음과 같다. 증자가 물었다. "신부를 맞이하기 위해 혼례 날짜를 정하였는데, 신부 될 여자가 죽으면 어떻게 합니까?" 공자가 답하였다. "신랑 될 사람은 자최복을 입고 조문을 하고 장례가 끝나면 벗는다. 신랑 될 남자가 죽어도 마찬가지로 한다."(曾子問曰: "取女有吉日而女死, 如之何?" 孔子曰: "壻齊衰而吊, 旣葬而除之. 夫死亦如之.")

420 인용한 주(注)는 진호(陳澔)의 『예기집설』에 있다.

421 『예기』「증자문」의 관련 내용은 다음과 같다. 증자가 물었다. "혼례에서 납폐를 마치고 혼인날을 정했는데 며느리 될 여자의 부모가 죽으면 어떻게 합니까?" 공자께서 답하셨다. "사위 될 남자 쪽에서 사람을 보내 조문한다. 만일 사위 될 사람의 부모가 죽었다면 여자 쪽에서도 사람을 보내 조문한다. 아버지의 상이면 아버지의 명의로, 어머니의 상이면 어머니의 명의로 조문한다. 부모가 안 계시면 백부(伯父)와 세모(世母)의 명의로 조문한다. 사위 될 사람이 이미 장례를 마쳤다면, 사위 될 사람의 백부가 며느리 될 여자 쪽에 혼인을 허락했던 명을 되돌리면서 '아무개의 아들이 부모의 상을 당해 이어받아서 형제가 될 수 없으

므로 아무개를 시켜 혼인의 약속을 되돌리고자 합니다'라고 한다. 여자 쪽에서
허락은 하되 감히 다른 곳으로 시집보내지 않는 것이 예이다. 사위 될 사람이
상복을 벗으면 여자의 부모가 사람을 보내 혼례를 성사시킬 것을 요청하고, 사
위 될 쪽이 받아들이지 않은 뒤에야 다른 곳으로 시집을 보내는 것이 예이다."
〔曾子問曰: "昏禮旣納幣, 有吉日, 女之父母死, 則如之何?" 孔子曰: "壻使人弔, 如壻之父母死, 則
女之家亦使人弔, 父喪稱父, 母喪稱母, 父母不在, 則稱伯父世母. 壻已葬, 壻之伯父致命女氏曰:
'某之子有父母之喪, 不得嗣爲兄弟, 使某致命.' 女氏許諾而弗敢嫁, 禮也. 壻免喪, 女之父母使人
請, 壻弗取而后嫁之, 禮也."〕

422 이 내용은 『중용』에 나온다.

423 고수레(祭) 『논어』 「향당」에 "비록 거친 밥과 나물국이라도 반드시 고수레(祭)를
하시되, 반드시 경건하게 하셨다(雖疏食菜羹, 瓜必祭, 必齊如也.)"라는 내용이 있는
데, 여기에 나오는 '고수레'와 관련하여 주자는 『논어집주』에서 다음과 같이 설
명했다. "옛날에는 먹고 마실 때 모든 종류의 음식을 조금씩 덜어내 그릇 사이
에 놓음으로써 먼 옛날 음식을 처음 만든 분께 고수레를 하였으니, 근본을 잊
지 않음이다.〔古人飮食, 每種各出少許, 置之豆閒之地, 以祭先代始爲飮食之人, 不忘本也.〕"

424 『예기』 「잡기하」의 관련 내용은 다음과 같다. "졸곡(卒哭)을 지내고 휘(諱)한다. 아
버지의 조부모(祖父母), 백부(伯父)와 숙부(叔父), 고모(姑母), 자매(姊妹)에 대해서는
자식과 아버지가 함께 휘한다.〔卒哭而諱, 王父母·兄弟·世父叔父·姑·姊妹, 子與父同諱.〕"

425 『가례집설(家禮集說)』 명나라 풍선(馮善)이 지었고, 만력(萬曆) 17년(1589)에 판본(板
本)으로 간행되었다. 풍선은 상군(常郡) 석읍(錫邑) 사람으로, 자는 택현(擇賢)이
며, 호는 계헌(戒軒)이다.

426 예가 아닌 예 『맹자』 「이루하」에 나오는 "예가 아닌 예와 의가 아닌 의를 대인은
하지 않는다(非禮之禮, 非義之義, 大人弗爲.)"에서 인용한 말이다.

427 승당배모(升堂拜母) 한(漢)나라 범식(范式)과 장소(張劭)가 친하게 지내다가 각자 향
리로 돌아갈 때, 2년 뒤에 범식이 장소의 모친을 찾아가 뵙겠다고 약속을 하였
다. 그리고 그날이 돌아오자 과연 범식이 찾아와서 마루에 올라 모친에게 절을
한(升堂拜母) 뒤에 즐겁게 술을 마시고 떠나갔던 고사를 말한다.

428 『가례』 「상례」 '조·전·부(弔·奠·賻)'조 본주(本註)에 다음과 같은 내용이 있다.
"이미 이름이 통지되었거든 상가(喪家)에서는 향을 피우고 촛불을 켜고 자리를
펴고 각자 곡하면서 기다린다.〔旣通名 喪家炷火燃燭布席 皆哭以俟.〕"

429 관련 내용은 『주자어류』90, 96번째 조목에 나온다.

430 관련 내용은 『예기』 「제의(祭義)」에 다음과 같이 나온다. "군자는 죽을 때까지 치

르는 상이 있으니, 바로 기일(忌日)이다. 기일에 다른 일을 하지 않는 것은 상서롭지 않아서가 아니다. 그날은 마음이 온통 (돌아가신 분에게) 가 있기 때문에 감히 (자신의) 사적인 일에 마음을 다하지 못해서 그런 것이다.(君子有終身之喪, 忌日之謂也. 忌日不用, 非不祥也, 言夫日志有所至, 而不敢盡其私也.)"

431 관련 내용은 『가례』「상례」'대상(大祥)'조의 "임시처소를 설치하고, 담복을 진설한다(設次, 陳禫服)." 아래 본주에 나온다.

432 대신함을 드러내고(著代) 『예기』「관의(冠義)」에 다음과 같은 내용이 있다. "그러므로 동쪽 섬돌(阼: 사당에서 주인이 다니는 동쪽 계단) 위에서 관례를 행하는 것은 자식이 아버지를 대신하는 의리를 드러내는 것이다.(故冠於阼, 以著代也.)" 이와 관련하여 정현(鄭玄)은 주(注)에서 "동쪽 섬돌(阼)'은 주인의 북쪽을 말한다. 적자(適子)는 동쪽 섬돌 위에서 관례(冠禮)를 행하고, 빈객의 자리(서쪽 계단 위)에서 초례(醮禮)를 행한다. … 서자(庶子)는 방문 밖에서 관례를 행하고 또 이어서 초례를 행하는데, 아버지를 대신하지 않기 때문이다(阼, 謂主人之北也. 適子冠於阼. … 庶子冠於房戶外, 又因醮焉, 不代父也.)라고 하였고, 진호(陳澔)는 "아버지가 늙으면 아들에게 (권한을) 전해 주는데, (섬돌에서 관례를 하는 것은) 그 전하여 맡기는 뜻을 드러내기 위한 것이다(父老則傳之子, 所以著其傳付之意也.)라고 하였다.

433 혐의를 변별한다(別嫌) 『예기』「예운(禮運)」에 다음과 같은 내용이 있다. "그러므로 예는 임금의 큰 권병(權柄)이다. 혐의를 변별하고, 은미한 것을 밝히고, 귀신을 접대하고, 제도를 살피고, 인의(仁義)를 구별하는 방법이요, 정사를 다스리고 임금을 안정시키는 방법이다.(是故禮者, 君之大柄也. 所以別嫌明微, 儐鬼神, 考制度, 別仁義, 所以治政安君也.)"

434 여기에서 말하는 「상례」는 『가례』「상례(喪禮)」의 '우제(虞祭)'를 말한다.

435 『가례』「상례」의 '부(祔)'조 본문에 "돌아와 새 신주를 받들고 사당에 들어가 영좌(靈座)에 안치하다.(還奉新主, 入祠堂, 置于座.)라고 하였고, 그 아래 주에 "주인 이하는 돌아와 영좌 앞에 이르러 곡한다. 축이 새 신주를 받들고 사당의 서쪽 계단 위 탁자에 이르면, 주인 이하는 곡하면서 따라가기를 널을 따라갈 때처럼 한다. 문에 이르면 곡하기를 그친다. 축이 독(櫝)을 열기를 앞의 의절과 같이 한다. 만일 상주가 종자가 아니면 상주와 주부만 돌아와 맞이한다(主人以下還詣靈座所哭, 祝奉主櫝, 詣祠堂西階上卓子上. 主人以下哭從如從柩之敍. 至門止哭. 祝啟櫝出主如前儀, 若喪主非宗子, 則唯喪主, 主婦以下還迎.)라고 하였다.

한수에게 답하다 1564

答韓永叔 甲子

391

申啓叔孝履支持, 甚慰甚慰. 出繼之人爲本生降服, 極爲未安, 然
先王之制不可不從. 旣除衰矣, 此後禪服以終喪, 乃心喪已成之例,
恐不當更求他服而服之也. 或云黃草笠、白圍領爲可, 滉恐此旣於
古禮無據, 又非時王之制, 又非時俗所行, 何可創立別制耶? 只用
疏竹、黑草笠、淡色黲圍領、升麤白直領, 而居處飮食一以喪禮處
之, 豈有不可乎? 妄意如此, 不審中理與否.

신옥申沃이 상을 치르는 상황이 그만그만한 것은 매우 위안이 된
다. 출계出繼를 한 사람이 본생本生을 위해 강복降服을 하는 것이 대
단히 온당치 못한 일이지만 선왕이 제정하신 예를 따르지 않을 수
없다. 이미 상복을 벗었으면 그 이후로는 담복禪服으로 상을 마치

는 것이 '심상心喪'에서 이미 완성된 사례이므로 다시 다른 옷을 구해 입는 것은 부당하다. 혹자들은 황초립黃草笠과 백단령白團領이 합당하다고 하나, 나는 이것이 이미 고례古禮에 근거가 없을 뿐 아니라, 시왕時王의 제도도 아니며, 그렇다고 시속時俗에서 행하는 것도 아닌데 무엇 때문에 별도의 제도를 새롭게 세우려는 것인지 걱정이 된다. 단지 성근 대나무나 흑색의 풀로 된 초립에 옅은 색의 참단령黲團領이나 거친 베로 만든 백직령白直領을 착용하고서 거처와 음식을 한결같이 상례에 맞게 한다면 어찌 불가함이 있겠는가? 내 의견은 이러한데 이치에 맞는지는 살피지 못했다.

김택룡에게 답하다 1568

答金施普戊辰

392

承書, 知孝履支持, 已臨内除, 向慰爲深. 就中示問, 國恤内免喪者
服色之宜, 人多疑之. 然禮君服在身, 則雖親喪不得成服者, 以君
服爲重, 不得以私喪之服加於其上故也. 今此禮雖難擧行, 然擧國
皆縞素, 己獨爲親喪黑笠黲服, 豈可爲乎? 故愚意以爲直以白笠、
白衣行之可也.

편지를 받고 상을 치르는 상황이 무탈하고, 벌써 상복을 벗을 때
가 되었음을 알게 되어 몹시 위로가 된다. 질문한 국휼國恤 기간에
〔개인적인〕 상을 마친 사람의 복색으로 어떤 것이 적절한지에 대해
많은 사람이 의심스러워한다. 그러나 예禮에 따르면, 임금의 상복
을 입고 있다면 아무리 어버이의 상이라 해도 성복成服할 수 없다

고 하였다. 그것은 임금의 상복을 무겁게 여겨서 개인적인 상복을 그 위에 더할 수 없기 때문이다. 지금 이 예를 비록 거행하기는 어렵겠지만, 그렇더라도 온 나라가 모두 흰색 옷을 입고 있는데, 나만 어버이의 상을 이유로 흑립黑笠에 참복黲服을 어찌할 수 있겠는가? 그러므로 내 생각에는 백립白笠과 백의白衣로 행하는 것이 가할 것이다.

393

改題事, 大祥前一日爲之. 曾祖書曾孫, 祖書孫, 高祖書玄孫, 而不云高孫也. 但『家禮』雖有四代之祭, 今『五禮儀』只祭曾祖以下, 當遵用時王之制也. 其間或有好古尙禮之家, 依『家禮』祭及高祖, 則必有高祖當入之龕矣.

신주의 내용을 고쳐 쓰는 일은 대상大祥 하루 전에 한다. 증조에 대해서는 증손이라 쓰고, 조조祖에 대해서는 손孫이라 쓰며, 고조에 대해서는 현손玄孫이라 써야지 고손高孫이라고 하지 않는다. 다만 『가례』에 비록 4대까지 제사 지내도록 되어 있지만, 오늘날 『국조오례의』에는 증조 이하만 제사를 지내도록 되어 있으니 마땅히 시왕時王의 제도를 준용해야 한다. 그중에 혹시 고례를 좋아하고 숭상하는 집안에서 『가례』에 따라 고조까지 제사를 지내겠다면 반드시 고조를 모실 감실이 있어야 할 것이다.

今示祔位之說, 甚非也. 代盡之主, 遷奉於族中代未盡中最長者之家, 祭之. 旣祭於彼, 安有宗子復祭之禮乎? 改題, 只視宗子、宗孫之存亡而已, 衆子孫不得與於其間也.

이번 편지에서 언급한 '부위祔位'에 관한 이야기는 매우 잘못되었다. 대가 다한 신주는 친족 중에 대가 아직 다하지 않은 분 가운데 가장 큰어른이 되는 분의 집에 옮겨 모신다고 했다. 기왕에 그곳에서 제사를 지낸다면, 어찌 종자가 다시 제사를 지내는 예가 있겠는가? 신주의 내용을 고쳐 쓸 때는 오직 종자宗子나 종손宗孫의 생존 여부만을 살필 뿐, 나머지 자손들은 그 사이에 관여할 수 없다.

조카 녕, 교, 혜에게 답하다

答宮, 喬, 憲姪

395

不意聞嫂喪, 驚怛深矣. 二十餘年守身窮苦, 其節不易得也, 可尙
可尙, 而汝等窮且遠在, 不能盡意於其喪, 可恨. 猶幸崔君在彼, 力
措如此, 此則足爲慰幸. 遣人事, 得及來朔亦可矣. 古禮, 妾亦有神
主, 今造主似無不可. 然今此則不須造主, 只用位版爲可. 若只書
牓, 太爲忽略, 尤易於廢忘之勢, 故酌其中而爲位版, 可也.

뜻밖에 형수님께서 돌아가셨다는 소식을 들으니 놀람과 슬픔이
깊다. 20여 년 동안 자신을 지키면서 힘들게 사셨으니, 그런 절개
는 아무나 할 수 있는 것이 아니어서 높이 살만하다. 그런데 너희
들이 가난하고 또 먼 데 있으니, 그 상에 성의를 다할 수 없어 한스
럽다. 그나마 다행히 최 군崔君이 그곳에 있어 이처럼 힘이 되어 주

니, 위안이 되고 다행스럽다. 사람을 보내는 것은 내달 초하루까지만 해도 된다.

고례古禮에 첩妾도 신주가 있었으니 오늘날 신주를 만든다고 해서 안 될 것은 없다. 그러나 이번에는 신주를 만들지 말고 위판位版을 사용하는 것만으로도 가하겠다. 만일 지방紙牓에 쓰게 되면 너무 소홀할뿐더러 더욱 쉽게 없어지거나 잊힐 테니 그 중간을 취해 위판을 만드는 것이 가할 것이다.

아들 준에게 답하다 1565

答子乙丑

396

卒哭易服之節, 禮文無之, 吾亦不知其如何而可. 若以意料之, 當初成服時, 旣於殿牌行之, 今之除服, 亦於初行處行之, 爲當. 若然則早朝著衰服入庭跪, 執事上香, 俯伏哭, 不拜. 出就次改服, 入庭四拜而出, 如此似爲合禮. 然若就府內, 則只依上官所爲, 可也. 吾則阻水不得出書堂, 只於東廳行之, 私家哭禮未安, 只入庭俯伏而出. 他皆如右爲計.

卒哭除服節次, 雖『五禮儀』無之, 其外官成服條下, 有云: "其卒哭後改服及練․祥․禫改服節次, 與京官同." 又『家禮』小祥變服節次, "厥明夙興, 主人以下各服其服, 入哭乃出, 就次, 易服, 復入云云." 以此推之, 似當如此耳.

졸곡卒哭에 옷을 바꿔 입는 절차는 예문禮文에는 없으니, 나도 그것을 어찌해야 옳을지 모르겠다. 개인적인 의견으로 헤아리자면, 당초 성복成服할 때 이미 전패殿牌[436]에서 행했으니 지금의 복을 벗는 것도 처음 행했던 곳에서 행하는 것이 타당할 것이다. 만일 그렇게 한다면, 아침 일찍 상복을 입고 뜰에 입장하여 무릎을 꿇는다. 집사가 향을 올리면 엎드려 곡哭을 한다. 절은 하지 않는다. 그런다음 나와서 임시 처소로 가서 옷을 바꿔 입는다. 다시 뜰에 입장하여 사배四拜를 올리고 나온다. 이렇게 하면 예에 맞을 듯하다. 그러나 관청 안에서 하게 되면 상관上官이 하는 대로 하는 것이 가하다. 나는 물에 막혀 서당書堂을 나갈 수가 없어서, 동청東廳에서 행할 수밖에 없다. 사가私家에서 곡을 하는 예는 온당치 못하니, 그저 뜰에 입장하여 엎드렸다가 나올 것이다. 다른 것도 모두 이상과 같이 하는 것이 계책이 될 것이다.

졸곡에 상복을 벗는 절차는 비록 『국조오례의』에 없지만, 지방 관료들의 성복하는 조목 아래에 "졸곡을 한 뒤 옷을 바꿔 입는 것과 연練, 상祥, 담禫에서 옷을 바꿔 입는 절차는 서울의 관료와 동일하다"라는 언급이 있다. 또 『가례』는 소상小祥 때 옷을 바꿔 입는 절차와 관련하여 "날이 새면 일찍 일어난다. 주인 이하 모두는 각자 자신의 상복을 입고 들어가서 곡을 한 다음 나온다. 임시 처소로 가서 옷을 바꿔 입고 다시 들어온다"라고 했으니, 이로 미루어 보면 마땅히 이와 같은 방식으로 해야 할 듯하다.

卒哭除服事, 禮安城主亦遣吏來問, 并送『五禮儀』來, 因考儀而更思之, 則卒哭後百官雖烏紗帽、黑角帶, 喪服則非除於此日也. 故"凡干喪事則著衰服"云, 外官雖無著衰服之處, 若以事入京, 或小祥前遞外官爲京官, 則凡干喪事著衰服無疑矣. 今豈可爲除服節次乎? 自明日後只當藏衰服, 而用烏帽、黑帶而已, 可也. 今午所通大失禮也, 故請人于禮安, 馳往通報, 急須通于府中, 爲可.

　졸곡에 옷을 벗는 사안에 관해 예안禮安 성주城主도 관리를 보내 물으면서『국조오례의』도 함께 보내왔다. 그래서 의절들을 살펴보면서 다시 생각해 보니, 졸곡 후에 백관들은 비록 오사모烏紗帽와 흑각대黑角帶를 착용하더라도 상복은 이날 벗는 것이 아니다. 그렇기 때문에 "상사喪事에 간여할 때는 상복을 입는다"라고 하였다. 지방의 관료는 비록 상복을 입을 곳이 없지만, 만일 어떤 일로 서울에 들어가거나 소상 이전에 외관外官에서 경관京官으로 옮겨간다면 상사에 간여할 때 상복을 입어야 함은 의심할 수 없다. 그런데 이 시점에 어찌 상복을 벗는 절차를 하겠는가? 이튿날부터는 마땅히 상복을 보관해 두고 오사모와 흑각대를 착용하는 것이 가하다. 오늘 낮에 통보한 것은 크게 예에 어긋나므로 예안에 사람을 청해 달려가서 통보하니 급히 부중府中에 통보함이 가할 것이다.

436 전패(殿牌) 각 고을의 객사(客舍)에 '전(殿)' 자를 새겨 세워둔 나무패를 말한다. 이
   것은 임금을 상징하는 것으로, 매월 초하루와 보름에 그 고을의 관원이 모두
   모여 배례(拜禮)를 행하였으며, 이를 훼손하면 불경죄에 저촉되어 본인은 물론
   수령이 벌을 받고 그 고을이 강등되기도 하였다.

종도에게 보내다 1559

與宗道 己未

金上舍代喪之服, 竟何所定? 前日所以難決汝問者, 於古旣無考
據, 又古者過時聞喪者, 或奔喪, 或未奔喪, 其成服必爲始死以後
節次, 而後乃成服. 又少未行父母喪者, 或有旣壯而追服, 先正以
爲非禮. 今父死服中而子代喪者, 若依過時成服之例, 爲始死後節
次而後成服, 則有似於追服者之非禮, 余以是爲疑, 故只以不知答
汝矣. 近權起文之子亦遭此事, 因人來問. 余意每以不知答之, 亦
非爲人忠謀之道, 更細思之, 方知余前見未盡也. 蓋此事與過時聞
喪而成服與少未行壯追服者不同. 彼所以必爲始死後節次者, 皆已
所當行之禮而未行, 故追行之也. 今此代喪之事, 則其始死後諸禮,
父皆已行之, 但未畢喪而死耳, 故其子則只當代父而行其未畢之
禮而已, 不當再行其父已行之禮, 此必然之理也. 然則其成服之節,

但於朔望或朝奠, 告于兩殯所以代喪之意, 仍受而服之, 乃行奠, 似爲當也. 故以此答權之問, 若金上舍必已有定行禮, 但事同而答異, 恐致汝疑, 故聊告以釋汝疑耳.

김 상사金上舍[430]가 아버지를 대신하여 입은 상복은 마침내 어떻게 결정하였느냐? 지난번 너의 질문에 대해 결정하기 어려웠던 것은 고례古禮에 이미 고거할 데가 없는 데다 다음과 같은 의문이 있었기 때문이었다. 옛날에는 때가 지난 다음 문상聞喪한 경우에는 분상奔喪을 하든 하지 않든 반드시 이제 막 돌아가신 이후의 절차에 따라 한 다음에 성복成服을 했다. 또 어려서 부모님의 상을 치르지 못한 사람 중에는 장성한 다음에 뒤늦게 상복을 입는(追服) 경우가 있는데, 이에 대해 선현들이 '비례非禮'라고 하였다. 이제 아버지가 상복을 입고 상을 치르던 중에 돌아가셔서 자식이 그 상을 대신하는 경우에, 만일 때가 지난 다음 성복하는 예에 따라 이제 막 돌아가신 이후의 절차에 따라 한 다음에 성복을 한다면 뒤늦게 상복을 입는 것과 비슷한 '비례'의 소지가 있게 된다. 내가 이 점을 의심스러워해서 '모르겠다'고 네게 답했던 것이다.

권기문權起文의 아들 역시 이런 상황을 만나 사람을 보내 물어왔다. 이럴 때마다 매번 모른다고 답하는 것도 '남을 위해서는 마음을 다해 도모하는' 도리가 아니라 여겨서 다시 세밀히 생각을 하고서야 바야흐로 나의 이전 소견이 미진했음을 알았다. 대개 이 일은 '때가 지난 다음 문상을 하고 성복을 하는 경우'나 '어려서 행하지 못하고 장성한 다음에 추복을 하는 경우'와 같지 않다. 저런 경우에는 반드시 이제 막 돌아가신 이후의 절차를 해야 하는데, 이는 모두 자신이 마땅히 행해야 할 예를 아직 행하지 못했기 때문에 뒤늦게나마 행하는 것이다. 하지만 지금 아버지의 상을 대신하는 경우에는 이제 막 돌아가신 이후의 모든 예를 아버지가 이미 다 행하였고 다만 상을 마치지 못하고 돌아가신 것뿐이다. 그러므로 그 자식은 다만 아버지를 대신해서 그 마치지 못한 예를 행하기만 해야 하며, 그 아버지가 이미 행한 예를 다시 행해서는 안 된다. 이는 필연의 이치이다. 그렇다면 성복하는 절차는 단지 삭망전朔望奠이나 조전朝奠에 아버지의 상을 대신하게 된 뜻을 두 빈소에 고한 다음, 그대로 이어받아서 상복을 입고 전奠을 행하는 것이 마땅할 듯하다. 그러므로 이런 내용으로 권기문의 아들이 한 물음에 답해 주었다. 김 상사는 필시 이미 정하여 행한 예가 있을 것이나, 다만 일이 같은데 답이 달라서 너를 의아스럽게 만들었을까 걱정이 되어서 이렇게 고하여 너의 의심을 풀어주는 것이다.

주

437 상사(上舍) 성균관의 유생 중 소과(小科)에 합격한 생원이나 진사가 거처하는 곳을 이르던 말로, 성씨를 그 앞에 써서 '상사'라고 하면 그 사람이 생원 또는 진사임을 가리킨다.

권대기에게 답하다

答權景受

示及龍宮葬事, 曾已聞之, 愚意當從遺命至痛之意無疑. 何者? 有
棺無椁, 孔聖葬鯉之法, 顏淵之死, 嘆不得如葬鯉之得宜.『家禮』
葬不用椁, 亦有明文, 貧窮守禮者, 猶可法此, 況此人平生懷至痛
之情, 有此命, 而家人朋友乃欲徇情而棄遺意, 最爲無理, 故前此
云云. 今聞又有要措灰椁之言, 到此則吾亦難斷, 君等當觀其命之
治亂, 隨宜善處. 然不用至善之治命, 而用其或出之亂命, 恐非相
知朋友成其美之至意也.

편지에서 언급한 용궁龍宮[438]의 장사葬事에 관한 일은 일찍이 이
미 들었다. 내 생각에는 마땅히 유명遺命에 담긴 지극히 애통한 뜻
을 따라야 함은 의심의 여지가 없다. 왜냐하면, 관棺만 쓰고 곽椁을

쓰지 않은 것은 공자께서 아드님 리鯉의 장례에 행하신 법이고, 안연顔淵이 죽었을 때는 리의 장례처럼 하지 못함을 탄식하셨다.[439] 『가례』에도 장례에는 곽을 사용하지 말라는 내용이 분명하게 있다. 빈궁한 처지에 예를 지키는 자는 오히려 이것을 법으로 삼을 만한데, 하물며 돌아가신 분이 살아생전에 지극히 애통한 심정을 품고 살다가 이런 유명을 했는데 가족이나 붕우들이 자신들의 감정에 따라 돌아가신 분의 유지는 버리려고 한다니 가장 도리에 어긋난 것이기에 지난번에 그렇게 말했던 것이다. 그런데 이제 들어 보니 회곽灰槨으로 하라는 유명이 또 있었다고 하니, 이렇게 되면 나도 판단하기가 어렵다. 그대들이 마땅히 그런 유명이 온전한 정신에서 하신 것인지, 혼미한 상태에서 하신 것인지를 잘 살펴서 적절하게 잘 대처해야 할 것이다. 그러나 온전한 정신에서 하신 훌륭한 말씀을 따르지 않고 혼미한 상태에서 어쩌다 나온 말씀을 따른다면, 친지나 붕우가 그 훌륭함을 이루어주는 지극한 뜻은 아닐 것이다.

주

438 용궁(龍宮) 용궁현감(龍宮縣監)을 역임한 김팔원(金八元, 1524~1569)을 가리킨다. 김
팔원의 자는 수경(秀卿)·순거(舜擧), 호는 지산(芝山), 본관은 강릉(江陵)이며, 안
동에 거주하였다. 주세붕(周世鵬)과 퇴계 등에게 배웠다. 1565년에 용궁현감이
되었다. 1567년 계모의 상을 당했고 이듬해 여묘살이를 하던 중에 병이 들어
집으로 돌아왔다. 저서로는 『지산집(芝山集)』이 있다.

439 안연(顏淵)이 죽었을 … 탄식하셨다 관련 내용은 『논어』 「선진」에 다음과 같이 나온
다. "안연이 죽자 문인들이 그의 장례를 후하게 지내려 하였는데, 공자는 '안
된다'고 하셨다. 문인들이 장례를 후하게 지내자, 공자께서 말씀하시기를 '회
(回)는 나 보기를 아버지처럼 하였는데, 나는 그를 자식처럼 보지 못했으니, 내
가 그렇게 장례를 지내라고 한 것이 아니라 저 몇몇 제자들 그리 한 것이다'라
고 하였다. 〔顏淵死, 門人欲厚葬之, 子曰: "不可." 門人厚葬之, 子曰: "回也視予猶父也, 予不得
視猶子也. 非我也, 夫二三子也."〕"

정유일에게 답하다

答鄭子中

400

詢及葬地前後之宜, 古禮未有考, 只以世俗所行及事理度之, 似以考前妣後爲當. 然前旣無地可占, 合葬雙墳勢俱爲難, 則似不得不隨地勢以處, 更須十分商度以決, 何如?

질문한 장지葬地의 앞쪽과 뒤쪽의 적절함 문제는 고례에 고거할 데가 없다. 다만 세속에서 행하는 바와 사리로 헤아려 볼 때, 아버지를 앞쪽에 어머니를 뒤쪽에 모시는 것이 마땅할 듯하다. 그러나 앞쪽에 이미 그만한 땅이 없고 합장合葬이나 쌍분雙墳도 형편이 모두 어렵다 하니 땅의 형편에 따라 처리하지 않을 수 없을 것 같다. 충분히 잘 헤아려 결정함이 어떠한가?

김부필에게 답하다

答金彦遇

401

示詢行祭累時連廢, 果爲未安. 但在禮文可據者, 宗子越在他國, 或因他故, 不得行祭, 則介子代行, 有望墓爲壇之禮. 又今宦遊者 行於京師或遠邑, 似皆奉神主以行者之事. 如今避寓中設行之禮, 未有考焉. 蓋時享之禮至重至嚴, 非如俗節、忌日、薦新等禮, 可以 隨宜行過. 因己有故, 擧家出避時, 蹔闕行, 似亦無妨, 如何如何? 又有一焉, 在他決難爲行, 今所寓則乃是墓所, 祭用百具無闕, 若 可無苟率未安之慮, 量處所宜亦何?

편지를 통해 말한 것처럼 제사를 여러 번 연달아 지내지 못한 일은 과연 온당치 못한 일이다. 단, 예문禮文에서 고거할 만한 것으로는, 종자宗子가 타국에 있거나 혹은 다른 일로 인해 제사를 지낼 수 없으면 개자介子가 대행하거나, 묘소를 바라보고 단壇을 만드는 예禮가 있다.[440] 또 오늘날 외지에서 벼슬살이를 하는 사람이 서울이나 먼 지역에 갈 때는 모두 신주를 모시고 가는 것과 같은 것이다. 하지만 지금 역병을 피해서 지내는 중에 제사를 지내는 예는 고거할 데가 없다.

대개 시향時享의 예는 가장 엄중하여 속절俗節, 기일忌日, 천신薦新 등의 예처럼 편의에 따라 행할 수 있는 것이 아니다. 사정이 생겨서 온 집안이 외부로 피할 때는 잠시 제사 지내는 것을 빠뜨려도 무방할 듯한데 어떠한가? 또 하나의 방법은 어렵더라도 제사를 지내는 것인데, 지금 지내는 곳이 묘소이고 제사에 사용할 것들이 빠짐없이 다 갖추어져 있어서, 경솔하다는 우려가 없을 것 같다면 적절한 바를 헤아려 대처하는 것도 어떻겠는가?

440 관련 내용은 『예기』 「증자문」에 다음과 같이 나온다. 증자가 물었다. "종자(宗子)가 자기 나라를 떠나 다른 나라에 머물고 있고, 서자(庶子)는 작록이 없이 사는 경우 제사를 지낼 수 있습니까?" 공자께서 말씀하셨다. "제사를 지낸다." "그 제사는 어떻게 지냅니까?" 공자께서 말씀하셨다. "묘소를 바라보고 단(壇)을 만들어서 때마다 제사를 지낸다."〔曾子問曰: "宗子去在他國, 庶子無爵而居者, 可以祭乎?" 孔子曰: "祭哉!" "請問其祭如之何?" 孔子曰: "望墓而爲壇, 以時祭."〕

정윤희에게 답하다

答丁景錫

402

李某返魂時, 其學徒或步或騎之爭. 考之丘氏『家禮』中, 已有 "親
舊騎乘"之節, 臨行適未考本『家禮』, 然本『家禮』想必亦言之. 此
非奧僻難知之禮, 彼旣不考而相爭, 吾輩亦聞而疑之, 可爲笑怍.
平日於節文不熟講, 臨事窒礙如此, 深可戒也.

  이李 아무개가 반혼返魂을 할 때, 걸어가야 하는지 아니면 말을
타고 가야 하는지를 놓고 학도들이 다투었다. 찾아보니, 구준丘濬
의『가례의절』중에 이미 "친척이나 지인들은 말을 타거나 수레를
탄다"라는 대목이 있었다. 행차에 임해서는 마침『가례』를 살펴보
지 못했으나『가례』에도 짐작건대 반드시 언급했을 것이다. 이것은
구석에 박혀 있어서 알기 어려운 예가 아닌데도 저들은 찾아보지

도 않고 서로 다투었고, 우리 역시 들으면서 의아했으니 웃기고 부끄러운 일이다. 평소 절문節文에 대해 익히 강론하지 않으면 일에 닥쳐서 막힘이 이와 같으니 깊이 경계할 만하다.

403

『家禮』所謂 "卑幼亦乘車馬", 恐是指家衆而言, 若親朋則不當以卑幼稱之. 大抵禮之反哭, 乃在當日事, 非如今人廬墓、反哭與葬日事各爲一項節次也. 故禮無親朋迎主之節, 且送葬, 親朋以情之厚薄爲遠近, 各已散歸, 則雖有終葬隨反者亦必少也. 故槩以卑幼, 汎稱家衆, 則親朋之隨反者當包在其中耳.

『가례』에서 말하는 "어린아이들도 수레나 말을 탄다"[441]라는 것은 아마도 집안사람들을 가리켜 한 말일 것이다. 만일 친지나 붕우라면 '어린아이들'이라고 칭하는 것이 마땅하지 않다. 대저 예禮에서의 '반곡反哭'은 〔장례를 치르는〕 당일의 일이지, 요즘 사람들처럼 여묘廬墓를 해서 반곡이 장례를 치르는 날의 일과 각각 별도의 절차인 것은 아니다. 그러므로 예에는 친지나 붕우가 신주를 맞이하는 절차가 없다. 또 돌아가신 분을 보내며 장례를 치를 때 친지나 붕우는 정의 후박으로 따라가는 거리의 원근을 삼는 법이라서, 각자 이미 흩어져 돌아갔다면 비록 장례를 마치고 행렬을 따라서 돌아오는 사람이 있다 하더라도 필시 소수일 것이다. 그러므로 '어린

아이들'이라는 개괄적인 말로 집안사람들을 넓게 칭했다면, 행렬을 따라서 돌아오는 친지나 붕우는 마땅히 그 안에 포함된다.

주

441 관련 내용은 『가례』「상례」 '발인(發引)'조, "집사자는 영좌를 치우고, 드디어 행
한다(執事者徹靈座, 遂行.)" 아래 본주(本註)에 나온다.

후지

後識

喪祭之禮, 備載於禮經, 先儒訓釋靡不詳盡, 然而禮之變者, 隨事
或異, 苟不講定於平日, 臨事折衷固亦難矣. 先生常與門生知舊,
往復講論者多, 而散出於文集中, 卷秩浩大, 未易考閱. 振來守公
山, 公退之暇, 抄以錄之, 就成一通, 鳩工鋟梓, 以便其觀覽焉.
萬曆庚戌三月旣望, 門人趙振謹識.

　상례와 제례에 관한 내용은 예경禮經에 빠짐없이 실려 있고, 선
유先儒들은 주석과 설명이 상세하지 않은 것도 아니다. 하지만 예
의 변수들 즉, 변례變禮들은 상황에 따라 다르기 때문에 평소에 강
론을 통해 정해놓지 않으면 막상 일에 닥쳐서 절충하기란 참으로
어려운 일이다.
　선생께서 평소에 문생들이나 지인들과 이런 변례들에 관해 편지

를 주고받은 것이 많지만, 문집 속 여기저기에 흩어져 나온다. 그렇기 때문에 방대한 권질 속에서 찾아서 참고하기가 쉽지 않다.

내가 공산公山[435]에 와서 수령을 지내면서 공무를 마친 틈틈이 이에 관한 자료들을 초록하여 한 권의 책을 만들고, 이를 장인들을 불러 모아 목판에 새겨 찾아보기에 편리하도록 하였다.

만력 경술년(1610) 3월 16일에 문인 조진趙振은 삼가 쓰다.

주

442 공산(公山) 충청도 공주(公州)의 옛 이름이다.

보론

보본[443]
補本

1[444]

爲人後者, 服養母服, 服闋, 將行禫, 又遭養母父母喪, 則可行禫否?

📖 남의 후사가 된 사람이 양모養母의 상복을 입었는데, 상을 마치고 장차 담제禫祭를 행하려던 차에 양모의 부모님의 상을 또 만났다면 〔양모의〕 담제를 행해도 됩니까?

不可. 爲人後者爲之子, 則養母之父母, 是吾之外祖父母也, 豈可行吉? 待服盡, 別擇後月行之, 似合情文. 記曰: "爲所後者妻若子云", 則其不得行禫, 可知矣. 此以下, 門人所記, 而失其姓名.

📖 안 된다. 남의 후사가 된 사람이 양모의 아들이라면, 양모의 부

모님은 나의 외조부모인데, 어찌 길한 의식을 행할 수 있겠는가? 〔양모의 부모님〕 상을 모두 마치기를 기다렸다가 다음 달을 별도로 선택해서 행하는 것이 인정人情과 예문禮文에 부합할 듯하다. 기記에 "자신을 후사로 삼아준 분의 아내와 아들을 위하여"라고 하였으니, 담제를 지내면 안 된다는 것을 알 수 있다. 이 이하는 문인들이 기록한 것인데, 기록한 사람의 성명은 알 수 없다.

2

祖考之終在閏月者, 復遇亡歲之閏月, 則行祭於閏乎?

🔲 할아버지가 윤달에 돌아가셨는데, 돌아가신 해의 윤달을 다시 만났다면 제사를 윤달에 지내야 합니까?

閏非正月, 人之行祭, 常以正月, 而獨於是歲, 依亡歲之月而祭, 似未穩. 祭則依常月行之, 於閏月亡日, 則齊素而不祭, 似當也.

🔲 윤달은 바른 달이 아니다. 사람들이 제사를 지낼 때 항상 바른 달로 하다가 유독 이번 해에만 돌아가신 해의 달이라고 하여 윤달에 제사를 지내는 것은 온당치 못할 듯하다. 제사는 늘 지내던 달에 지내고, 윤달의 돌아가신 날에는 재계와 소식素食만 하고 제사는 지내지 않는 것이 온당할 듯하다.

人之長子, 爲人獨女之壻, 則事大有妨礙而難處者. 蓋彼無後, 又
無繼後之子, 則我當祭之, 而身承大宗祀, 不可二之也. 今人或同
一祠而祭之, 其二本甚矣, 固不足道也. 雖別立廟, 亦未免二本之
失矣, 其處之不亦難乎? 但不幸而遇之, 則當擇其妻族之親, 分臧
獲, 使主祀, 可也.

어떤 집안의 장자長子가 외동딸 집안의 사위가 된다면, 일을 진
행하는 데 지장이 있어서 난처한 점이 많다. 저쪽 집안에 후사가
없는 데다 계후繼後할 자식도 없다면 〔사위인〕 내가 마땅히 제사를
지내야 할 것이다. 그런데 나는 내 집안의 제사를 이어야 하니, 두
집안의 제사를 이을 수는 없다. 요즘 사람들은 간혹 한 사당에서
두 집안의 제사를 함께 지내기도 하는데, 그것은 근본을 둘로 하는
심한 경우라서 언급할 가치조차 없다. 비록 사당을 별도로 세우더
라도 근본을 둘로 하는 잘못을 면치 못할 것이니, 대처하기가 어렵
지 않겠는가? 불행하게도 이런 처지를 만났다면 마땅히 처족妻族의
친척 중에 적당한 사람을 선택하여 노비〔臧獲〕를 나누어주고, 그로
하여금 제사를 주관하게 하는 것이 옳다.

4

朱子嘗歎昭穆之禮久廢, 作『家禮』, 却徇時俗之禮, 何也?

問 주자께서 일찍이 소목昭穆의 예가 오랫동안 폐기된 것을 한탄하셨는데, 『가례』를 지으시면서 도리어 시속의 예를 따르신 이유는 무엇입니까?

時王之制, 豈可輕改? 且禮者, 天下之通行者也, 擧世不行, 則雖成空文, 何益? 故其答門弟子書, 深歎古禮之不復, 而終曰: "豈若獻議于朝, 一一滌其謬之爲快也云云."

答 시왕時王의 예제를 어찌 가볍게 고치겠는가? 더구나 예란 천하가 공통으로 행하는 것인데, 온 세상이 행하지 않는다면 비록 공허한 예문을 완성해 본들 무슨 보탬이 되겠는가? 그러기에 문제자들에게 답하는 편지에서, 고례古禮가 회복되지 않음을 깊이 한탄하시면서도 끝내 "어찌 조정에 말씀을 올려서 빠르게 그 잘못된 것들을 하나하나 씻어내는 것만 하겠는가"라고 하신 것이다.

5

祭時, 奠物右陳, 何也?[446]

問 제사를 지낼 때 올리는 음식을 오른쪽을 기준으로 진설하는 이유는 무엇입니까?

神道尙右故也. 蓋左爲陽, 右爲陰,[447] 所以尙右, 神道屬陰故也.

[답] 신도神道는 오른쪽을 숭상하기 때문이다. 대개 왼쪽은 양陽이고, 오른쪽은 음陰이다. 오른쪽을 숭상하는 까닭은 신도가 음에 속하기 때문이다.

6

金就礪問: "內喪, 以男奴爲祭僕, 何如?"

[문] 김취려金就礪가 물었다. "여자의 상〔內喪〕에 남자 노복을 제복祭僕으로 삼는 것은 어떻습니까?"

此是非禮. 若以女僕爲之, 則似當, 而廬所畜婢子, 又未安. 以子弟爲執事, 陳設諸事, 皆令子弟行之, 似合禮. 嘗觀宗廟之祭, 大祝啓君之主櫝, 內官啓小君之櫝, 亦以此也.

[답] 이것은 비례非禮이다. 만일 여자 노복을 제복으로 삼는다면 온당할 테지만, 여소廬所[448]에서 여종을 머무르게 하는 것도 온당치 못하다. 자제를 집사로 삼아서 음식을 진설하는 등의 일들을 모두 자제에게 행하도록 하는 것이 예에 부합할 듯하다. 종묘의 제례를 참관한 적이 있었는데, 대축大祝은 군주의 신주를 모신 독櫝을 열

고, 내관內官〔내시〕이 소군小君〔왕비〕의 신주를 모신 독을 열었다. 이 역시 이런 이유 때문이다.

7

今人弔内喪者, 雖非親戚, 而直拜靈座前, 此非禮也. 生時未有通家升堂之分, 則内外之禮, 截然不可亂也, 豈以之死而遽廢婦人之道乎?

요즘 사람들은 내상에 조문할 때, 비록 친척이 아닐지라도 곧장 영좌靈座 앞에 절을 올리는데, 이는 예가 아니다. 생전에 집안끼리 소통하고 당堂에 올라 인사를 드렸던 친분이 없다면, 내외하는 예를 결코 어지럽혀서는 안 된다. 어찌 그분이 돌아가셨다는 이유로 갑자기 부인의 도리를 폐할 수 있다는 말인가?

8

祭禮, 考『五禮儀』, 則祭饌器數, 自卿大夫至士庶人, 各有其品. 品數之外, 斷不可越否?

🖹 제례와 관련하여『국조오례의』를 살펴보면, 제사 음식의 그릇 수가 경卿과 대부大夫부터 사士와 서인庶人까지 이르기까지 각각 품수品數가 있습니다. 품수 바깥으로 넘어가는 것은 절대로 안 되는

것입니까?

祭者之名位有分, 祭禮亦隨其品, 可也. 但『五禮儀』亦有難從者,
饌品, 脯、醢、果則最多, 而魚、肉之膳極少, 人家魚、肉隨所得, 猶
可易備, 脯、醢、果則豈能常畜之多乎? 愚意不必盡從其禮, 雖稱家
有無而祭之, 恐亦無妨也. 但不至僭越, 可也. 且器數不可極煩, 煩
則瀆, 又不能致潔耳.

🔘 제사를 지내는 사람의 명예와 지위에 차등이 있으니, 제례 역
시 그 품수에 따르는 것이 옳다. 다만, 『국조오례의』도 따르기 어려
운 점들이 있다. 제사 음식에 포脯, 해醢, 과일 종류는 매우 많은 데
비해 생선과 고기 등은 매우 적다. 사람들이 생선이나 고기는 얻는
바에 따라 오히려 쉽게 장만할 수 있지만, 포, 해, 과일은 어떻게
항상 많이 비축해 둘 수 있겠는가? 내 생각에는 반드시 그 예를 다
따를 필요는 없으며, 집안의 형편에 따라 제사를 지낸다고 해도 무
방할 것이다. 다만 참람하게 품수를 넘는 데 이르지 않아야 한다.
또한 그릇 수가 대단히 번다하면 안 된다. 번다하면 지저분해져서
정갈함을 기할 수 없다.

9

妻亡無子, 且未[449]繼後, 則其神主、祝文題辭, 當如何?

問 아내가 죽었는데 아들이 없고, 아직 후사를 들이지도 못했다면 신주神主나 축문祝文에 어떻게 써야 합니까?

主則當書曰 "故室某人⁴⁵⁰某氏云云." 朱門人嘗問此條, 朱先生曰: "當以 '亡室' 書之云云." 某意亡字似迫切, 非不死其人⁴⁵¹之意, 以故字書之, 恐無妨. 祝告辭亦同. 但告者, 則⁴⁵²當書夫之⁴⁵³姓名, 而夫字不必書也. "昭告" 亦改曰 "謹告", 而去敢字,⁴⁵⁴ 恐或可也.

答 신주에는 마땅히 "고실故室 모인某人 모씨某氏……"라고 해야 한다. 주자의 문인이 일찍이 이에 관해 질문하자, 주자께서 "마땅히 '망실亡室'이라고 써야 한다"라고 하셨다. 내 생각에 '망亡' 자는 너무 박절하여 그 사람을 죽었다고 여기지 않는다는 의미가 아닌 듯하니, '고故' 자를 쓰는 것이 무방할 것이다. 축문이나 고하는 말도 마찬가지다. 다만 고하는 사람으로는 마땅히 남편의 성명을 써야 하며, '남편(夫)'이라는 글자를 쓸 필요는 없다. "밝게 고하다(昭告)" 역시 "삼가 고하다(謹告)"로 바꾸고, '감히(敢)'라는 글자는 빼는 것이 옳을 듯싶다.

10

改葬緦, 緦服三月, 古禮也,⁴⁵⁵ 七日, 今制也. 今之改葬父母, 而爲之制服者, 以古乎? 以今乎?

🔲 개장改葬을 할 때는 시마복總麻服을 입는데, 시마복을 3개월 동안 입는 것은 옛날의 예법이고 7일 동안 입는 것은 요즘의 제도입니다. 오늘날 부모님의 묘를 개장할 때 입는 복服을 옛날의 예법에 따라야 합니까? 요즘의 제도에 따라야 합니까?

以今似非.

🔳 요즘의 제도에 따르는 것은 잘못인 것 같다.

11

今在國恤之中, 方服素帶黑, 則改葬易服時, 當脫去黑帶, 而帶衰帶乎? 君、父之喪, 不無相壓[456]不得?[457]

🔲 요즘 국휼國恤 중에 있어서, 소복을 입고 검은 띠를 띱니다. 그렇다면 개장을 하면서 옷을 바꿔 입을 때 당연히 검은 띠도 벗고 상복 띠를 띠어야 합니까? 임금의 상과 아버지의 상은 서로에 대해 압壓이 없지 않습니까?

以禮觀之, 不可脫黑, 以今情言之, 亦似難.

🔳 예禮에 근거해 보자면 검은 띠를 벗으면 안 된다. 하지만 지금

의 사정으로 말하자면 이 역시 어려울 듯하다.

12

凡服重服, 而遭輕喪, 則亦有服其服而弔哭之文. 今在國恤, 而遭
改葬之服, 亦脫黑而帶素, 於情禮似無碍. 不審"禮不可脫黑, 而今
情似難"者, 何謂也.

🔲 무거운 복服을 입고 있는 상황에서 가벼운 상을 만나게 되면,
입고 있는 복을 입은 채로 조문하고 곡하라는 예문이 있습니다. 이
제 국휼 중에 개장을 하게 되었을 때의 복 역시 검은 띠를 벗고 흰
띠를 띠는 것이 인정과 예법에 문제가 없을 듯합니다. "예를 기준
으로 하면 검은 띠를 벗으면 안 되겠지만, 지금의 사정으로는 어려
울 듯하다"라는 것이 무슨 말씀인지 잘 모르겠습니다.

禮, 君喪在身, 不敢服禮[458]喪云云, 此通指親喪而言也. 未服者不
敢服, 旣服者不敢除者, 古之義也. 今白冠衣黑帶, 君喪也, 而乃欲
改葬親, 而脫黑服麻, 則非古禮也. 故云: "不可脫黑"也. 然今人當
國恤, 遭親喪, 例皆服喪, 則獨於改葬親, 而不脫黑服麻, 爲不可[459],
故云: "以今言之, 似亦難"耳.

🔲 예禮에 '임금의 상을 당해 복을 입고 있다면 감히 사적인 상복

을 입지 못한다'고 하였는데, 이는 어버이의 상을 통틀어 가리켜서 말한 것이다. 아직 〔상복을〕 입지 않은 자는 감히 입지 못하고, 이미 〔상복을〕 입은 자는 감히 벗지 못한다고 하였는데, 이것이 고례古禮의 의리이다. 지금 흰색 관과 옷에 검은색 띠를 띤 것은 임금의 상 때문인데, 어버이의 묘를 개장하려고 검은 띠를 벗고 삼베옷을 입으려는 것은 고례가 아니다. 그래서 "검은 띠를 벗으면 안 된다"라고 한 것이다. 그러나 요즘 사람들은 국휼을 당한 상황에서 어버이의 상을 만나면 으레 모두 〔어버이 상의〕 상복을 입는다. 그렇다면 유독 어버이의 묘를 개장하는 상황에서만 검은 띠를 벗고 삼베옷을 입지 않는 것을 불가하다고 여길 것이다. 그래서 "지금의 사정으로 말하자면 역시 어려울 듯하다"라고 한 것이다.

13

忌日, 不設酒, 不受肉, 雖不與祭, 必⁴⁶⁰齋居外寢以終日. 其待人亦如是, 一日客來, 將設酒, 知其⁴⁶¹有忌, 旋令止之, 惟設茶而已⁴⁶². 隣府嘗送獐, 適丁忌日, 乃還之⁴⁶³.

기일忌日에는 술상을 차리지 않으셨고, 고기를 받지 않으셨다. 비록 제사에 참여하지 않으시더라도 반드시 재계를 하시고 바깥채에서 주무시면서 하루를 보내셨다. 사람을 대접할 때도 이와 같이 하셨다. 어느 날 손님이 찾아오자 술상을 차리려고 하다가 그 사람이 기일이라는 것을 아시고는 그만두게 하시고 찻상만 차리게 하셨다. 이웃 관아에서 노루고기를 보내왔는데, 그날이 마침 기일이라서 돌려보내셨다.

14

人於忌祭[464], 嘗[465]幷祭考妣, 甚非禮也. 考祭祭妣, 猶之可也, 妣祭祭考, 豈有敢援尊之義乎? 吾門亦嘗如此, 而非宗子, 故不敢擅改, 只令吾身後, 勿用俗耳.

　사람들은 기제忌祭에 항상 아버지와 어머니에게 함께 제사를 지내는데, 심각한 비례非禮이다. 아버지 기제에 어머니를 함께 제사 지내는 것은 오히려 괜찮다. 하지만 어머니 기제에 아버지를 함께 제사 지내는 것은 감히 높은 분을 끌어오는 것이니, 어찌 이런 의리가 있단 말인가? 우리 집안에도 일찍이 이렇게 하였는데, 내가 종자宗子가 아니라서 감히 마음대로 고치지 못하고, 나의 자손들에게 속례를 따르지 말라고 일렀을 뿐이다.

15

節祀、時享, 雖祁寒盛暑, 非疾病則必往, 奉櫝、奠物, 不令人代之.

　절사節祀와 시향時享은 아무리 춥거나 덥더라도 질병이 아니면 반드시 가서 참석하셨으며, 독을 받들거나 제물을 올릴 때 타인에게 대행하게 하지 않으셨다.

16[466]

若[467]得節物或異味, 則或乾或醯, 遇節祀, 享祭則薦之. 蓋先生支子也, 未得行薦新禮[468]于家廟, 故如此.

만일 계절 음식이나 특이한 음식을 얻으시면, 반드시 말리거나 절여 두었다가 절사나 시향일 때 바치셨다. 선생은 지자支子여서 가묘家廟에서 천신례薦新禮[469]를 거행할 수 없었기 때문에 이와 같이 하신 것이다.

17

柳仲淹爲人後, 丁母憂[470], 期後[471]不忍脫衰, 堅欲終制. 先生甚非之[472]曰: "先王制禮, 不可過也. 豈可徑情直行乎? 旣爲人後, 而又欲顧私親, 則是二本也 其可乎?" 又曰:[473] "世人利人之財, 爭欲爲繼後, 旣爲其後, 則事生喪祭[474]等事, 反致重於所生之親, 而視彼[475]蔑如也. 風俗薄惡, 一至於此, 可歎."

류중엄柳仲淹이 다른 사람의 후사가 된 뒤에 본생모本生母의 상을 당했을 때, 기년期年이 지난 뒤에도 차마 상복을 벗지 못하고 삼년상을 마치려고 고집을 부렸다. 그러자 선생께서 그 잘못을 다음과 같이 심하게 꾸짖으셨다. "선왕先王이 제정하신 예禮는 넘어서는 안 된다. 어찌 감정대로 행해서야 되겠는가? 이미 다른 사람의 후사가 되었는데 다시 사친私親을 돌보고자 한다면, 이는 근본을 둘로 하는 것이니 그것이 될 일인가?" 또 말씀하셨다. "세상 사람들이 다른 사람의 재물이 탐이 나서 다투어 후사가 되려고 한다. 그런데 후사가 되고 나면 살아 계시는 분을 섬기거나 돌아가신 분의 상례나 제례 등을 치를 때 도리어 낳아 주신 어버이에게 치중하면서 후사로 삼아준 분은 전혀 의식하지 않는다. 풍속이 야박하고 못된 정도가 이런 지경에 이르렀으니 한탄할 노릇이다."

18

鄕人尹義貞[476]伐黃腸木爲槨, 以葬其親. 先生曰: "雖欲厚葬其親, 豈可伐禁木乎?" 乃引麘姑成婦事[477], 以責之.

고을 사람 윤의정尹義貞이 황장목黃腸木[478]을 베어서 곽槨을 만들어서 어버이의 장례를 치렀다. 선생께서 말씀하셨다. "아무리 어버이 장례를 후하게 치르고 싶더라도 어찌 나라에서 금하는 나무를 베어서야 되겠는가?" 그러면서 '휴고성부麘姑成婦'[479]의 고사를 인용하시면서 꾸짖으셨다.

19

先生當夫人忌日, 監司來見. 先生不稱忌, 設酒肉皆如常, 但於進殽, 賓主異饌. 監司知之, 乃皆用素.

선생께서 부인의 기일을 당했는데 감사監司가 찾아왔다. 선생은 기일이라는 말을 하시지 않고 평소처럼 술과 고기를 장만했다. 다만 음식을 올릴 때 손님과 주인의 반찬을 달리했다. 감사가 이를 알아차리고, 모두 소식素食을 했다.

20

先生或行忌祭于齋宮, 某[480]問: "禮乎?" 先生曰: "祭於廟, 禮也. 宗家或有故, 且族屬疏遠, 則行祭于其家, 多有妨碍. 齋宮乃墓所,[481] 非佛寺之比也, 子孫會祭于此, 亦無妨."

선생께서 재궁齋宮에서 기제를 지내자, 아무개가 "예입니까"라고 물었다. 선생께서 말씀하셨다. "사당에서 제사를 지내는 것이 예이다. 종가에 사정이 있거나 또는 일가친척이 소원하면 그 집에서 제사를 지내는 데 곤란한 점이 많다. 재궁은 묘소에 있으니, 절에 비할 바가 아니다. 자손들이 이곳에 모여 제사를 지내도 무방하다."

21

嘗於夫人忌日, 誠一侍食餕餘, 先生曰: "世人或於忌日, 設酒食,
會隣曲, 甚非禮也. 今日則君適在傍, 故呼與同食耳."

일찍이 부인의 기일에 김성일金誠一이 선생을 모시고 제사 지낸
음식을 먹었다. 이때 선생께서 말씀하셨다. "세상 사람은 간혹 기
일에 술과 음식을 장만하고 이웃을 초대하는데, 심각한 비례이다.
오늘은 그대가 마침 곁에 있기 때문에 불러서 함께 밥을 먹는 것뿐
이다."

嘗謂學者曰: "吾東方喪紀廢毀, 無可言者. 世俗例於葬送、祥
[482]祭之日, 喪家必設酒食, 以待弔葬之客[483]. 客之無知者, 或醉呼
達夜[484], 甚無謂也. 君輩其講求處是之道." 及易簀之日, 遺命禁之,
"若勢有所難, 則設所於遠處以待之"云云.[485]

일찍이 제자들에게 말씀하셨다. "우리나라에 상례의 기강이 무
너진 것은 말할 수 없는 정도이다. 세속에서는 으레 장례를 치르거
나 소상小祥과 대상大祥을 치르는 날 상가喪家에서 술과 음식을 장
만하고 조문 온 손님을 대접한다. 무지한 손님은 간혹 밤이 새도록
취하게 마시고 소리를 지르니, 말할 것도 없이 잘못된 일이다. 그

대들은 여기에 대처할 방도를 강구하라." 돌아가시는 날이 되자,
이를 금하라고 유명遺命하시면서 "만일 그렇게 하기 어려운 형편이
면 멀찌감치 장소를 마련하고 대접하라"라고 하셨다.

23

先生早失先子, 大夫人⁴⁸⁶寡居窮甚⁴⁸⁷, 其應擧決科, 實爲便養計也.
適坐舅罪, 不許臨民之官. 未幾大夫人下世, 先生每懷「蓼莪」、風
樹之感, 門人語及養親之事, 則必蹙然稱罪人.

　선생께서는 아버님[先子]을 일찍 여의셨기에 어머님[大夫人]께서
홀로 사시면서 매우 곤궁하였다. 선생께서 과거에 응시하여 급제
한 것도 실은 어머니를 편히 봉양하기 위한 계획이었다. 마침 장인
의 죄에 연좌되어⁴⁸⁸ 백성에게 다가가는 관직은 허락되지 않았다.
얼마 지나지 않아 어머님께서 세상을 뜨시자, 선생께서는 늘「육아
蓼莪」⁴⁸⁹와 풍수風樹⁴⁹⁰의 비감을 품으셨고, 문인들의 말이 어버이 봉
양하는 일에 미치기라도 하면 반드시 불안해하시면서 스스로를 '죄
인'이라고 칭하셨다.

24

先生以俗節墓祭爲非禮, 而亦循俗上塚, 未嘗祭於家廟, 蓋亦朱子
答張敬夫俗節一條之意也.

선생께서는 속절俗節에 묘소에서 지내는 제사를 비례라고 여기셨으면서도 풍속에 따라 무덤이 있는 산에 오르셨고 가묘에서 제사를 지내신 적이 없다. 이 또한 주자께서 '속절'에 관해 장식張栻에게 답하신 뜻[491]이었을 것이다.

25

世俗多不行高祖之祭, 忌日或食肉飮酒[492], 甚者至預於宴樂, 可駭.

[문] 세속에서는 많은 사람이 고조高祖의 제사를 지내지 않고, 기일에 고기를 먹거나 술을 마시기도 하며, 심한 경우에는 연회에 참석하기도 하니 놀라운 일입니다.

高祖乃有服之親, 何可不祭? 程、朱已行之, 考諸禮文可見也[493]. 然時王之制如此, 何可責彼之不行? 但當自盡而已.

[답] 고조는 상복을 입는 관계인데 어찌 제사를 지내지 않을 수 있겠는가? 정자와 주자께서도 이미 제사를 지내셨고, 예문을 참고하면 확인할 수 있다. 그러나 시왕時王의 예제가 이러하니, 저들이 제사를 지내지 않는다고 어찌 질책할 수 있겠는가? 다만 각자 자신이 할 도리를 다할 뿐이다.

26

易月之制, 雖祖父母、兄弟之喪, 期月之外, 不許持服. 在官者, 皆吉冠從仕, 其來已久, 不可卒改也. 然當國事, 則[494]固宜如此, 若四館齊進等宴, 乃私會也, 爲右位者, 斷以時王之制, 强之參宴, 則如之何?

囯 역월易月의 제도[495]는 비록 조부모나 형제의 상일지라도 만 1개월(期月) 이외에는 상복 입는 것을 허락하지 않습니다. 그리하여 관직에 있는 자들은 모두 길관吉冠을 쓰고 벼슬에 종사하고 있는데, 그 유래가 이미 오래되어서 갑자기 고칠 수도 없습니다. 그러나 국사國事를 담당한 경우에는 진실로 그렇게 해야 할 것입니다. 그러나 사관四館[496]이 모조리 나아가는 등의 연회는 사적인 모임인데도 상급자가 시왕의 예제라는 이유로 연회에 억지로 참석하게 한다면 어찌해야 합니까?

昔呂祖約[497]當[498]東萊之喪, 解官持服, 朝廷許之, 君子至今爲美談. 若欲持服, 當如此然後, 方[499]行己志, 不然則只得從俗而已. 吾於時王之制, 蓋無如何耳. 又曰: "禮無兩是, 事無兩便, 在官者若欲必[500]行己志, 事多妨碍, 終未見其可也."

囯 옛날에 여조검呂祖儉이 동래東萊 여조겸呂祖謙[501]의 상을 당하여

벼슬을 그만두고 상복을 입겠다고 하자, 조정이 이를 허락하였다. 군자들은 지금까지 이를 미담으로 여긴다. 만일 상복을 입고 싶다면 마땅히 이렇게 한 연후에야 자신의 뜻을 실행할 수 있을 것이며, 그렇지 않다면 그저 시속을 따르는 수밖에 없다. 내가 시왕의 예제에 대해 어찌할 수는 없다. 또 말씀하셨다. "예禮에 둘 다 옳은 것은 없고, 일에 둘 다 편리한 것은 없다. 관직에 있는 자가 기필코 자신의 뜻을 실행하고 싶어 한다면, 일에 방해가 되는 것들이 많아서 끝내 그것이 가능함을 보지 못한다."

27

世俗當親喪, 幷祭考妣.

🔳 세속에서는 어버이의 상을 당하면 아버지와 어머니에게 함께 제사를 지냅니다.

援吉卽凶, 甚非禮也.

🔳 길함을 흉함에 동원하는 것이니, 심각한 비례이다.

28

廬墓之祭[502], 出於後世, 葬而返魂, 禮也. 但人家内外之分, 男女之

別, 不能斬然, 則喪制[503]恐不能謹嚴, 終有所未安者. 又曰:[504] "昔
人當喪得病, 令女僕供湯藥, 仍得不謹之名, 平生坎軻[505]於世, 別
嫌, 不可不嚴也."

여묘廬墓라는 제도는 후세에 나온 것이며, 장례를 치르고 반혼返
魂을 하는 것이 예이다. 다만 집안에서 안채와 바깥채를 구분하고
남자와 여자를 분별하는 것이 칼로 베듯 할 수 없으니, 상제에 근
신하고 엄숙하지 못해서 마침내 적절치 못한 일이 있을까 두렵다.
또 말씀하셨다. "옛날에 어떤 사람이 상중에 병을 얻어서 여종에게
탕약을 받들게 하였다. 이로 인해 근신하지 못하다는 오명을 얻고
평생 불우한 삶을 살았다. 혐의가 있는 일을 분별하는 데 엄격하지
않으면 안 된다."

29

明宗[506]之喪, 先生以『五禮儀』君臣喪制多不倫, 欲依朱子「君臣服
制儀」, 參酌更定, 論[507]諸禮曹. 參判朴淳[508]難之, 議遂寢[509].

　　명종의 상을 당했을 때, 선생은『국조오례의』에 제시된 군신 간
의 상제의 많은 부분이 체계적이지 못하다고 보았다. 그리하여 이
참에 주자의「군신복제의君臣服制儀」를 근거로 참작하여 다시 개정
하려고 예조禮曹에 건의하였다. 그런데 참판參判 박순朴淳이 이를

힐난하자 이에 관한 논의는 가라앉아버렸다.

30

先生家廟在溫溪里. 宗子無後, 姪[510]子進士完當承祀, 而已定居于
他處, 安其田土[511], 以遷徙爲難.[512] 先生責以大義[513], 反覆曉諭, 完
令其子宗道遷[514]居以奉宗祀. 先生猶以爲喜, 出其財力, 經紀其家,
凡所以周恤安集[515], 靡所不至. 宗家世[516]久頹落, 宗道欲修治, 而
家貧無以爲財[517], 先生令伐墓木以爲用. 或以斬丘木爲疑, 先生曰:
"以之爲私用, 則固不可. 若取墓山之木, 治先祖之宮, 以奉先祖之
祀, 則是肯構之大者也, 有何不可乎?"

선생의 가묘는 온계리溫溪里에 있다. 종자宗子[518]가 후사가 없었기
때문에 조카인 진사進士 완完[519]이 당연히 종사宗祀를 계승해야 하
지만 이미 다른 데 거처를 정하고 그곳에 안착하였기 때문에 이주
하는 것이 곤란하다고 했다. 선생께서 대의大義에 입각하여 꾸짖고
반복해서 타이르시자, 완은 그의 아들 종도宗道[520]가 온계리로 옮겨
와 살면서 종사를 받들게 하였다. 선생은 기뻐하시면서 재물을 출
연하여 그 집을 경영하셨는데, 보살피고 돌봐주심이 이르지 않은
데가 없었다. 종가宗家가 지은 지 오래되어 허물어지자, 종도가 보
수를 하려고 하였으나 가난하여 목재를 마련할 수 없었다. 그러자
선생께서는 선영 주변의 나무를 베어서 사용하게 하셨다. 혹자가

'무덤 주변의 나무를 베는 것'[521]이라며 의아해하자, 선생께서 말씀하셨다. "그 나무를 사적으로 사용한다면 참으로 알 될 일이다. 그러나 선영의 나무로 조상을 모신 집을 지어서 조상의 제사를 받든다면, 이것이야말로 대단한 '긍구肯構'[522]일 것이니 어찌 불가함이 있겠는가?"

31

嘗以墓田不厚, 宗子不能安其生爲恨. 墓傍適有賣田土[523]者, 頗膏沃, 門族爭[524]買占, 先生立約, 必令宗子買之, 有族姪某不能制欲[525], 竟背門約, 先生自傷德薄而言不信於門族, 懕然者屢日. 其人後欲謁見, 先生拒之, 不見.

일찍이 묘전墓田[526]이 후하지 못해서 종자宗子가 생활에 안정할 수 없음을 한스러워하셨는데, 묘 인근에 마침 밭을 팔려는 사람이 나섰다. 그 밭이 몹시 기름져서 문족門族들이 다투어 사려고 하자, 선생께서는 약조를 수립하여 종자가 그 밭을 매입하게 하려고 하셨다. 그런데 족질族姪 아무개가 욕심을 통제하지 못하고는 마침내 가문의 약조를 어기고 말았다. 선생께서는 자신의 덕이 부족하여 말이 문족들에게 신뢰받지 못함을 아파하시면서 여러 날을 상심하셨다. 그 족질이 나중에 찾아뵙고자 하였으나, 선생께서는 거절하시고 만나지 않으셨다.

32

許魯齋於墓碣, 何不書其官爵耶?

☐ 노재魯齋 허형許衡[527]은 묘갈墓碣에 어찌하여 그 관작官爵을 쓰지 않았습니까?

此非平生所欲仕故也.

☐ 그것은 평소에 벼슬을 하고 싶어 했던 것이 아니었기 때문이다.

33

若不欲仕, 則誰勸以强仕耶? 此必欲用夏變夷, 以不能成厥志而沒而然耶?

☐ 만일 벼슬을 하고 싶어 하지 않았다면 누가 억지로 벼슬을 하라고 권했겠습니까? 이는 필시 화하華夏를 가지고 이적夷狄을 변화시키려고 하였으나, 그 뜻을 이루지 못하고 죽게 되었기 때문에 그런 것일 테죠?

是. 但今世之士, 例皆不務切己工夫, 徒論先賢, 吾不知也. 年少之輩, 若眞西山、許魯齋、吳臨川、鄭夢周、吉再、權近, 皆譏而非之. 夫西山賓師於東宮, 是豈其濟王之臣乎? 如此等事, 非吾之所能知也.

답 맞다. 다만 요즘 선비들은 대체로 자신에게 절실한 공부에는 힘을 쓰지 않고 선현先賢을 평론하기만 하는데, 나는 잘 모르겠다. 나이 어린 사람들이 서산西山 진덕수陳德秀[528], 노재 허형, 임천臨川 오징吳澄[529]과 정몽주鄭夢周, 길재吉再, 권근權近 같은 분들을 모두 헐 뜯으며 비난한다. 서산은 동궁東宮의 빈사賓師였는데, 이것이 어찌 제왕濟王[530]의 신하이겠는가? 이런 일들은 내가 능히 알 수 있는 것이 아니다.

443 조진(趙振)이 편찬한 『퇴계선생상제례답문』은 조진이 쓴 「후지」 이전까지가 1차 간행본이었을 것으로 판단된다. 그 뒤에 관련된 내용을 보완적으로 첨부하는 과 정에서 『퇴계선생언행록(退溪先生言行錄)』에 수록된 「봉선(奉先)」과 「논례(論禮)」의 내 용과 동일한 내용 일부와 노수신(盧守愼)과의 답문서인 「답노감사서(答盧監司書)」 가 수록되었다. 이렇게 보완적으로 수록된 내용을 편의상 보본으로 구분하였다.

444 동일한 내용을 이희조(李喜朝)의 『지촌집(芝村集)』8, 「여이군보(與李君輔(壬辰)」에서 확인할 수 있으며, 그 아래 다음과 같은 안설(按說)이 달려 있다. "퇴계께서 논 하신 것을 살펴보면, '만일 외조부모의 상복을 입고 있다면 원래 담제를 행하는 것이 부당하다. 그러므로 다른 사람의 후사가 된 사람은 후사로 들어간 집안의 외조부모 상복을 입는 기간 안에는 역시 담제를 행하는 것이 불가하다'라는 내 용이 있습니다. 그러나 양모라는 말은 세속의 말입니다. 기왕 본생모를 숙모라 고 하였으면 양모가 진짜 어머니가 되는 것이고, 양모의 부모도 진짜 나의 외 조부모가 되는 것입니다. 이는 알기 어려운 것이 아니니 이처럼 나누어 설명할 필요가 없습니다. 또 외조부모의 상복은 소공복인데, 소공복을 입는 중에 어찌 담제를 행하면 안 되는 의리가 있겠습니까? 그리고 '복을 입는 기간이 끝나길 기다렸다가 이후의 달을 택하여 행하라'라는 〔퇴계의〕 말씀은 또 '제때를 넘겨서 담제를 지내지 않는다'라는 설과 서로 모순되는데, 그렇게 말씀하신 이유를 모 르겠습니다."("按此退溪所論, 有若外祖父母服中, 本不當行禫, 故爲人後者, 於所後外祖父母 喪服內, 亦不可行禫者也. 然養母乃世俗之言, 旣以本生母爲叔母, 則養母眞爲母, 而養母之父母, 眞 爲吾之外祖父母也, 此非難知者, 不必如此分疏. 且外祖父母服是小功, 小功服中, 有何不可行禫之 義耶? 抑其'待服盡, 別擇後月行之'之云, 又與過時不禫之說相左, 未知其故.")

445 『퇴계선생언행록』에는 이 내용이 "장자(長子)는 처부모에게 제사를 지내면 안 되 는 것이 틀림없습니다만, 중자(衆子)는 남의 집 사위가 되면 사당을 세우고 제사 를 지내도 됩니까?(長子固不可祭妻父母, 衆子而爲人壻, 可立祠祭之否?)"라는 질문에 대 한 답으로 제시되어 있다.

446 祭時, 奠物右陳, 何也? 『퇴계선생언행록』에는 '祭物右陳, 何如?'로 되어 있다.

447 右爲陰『퇴계선생언행록』에는 '而右爲陰'으로 되어 있다.

448 여소(廬所) 상을 치르는 상주가 무덤가에 짓고 거처하는 움막을 말한다.

449 未『퇴계선생언행록』에는 '無'로 되어 있다.

450 某人『퇴계선생언행록』에는 없다.

451 死其人『퇴계선생언행록』에는 '忍致死'로 되어 있다.

452 則『퇴계선생언행록』에는 없다.

453 之『퇴계선생언행록』에는 없다.

454 昭告, 亦改日謹告, 而去敢字『퇴계선생언행록』에는 '敢昭告, 亦改日謹告, 而去敢
昭字'로 되어 있다.

455 改葬緦, 緦服三月, 古禮也『퇴계선생언행록』에는 '改葬, 服緦麻, 三月, 古禮也'로
되어 있다.

456 壓『퇴계선생언행록』에는 '厭'으로 되어 있다.

457 不得『퇴계선생언행록』에는 '否'로 되어 있다. 문리상 '否'가 적합하다고 판단하
여 번역은『퇴계선생언행록』에 따랐음을 밝힌다.

458 禮『퇴계선생언행록』에는 '私'로 되어 있다. 문리상 '私'가 적합하다고 판단하여
번역은『퇴계선생언행록』에 따랐음을 밝힌다.

459 爲不可『퇴계선생언행록』에는 '似駭俗'으로 되어 있다.

460 必『퇴계선생언행록』에는 없다.

461 其『퇴계선생언행록』에는 '其人'으로 되어 있다.

462 而已『퇴계선생언행록』에는 없다.

463 還之『퇴계선생언행록』에는 '送還'으로 되어 있다.

464 忌祭『퇴계선생언행록』에는 '忌祭時'로 되어 있다.

465 嘗『퇴계선생언행록』에는 '常'으로 되어 있다. 문리상 '常'이 적합하다고 판단하
여 번역은『퇴계선생언행록』에 따랐음을 밝힌다.

466 『퇴계선생언행록』에는 [보본 15]와 [보본 16]이 한 문단으로 이어져 있다.

467 若『퇴계선생언행록』에는 '或'으로 되어 있다.

468 薦新禮『퇴계선생언행록』에는 '薦獻禮'로 되어 있다.

469 천신례(薦新禮) 계절이 바뀌어 새로운 음식이 나오거나, 특별한 음식을 얻게 되
면 이를 사당에 올리는 예식을 말한다.

470 母憂『퇴계선생언행록』에는 '本生母喪'으로 되어 있다.

471 後『학봉집』5, 「퇴계선생언행록」에는 없고,『퇴계선생언행록』에는 있다.

472 甚非之『학봉집』5, 「퇴계선생언행록」에는 있고,『퇴계선생언행록』에는 없다.

473 '又曰' 이하의 내용이 도산서원본 『퇴계선생언행록』에는 생략되어 있고, 『학봉집』5, 「퇴계선생언행록」에는 별도의 문단으로 나누어 실려 있다.

474 祭 『학봉집』5, 「퇴계선생언행록」에는 '制'로 되어 있다.

475 彼 『학봉집』5, 「퇴계선생언행록」에는 '所後'로 되어 있다.

476 尹義貞 『학봉집』5, 「퇴계선생언행록」에는 있고, 『퇴계선생언행록』에는 '有'로 되어 바뀌어있다.

477 事 『퇴계선생언행록』에는 '之事'로 되어 있다.

478 황장목(黃腸木) 연륜이 오래된 소나무 중에서 속이 노랗고 재질이 단단하여 고급 관재(棺材)로 쓰이는 목재를 말한다. 보통 왕실의 관곽(棺槨)을 만드는 데 사용되었다.

479 휴고성부(虧姑成婦) 『춘추좌씨전(春秋左氏傳)』, 양공(襄公) 2년. 〔경(經)〕 여름. 오월 경인. 부인(夫人) 강씨(姜氏)가 죽었다. 〔전(傳)〕 여름. 제강(齊姜: 노나라 23대 군주 성공의 비)이 죽었다. 당초에 목강(穆姜: 노나라 22대 군주 선공의 비)이 아름다운 개오동나무를 골라서 자신의 관과 거문고를 만들었다. 그런데 계문자(季文子)가 이 관을 가져다가 〔며느리인 제강의〕 장례에 사용했다. 군자가 말했다. "예(禮)가 아니다. 예란 거스르는 바가 없어야 한다. 며느리는 시어머니를 봉양하는 자이다. 그런데 시어머니의 것을 헐어서 며느리의 것을 완성시켰으니, 거스름이 이보다 클 수 없다. 『시경』에 '명철한 사람은 말을 일러주면 덕에 순종하여 행한다'고 하였다. 계손(季孫)은 이 상황에서 명철하지 못했다. 더구나 강씨(목강)는 군주의 할머니다. 『시경』에 '술과 단술을 빚어 할아버지와 할머니에게 올려, 두루 예를 갖추니 모두에게 복을 내려주시네'라고 하였다.(『春秋左氏傳』襄公二年: 〔經〕夏五月庚寅 夫人姜氏薨. 〔傳〕夏, 齊姜薨. 初, 穆姜使擇美檟, 以自爲櫬與頌琴. 季文子取以葬, 君子曰: "非禮也. 禮, 無所逆. 婦, 養姑者也, 虧姑以成婦, 逆莫大焉. 詩曰: '其惟哲人, 告之話言, 順德之行', 季孫於是爲不哲矣. 且姜氏君之妣也, 詩曰: '爲酒爲醴, 烝畀祖妣, 以洽百禮, 降福孔偕.'")

480 某 『퇴계선생언행록』에는 '或'으로 되어 있다.

481 宗家或有故, 且族屬疏遠, 則行祭于其家, 多有妨碍. 齋宮乃墓所 『퇴계선생언행록』에는 '宗家或有故, 則齋宮乃墓所'로 되어 있다.

482 祥 『퇴계선생언행록』에는 '喪'으로 되어 있다.

483 弔葬之客 『퇴계선생언행록』에는 '弔客'으로 되어 있다.

484 呼達夜 『퇴계선생언행록』에는 '或達朝'로 되어 있다.

485 及易簀之日, 遺命禁之. "若勢有所難, 則設所於遠處以待之"云云 『학봉집』5, 「퇴계선생언행록」에는 이 책과 같이 기록되어 있고, 도산서원본 『퇴계선생언행록』에는

"及賁之日, 遺命戒之."로만 되어 있다.

486 大夫人 『퇴계선생언행록』에는 '先夫人'으로 되어 있다.

487 寡居窮甚 『퇴계선생언행록』에는 '窮居'로 되어 있다.

488 장인의 죄에 연좌되어 『퇴계선생언행록』「율신(律身)」에 다음과 같은 내용이 있다. "과거에 급제한 지 몇 달이 안 되어 한림(翰林)에 천거되었다. 이때 김안로(金安老)가 국정을 맡고 있었는데, 평소에 선생을 못마땅하게 여겼다. 그리하여 그의 당에 속한 사람 중에 언로(言路)에 있는 자가 '역적의 족속'이라고 논핵(論劾)하여 체직(遞職)되었다. 김안로의 집안이 영천(榮川)에 있었는데, 선생 역시 그 고을에서 처가살이를 하였다. 김안로는 선생이 자신을 찾아와 보기를 바랐으나, 선생은 끝내 가지 않았다. 김안로는 이로 인해 안 좋은 감정을 품었다. 나중에 선생은 권질(權礩)의 따님에게 장가를 들었는데, 권질은 권전(權磌)의 형이다. 권전은 중종(中宗) 때 남곤(南袞)과 심정(沈貞)을 죽이려고 모의하다가 죽임을 당했다. 김안로는 이를 구실로 선생을 배척했던 것이다.〔登第未數月, 有翰林薦. 時金安老當國, 素嫌先生, 其黨之在言路者, 論以逆人之族, 見遞. 蓋安老家在榮川, 先生亦贅寓其鄉, 安老欲令來見, 而滉終不往, 安老深銜之. 後, 先生娶權礩女, 礩乃磌之兄. 磌於中廟朝, 謀誅南袞·沈貞坐死, 安老因此擠之.〔金誠一〕〕" 참고로 『학봉집』5, 「퇴계선생사전(退溪先生史傳)」에도 같은 내용이 실려 있는데, 그 뒤에 다음과 같은 내용이 더 있다. "김안로는 이를 구실로 선생을 배척하여〔선생이〕백성에게 다가가는 관직은 허락되지 않는 데 이르렀다. 김안로가 실각하고 난 뒤에 비로소 홍문관(弘文館) 부수찬(副修撰)에 제수되었다.〔安老因此擠之, 至不許臨民官. 安老敗, 始除弘文館副修撰.〕"

489 「육아(蓼莪)」 『시경』「소아(小雅)·소민지십(小旻之什)·육아(蓼莪)」를 가리킨다. 해당 시편에 다음과 같은 내용이 나온다. "아버지여 나를 낳으시고, 어머니여 나를 기르셨도다. 나를 어루만져 길러 주셨고, 잘 자라도록 길러 주셨으며, 반복해서 보살펴 주셨고, 들고날 적에 품어 주셨다. 그 은덕을 갚고자 하나 하늘처럼 무궁무진 끝이 없네.〔父兮生我, 母兮鞠我. 拊我畜我, 長我育我, 顧我復我, 出入腹我. 欲報之德, 昊天罔極.〕"

490 풍수(風樹) 『한시외전(韓詩外傳)』9에 나오는 고어(皐魚)의 시에서 유래한 말이다. 해당 시는 다음과 같다. "나무는 고요하고 싶지만 바람이 그치지 않고, 자식은 봉양하고 싶지만 어버이는 기다려 주지 않는다.〔夫樹欲靜而風不止, 子欲養而親不待.〕"

491 주자께서 '속절'에 관해 장식(張栻)에게 답하신 뜻 속절(俗節)과 관련하여 주자가 장식에게 답한 편지가 『주자대전』30, 「답장흠부(答張欽夫)」(9)에 실려 있으며, 관련 내용은 다음과 같다. "오늘날 속절(俗節)은 옛날에는 없었던 것이네. 그러므로 옛

날 사람들은 비록 제사를 지내지 않더라도 마음이 절로 편안했을 것이네. 하지
만 요즘 사람들은 이미 이를 중히 여겨 이날이 되면 반드시 음식을 장만하여 서
로 잔치를 열어 즐기고 있네. 게다가 그 계절에 나는 음식 역시 각각 적합함이
있으므로 세속의 인정은 이 날이 되면 그 조상을 그리워하고 또 그 계절에 나는
음식을 바치지 않을 수 없는 것이네. 비록 예(禮)의 정당한 것은 아니지만 역시
인정상으로는 그만둘 수 없는 일이네. 다만, 이것만 하고 사시(四時)의 정당한 예
를 폐기해서는 안 될 일이네.[蓋今之俗節, 古所無有, 故古人雖不祭, 而情亦自安. 今人旣以
此爲重, 至於是日, 必具殽羞, 相宴樂, 而其節物亦各有宜, 故世俗之情, 至於是日, 不能不思其祖
考, 而復以其物享之, 雖非禮之正, 然亦人情之不能已者. 但不當專用此, 而廢四時之正禮耳.]"

492 食肉飲酒 『퇴계선생언행록』에는 '飲酒食肉'으로 되어 있다.

493 也 『퇴계선생언행록』에는 없다.

494 則 『퇴계선생언행록』에는 없다.

495 역월(易月)의 제도 해(年)를 달(月)로 환산해서 상복을 입는 제도로, 예를 들면 기년
복(期年服)을 기월복(期月服)으로 바꿔 없는 방식을 말한다.

496 사관(四館) 성균관(成均館), 예문관(藝文館), 교서관(校書館), 승문원(承文院)을 총칭하
는 말이다.

497 呂祖約 『퇴계선생언행록』에는 '呂子約'으로 되어 있다. '자약(子約)'은 여조검(呂祖
儉, 1146~1200)의 자이다. 여조검은 여조겸(呂祖謙, 1137~1181)의 동생이다.

498 當 『퇴계선생언행록』에는 '爲'로 되어 있다.

499 方 『퇴계선생언행록』에는 '可'로 되어 있다.

500 必 『퇴계선생언행록』에는 없다.

501 여조겸(呂祖謙, 1137~1181) 남송 무주(婺州) 금화(金華) 사람으로, 자는 백공(伯恭),
호는 동래(東萊)이다. 주자, 장식(張栻) 등과 사귀며 폭넓은 학식을 갖추었다.

502 祭 『퇴계선생언행록』에는 '制'로 되어 있다. 문리상 '制'가 적합하다고 판단하여
번역은 『퇴계선생언행록』에 따랐음을 밝힌다.

503 喪制 『퇴계선생언행록』에는 '喪祭'로 되어 있다. 문리상 '喪祭'가 적합하다고 판
단하여 번역은 『퇴계선생언행록』에 따랐음을 밝힌다.

504 『퇴계선생언행록』에는 '又曰' 이하의 내용이 별도의 문단으로 나누어져 있다.

505 坎軻 『학봉집』5, 「퇴계선생언행록」에는 '坎坷'로 되어 있고, 도산서원본『퇴계선
생언행록』에는 '轗軻'로 되어 있다.

506 明宗 『퇴계선생언행록』에는 '明廟'로 되어 있다.

507 論 『퇴계선생언행록』에는 '諭'로 되어 있다. 문리상 '諭'가 적합하다고 판단하여

번역은 『퇴계선생언행록』에 따랐음을 밝힌다.

508 參判朴淳 『퇴계선생언행록』에는 '禮曹堂上'으로 되어 있다.

509 議遂寢 『퇴계선생언행록』에는 '故其議遂寢'으로 되어 있다.

510 姪 『퇴계선생언행록』에는 '兄'으로 되어 있다.

511 安其田土 『학봉집』5, 『퇴계선생언행록』과 도산서원본 『퇴계선생언행록』 모두 없다.

512 以遷徒爲難 『학봉집』5, 『퇴계선생언행록』에는 없고, 도산서원본 『퇴계선생언행록』에는 '以撤還爲難'으로 되어 있다.

513 責以大義 『학봉집』5, 『퇴계선생언행록』에는 없다.

514 遷 『퇴계선생언행록』에는 '還'으로 되어 있다.

515 周恤安集 『퇴계선생언행록』에는 '周恤安集者'로 되어 있다.

516 世 『퇴계선생언행록』에는 '歲'로 되어 있다.

517 財 『퇴계선생언행록』에는 '材'로 되어 있다. 문리상 '材'가 적합하다고 판단하여 번역은 『퇴계선생언행록』에 따랐음을 밝힌다.

518 종자(宗子) 퇴계의 맏형인 충순위(忠順衛) 이잠(李潛, 1479~1536)의 아들 이인(李寅)을 말한다.

519 완(完) 퇴계의 둘째 형인 이하(李河)의 아들 이완(李完, 1512~1596)을 말한다.

520 종도(宗道) 퇴계의 조카 이완(李完)의 아들로, 퇴계에게는 종손(從孫)이 되는 이종도(李宗道, 1535~1602)를 말한다. 이종도의 자는 사원(士元)이고, 호는 지간(芝澗)이다.

521 무덤 주변의 나무를 베는 것 『예기』「곡례하」에 나오는 "군자는 아무리 가난해도 제기(祭器)를 팔지 않고, 아무리 추워도 제복(祭服)을 입지 않는다. 집을 지을 때는 무덤 주변의 나무(丘木)를 베지 않는다(君子雖貧, 不粥祭器; 雖寒, 不衣祭服; 爲宮室, 不斬於丘木.)" 내용을 말한다.

522 긍구(肯構) 『서경』「대고(大誥)」에 나오는 "아버지가 집을 지으려고 이미 법을 정해 놓았거늘, 그 아들은 집터도 닦으려 하지 않는데 하물며 집을 지으려고 하겠는가?(若考作室, 旣底法. 厥子乃弗肯堂, 矧肯構?)"라는 대목에서 온 말로, 자손이 선대의 유업을 잘 계승하는 것을 뜻한다. 여기서는 후손이 종가(宗家)를 중수(重修)하는 말로 인용하였다.

523 土 『학봉집』5, 『퇴계선생언행록』에는 없다.

524 爭 『학봉집』5, 『퇴계선생언행록』에는 '爭欲'으로 되어 있다.

525 不能制欲 『학봉집』5, 『퇴계선생언행록』에는 없다.

526 묘전(墓田) 『가례』「통례(通禮)」 '사당(祠堂)'조, "제전을 둔다(置祭田)" 아래 본주(本註)에 다음과 같은 내용이 있다. "처음 사당을 세울 때는 현재의 밭을 계산하여 감

실마다 그 20분의 1을 취해 제전(祭田)으로 삼고, 친(親)이 다하면 묘전(墓田)으로 삼는다.〔初立祠堂, 則計見田, 每龕取其二十之一, 以爲祭田. 親盡則以爲墓田.〕"

527 허형(許衡, 1209~1281) 원나라의 학자로, 자는 중평(仲平), 호는 노재(魯齋)이다. 허형은 소문산(蘇門山)에 은거하고 있던 조복(趙復)의 문인 설재(雪齋) 요추(姚樞)로부터 주자학을 배운 뒤, 원나라 초의 학계에 주자학의 기초를 닦은 대표적인 주자학자가 되었다. 그는 특히 『소학』을 중시하여 "나는 『소학』을 신명처럼 신봉하고 부모처럼 공경한다(信之如神明, 奉之如父母)."라고 하였다. 그러나 그가 성리학자이고 한족(漢族)이면서 원나라에 벼슬한 것 때문에, 그에 대한 평가는 학자들 사이에 논란이 많았다.

528 진덕수(眞德秀, 1178~1235) 남송의 성리학자로, 자는 경원(景元)·희원(希元)·경희(景希)이고, 호는 서산(西山)이며, 시호는 문충(文忠)이다. 경원(慶元, 1195~1200) 연간에 한탁주(韓侂冑)에 의해 위학(僞學)으로 몰려 침체됐던 주자학의 부흥에 공헌한 바가 컸고, '소주자(小朱子)'로 불렸다. 남송 후기에 위료옹(魏了翁)과 쌍벽을 이룬 성리학자로서, 주희의 성리학을 정통으로 계승한 인물이다. 대표 저서에 『정경(政經)』, 『심경(心經)』, 『대학연의(大學衍義)』 등이 있다.

529 오징(吳澄, 1249~1333) 임천(臨川) 출신인 원나라 때의 유학자로, 자는 유청(幼淸) 또는 백청(伯淸)이고, 학자들은 초려선생(草廬先生)이라 부르며, 시호는 문정(文正)이다. 주자의 사전제자(四傳弟子)로, 이학(理學)을 위주로 하면서 심학(心學)도 아울러 취하여 주자와 육구연의 사상을 조화시켰다. 저서에 『오경찬언(五經纂言)』, 『의례일경전(儀禮逸經傳)』, 『역찬언(易纂言)』, 『예기찬언(禮記纂言)』 등이 있다.

530 제왕(濟王) 중국 남송의 종실인 조횡(趙竑, ?~1225)을 가리킨다. 원래 영종(寧宗)의 당제(堂弟)인 기왕(沂王) 조병(趙抦)의 후사였으나, 황자(皇子) 조순(趙詢)이 병으로 죽자 영종이 그를 양자로 삼아 태자로 세웠다. 그런데 조횡은 평소 재상 사미원(史彌遠)을 미워하였고, 이를 알게 된 사미원은 영종의 병이 깊어지자 조서를 위조하여 또 다른 종실 조윤(趙昀)을 태자로 삼았다. 그리고 영종이 죽은 후에 조윤을 황제의 자리에 앉혔으니, 이가 바로 이종(理宗)이다. 이에 따라 조횡은 태자의 자리에서 폐위되어 제왕(濟王)이 되고 호주(湖州)로 쫓겨나 거처하다가 삽천(霅川)의 변이 일어나자 모든 왕작(王爵)을 박탈당하고 핍박당하여 스스로 목을 매어 죽었다.

노수신에게 답하다₁₅₆₆⁵³¹

答盧監司己巳

34

祖考妣一穴, 而分窆異封. 今欲於兩封之間, 竪一石. 表面刻右題考左題妣, 此俗所行也. 俗又或單題考前, 而妣前則否, 此又如何?

🔲 할아버지와 할머니가 한 데 묻혀 계시지만 무덤의 봉분은 나누어져 있습니다. 이제 두 봉분 사이에 표석表石을 하나 세우려고 합니다. 표석의 오른쪽 면에는 할아버지, 왼쪽 면에는 할머니를 새기는 방식은 시속에서 행하는 것입니다. 시속에서는 앞쪽 면에 할아버지만 쓰고 할머니는 앞쪽 면에 쓰지 않기도 하는데, 이런 방식은 또 어떻습니까?

一穴異封, 表面分刻, 滉所聞俗例亦如此, 恐程子所謂"事之無害於義者, 從俗可也"者, 此類之謂也. 其單題考前, 恐未安.

🖹 하나의 무덤에 봉분을 달리한다거나 표석의 면에 나누어 새기는 방식과 관련하여 내가 들은 속례도 그와 같습니다. 정자께서 "의리에 해로움이 없는 일은 시속을 따라도 괜찮다"라고 하신 것이 이런 것을 두고 하신 말씀입니다. 앞면에 할아버지만 쓰는 것은 온당치 못한 듯합니다.

35

兩封共一表, 則其世系、名字、行實之刻也, 當首祖考次祖妣, 可乎? 合而述之, 可乎?

🖾 두 개의 봉분이 한 개의 표석을 공유한다면, 세계世系와 명자名字 그리고 행실 등을 새길 때 할아버지를 먼저 새기고 할머니를 다음에 새기는 것이 옳습니까? 함께 기술하는 것이 옳습니까?

兩封共表, 銘文之刻例, 未有考. 今世或有分刻者, 有合述者. 愚意分刻固善, 然以同牢一體、共穴合祭之義言之, 合而述之, 亦似[532]爲得.

🖹 두 개의 봉분이 표석을 공유하는 경우에 명문을 어떻게 새겨야

하는지 검토해 본 적이 없습니다. 요즘에는 나누어서 새기기도 하고 함께 기술하기도 합니다. 제 생각에는 나누어서 새기는 것이 분명 더 좋습니다. 그러나 동뢰同牢[533]를 한 한 몸이고, 같은 무덤에 묻혀 함께 제사를 받는 의리로 이야기한다면 함께 기술하는 것도 가능할 것 같습니다.

36

祖墓之岡, 太短狹以促, 從先府君遺命, 窆諸祖墳三四尺之次, 無地可容行祖祭, 當不免合祭于一列. 今擬離先府君墓前一二尺許, 可設石卓, 以西爲上, 右共一卓以祭祖考妣, 左共一卓祭考, 於禮何如? 或謂: "設兩卓於考妣墳前似混, 不若設于墓左或右", 此說恐非便. 旣離墳砌, 非混也. 非直偏設未安, 復地勢無餘, 決難從, 奈何? 或又言: "設卓于次墓下之西, 然則祭者, 是位東是位南", 然此說終是舛. 抑別有善道歟?

[문] 조부의 묘가 있는 언덕이 터가 매우 짧고 좁아서 밭습니다. 선부군先府君의 유명에 따라 조부의 봉분에서 3~4척 떨어진 곳에 〔선부군의〕 묘를 조성하고 보니 조부에게 제사를 올릴 공간이 나오지 않아서, 어쩔 수 없이 한 줄에서 합제를 할 수밖에 없습니다. 이제 선부군의 묘에서 1~2척만큼 떨어진 앞쪽에 석탁石卓을 설치할까 생각하고 있습니다. 왼쪽을 위쪽으로 하여, 오른쪽에서는 조부모

에게 제사를 지내고, 왼쪽에서는 아버지에게 제사를 지내는 방안인데, 이것이 예에 비추어 어떻습니까? 혹자는 "봉분 앞쪽에 두 개의 석탁을 설치하는 것은 혼란스러울 듯하니, 묘의 왼쪽이나 오른쪽에 설치하는 것이 낫다"라고 합니다만, 이 설은 온당치 않은 듯합니다. 이미 봉분과 떨어졌으니 혼란스럽지 않습니다. 한쪽에 설치하는 것이 온당치 않을 뿐만 아니라, 그곳의 지세가 여유가 없어서 결코 따르기 어려우니 어찌해야 합니까? 혹자는 또 "다음 묘 아래의 서쪽에 석탁을 설치하라. 그러면 제사를 지내는 사람이 동쪽 또는 남쪽에 위치하게 된다"라고 하는데, 이 설은 아무리 생각해도 틀린 말입니다. 이 이외에 다른 좋은 방도가 있겠습니까?

上墓地窄, 設位次墓之前而祭之, 事涉苟且. 墓左右設位之說, 未爲非便, 但云: "地勢無餘", 則不得已用次墓前設位之說. 若設於次墓下之西, 則祭者位而處之尤難, 其他又無善策可出於此外也.

🖺 할아버지 묘의 공간이 좁다고 아버지 묘의 앞쪽에 신위를 마련하고 제사를 지낸다는 것은 일이 구차해질 것입니다. 묘의 왼쪽이나 오른쪽에 설치하라는 설은 온당치 않은 것은 아닙니다. 다만 "지세가 여유가 없다"라고 하였으니, 부득이 아버지 묘 앞쪽에 설치하라는 설을 준용해야 할 것입니다. 만일 아버지 묘 아래 서쪽에 설치하면, 제사를 지내는 사람이 자리를 잡고 대처하기가 더욱 어

려울 것입니다. 이 이외에 나올 만한 더 나은 방책은 없습니다.

37

先書贈職, 東俗也. 且從俗書, 無大害否?

▣ 증직贈職을 먼저 쓰는 것은 우리나라의 풍속입니다. 풍속에 따라 써도 큰 문제는 없겠습니까?

東俗先書贈職, 先國恩之意也. 然官之高下、事之先後, 皆倒置, 每欲變從古文, 未果也. 承問之及, 爲之怳然.

▣ 우리나라 풍속에서 증직을 먼저 쓰는 것은, 나라의 은혜를 우선하려는 의도입니다. 그러나 〔이렇게 하면〕 관직의 고하, 일의 선후가 모두 도치되게 됩니다. 그래서 늘 고문古文에 따라 변경하고 싶었으나 결행하지 못했는데, 이런 질문을 받고 보니 정신이 번쩍 드는 듯합니다.

38[534]

朱子當禮極毀之日, 姑爲復古之漸, 『家禮』多從簡便, 非本意也. 今當據經作練衣裳, 無疑, 顧未委[535]或有論不以爲然者否.

🔳 주자께서는 예가 극도로 무너진 시기를 당하였기 때문에 우선은 점진적으로 고례를 회복하려고 하신 것이지, 『가례』가 간편한 것을 따른 경우가 많은 것이 본의는 아니었을 것입니다. 이제 당연히 경經에 근거하여 의상衣裳을 연복練服으로 해야 한다는 데 의심은 없습니다. 다만 혹시 그렇게 생각하지 않는 다른 견해는 없는지 잘 모르겠습니다.

練服升數有殺, 當爲別製. 然禮經註亦有只 "變練冠承衰服"之文. 朱子『家禮』斟酌古今之宜, 變除只如此, 國典又從之. 往年廷議練制, 詳考古今禮文, 而[536]歸定於不別製. 恐此等事, 當以 "吾從周" 之義處之.

🔳 연복은 승수升數가 감소하므로 당연히 별도로 만들어야 합니다. 그러나 예경禮經 주註에 "연관練冠을 변경하고 최복衰服을 받는다"라는 내용만 있습니다. 주자의 『가례』는 옛날과 오늘의 적절함을 짐작한 책인데, 변경과 제거가 이와 같고 국전國典도 이를 따르고 있습니다. 예전에 조정에서 연제練制를 논의할 때 고금의 예문들을 상세하게 고찰하였을 텐데도 '별도로 만들지 않는다'고 결론을 냈습니다. 아마도 이런 일은 "나는 주나라를 따르겠다"[537]라는 의리로 대처하는 것이 마땅할 것입니다.

39

凡喪服之釋者, 恐不合事神例焚埋之, 亦不敢依斷杖例棄屛處. 然據此兩例, 蓋皆不欲以他用而褻賤之也. 今不獲已而依某例, 猶之可乎? 思之未得其所安[538], 願明以教之.

[문] 무릇 상기喪期를 마치고 벗은 상복은 신을 섬길 때 태우거나 묻는 예에도 부합하지 않고, 그렇다고 감히 지팡이를 부러뜨리는 예에 따라 내다 버리는 것도 안 될 일입니다. 그러나 이 두 가지 예는 모두 다른 용도로 사용하여 함부로 하고 싶지 않은 것입니다. 이제 부득이하다면 어떤 예를 따르는 것이 그래도 괜찮겠습니까? 아무리 생각해도 적절한 것을 찾지 못했으니, 분명하게 가르쳐 주시기 바랍니다.

『禮記』"祭服敝則焚之", 則喪服之釋, 似當焚之. 但『家禮』杖言斷棄, 而不言焚服, 及他禮亦無焚之之文, 不敢率意爲報[539], 恐惟以不褻用爲可耶.

[답] 『예기』「곡례상」에 "제복祭服이 해지면 불태운다"라고 하였으니, 벗은 상복도 태우는 것이 마땅할 듯합니다. 다만『가례』에서 지팡이는 부러뜨려서 버리라고 했지만 상복을 태우라고는 하지 않았으며, 다른 예서들에도 태우라는 내용이 없으니, 감히 경솔하게 답을

드리지 못하겠습니다. 그저 함부로 사용하지 않는 것이 옳다고 여길 뿐이겠지요.

40

國制不許祭四代, 而俗尚有母則不遷高祖. 然則立祠須作四龕, 可乎? 今擬建宇, 務欲小其制, 爲久遠計, 而在遷高之後, 則有徒虛而狹之歎, 故欲於西壁爲高龕, 似合東向自如之意. 但祭者旣北面, 又恐更有所未安者.

[문] 나라의 예제에서는 4대까지 제사 지내는 것을 허락하지 않는데, 풍속에서는 어머니가 살아 계시면 고조高祖를 체천遞遷하지 않고 있습니다. 그렇다면 사당을 세울 때 감실을 네 개 만드는 것이 옳습니까? 이제 사당을 세우면서 그 제도를 작게 하여 오래가게 하려고 노력하고 있습니다. 그런데 고조를 체천해야 하는 훗날에는 비좁다는 탄식이 있을 것입니다. 그래서 서쪽 벽에 고조의 감실을 만들려고 하는데, 〔고조가〕 동쪽을 향한다는 뜻에 부합할 것 같습니다. 다만, 제사를 지내는 사람들이 이미 북면을 했으니, 또 다른 온당치 못한 점이 있을까 걱정입니다.

詳據古禮, 有母而不遷親盡之祖? 乃今人意厚而不知禮之失也. 西壁作高龕一事, 近有人自云: "其先世廟作三龕, 今欲祀四代, 擬於

東壁作一龕, 以奉禰主." 滉答以 "與其東壁安禰主, 不若就西壁作
之以安高主, 庶與古者始祖東向之意相近, 而勝於東壁奉禰之都無
據也." 此則因其誤而稍使從善也. 後來思之, 猶有未安. 今始作廟,
而如是創爲之, 竊恐見非於家禮[540], 而未免汰哉之誚也. 愚意祭四代則
作四龕, 祭三代則作三龕爲宜.

📩 고례를 상세하게 근거한다면 어머니 때문에 친진親盡한 조상을
체천하지 않는 경우가 있습니까? 이것은 요즘 사람들이 의도만 후
해서 예는 아랑곳하지 않은 잘못입니다. 서쪽 벽에 고조의 감실을
만드는 일과 관련해서는, 근래에 어떤 사람이 "선대에 만든 사당에
감실이 세 개인데, 이제 4대 봉사를 하려고 동쪽 벽에 감실 하나를
만들어서 아버지의 신주를 모시려고 한다"라고 하기에, 제가 이렇
게 답을 해주었습니다. "동쪽 벽에 아버지의 신주를 모시는 것보다
서쪽 벽에 감실을 만들어서 고조의 신주를 모시는 것이 낫다. 그리
하면 옛날에 '시조始祖는 동쪽을 향한다'는 뜻과 가까워서, 근거 없
이 동쪽 벽에 아버지를 모시는 것보다 나을 것이다." 이는 잘못한
것을 계기로 바람직한 방법을 따르게 하려는 것이었습니다. 그런
데 나중에 생각해 보니, 이것도 온당치 않은 점이 있었습니다. 이
제 새롭게 사당을 지으면서 이렇게 멋대로 하면 예가禮家들에게 비
난을 살 것이고, 섣부르다는 질책을 면치 못할까 걱정입니다. 제 생
각에는 4대 봉사를 하려면 네 개의 감실을 만들고, 3대 봉사를 하려면 감실을 세 개만

만드는 것이 좋겠습니다.

41

古者三廟、二廟、祭寢, 亦必及於高祖, 但有疏數之不同耳. 今無遷于夾室于墓之制, 而遽然埋之, 恐於人心有不安者. 苟不免乎埋焉, 其祭也當如何? 朱子以『楊遵道集』中 "祔母而始遷遠祖" 爲疑云爾, 則卽遷者似爲定論, 而合祭之不可廢也亦明矣. 今當祭以何時, 設以何主, 而合於無於禮者之禮乎? 禮家或有用紙榜者.

[문] 옛날에는 삼묘三廟이든, 이묘二廟이든, 정침正寢에서 제사를 지내든[541] 반드시 고조에게까지 제사가 미쳤습니다. 단지 가끔 지내느냐 자주 지내느냐의 차이가 있을 뿐이었습니다. 지금은 협실夾室이나 묘墓로 옮기는 제도가 없이 갑자기 〔친진한 고조의 신주를〕 묻어버리니, 사람 마음에 편치 못한 점이 있습니다. 만일 묻을 수밖에 없다면, 제사는 어떻게 해야 합니까? 주자께서는 『양준도집楊遵道集』 가운데 "어머니를 부묘祔廟하고 비로소 먼 조상을 옮긴다"라는 내용이 의심스럽다고 하셨으니,[542] 그렇다면 즉시 옮기는 것이 정론일 듯하며 합제合祭를 폐기할 수 없는 것도 분명합니다. 이제 언제로 제사를 지내며, 어떤 신주를 설치해야 '예에 없는 예'에 부합하겠습니까? 예를 행하는 사람들 중에는 지방을 사용하는 사람도 있습니다.

三廟、二廟、祭寢, 皆及高祖, 此禮尋常疑之. 古云: "大夫有事干祫, 及其高祖, 則必告於君." 此言非常祭也, 故祭則告君而後行之. 今若同廟而常祭也, 高主固在廟中, 而疏數不同, 則或祭或否, 理勢有不當然者. 此滉常所未諭也. 今以示意言之, 乃祭三代, 高已遷之後, 欲行合祭高祖之禮也乎? 此亦於禮, 未有顯據. 恐當以紙榜設位祭之, 祭畢焚之, 時用春仲, 以倣立春祭先祖之義, 何如?

[답] 삼묘든, 이묘든, 정침에서 제사를 지내든 예외 없이 고조에게까지 제사를 지냈다는데, 이 예는 평소에도 의심스러웠습니다. 옛글에 "대부大夫가 일이 있거든 군주에게 물어서 협제祫祭가 고조에게까지 미치기를 구한다"라고 하였는데,[543] 이 말은 정기적으로 지내는 제사가 아니기 때문에 제사를 지낼 때면 군주에게 고한 뒤에 행하는 것입니다. 이제 만일 같은 사당에서 정기적으로 제사를 지내고 고조의 신주도 그 사당 안에 계시는데 제사를 지내는 빈도가 차이가 난다면, 어떤 신주에게는 제사를 지내고 어떤 신주에게는 제사를 지내지 않는다는 것인데, 이는 이치상으로나 형세상으로나 당연하지 못한 점이 있습니다. 이것이 제가 항상 석연치 않아 했던 것입니다. 이제 말씀하신 의도를 가지고 이야기하자면, 3대 봉사만 하는 상황에서 고조의 신주는 이미 옮겼는데 고조까지 합제를 행하려고 하는 것이지요? 이 역시 예서에 뚜렷한 근거가 없습니다. 아무래도 지방紙榜으로 신위를 만들어 제사를 지내고, 제사가 끝나

면 지방을 태워야 할 것입니다. 시기는 음력 2월로 함으로써 '입춘
에 선조에게 제사를 지낸다'[544]는 의리를 모방하면 어떻겠습니까?

42

『家禮』時祭于正寢, 今欲祭于祠堂, 以倣古者合食太祖廟之意, 不
知其可否. 俗或有祭于祠堂者.[545]

問 『가례』에 시제時祭는 정침에서 지낸다고 하였습니다만, 이제 사
당에서 제사를 지냄으로써 옛날에 태조太祖의 사당에서 합식合食하
게 했던 뜻을 모방하려고 하는데, 그것이 가능한 일인지 모르겠습
니다. 시속에는 사당에서 제사를 지내는 사람이 있습니다.

祭于正寢, 患祠堂之狹隘也. 祠堂可容行禮, 則安有不可? 顧恐難
得如許大祠屋耳.

答 정침에서 제사를 지내는 것은 사당이 비좁을까 봐 우려해서 그
런 것입니다. 사당이 예를 행하기에 충분하다면 어찌 불가함이 있
겠습니까? 그렇게 큰 사당 건물을 얻기 어려운 것이 걱정스러울 뿐
입니다.

43

古者, 祔新主于祖廟, 故告祖. 今旣直祔于禰龕, 而猶告祖, 實無意
義, 朱子明言之, 而猶有 "存羊" 之意, 蓋以其 "時習" 然, 故姑從之
耳. 今擬直告禰龕, 所必無疑, 而或復廟制, 不妨告祖, 又何爲過慮
"存羊" 而苟行無義之禮乎? 此意如何?[546]

🔲 옛날에는 새로운 신주를 〔돌아가신 분의〕 조부의 사당에 부묘하
였기 때문에 조부에게 고했습니다. 그런데 지금은 곧장 아버지의
감실에 부묘를 하는데도 오히려 조부에게 고합니다. 이것은 실상
아무 의의가 없다고 주자께서 분명히 말씀하셨으면서도 "양의 희
생을 존속한다"[547]라는 의미가 있다고 하셨습니다. 그것은 "시간 나
는 대로 익히라"와 같은 이유로 따르는 것일 뿐입니다. 아버지의
감실에 곧장 고하는 것은 필연코 의심의 여지가 없습니다. 혹시 묘
제廟制를 복원한다면 조부에게 고해도 괜찮겠습니다만, 그렇다고
어찌 "양의 희생을 존속한다"라는 것을 지나치게 염려해서 아무 의
의도 없는 예를 구차하게 행해야 하겠습니까? 이런 생각이 어떻습
니까?

廟非昭穆之制, 而猶祔於祖, 朱子以 "愛禮存羊" 處之. 今示 "直告
禰廟, 在所不疑", 其下又云: "廟制, 不妨告祖", 則何爲 "苟行無義
之禮"? 不知廟制如何而可不妨告祖乎. 似謂廟制如下條作東西昭穆則可

也. 然此制恐難行也. 滉謂今爲同堂異室之制, 一新主入而群主皆遷動,
獨告祖, 雖未安, 猶有存羊之意, 獨告禰, 則與古違, 而今亦非宜,
如何如何? 且今人盧墓, 葬不返魂, 祔旣失時, 至喪畢乃返, 而或
都告群主, 而入新主, 皆非禮也. 故愚意喪畢返魂, 而獨祔於祖, 新
主猶未入其龕, 且祔於祖龕. 或祖龕有非便, 則廟中別奉安. 群主依舊在各
龕, 及禫後時祭, 新主與群主合祭, 畢, 還主之時, 祧遷與新主皆依
禮入之, 則旣不失祔祖之禮, 又不遺群主皆告之義, 恐兩全而可行
也. 不知孝意以爲何如.[548] 『家禮』楊氏註朱子說已明言此禮.

答 사당이 이미 소목昭穆의 제도가 아닌데도 오히려 할아버지에
부묘하는 문제를 주자께서는 "예를 아까워하여 양의 희생을 존속
한다"의 방식으로 대처하셨습니다. 보내주신 편지에 "곧장 아버지
의 사당에 고하는 것은 의심의 여지가 없다"라고 하시고, 그 아래
에서 또 "묘제는 조부에게 고해도 괜찮다"라고 하셨는데, 어찌 "아
무 의의도 없는 예를 구차하게 행해야 하느냐"라고 하십니까? 묘
제가 어떠해야 조부에게 고해도 괜찮은 것인지 모르겠습니다. 묘
제가 아래 조목에서 말씀하신 '동쪽과 서쪽으로 배치된 소목 제도'와 같다면 괜찮다
고 말씀하신 것 같습니다. 그러나 이 제도는 시행하기 어려울 것입니다. 저는 이렇
게 생각합니다. 지금의 동당이실同堂異室 제도에서는 새로운 신주
가 들어오면 모든 신주가 다 이동해야 하므로 조부에게만 고하는
것이 비록 온당치는 않지만 '양을 보존하는' 의의는 있습니다. 그

러나 아버지에게만 고하는 것은 옛날과도 어긋날뿐더러 요즘에도 적절한 방식이 아닙니다. 어떻게 생각하십니까? 더구나 요즘 사람들은 여묘를 하느라 장례를 치르고도 반혼返魂을 하지 않기 때문에 부묘를 하는 시기를 놓칩니다. 그리하여 상을 모두 마친 다음에야 반혼을 하고, 여러 신주들에게 모두 고한 다음 새로운 신주를 사당에 들이는데, 이것이 모두 비례입니다. 그러므로 제 생각에는, 상을 마치고 반혼을 할 때 조부에게만 부묘를 하는 것입니다. 이때 새로운 신주는 아직 자신의 감실에 들이지 않고 조부의 감실에 부묘하고, 혹시 조부의 감실이 여의치 않으면 사당 안에 별도로 봉안합니다. 여러 신주들도 기존대로 각자의 감실에 있습니다. 그러다가 담제禫祭 이후 시제時祭에서 새로운 여러 신주와 여러 신주들의 합제가 끝나고 신주를 다시 모시고 사당으로 돌아갈 때 조천祧遷할 신주와 새로운 신주를 모두 예에 의거하여 들이는 것입니다. 그리하면 조부에게 부묘하는 예에도 문제가 없을 뿐만 아니라, 여러 신주들에게도 모두 고하는 의리도 놓치지 않게 될 것이니, 두 가지 문제 모두 원만하여 시행해도 괜찮을 것입니다. 효성스러운 의견에 어떠실지 모르겠습니다. 『가례』양복楊復 주註에서 인용한 주자의 말씀에 이 예가 분명하게 언급되어 있습니다.

44

欲略倣昭穆, 龕諸東西, 復恐如是, 則於古者南北東西之位, 多有

所礙, 而反不若以西爲上之爲便易也. 伏乞詳喩, 孤陋幸甚, 不識
尊意以爲如何.[549]

🔳 대략 소목 제도를 모방하여 감실을 동쪽과 서쪽으로 모시려고
하는데, 이렇게 하면 옛날의 남북과 동서의 위치에 문제의 소지가
많아서 도리어 서쪽을 위쪽으로 하는 방식의 편이함보다 못할까
걱정입니다. 소상하게 일깨워 주신다면 제게는 더없이 다행이겠습
니다만, 어떠실지 모르겠습니다.

龕以東西分昭穆, 旣非古, 又非今. 創作此制, 恐多礙難行, 而得罪
於先王之典也.

🔳 감실을 동쪽과 서쪽으로 소목을 나누는 것은 옛날 예법도 아니
고 요즘의 방식도 아닙니다. 이런 제도를 창작하는 것은 문제가 많
아서 행하기도 어려울뿐더러 선왕의 제도에 죄를 짓게 될까 걱정
입니다.

626

531 보본의 34번 조목부터 37번 조목까지는 『퇴계선생상제례답문』 원문에는 네 개의 문목(問目)이 앞쪽에 나란히 제시되어 있고, 이에 대한 퇴계의 답 역시 뒤쪽에 나란히 제시되어 있다. 그러나 이 책의 전체적 통일성을 감안하여, 질문과 그에 해당하는 답을 짝지어 분류하고 배치하여 이를 기준으로 번호를 부여하였음을 밝힌다.

532 以 『정본 퇴계전서』5, 「답노이재문목」에는 '似'로 되어 있다. 문리상 '似'가 적합하다고 판단하여 번역은 『정본 퇴계전서』에 따랐음을 밝힌다.

533 동뢰(同牢) 혼례를 치를 때 신랑과 신부가 교배(交拜)를 마치고 나서 마주앉아 함께 술잔을 나누어 마시고 음식을 나누어 먹던 의식을 말한다.

534 보본의 38번 조목부터 44번 조목까지는 『퇴계선생상제례답문』 원문에는 일곱 개의 문목(問目)이 앞쪽에 나란히 제시되어 있고, 이에 대한 퇴계의 답 역시 뒤쪽에 나란히 제시되어 있다. 그러나 이 책의 전체적 통일성을 감안하여, 질문과 그에 해당하는 답을 짝지어 분류하고 배치하여 이를 기준으로 번호를 부여하였음을 밝힌다.

535 無疑顧未委 『정본 퇴계전서』5, 「답노이재문목」에는 없으나, 『소재집(穌齋集)』「내집하편문답록 을(內集下篇問答錄乙)·재문(再問)」에는 있다.

536 而 『정본 퇴계전서』5, 「답노이재문목」에는 '亦'으로 되어 있다.

537 이 내용은 『논어』「팔일」에 나온다.

538 思之未得其所安 『정본 퇴계전서』5, 「답노이재문목」에는 없다.

539 報 『퇴계선생상제례답문』에는 없으나, 『정본 퇴계전서』5, 「답노이재문목」을 따라 보완한다.

540 家禮 『정본 퇴계전서』5, 「답노이재문목」에는 '禮家'로 되어 있다. 문리상 '禮家'가 적합하다고 판단하여 번역은 『정본 퇴계전서』에 따랐음을 밝힌다.

541 삼묘(三廟)는 대부(大夫)가 증조(曾祖)까지 제사를 지내는 것이고, 이묘(二廟)는 사(士)가 조(祖)까지 제사를 지내는 것이고, 정침(正寢)에서 제사를 지내는 것은 서인(庶人)의 경우를 각각 말한다.

542 이 글은 『주자대전』82, 「발양준도유문(跋楊遵道遺文)」에 나온다.

543 이 글은 『예기』 「대전」에 나온다.

544 이 글은 『가례』 「제례(祭禮)」 '사시제(四時祭)'에 나온다.

545 俗或有祭于祠堂者 『정본 퇴계전서』5, 「답노이재문목」에는 없으나, 『소재집』 「내집하편문답록 을·재문」에는 있다.

546 此意如何? 『정본 퇴계전서』5, 「답노이재문목」에는 없다.

547 양의 희생을 존속한다 절차가 번거롭다고 줄이면 예법이 무너질까 염려하여, 기존의 절차를 유지한다는 뜻이다. 「김태정의 문목에 답하다·1569」 10번 조목의 주석 참고.

548 何如 『정본 퇴계전서』5, 「답노이재문목」에는 '如何'로 되어 있다.

549 孤陋幸甚. 不識尊意以爲如何 『정본 퇴계전서』5, 「답노이재문목」에는 없다.

조선 예학의 초석

    일반적으로 조선시대 유학사에서는 퇴계退溪 이황李滉과 율곡栗谷 이이李珥가 활동했던 16세기를 '사단칠정논변四端七情論辨'과 '인심 도심논쟁人心道心論爭' 등 리기理氣와 심성心性을 주제로 하는 담론 이 정치해지고 심화된 시기로 평가하고, 예학禮學과 관련한 논의는 이들의 후학인 한강寒岡 정구鄭逑와 사계沙溪 김장생金長生이 활동한 17세기에 이르러서야 비로소 본격화된 것으로 기술했다. 하지만 조선 유학에서 예학은 16세기 퇴계에 의해 이미 상당한 수준에 도 달하게 되었을 뿐만 아니라, 이후 전개되는 예학의 방향과 성격 또 한 그를 발전적으로 계승하거나 비판적으로 극복하는 과정에서 정 립되었다.

이처럼 퇴계는 조선 예학의 선하先河로서 큰 영향을 남겼지만, 직접 예서禮書를 저술하지 않았다. 그는 자신의 예설禮說을 책으로 쓰지 않았을 뿐만 아니라 선현들의 예설들을 정리한 책도 남기지 않았다. 다만 평소 문인이나 지인들과 주고받은 편지 중에 예禮를 주제로 한 답문을 문인 또는 후학들이 발췌하여 편찬한 것이 전해지고 있을 뿐이다. 이처럼 퇴계 자신이 직접 체계적인 저술을 남긴 것이 아니라 문인이나 지인들의 질문에 답변한 예설들이 타인에 의해 가공되어 전해질 뿐이었지만 그의 예설은 조선의 예학 발전에 튼튼한 초석이 되었다.

그렇게 만들어진 퇴계의 예설집 가운데 가장 대표적인 것이 바로 『퇴계선생상제례답문退溪先生喪祭禮答問』이다. 이 책은 16세기 말 최소한 17세기 초[1]에 퇴계의 문인 농은聾隱 조진趙振이 현재의 공주인 공산公山의 수령으로 재직 중에 틈틈이 상제례喪祭禮에 관한 퇴계의 예설들을 발췌하고 선별하여 한 권의 책으로 엮고, 이를 간행함으로써 세상에 나오게 되었다(「부록 1」 참조).

퇴계는 평소 문인들에게 『가례家禮』는 물론 『예기禮記』와 같은 예서禮書들에 관한 강론과 연구를 철저하게 시행하였다. 그 결과 퇴계의 『가례』 강의는 문인인 간재艮齋 이덕홍李德弘의 『가례주해家禮

---

1   이 책을 편찬하고 간행한 농은 조진이 「후지(後識)」를 쓴 날짜가 만력(萬曆) 경술년 3월 기망(1610년 3월 16일)이다.

註解』와 물암勿巖 김륭金隆의 『가례강록家禮講錄』등으로 정리되었다. 이뿐만 아니라, 학봉鶴峯 김성일金誠一과 서애西厓 류성룡柳成龍은 각각 『가례』의 상례 관련 항목들을 『예기』에서 그 전거를 찾아 고증한 『상례고증喪禮考證』을 저술하였고, 정구는 『가례』의 내용을 보정한 『가례집람보주家禮集覽補註』와 방대한 『예기』의 내용 중에서 상례와 관련된 것들만을 뽑아 편찬한 『예기상례분류禮記喪禮分類』등의 결과물을 내놓았다.

이에 비해 『퇴계선생상제례답문』은 주로 『가례』가 해결하지 못한 변례變禮, 특히 상제례와 관련한 내용들이 대부분을 차지한다. 퇴계는 『주자서절요朱子書節要』를 편찬하는 과정에서 주자朱子 예학의 정론들을 추출하고, 이를 다양한 변례에 대응하는 논거로 활용했다. 퇴계는 변례에 대응하는 주자의 관점과 방법을 자신이 당면한 또 다른 변례 상황에 대응하는 데 활용하였는데, 이러한 전통은 퇴계의 후학들에게 전습되었다. 즉 『퇴계선생상제례답문』은 퇴계의 후학들이 변례에 관한 퇴계의 관점과 방법을 살피고 근거로 삼는 데 더 없는 참고 체계를 제공하였고, 이러한 학문 전통은 이후 학파와 지역을 넘어 조선시대 예학 발전에 지대한 공헌을 하게 되었다.

퇴계는 왜 예서를 편찬하지 않았는가

퇴계가 성리설性理說 분야에 있어서 많은 저작을 남긴 것과 비교하면 예설에 대한 저서를 남기지 않은 것은 흥미로운 대목이다. 퇴계가 활동했던 16세기 중반 조선에서는 여러 편의 예서들이 저술되고 있었다. 예를 들면 농암聾巖 이현보李賢輔의 『제례祭禮』(1547), 회재晦齋 이언적李彦迪의 『봉선잡의奉先雜儀』(1550), 남명南冥 조식曹植의 『사상례절요士喪禮節要』(실전), 추파秋坡 송기수宋麒壽의 『행사의절行祀儀節』(1570), 이암頤庵 송인宋寅의 「가의家儀」(실전), 「가령家令」, 「예설禮說」 등이 대표적이다.[2] 이는 당시 학자로서 예서를 저술하거나 편찬하는 것이 이례적이라고 할 수 없는 학술 행위였음을 보여준다. 이러한 당시의 정황에 비추어 볼 때, 퇴계가 예와 관련하여 저술은 물론 편찬서조차 남기지 않았다는 것은 흥미로움을 넘어 의아스럽기까지 한 대목이다.

물론 퇴계가 예에 무관심했던 것은 아니다. 앞에서 살펴본 바와

---

2   고영진은 조선의 가례서(家禮書)가 발달한 과정을 크게 다음과 같은 세 시기로
    나누어 보는데, 16세기 초중반에는 제례서(祭禮書) 중심의 저술이 이루어졌고,
    16세기 후반에는 상제례서(喪祭禮書)로 확대되었으며, 16세기 말에 가면 사례서
    (四禮書)로 더욱 확대되어 가례서로서의 완정(完整)한 체계를 잡아간다고 본다(고
    영진, 『조선중기 예학사상사』, 한길사, 1995 참조.). 한편 위 예서들의 전래 여부와 저술
    연도는 장동우, 『주자가례』의 수용과 보급 과정: 동전(東傳) 판본(版本) 문제를
    중심으로』(《국학연구》16, 2010) 참조.

같이 그는 제자들에게 『가례』 등 예학 관련 문헌들을 심도 있게 강의하였다. 그뿐만 아니라 그의 문집에는 문인이나 지구들과 관혼상제冠婚喪祭와 관련한, 그중에서도 특히 변례에 관하여 주고받은 수많은 문답서가 남아 있다. 더 나아가 그는 덕흥군德興君의 추숭이나 문소전文昭殿의 부묘와 같은 국가 전례와 관련해서도 자신의 견해를 피력하였고, 백운동서원白雲洞書院의 향사례享祀禮를 수정했을 만큼 예에 관해 전방위적인 관심을 기울였다.[3]

이처럼 퇴계는 그 자신이 상당한 수준의 예학적 성취를 이룩하였을 뿐 아니라, 제자들에게도 체계적이고 깊이 있는 예학을 가르쳤으며, 더 나아가 예에 관한 다양하고 수준 높은 논의를 전개하였다. 그리고 퇴계의 예학은 그의 후학들에 의해 발전적으로 계승되기도 하고 비판적으로 극복되기도 하였다. 그 결과 조선의 예학은 퇴계 이후 질과 양 모두에서 큰 발전을 이룩하게 되었다. 비록 퇴계 자신은 그 어떤 예서도 직접 남기지 않았지만, 예학 분야에서 퇴계가 높게 평가받는 이유는 조선 예학이 퇴계를 기점으로 중요한 발전적 계기를 맞게 되었다는 점 때문이다. 이 점과 관련하여 정구의 문인인 후천朽淺 황종해黃宗海는 김장생에게 보낸 편지에서

---

3 덕흥군 추숭과 문소전 부묘에 대한 퇴계의 예설은 한재훈, 「퇴계 예학사상 연구」(고려대학교 박사학위논문, 2012) Ⅳ장 2절 참조. 백운동서원 향사례에 관해서는 한재훈, 「퇴계의 서원 향사례 정초에 대한 고찰-백운동서원 향사례 수정을 중심으로」(《퇴계학과 유교문화》53, 2013) 참조.

다음과 같이 설명한 바 있다.

퇴계 이전에는 국속國俗이 엉망인 데다 예문禮文이 있는 줄도 몰랐습니다. 비록 『가례』가 있었다고는 하지만 거기에 관심을 갖는 이조차 드물었습니다. 그러다가 퇴계께서 나오신 뒤에 여기에 종사하는 이도 많아졌고, 글을 주고받으면서 예를 논하는 일도 생겨났습니다. 그러므로 퇴계는 '말을 세워 후세에 드리운〔立言垂後〕' 공이 있다 하겠습니다.[4]

한편 성호星湖 이익李瀷은 주자가 『가례』를 제정하고 그의 후학들이 이를 보완한 덕분에 천 년 이상 단절되었던 예가 다시 세상에 실현될 수 있게 되었다고 평가했다.[5] 그리고 『가례』가 우리나라에서도 빛을 보게 된 것은 오직 퇴계 때문이었다는 점을 다음과 같이 기술했다.

우리나라에 이르러서는 퇴도退陶 이 선생께서 머나먼 변방에서 태어나

---

4 『후천집(朽淺集)』2, 「답김사계서(答金沙溪書)」 "蓋退溪以前, 國俗昧昧, 不知有禮文, 雖『家禮』一篇, 鮮有致意者, 而至退溪出, 然後人多從事於此, 而有往復論禮之事, 故曰退溪有'立言垂後'之功也."

5 『성호선생전집(星湖先生全集)』49, 「이선생예설유편서(李先生禮說類編序)」 "朱子『家禮』書, 是因時制宜之典, 雖曰未及完就, 當時及門之士, 以升堂記聞, 各有成說, 分門類入, 以羽翼本文, 故後來疑文錯節, 至是大定, 於是天下靡然從之, 是周禮之復明於世也."

케케묵은 고서들을 탐구하신 끝에 정통하고 해박하셨을 뿐만 아니라 몸으로 직접 실천하셨으니, 송대 이후 적전適傳임을 부정할 수 없다. 일찍이 유생들과 함께 주공과 주자께서 물려주신 뜻을 강론하셨고, 이를 필찰筆札에 담아 보여 주신 것들이 문집에 실려 있다. 그것은 대부분 우리나라의 풍속을 감안하면서도 방편을 써서 더 나은 방향으로 인도하였기 때문에 의리義理에 부합하는 것들이었다. 그래서 우리나라 사람들은 그것을, 보물을 간직하는 것보다 더 소중하게 여겼고 그것을 외우지 못한 이들은 수준이 형편없을 수밖에 없었다. 이리하여 『가례』는 다시 우리나라에서 빛을 보게 되었다.[6]

그렇다면 다시 본론으로 돌아가서, 이처럼 조선시대 예학사에서 결코 간과할 수 없는 위치에 있었고 커다란 영향을 끼쳤던 퇴계가 예서를 남기지 않은 이유가 무엇일까? 우선 생각해 볼 수 있는 것은 퇴계 스스로 '자신은 예서를 저술할 만한 위치에 있지도 못하고 역량도 갖지 못했다'고 생각했을 가능성이다. 그렇게 보는 이유로는, 퇴계가 다른 분야에 비해 예학에 대해 늦게 관심을 가졌고,[7] 따

---

6   『성호선생전집』49, 「이선생예설유편서」 "至我東方, 退陶李先生崛起於荒服之外, 尋緖於蠹簡之中, 淹貫該洽, 反躬踐實, 自宋以後適傳不可誣也. 嘗與諸生論周公朱子之餘意, 形諸筆札, 備在集中. 蓋多因土風而方便從善, 愜諸義而愜者也. 東人重之不翅拱璧, 而不誦者爲沽, 是又『家禮』之復明於東也."

7   『월천선생문집(月川先生文集)』5, 「퇴계선생언행총록(退溪先生言行總錄)」 "晩復留意禮

라서 예서를 저술할 정도의 수준에 도달하지 못했을 것이라는 점이 지적된다.[8]

하지만 이러한 가설은 그다지 설득력이 있다고 보기 어렵다. 왜냐하면 어떤 분야에 관한 연구 역량이 그 분야에 관한 연구 시점의 선후와 반드시 연동하는 것은 아니며,[9] 또한 16세기 중반에 양산된 다른 예서의 저자들이 퇴계와 비교했을 때 월등한 예학 수준을 갖추었다고 보기도 어렵기 때문이다.[10] 그리고 이러한 가설은 퇴계가 해당 분야에 대한 확고한 정론이 준비되었을 때만 저술을 남긴다는 전제 위에 성립하는데, 퇴계가 남긴 여러 논저가 반드시 그렇다고 보기도 어렵다. 오히려 퇴계는 자신의 견해를 피력해야 할 때 솔직하게 이를 개진하고, 그것에 대한 비판이 제기되었을 경우 이를 보완하고 수정해 가는 모습을 보여 주었기 때문이다.

퇴계가 예서를 저술하지 않은 이유는 연구 역량이나 수준의 문제라기보다 예서를 저술한다는 것에 대한 퇴계의 의미 부여에서 그 원인을 찾을 수 있다. 사실 예란 사회적 규범과 일상의 양식을

書, 討論遺傳, 參酌時宜, 以敎學者, 未及著爲成書."

8　고영진(1995), 앞의 책, 99~100쪽; 도민재, 「퇴계 예학사상의 특성」(《유학연구》19, 2009), 192쪽.

9　『후천집』2, 「답김사계서」"退溪先生實我東朱子也. 雖自中晩只以後, 始留意禮學, 而其所以博考前經, 大肆其力者, 有非後學所能窺測也."

10　실제로 퇴계는 당대 최고의 예학적 연구 역량과 수준을 갖추고 있었다. 이와 관련해서는 한재훈, 「퇴계 예학사상 연구」(고려대학교 박사학위논문, 2012) 참조.

규정한다. 따라서 이에 관한 논의를 저술로 남긴다는 것은 필연적으로 시속의 문제 상황을 반성하고 이에 대해 바람직한 방향을 제시하는 '교속矯俗'의 의미를 가지며, 따라서 그것은 결과적으로 일종의 사회 개혁적 성격을 띨 수밖에 없다. 퇴계가 예와 관련한 저술을 남기지 않은 것은 이 부분에 지나칠 정도로 신중을 기했기 때문이었을 것으로 짐작된다.

퇴계는 문인인 잠재潛齋 김취려金就礪로부터 예서 편찬과 관련한 제안을 받은 적이 있다. 김취려는『의문疑問』(실전)이라는 제목의 예 관련 저서를 만들었다. 이 책은 김취려가『가례』중 상례와 제례 두 부문에 대해 주자의 절차와 질서를 본으로 삼고 여러 선대 유학자의 학설을 참고하였으며, 당시의 예제를 준칙으로 삼고 속례의 잘못을 구명하기 위해 만들었다. 김취려는 이 책을 스승 퇴계에게 바치면서 이에 대한 질정과 교감을 요청했다.[11] 책의 제목이『의문』이라는 사실에 비추어 보았을 때, 그는 특별히 상제례와 관련한 자신의 의문 사항과 이에 대한 자신의 견해를 책에 담았을 것으로 추정된다. 그리고 그것을 퇴계의 검토와 확인을 거쳐 책으로 만들려고 했던 것 같다. 만일 퇴계가 김취려의 요청을 수용했다면, 그 책은

---

11 『퇴계전서(退溪全書)』29,「답김이정(答金而精) 별지(別紙)」"今復蒙寄「疑問」一册, 則又非前日之比. 將「家禮」喪祭兩門, 本朱子之儀, 參諸儒之說, 準時制, 明俗失. 附以己意, 考訂辯論, 欲得從違可否之宜, 以至矯弊處變之道, 靡不致詳. 欲令滉一一商酌裁定, 以成一部禮書."

두 사람이 공동으로 만든 예서가 되었을 것이다. 하지만 퇴계는 김취려의 요청에 대해 다음과 같이 말하면서 거절했다.

나로 하여금 하나하나 검토하고 재단하게 함으로써 예서 한 부를 완성하고자 하니, 짐작건대 이를 통해 당대를 인솔하고 후세에까지 전하려고 한 듯하다. 오호라! 이것이 얼마나 중대한 일인데 우리 두 사람이 감히 할 수 있겠는가?[12]

이 말에서 주목해야 할 부분은 김취려가 이러한 작업을 하게 된 의도가 '궁극적으로 폐단을 교혁하고 변례에 대처하는 도에까지 이르고자' 했으며, '이를 통해 당대를 인솔하고 후세에까지 전하려고' 했다는 점이다. 어쩌면 김취려 본인은 이런 점까지 생각하지 않았을지 모른다. 중요한 것은 퇴계가 예서 편찬을 이러한 관점에서 바라보고 있었다는 점이다. 즉 퇴계는 예서의 편찬을 당대는 물론 후세에까지 영향을 끼치는 '교속' 작업의 일환으로 이해하고 있었다. 예서를 편찬한다는 것은 필연적으로 세속의 문제 상황을 반성하고 이에 대해 바람직한 방향을 제시함으로써 결국 교속을 하자는 데 목적이 두어지는 작업이다. 따라서 그것은 일종의 사회 개혁적 함

---

12 『퇴계전서』29, 「답김이정 별지」 "欲令滉一一商酌裁定, 以成一部禮書, 意若以是 率一世而傳後來. 嗚呼, 此何等重事, 而吾二人敢爲之哉."

의를 갖는 특수한 학술 활동이다. 퇴계가 "이것이 얼마나 중대한 일인데"라고 말하는 이유는 바로 이 점을 염두에 둔 발언으로 이해할 수 있다.

퇴계는 세속의 잘못을 바로잡고 고례의 정도로 돌아가는 것은 분명 군자의 일이지만, 거기에는 고려하고 감안해야 할 것들이 많다고 보았다. 먼저 자신이 그럴 만한 능력을 갖추고 있어야 하고, 그럴 수 있는 지위에 있어야 하며, 또한 옛날과 오늘의 시의時宜도 감안해야 한다는 것이다. 단순하게 '고古'와 '속俗'이라는 이분법에 따라 '고'에 위배된다고 뭐든지 뜯어고치려 해서는 안 된다고 퇴계는 이해한다. 따라서 퇴계는 김취려에게 이러한 점들을 유의해야 한다는 사실을 주지시키는데, 이때 매우 주목되는 언급을 한다. 그것은 '이와 같이 경솔한 생각으로 가볍게 움직여서는 안 되는 이유'로 '피화避禍'와 '도리道理' 두 가지를 거론한다는 점이다.[13]

위에서 언급한 여러 가지 고려하고 감안해야 할 사항들은 바로 '도리'의 측면에서 설명한 지극히 원론적인 이야기다. 여기에서 우리의 눈길을 끄는 것은 바로 '피화'라는 언급이다. '피화'라는 말은

---

13 『퇴계전서』29,「답김이정 별지」"正俗失反古道, 固君子之事, 然亦有未可率意輕作者, 非但避禍, 道理有所當然者. 子曰. '愚而好自用, 賤而好自專, 生乎今之世, 反古之道, 如此者, 烖及其身者也. 非天子, 不議禮, 不制度, 不考文.' 夫聖賢在下, 而議禮·制度·考文亦多矣, 而聖人之言若此, 何也. 雖議制且考, 其間有不可一一專輒底道理, 故云云."

일상적으로 사용하지 않는 말일 뿐 아니라, 설령 경계를 목적으로 하는 언급이라 할지라도 매우 엄중하게 사용되는 표현이다. 이러한 점들을 감안한다면, 퇴계가 이런 용어를 사용하면서까지 제자를 만류하고자 한 의도를 심각하게 살펴볼 필요가 있다. 추측건대 교속을 목적으로 하는 행위는 자칫 화禍를 부를 수도 있는 매우 신중을 요하는 것인데, 만일 이를 심각하게 고려하지 않고 섣불리 예서를 세상에 내놓게 되면 본래의 의도와 상관없이 화를 당할 수 있다는 심각한 우려가 퇴계에게는 있었던 것이다.

퇴계가 이러한 우려를 한 데는 어쩌면 사화士禍의 트라우마trauma가 작용했을 가능성이 있다. 퇴계는 사화로 인해 정암靜庵 조광조趙光祖를 위시해 수많은 인재가 스러져 간 데 대해 매우 안타까워한 바 있다. 개인적으로는 그 자신이 을사사화의 격랑 속에 있었을 뿐만 아니라 형인 온계溫溪 이해李瀣를 잃은 참혹한 기억이 있기도 했다. 물론 퇴계가 김취려에게 말한 '화'가 '사화'를 염두에 둔 것이라는 명시적인 증거는 없다. 다만 조광조를 필두로 한 당시의 신진사대부들이 국가의 예속을 일신하는 것을 자임했고 이를 자신들의 도덕적 정당성의 원천으로 삼았던 점, 그러나 이러한 일들을 너무 성급하고 과격하게 진행한 결과가 결국 사화로 이어지게 된 점[14] 등을 고

---

14 『중종실록(中宗實錄)』37, 14년 11월 19일 "上曰: '光祖等初意豈欲誤國事乎? 自上亦行觀至治, 但此輩徒知古書, 不度時宜, 多有過激之事, 故不得已罪之.'"

려하면 개연성이 전혀 없지 않다. 김취려에게 보낸 글의 마지막 부분에서 퇴계가 우려한 바의 일단을 읽을 수 있다.

이러한 행위는 모두 풍속에 대해 오만을 부리고 사람들과 마찰을 빚는 일들로, 벗들이 원망하고 대중이 비난할 테니 화기禍機가 잠복해 있음이 어찌 괴이한 일이겠는가?[15]

이 책에 대하여

퇴계가 예서를 편찬하거나 저술하지 않은 이유와 관련하여 여러 상상과 추정을 해볼 수는 있지만 확실한 것은 알 수 없다. 중요한 것은 그가 예서를 남기지는 않았다는 사실이다. 하지만 그가 생전에 '말을 세워 후세에 드리운' 다양한 예설은 그의 사후에 다양한 방식으로 정리되어서 전승되었다. 그 가운데 대표적인 작품이 조진이 스승 퇴계의 상제례 관련 답문서들을 조사하여 발췌해 엮은 『퇴계선생상제례답문』이다. 이 책은 이후 조선의 예학이 발전해 가는 데 중요한 토대자료가 되었다. 조진은 1610년에 쓴 이 책의 「후

---

15 『퇴계전서』29, 「답김이정 별지」 "如是所爲, 無非忤俗軋人之事, 朋怨衆謗, 禍機潛伏, 何足恠乎?"

지後識」에서 이 책을 만들게 된 이유와 과정에 대해 다음과 같이 소개하고 있다.

> 선생께서 평소 문생들이나 지인들과 이런 변례들에 관해 편지를 주고받은 것이 많지만, 문집 속 여기저기에 흩어져 나온다. 그렇기 때문에 방대한 권질 속에서 찾아서 참고하기가 쉽지 않다. 내가 공산公山에 와서 수령을 지내면서 공무를 마친 틈틈이 이에 관한 자료들을 초록하여 한 권의 책을 만들고, 이를 장인들을 불러 모아 목판에 새겨 찾아보기에 편리하도록 하였다.[16]

『퇴계선생상제례답문』에는 퇴계가 모두 42명으로부터 상제례 등과 관련한 질문을 받고, 이에 대하여 답한 자료들이 수록되어 있다. 퇴계와 문답을 주고받은 인물들을 책에 수록된 순서대로 정리해 보면 아래 〈표1〉과 같다.

---

16 『퇴계선생상제례답문』, 「후지」 "先生常與門生知舊往復講論者多, 而散出於文集中, 卷秩浩大, 未易考閱. 振來守公山, 公退之暇, 抄以錄之, 就成一通, 鳩工鋟梓, 以便其觀覽焉."

〈표1〉 『퇴계선생상제례답문』 수록 인물

	성명	생몰연대	자	호	본관
1	이담(李湛)	1510~1557	중구(仲久)	정존재(靜存齋)	용인(龍仁)
2	송언신(宋言愼)	1542~1612	과우(寡尤)	호봉(壺峯)	여산(礪山)
3	김태정(金泰廷)	1541~1588	형언(亨彦)		광산(光山)
4	이순(李淳)	1530~1606	자진(子眞)	산남(山南), 야로당(野老堂)	철성(鐵城)
5	안동부관(安東府官)				
6	김우굉(金宇宏)	1524~1590	경부(敬夫)	개암(開巖)	의성(義城)
7	김우옹(金宇顒)	1540~1603	숙부(肅夫)	동강(東岡)	의성(義城)
8	이문규(李文奎)	1513~?	경소(景昭)	문곡(文谷)	진성(眞城)
9	윤복(尹復)	1512~1577	원례(元禮)	행당(杏堂)	해남(海南)
10	기대승(奇大升)	1527~1572	명언(明彦)	고봉(高峯)	행주(幸州)
11	이정(李楨)	1512~1571	강이(剛而)	구암(龜巖)	사천(泗川)
12	조목(趙穆)	1524~1605	사경(士敬)	월천(月川)	횡성(橫城)
13	정유일(鄭惟一)	1533~1576	자중(子中)	문봉(文峯)	동래(東萊)
14	금응협(琴應夾)	1526~1589	협지(夾之)	일휴당(日休堂)	봉화(奉化)
15	금응훈(琴應壎)	1540~1616	훈지(壎之)	면진재(勉進齋)	봉화(奉化)
16	김부륜(金富倫)	1531~1599	돈서(惇叙)	설월당(雪月堂)	광산(光山)
17	김부인(金富仁)	1512~1584	백영(伯榮)	산남(山南)	광산(光山)
18	김부신(金富信)	1523~1566	가행(可行)	양정당(養正堂)	광산(光山)
19	김취려(金就礪)	1526~1594	이정(而精)	잠재(潛齋), 정암(靜庵)	경주(慶州)
20	우성전(禹性傳)	1542~1593	경선(景善)	추연(秋淵)	단양(丹陽)
21	허봉(許篈)	1551~1588	미숙(美叔)	하곡(荷谷)	양천(陽川)

	성명	생몰연대	자	호	본관
22	정곤수(鄭崑壽)	1538~1602	여인(汝仁)	백곡(栢谷)	청주(淸州)
23	김성일(金誠一)	1538~1593	사순(士純)	학봉(鶴峯)	의성(義城)
24	김기(金圻)	1547~1603	지숙(止叔)	북애(北厓)	광산(光山)
25	이덕홍(李德弘)	1541~1596	굉중(宏仲)	간재(艮齋)	영천(永川)
26	금난수(琴蘭秀)	1530~1604	문원(聞遠)	성재(惺齋)	봉화(奉化)
27	류중엄(柳仲淹)	1538~1571	희범(希范)	파산(巴山)	풍산(豐山)
28	권호문(權好文)	1532~1587	장중(章仲)	송암(松巖)	안동(安東)
29	이함형(李咸亨)	1550~1577	평숙(平叔)	천산재(天山齋)	전주(全州)
30	조진(趙振)	1543~1625	기백(起伯)	농은(聾隱)	양주(楊州)
31	정구(鄭逑)	1543~1620	도가(道可)	한강(寒岡)	청주(淸州)
32	한수(韓脩)	1514~1588	영숙(永叔)	석봉(石峰)	청주(淸州)
33	김택룡(金澤龍)	1547~1627	시보(施普)	조성당(操省堂)	의성(義城)
34	이녕(李寗)	1527~1588	노경(魯卿)	만랑(漫浪)	진성(眞城)
35	이교(李喬)	1531~1595	군미(君美)	원암(遠巖)	진성(眞城)
36	이혜(李惠)	1543~1578	여회(汝晦)		진성(眞城)
37	이준(李寯)	1523~1583	정수(廷秀)		진성(眞城)
38	이종도(李宗道)	1535~1602	사원(士元)	지간(芝澗)	진성(眞城)
39	권대기(權大器)	1523~1587	경수(景受)	인재(忍齋)	안동(安東)
40	김부필(金富弼)	1516~1578	언우(彦遇)	후조당(後凋堂)	광산(光山)
41	정윤희(丁胤禧)	1531~1589	경석(景錫)	고암(顧庵)	나주(羅州)
42	노수신(盧守愼)	1515~1590	과회(寡悔)	소재(蘇齋), 이재(伊齋)	광주(光州)

이들 중에는 한 차례만 문답을 나눈 인물도 있고, 한 인물이 여러 번에 걸쳐 문답을 주고받은 경우도 있다(「부록 2」 참조). 이들의 질문에 퇴계가 답한『퇴계선생상제례답문』의 자료들을『가례』의 체제에 준하여 분류해 보면, '통례通禮' 관련 60조목, '혼례昏禮' 관련 4조목, '상례喪禮' 관련 278조목, '제례祭禮' 관련 99조목, 기타 6조목 등 모두 447조목이 수록되어 있다(「부록 3」 참조).[17]

퇴계는 이들의 질문에 답을 하면서 매우 다양하고 방대한 자료들을 참고하거나 인용하고 있다. 먼저 고례古禮와 관련해서는『의례儀禮』,『예기禮記』,『주례周禮』의 삼례서三禮書와 그 주석서 등을 포함해 총 8종이 인용되고 있다. 다음으로 가례류家禮類로는 사마광司馬光의『서의書儀』와 주자의『가례』 그리고『가례』의 주석서들인『가

---

[17] 『퇴계선생상제례답문』에 수록된 자료 중에는 주제별로 '문목(問目)'을 작성하여 질문한 것도 있지만, 그렇지 않고 한 통의 편지 속에 여러 주제를 묶어서 질문한 것도 있다. 따라서 여기에서 447조목으로 제시한 분류는 필자가 직접 분류한 것으로, 연구자에 따라 다소 차이가 있을 수 있다는 점을 밝힌다. 한편, 필자는 기존에 발표한 「『상제례답문』분석을 통한 퇴계의 속례관 고찰」(《퇴계학보》 128, 2010)과 「퇴계 예학 관련 문헌자료의 전개양상」(《퇴계학논집》 17, 2015)에서 『퇴계선생상제례답문』은 '상례' 관련 231조목, '제례' 관련 152조목, 기타 19조목 등 총 402조목으로 분류한 바 있다. 기존에 발표한 402조목은 이 책에서 '보본'으로 명명한 내용은 빼고 '초간본'에 해당하는 내용만을 다루었다. 그러나 이번에 필자는 이를 확대하여 '초간본'과 '보본'을 모두 대상으로 삼아 분류하였고, 그 결과 '초간본'은 403조목, '보본'은 44조목으로 분류하였다는 점을 밝힌다.

례의절家禮儀節』과『가례집설家禮集說』등이 인용되고 있으며, 조선에서 생산된 김굉필의『가범家範』과 이언적의『봉선잡의奉先雜儀』등도 활용되었다. 또한 시왕례류時王禮類로는『경국대전經國大典』,『국조오례의國朝五禮儀』등 조선의 예전들은 물론『대명률大明律』,『대명집례大明集禮』등 중국의 예전들까지 폭넓게 활용되었다. 이밖에 각종 경서류經書類와 성리학 관련 자료 등은 물론 심지어『자서字書』와『운서韻書』등 사전류辭典類까지 총망라되어 있다.

물론 이러한 자료들을 인용하고 있다는 사실이 이들 자료 각각에 관한 퇴계의 연구가 깊이 있게 수행되었음을 의미하는 것은 아니다. 하지만 적어도 퇴계가 예를 연구하는 데 이들 자료에 대한 종합적인 검토가 수행되어야 한다는 인식을 가지고 상당한 수준까지 연구를 진행했던 것만큼은 틀림없다. 그리고 이러한 연구 수준을 바탕으로 제자들을 가르쳤고 또 지인들과 답문을 수행했다는 것 또한 부정할 수 없는 사실이다.

이 책의 의의와 한계

퇴계가 직접 예서를 저술하거나 편찬하지는 않았지만, 문인에 의해 편찬된『퇴계선생상제례답문』은 퇴계의 예학 수준과 예설의 성격을 유감없이 보여 주는 자료로서 기능하게 되었다. 또한 이 책

646

은 다음 〈표2〉와 같이 다양한 이름으로 불리면서 후학들의 예 관련 논의에 무수히 등장한다.

〈표2〉 『퇴계선생상제례답문』의 다양한 명칭

퇴계선생상제례답문(退溪先生喪祭禮答問)	퇴계문답(退溪問答)
퇴계선생상제례문답(退溪先生喪祭禮問答)	퇴계예문문답(退溪禮文問答)
퇴계선생상제문답(退溪先生喪祭問答)	퇴도선생상제례문답(退陶先生喪祭禮問答)
퇴계선생상제례설(退溪先生喪祭禮說)	퇴도선생상제답문(退陶先生喪祭答問)
퇴계선생상제례(退溪先生喪祭禮)	퇴도선생답문(退陶先生答問)
퇴계선생답문(退溪先生答問)	퇴도상제례문답(退陶喪祭禮問答)
퇴계선생문답(退溪先生問答)	계문상제례문답(溪門喪祭禮問答)
퇴계상제례답문(退溪喪祭禮答問)	계문문답(溪門問答)
퇴계상제례문답(退溪喪祭禮問答)	상제례답문(喪祭禮答問)
퇴계상제답문(退溪喪祭答問)	상제례문답(喪祭禮問答)
퇴계상제문답(退溪喪祭問答)	상제답문(喪祭答問)
퇴계답문(退溪答問)	상제문답(喪祭問答)

『퇴계선생상제례답문』은 퇴계가 다양한 인물들과 폭넓은 주제에 대해 방대한 고찰과 근거를 바탕으로 답문을 주고받은 내용들을 발췌하고 편집한 예서로서 이후 조선의 예학 발전에 커다란 기여를 하게 되었다. 하지만 이 책은 발간 초기부터 여러 측면에서 문제점과 한계점이 지적되었다. 우선 김장생은 이 책이 고례와 부합

하지 않는 부분들이 있다고 지적했고,[18] 이에 대해 정구 역시 일정 부분 동의했다.[19] 김장생은 이 책의 내용을 검토한 『상제례답문변의喪祭禮答問辨疑』라는 글을 남겼을 정도였다.

내용상의 문제점뿐만 아니라, 체제상에서도 이 책은 여러 가지 한계가 있었다. 당초 조진은 퇴계의 예설이 '문집에 흩어져 나오는데, 책이 방대하기 때문에 참고하고 열람하기가 쉽지 않다'는 문제 의식에서 이 책을 편찬하게 되었다고 했다. 즉 조진은 수많은 답문서들 속에서 상제례와 관련한 퇴계의 예설만을 별도로 모아서 엮어놓은 책이 있으면 좋겠다는 생각으로 이 책을 기획했던 것이다. 실제 조진의 노력으로 인해 비록 상제례에 국한된 것이기는 하지만 퇴계의 예설을 찾기 위해 문집 전체를 뒤져야 하는 수고를 덜 수 있게 되었다. 그러나 단순히 발췌해서 편찬하기만 했던 이 책은 또 다른 문제에 직면하게 되었다. 첫째 이 책은 왕복서에서 발췌한 것이라는 점, 둘째 그 내용도 대부분 상제례에 국한되어 있다는 점 등이 문제로 지적되었다.

우선 왕복서의 특성상 어떤 사안에 대한 이전의 견해와 이후의 견해가 의견교환을 통해 변화되거나 수정될 수 있음에도 그것이

---

18 『사계전서(沙溪全書)』2, 「여정도가(與鄭道可【述】)」 "公州所刻『喪祭禮答問』與古禮不合者有之, 恐老先生隨問隨答, 未及考證, 以致如此. 高明亦曾見之否?"

19 『한강선생문집(寒岡先生文集)』3, 「답김희원(答金希元)」 "公州本『喪祭禮問答』, 曾得見之, 但疏漏處頗多, … 其有與昔人之說不同者或有之, 鄙人亦不能無惑."

정리되지 않은 채 수록되어 있다는 문제점을 안고 있다. 더구나 그러한 변화와 수정이 동일 인물과의 왕복서가 아니라 제3의 인물과의 답문 과정에서 이루어지게 된다면 그 문제는 훨씬 심각할 수 있다. 결국 어떤 사안에 대한 퇴계의 정론을 확인하기 위해서는 문집 전체는 아니지만 『퇴계선생상제례답문』 전체를 검토해야 한다는 문제는 여전히 남아 있다. 여기에 더하여 상제례 이외의 다른 예제에 대한 퇴계의 예설을 확인하고자 할 때 이 책은 그 한계성이 더욱 두드러질 수밖에 없었다. 그뿐만 아니라 한 통의 편지글 중에 여러 사안을 한꺼번에 다루는 경우도 허다하기 때문에 동일 사안에 대해 산재해 있는 퇴계의 정론을 찾는 일은 더욱 어렵게 되어 있다. 이러한 문제점들은 일찍이 이익에 의해서도 제기된 바 있다.

선생의 문인인 조진趙振이 편집한 『상제문답喪祭問答』 상하 책을 보게 되었다. 비록 『전서全書』에 비해 약간의 요약은 되었지만, 모든 글에 흩어져 나와서 강綱과 조條가 쉬이 문란해지는 문제는 여전하였다. 또 초록한 것이 상례와 제례 두 가지에 국한되어 있어서 흠모하고 본받으려는 뜻에 크게 부족했다.[20]

---

20 『성호선생전집』49, 「이선생예설유편서」"及見先生門人趙起伯所輯『喪祭問答』上下册, 雖於『全書』稍爲要略, 猶散見諸書, 綱條易紊. 又所抄止於喪祭二禮, 大欠尺寸慕效之意."

퇴계 예설 그 후

위에서 살펴본 바와 같이 『퇴계선생상제례답문』은 조선의 예학 발전에 중요한 예서로 기능했지만 동시에 적지 않은 문제점들이 지적되기도 했다. 따라서 퇴계의 후학들은 퇴계 예설의 예학사적 의의는 극대화하면서도 이 책에 제기되었던 문제점들을 해결해 나가기 위해 다양한 후속서를 만들어 냈다.

우선 『퇴계선생상제례답문』과 같은 시기에 정구가 퇴계의 상제례 관련 답문 내용을 주제별로 분류해서 재배치하는 것을 핵심으로 하는 책을 기획했던 사례를 주목할 필요가 있다. 정구가 조진의 작업과 별도로 이미 관련 작업을 진행했을 가능성은 다음에 잘 나타나 있다.

이 선생 예설에 대해 예전에 분류해 두었던 것이 미온한 듯하여 지난해 호서에 있을 때 약간 수정을 가해서 다시 만들었지만, 마음에 흡족하지는 않았다. 그러다가 서울의 벗에게서 또 다른 판본을 얻게 되었는데, 상세하고 소략한 차이가 제법 있었다. 그래서 이 둘을 합해 하나의 책으로 만들되 중복된 것은 빼고 빠진 것은 보태고자 했으나, 공부가 쉽지 않고 베껴 쓸 사람도 없어서 그렇게 하지 못했다.[21]

---

21 『한강전집(寒岡全集)』5, 「답임탁이(答任卓爾【屹】)」 "李先生禮說前所分類者, 却似未

여기에서 말한 '서울의 벗'은 조진일 가능성이 높으며,[22] '또 다른
판본' 역시 조진이 편찬한 『퇴계선생상제례답문』일 가능성이 크다.
만일 그렇다면 정구는 조진의 『퇴계선생상제례답문』이 간행되기
전부터 퇴계의 예설을 분류해서 정리한 예서를 작업해 놓았던 것
으로 이해할 수 있다. 그리고 그것은 최소 한 차례 이상의 수정을
거치는 등 나름 공을 들인 작업이었을 것으로 추정된다.[23] 선후야
어찌 되었든 흥미로운 것은 정구가 조진과 자신의 작업을 종합한,
보다 완성도 높은 퇴계의 예설집을 기획했다는 사실이다. 그리고
그것은 '분류' 작업이 가해진, 그 내용도 상제례에만 국한되지 않은
형식의 예설집이었을 가능성이 있다. 그러나 정구가 편찬한 책은

穩, 去年在湖西, 略加檃括, 更爲繕寫, 而猶未愜意. 又於京中友人處, 借得一本,
頗有詳略異同, 欲合幷爲一冊, 而刪複添闕, 工夫不易, 亦未有寫手, 時未成就焉."

22 『퇴계선생문집고증(退溪先生文集攷證)』7, 「답조기백(答趙起伯)」 "居京. 從先生學, 與
艮齋諸賢, 留隴雲精舍, 質心, 近等書. 後薦除王子師傅, 歷典州牧, 官工曹判書.
嘗裒集先生論禮之說, 名曰『溪門喪祭禮問答』, 行于世."

23 정구는 이 작업을 진행하는 과정에서 문인들의 도움을 받았던 것으로 보인다.
우선 『한강전집』5, 「답임탁이」에서 정구는 "그대처럼 예를 좋아하는 사람을 얻
어서 함께 진행하여 흠결이 없도록 하지 못한 것이 한스럽다(恨不得如
吾兄好禮之人, 與之商量類例, 俾之無欠焉耳.)"라고 하면서 문인들과 함께 작업
할 수 있기를 바라는 속내를 피력했다. 정구는 또 다른 문인인 권종윤으로부터
는 작업과 관련하여 "전집을 살펴보아 부문과 목차를 나누는 것(考閱全集, 分
門類次)" 또는 "선정한 목차가 질서 있고, 부문과 분류가 꽤 정밀하다(撰次有
序, 門類頗精)" 등으로 표현된 도움을 받았음을 표명하고 있다.(『한강전집』5, 「답권
신초(答權愼初)」 참조.)

그 이름조차 정확하게 알려져 있지 않다.[24]

한편, 퇴계를 사숙한 후송재後松齋 김사정金士貞은 후인들의 고증에 편리를 기하기 위해 유편類編 형식의 『계문예설溪門禮說』을 편찬했다.[25] 이 책은 현재 실전된 것으로 알려져 있으며, 다만 범례와 후지만이 남아 그 체제와 구성을 짐작할 수 있을 뿐이다. 범례에 따르면 이 책 역시 문집 속에 수록된 퇴계의 왕복서 중에서 발췌했다는 점에서는 『퇴계선생상제례답문』과 같지만, 고열의 편리성

---

24 정구가 저술한 퇴계의 예설집으로 추정되는 책이 있기는 하다. 정구가 "이 선생 예설에 대해 예전에 분류해 두었던 것"이라고 자신의 저작물을 지칭한 사실에 주목할 때, 현재 『퇴계선생상제례답문분류(退溪先生喪祭禮答問分類)』라는 이름으로 고려대학교 도서관에 소장된 것이 바로 그 예서가 아닐까 추정된다. 『퇴계선생상제례답문분류』는 필사본으로 되어 있어서 간행 정보는 물론 정확한 편찬자마저 확인할 수 없다. 다만 이 책의 뒷부분에 정구의 문인인 황종해의 『예의문답(禮疑問答)』이 부록되어 있다는 점 등을 감안하면 이러한 추정이 전혀 무리는 아니라고 본다. 더구나 『퇴계선생상제례답문』 이후 관련 후속서들이 많이 등장하지만 이런 이름을 가진 것은 검색되지 않는다는 사실도 이러한 추정을 뒷받침하는 방증이 될 수 있다. 아무튼 이 책은 여러 측면에서 주목할 만하다. 우선 이 책은 「예서(禮書)」, 「통례(通禮)」, 「상례(喪禮)」, 「제례(祭禮)」로 구분된 4개의 큰 주제와 그 아래 「예서」 1개, 「통례」 17개, 「상례」 54개, 「제례」 19개의 작은 주제로 분류되어 있다. 그리고 「예서」에 1조목, 「통례」에 58조목, 「상례」에 271조목, 「제례」에 107조목 등 총 437조목의 답문이 분류 형식으로 수록되어 있어서 조진이 편찬한 『퇴계선생상제례답문』보다 훨씬 체계적이고 방대하다. 또한 이 책은 퇴계의 답문서 뿐만 아니라, 퇴계의 관련 언행이나 사례들도 함께 수록하고 있다는 점이 특징이다.

25 『입재집(立齋集)』45, 「후송재김공행장(後松齋金公行狀)」 "類編『溪門禮說』, 以便後人之考證."

652

을 위해 주제별로 분류해 놓았다는 점에서 차별성을 보인다.[26] 또한 내용 측면에서도 상제례에만 국한하지 않고『가례』의 체제에 따라 통례와 관혼상제는 물론 잡례까지 포괄하는 면모를 갖추고 있었다.[27] 이 책은 총 4권 2책으로 편성되었다.[28] 이 밖에도 퇴계를 사숙하고 정구와 도의지계道義之契를 맺었던 오한聱漢 손기양孫起陽 역시 "고열에 편리하도록 문목을 모아 분류한[門目彙分]"『퇴도예설退陶禮說』(또는『퇴계선생상제례설退溪先生喪祭禮說』. 실전)을 편찬했다.[29]

　이들의 작업에 이어서 본격적으로 조진의『퇴계선생상제례답문』을 수정하고 보완하는 예서들이 출현하기 시작한다. 먼저 학사鶴沙

26　『후송재선생문집(後松齋先生文集)』1,「계문예설범례(溪門禮說凡例【并後識】)」"此編卽退溪先生與門人知舊往復禮說也. 間見散出於文集中, 而篇帙旣浩汗, 未易攷閱, 乃類分彙抄, 以自便覽焉."

27　『후송재선생문집』1,「계문예설범례」"依『家禮』次第例, 始以通禮, 此以冠昏喪祭, 終以雜禮, 而冠禮則於文集別無緊в, 故只以冠服一條補之, 雜禮則非『家禮』之所揭者, 而總以居家雜儀及俗禮, 故不復別立條目以附之."

28　『후송재선생문집』1,「계문예설범례」"余近閱陶山夫子集中往復禮說之散出諸篇者, 乃彙分類別, 爲四卷二冊, 名曰『溪門禮說』."

29　『오한집(聱漢集)』,「오한선생연보(聱漢先生年譜)」"三十二年甲辰, 先生四十六歲. … 書『退溪先生喪祭禮說』.【先生喪祭, 遵用『家禮』, 又以退溪先生喪祭禮說, 門目彙分, 便於攷閱, 讀禮之暇, 躬自繕寫, 以爲律身刑家之則, 今藏于家.】"/『성호전집(星湖全集)』66,「창원부사오한손공행장(昌原府使聱漢孫公行狀)」"又躬書『退陶禮說』, 爲律己刑家之則, 寒岡先生亦倩寫得一本."/『여유당전서(與猶堂全書)』시문집16,「오한선생창원도호부사손공기양묘지명(聱漢先生昌原都護府使孫公起陽墓誌銘)」"私淑乎退溪李先生之書, 節錄其吉凶禮條, 以遺家範."

김응조金應祖는 『퇴계선생상제례답문』이 차제와 절목 등에서 체계성을 갖추지 못해 어떤 사안을 찾아보려면 책 전체를 살펴보아야만 하는 문제점이 있다고 지적하고, 이러한 문제를 해결하기 위해 관혼상제를 대분류로 하고 그 아래 46개 항목을 소분류로 하는 새로운 체계의 『사례문답四禮問答』을 편찬하였다. 이 책은 퇴계의 답문만 실은 것이 아니라 류성룡과 정구 그리고 장현광張顯光의 문답서들까지 함께 수록했다는 점이 특색이다.[30] 비슷한 시기에 야곡冶谷 조극선趙克善 역시 『퇴계선생상제례답문』의 문제점을 개선하기 위해 유편 형식으로 재구성한 『초사퇴계상제례답문抄寫退溪喪祭禮答問』〔실전〕을 내놓았다. 조극선은 이 책의 후지에서 『퇴계선생상제례답문』이 후학들에게 큰 기여를 한 예서임에도 불구하고 실제 예설과 무관한 내용도 많다는 점을 지적하면서, 이를 좀 더 집약적으로 재구성하기 위해 이 책을 편찬했다고 밝히고 있다.[31]

---

30 『학사선생문집(鶴沙先生文集)』5, 「사례문답발(四禮問答跋)」 "余於十數年前, 見有『溪門問答』印本, 而或說道理, 或講文義, 或論人出處, 或論事是非, 而其於四禮, 渾淪抄錄, 又未嘗有次第節目之可尋, 欲考一件事, 必須盡閱一卷書, 披覽未半, 而昏然思睡者多矣. 余之愚竊嘗慨然於此久矣, 今年春乃始下手編次, 凡得四卷, 以爲一家考閱遵行之地, 而名之曰『四禮問答』, 爲綱有四, 爲目凡四十有六. 冠焉而成人之道, 昏焉而正始之法, 喪焉而送終之禮, 祭焉而追遠之儀, 擧皆節節有序, 井井不亂, 而瞭焉可考矣."

31 『야곡집(冶谷集)』5, 「초사퇴계상제례답문후지(抄寫退溪喪祭禮答問後識)」 "惟我退溪先生, 與學者辨答喪禮之變常者, 布在文集中, 卷秩浩瀚, 後進之士鮮能遍考也. 故先生門人, 今判中樞府事趙公振, 牧公山日, 攟摭講禮說, 別成一編, 名之曰『退溪

654

이러한 예서들에서 확인할 수 있는 것처럼『퇴계선생상제례답
문』의 문제점을 보완하기 위해 필요한 조처는 유편 형식으로 재편
성하는 것이었다. 퇴계의 예설을 유편 형식으로 재구성하려는 노
력은 이후 19세기까지 계속 이루어진다. 17세기에는 고산孤山 이
유장李惟樟이 38개의 항목을 분류하고 여기에 퇴계의 예설을 배치
한『이선생예설二先生禮說』을 편찬했다. 이 책의 특징은 퇴계의 예
설뿐만 아니라 주자의 예설을 함께 실었다는 점과, 그 대상을 상제
례에만 국한하지 않고 거가잡의居家雜儀, 의혼議昏, 친영親迎, 묘현廟
見, 국상國喪, 종묘宗廟, 조묘의장병도祧廟議狀并圖와 같은 항목들을
추가함으로써 퇴계의 예설을 더욱 다양한 주제로 확대해서 고열할
수 있도록 했다는 점에 의의가 있다.

18세기에는 이익의『이선생예설유편李先生禮說類編』이 주목을 끈
다. 상하 2권에 2책으로 편찬된 이 책은『가례』와『의례경전통해儀
禮經傳通解』의 체제를 종합한 통례通禮, 혼례昏禮, 상례喪禮, 제례祭禮,
방례邦禮, 향례鄕禮의 6편 체제로 분류하여 퇴계의 예설들을 수록하

先生喪祭禮答問』, 鋟于梓以廣其傳. 自是竆僻之鄕, 皆得有是書, 而覽者便焉. 余
竊甞有志于禮學, 顧貧無資以市是書, 假之人而讀之, 久假不歸, 焉知其非有也?
蓋其爲編最鉅, 謄寫亦未容易耳. 去年哭弟廢業之餘, 逐得以詳觀熟閱, 其文雖
繁, 而或有一事而與數人辨者, 或有旣卞而反覆論之者, 或有往復之際, 泛叙暄凉
與辭遜避讓等語者, 苟求其證定是非之要旨, 則其目亦不在多也. 於是, 余敢爲段
段採錄, 以類分抄, 則辭略而義明, 其於考閱, 如指諸掌."

고, 중간중간 자신의 의견을 소주로 부가한 형식으로 구성되어 있다. 이익은 자신의 의견을 부가할 때 당시까지 조선에서 제시된 주요 견해를 먼저 제시하고 이익 자신의 견해를 제시하였다. 이익은 「이선생예설유편서李先生禮說類編序」에서 이 책에 대해 "가정의 일상에서부터 국가와 향촌에 이르기까지 예와 관련된 모든 언급들을 모조리 모았으며, 여러 차례 원고를 수정한 끝에 비로소 완질을 만들었고, 이를 『이선생예설유편』이라고 명명하였다. 독자들로 하여금 책을 펼치면 훤히 알 수 있도록 하였으니, 예를 참고하는 지남指南이 될 수 있을 것"이라고 설명하고 있다.

18세기 말엽에도 또 하나의 방대한 퇴계 예설집인 『계산예설유편溪山禮說類編』이 퇴계의 9대손인 광뢰廣瀨 이야순李野淳에 의해 편찬되었다. 이 책 역시 실전된 것으로 전해지고 있으며, 이야순이 쓴 「계산예설유편서溪山禮說類編序」가 남아 있을 뿐이다. 이 글에 따르면 이야순은 먼저 퇴계의 문집에 수록된 자료들뿐만 아니라 문인들의 기록 등에 보이는 자료들까지 망라해서 자료를 모으고, 이 자료들을 『가례』의 체제에 따라 배치하고, 『가례』의 범주에 포함시킬 수 없는 것들은 별도의 항목을 만들어 수록했다. 이뿐만 아니라 「거향잡의居鄕雜儀」, 「조두례俎豆禮」, 「조정전례朝廷典禮」 등도 함께 기술하였다. 이 책의 체제는 10개의 강綱에 120여 개의 목目을 설정하고 그 아래 860여 조條의 내용을 수록한 것으로 되어 있다.[32]

19세기에 이르면 국은菊隱 임응성林應聲이 상례와 제례를 위주로 하는 총 28조목을 설정하고 이에 해당하는 퇴계의 예설을 문집 가운데서 발췌해서 편집한 『계서예집溪書禮輯』을 편찬했다. 이 책 역시 유편 형식으로 편성되었을 뿐만 아니라,[33] 혼례와 잡조雜條 그리고 국휼례國恤禮에 관한 자료들을 더 보충함으로써 『퇴계선생상제례답문』의 부족한 부분을 보완하고자 했다. 그래서 향산響山 이만도李晚燾는 이 책의 발문에서 "이 책은 『퇴계선생상제례답문』보다는 상세하고 『계산예설유편』보다는 소략하다"라고 평가했다.[34]

이 밖에도 연대가 불분명하지만, 퇴계의 예설을 다루고 있는 자료들이 더 발견된다. 예를 들면, 이익전李益銓의 『예의답문분류禮疑答問分類』라는 책이 전해지고 있다. 이 책을 편찬한 이익전에 대해서는 알려진 바가 없다. 다만 서문이 쓰인 시기가 1672년〔崇禎後壬子〕으로 기록되어 있다는 점, 그리고 정구를 '선사先師'로 칭하고 있다는 점 등으로 미루어 볼 때 17세기 영남(퇴계)학파의 인물일 것

---

32 『광뢰문집(廣瀨文集)』8, 「계산예설유편서(溪山禮說類編序)」 "先就書類中拈出而傳寫焉, 以至訓說之散出於諸書者及門人之所記, 亦皆俱收並錄, 各自類隨之. 其編目則畧倣『家禮』, 而有不能盡依者, 亦往往有增其所無者. 大抵比諸『家禮』其詳略存闕, 互有不侔. 又如居鄕雜儀 · 俎豆禮 · 朝廷典禮等類, 因並述之, 以附『周禮』 · 『儀禮』之餘規, 非野淳創立無據而彊爲撰合者也. 爲綱凡十, 爲目凡一百二十餘, 爲條凡八百六十餘."

33 『국은유고(菊隱遺稿)』2, 「근서계서예집후(謹書溪書禮輯後)」 "乃就全書中, 彙分抄輯, 以備便覽, 名曰『禮輯』."

34 『향산문집(響山文集)』별집4, 「계서예집발(溪書禮輯跋)」 "今此『禮輯』視『答問』已詳矣, 視『類編』蓋略矣."

으로 추정될 뿐이다. 서문에 따르면, 이 책은 정구가 퇴계의 답문을 모아서 『예의답문분류』를 완성하였지만, 변례에 대한 부분이 미비해서 이익전의 종제從弟인 이유전李惟銓이 정구와 장현광의 답문을 별도로 만들어 보완했고, 여기에 다시 이익전이 김장생과 정경세鄭經世의 예설들까지 첨가해서 이 책을 만들었다고 되어 있다.[35] 실제로 이 책은 총 18권 6책의 방대한 양으로 구성되어 있다. 한편 우태징禹泰徵이 편찬한 『퇴계예해退溪禮解』(실전)라는 책도 있다. 우태징은 이익의 문인 또는 지인으로 알려져 있으며, 이익의 문집에 그와 주고받은 몇 통의 편지도 남아 있다. 이 책에 관해서는 성호가 써준 발문이 남아 있기는 하지만, 그 발문에서도 이 책의 내용이나 체제 등에 대해서는 소개하고 있지 않아 알 수가 없다.[36]

이상의 예서들이 『퇴계선생상제례답문』의 문제점을 보완하면서 퇴계의 예학을 발전적으로 계승하고자 하는 작업이었다면, 이와는

---

35 이익전, 『예의답문분류(禮疑答問分類)』, 「예의답문분류서(禮疑答問分類序)」 "肆我先師寒岡先生惟是之病, 旣纂宋時諸賢禮說, 又輯退溪李先生答問分類成書, 而變禮無窮, 猶有所未備者. 從弟惟銓遂因先師抄編, 又添寒岡旅軒兩先生所答, 合爲一秩, 而觀夫所添, 門目不明, 品彙多紊, 倉卒急遽之間, 尙有難攷之患矣. 玆余輒不自揆, 敢爲類輯, 而沙溪先生『疑禮問解』證援明白, 易於破惑, 愚伏先生文集中亦有可攷者, 并取而附入於各條各目之下."

36 『성호선생전집』54, 「퇴계예해발(退溪禮解跋)」 "今禹斯文徵泰費心積勞, 亦辦一美事, 其規模次第, 槩與吾書共貫, 又往往識其見解, 隨節中窾, 是則漢之平日跂待而不得者, 寧非幸願?"

658

다른 방식의 예서도 만들어졌다. 그것은 김장생의 3대 예서 가운데 하나인『의례문해疑禮問解』에 부록되어 있는『상제례답문변의喪祭禮答問辨疑』이다. 이 책은 김장생이『퇴계선생상제례답문』가운데 의심이 가는 조목 34가지를『퇴계선생상제례답문』의 순서에 따라 순차적으로 뽑고, 변증을 가한 내용들로 이루어져 있다.

판본에 대하여

이상에서 살펴본 바와 같이 퇴계의 예설은 그의 문인들 또는 그를 따르는 후학들에 의해 장기간에 걸쳐 다양한 형태의 예서로 보완적으로 편찬되었을 뿐만 아니라, 비판적 변증의 계기를 제공함으로써 조선시대 예학 발전에 크게 기여하였다. 비록 그는 예서를 직접 남기지는 않았지만,『퇴계선생상제례답문』으로부터 제공된 그의 예설은 조선시대에 예를 논하는 장에서 지속적인 생명력을 갖고 참고 자료로서 기능하고 있었음을 알 수 있다.

이처럼 조선시대 예학사에서 커다란 의미를 갖고 중요한 기능을 수행한『퇴계선생상제례답문』은 오늘날 예학을 연구하는 데에도 필수적인 참고서라 할 수 있다. 왜냐하면 퇴계 이후 많은 조선시대 예학자들이 예설과 예서에서 이 책을 무수히 참고하고 인용하였기 때문이다. 따라서 이 책에 대한 번역 필요성은 일찍부터 학계에서 제기되어 왔다. 이에 필자는 본 번역을 수행하게 되었다.

필자는 이번 번역을 연세대학교 학술정보원 국학자료실 소장본 『退溪先生喪祭禮答問』(목판본 1책. 도서번호: MF〔古書貴〕7010)을 대본으로 하여 진행하였다. 이 책의 형태사항은 1면 10행行, 각 행 18자字, 사주쌍변四周雙邊 반곽半郭 21.6×15.8cm, 내향화문어미內向花紋魚尾, 32cm이다. 1책으로 되어 있는 이 책은 서로 다른 판본이 합본으로 묶여 있는 것으로 확인된다. 이 책을 구성하고 있는 서로 다른 판본을 편의상 각각 '초간본初刊本'과 '보본補本'이라고 할 때, 초간본은 152장(304면)이고, 보본은 13장(26면)이다. 이 책은 애초에는 초간본만 간행되었다가 추후에 보본이 추가되었을 것으로 추정된다.

이러한 추정은 우선 책의 체제 측면에서 확인할 수 있다. 즉 초간본의 표지에는 '단單'이라고 쓰여 있어서 이 책이 2책 이상으로 간행되지 않았음을 보여 주고 있고, 초간본의 마지막에 표기된 '퇴계선생상제례답문권지일종退溪先生喪祭禮答問卷之一終' 다음에 바로 이 책을 편찬하고 간행한 조진의 「후지後識」가 실려 있어서 이러한 추정을 사실로 확인해 주고 있다. 이러한 추정은 내용상으로도 확인할 수 있다. 보본에는 초간본의 마지막 답문서인 「답정경석答丁景錫」의 글에 뒤이어 『퇴계선생언행록退溪先生言行錄』의 「봉선奉先」과 「논례論禮」에 수록된 글과 동일한 내용 일부와 소재穌齋 노수신盧守愼과의 답문서인 「답노감사서答盧監司書」가 수록되어 있다. 특히 초간본의 마지막 답문서인 「답정경석答丁景錫」 다음에 새롭게 보충한 글 아래에는 "이 이하는 문인들이 기록한 것인데, 기록한 사람의 성명은 알 수 없다[此以下, 門人所記, 而失其姓名]"라는 내용이 소주로 기재되어 있다. 이러한 정황들로 미루어 볼 때, 이 보본은 당초 조진이 편찬한 것이 아니라 나중에 추가되었을 것이라는 합리적 추정을 할 수 있다.

참고로 현재 전하는 『퇴계선생상제례답문』은 크게 아래와 같은 3종이 있는 것으로 추정된다.

① 불분권不分卷 1책, 152장, 목판본
분권되지 않고 1책으로 만들어졌다. 내용이 「답정경석」에서 끝나고, 후미에 조진의 「후지」가 수록되어 있다. 이 책이 '초간본'이며, 현재 연세대학교 도서관 국학자료실에 소장되어 있다.

② 불분권 1책, 165장, 목판본
'초간본'(연세대학교 소장본)에 '보본'이 추가된 것으로, 조진의 「후지」는 없다. 현재 한국학중앙연구원 장서각과 한국국학진흥원에 소장되어 있다.

③ 상·하 2책, 165장, 목판본
2책으로 나누어 묶여 있고, 표지에 각각 '상', '하'라고 표기되어

있다. 상책은 1장부터 73장까지를 수록하고 있고, 하책은 74장부터 165장까지를 수록하고 있으나, 인쇄된 내용과 형태는 연세대학교 소장본인 불분권 1책, 165장, 목판본과 동일하다. 현재 이화여자대학교 중앙도서관에 소장되어 있다.

옮긴이의 말

고려대학교 철학과에서 박사논문을 준비하던 나는 2010년 여름 『퇴계선생상제례답문』(연세대학교 도서관 소장)의 복사본을 들고 경기도 가평의 작은 암자로 들어갔다. 그곳에서 나는 여름 두 달을 이 책과 씨름하면서 읽고, 읽고, 또 읽었다. 그러자 처음에는 생소했던 예학 용어들이 조금씩 눈에 들어오기 시작했고, 파악되지 않던 질문과 답변의 내용들이 차차 잡히기 시작했다. 또 읽고 읽었다. 그러자 이 책의 전체적인 윤곽이 보이는 것 같았고, 퇴계 예학의 특징도 어렴풋하게나마 엿볼 수 있었다.

산에서 내려와 학교로 돌아온 나는 이렇게 공부한 결과를 학술지에 논문으로 발표했고, 그것을 바탕으로 2012년 2월에는 학계 최초로 퇴계 예학을 주제로 박사학위를 취득했다. 박사학위논문을 준비하면서 나는 『퇴계선생상제례답문』의 초벌 번역을 해두었다.

그것은 당장의 공부를 착실하게 정리하려는 의도 때문이기도 했지만, 한편으로는 언젠가 이 책의 번역본을 내겠다는 막연한 계획도 있었기 때문이다. 하지만 이런저런 핑계로 번역 작업을 진척시키지 못하다가, 2020년 말 대우재단으로부터 지원을 받아 본격적으로 번역에 매진할 수 있었다.

초벌 번역을 해두었기에 쉽게 완성할 수 있을 줄 알았던 작업은 수정과 보완을 해야 할 곳이 한두 군데가 아니었다. 그리하여 거의 3년이 되어서야 번역을 마무리할 수 있었다. 이 책의 가치를 인정하고 기꺼이 지원을 결정하고 3년을 기다려주신 대우재단 학술운영위원회에 이 자리를 빌려 깊은 감사의 인사를 드린다. 거친 상태의 초고가 책의 꼴을 갖추어 세상에 나올 수 있기까지 또 반년의 시간이 필요했다. 이 과정에서 책의 교정과 출판을 위해 애써 주신 아카넷에도 깊이 감사드리며, 특히 하나부터 열까지 꼼꼼하게 체크해 주신 김명준 선생님과 임정우 부장님께 각별한 감사의 인사를 드린다.

영화제 같은 시상식을 보면 수상자들은 자신이 그 상을 받기까지 보이지 않은 곳에서 애써주신 분들을 호명하면서 감사를 표한다. 책을 출간할 때면 집필자도 그 책이 나오기까지 많은 도움을 주신 분들이 떠올라 감사 인사를 적곤 한다. 이 책 역시 음으로 양으로 힘이 되어준 많은 분의 은덕이 없었다면 나올 수 없었을 것이다. 한 분 한 분에 대한 감사함을 마음속에 새기며, 앞으로 더 좋은 결실로 감사의 말씀을 대신하리라 다짐한다.

그래도 나의 어머니께만은 꼭 슬픈 감사의 인사를 올려야겠다. 올 정월대보름을 하루 앞두고 서둘러 아버지 곁으로 가신 어머니. 이 못난 아들이 똑똑한 줄 아시고 사셨던 어머니 영전에 속죄의 마음을 담아 두 번 절하고 이 부족한 책을 올린다.

2024년 5월

뇌화재(雷花齋)에서 한재훈

부록

이 책은 농은 조진이 퇴계의 문헌에서 상제례와 관련된 내용을 발췌하여 만들었다. 따라서 다른 책에서도 동일한 내용의 글을 찾을 수 있다. 여기서는 각 문답이 『정본 퇴계전서(定本 退溪全書)』(퇴계학연구원, 2021)와 도산서원본 『퇴계선생언행록(退溪先生言行錄)』(퇴계학연구원, 2007) 등에서 동일한 내용이 실려 있는 위치를 표시하였다. 숫자는 조목 번호이고, 숫자 앞의 '보'는 '보본'을 뜻한다.

문답	조목 번호	기재 위치
이담에게 답하다 · 1564	1~2	『정본 퇴계전서』5, 「답이중구(答李仲久),별지(別紙), 243~245쪽.
이담에게 답하다 · 1565	3	『정본 퇴계전서』5, 「답이중구(答李仲久)」, 280~281쪽.
송언신에게 답하다 · 1570	4~9	『정본 퇴계전서』5, 「답송과우(答宋寡尤【言愼○庚午】)」, 498~500쪽.
김태정의 문목에 답하다 · 1569	10~12	『정본 퇴계전서』5, 「답김형언문목(答金亨彦【泰廷】問目【己巳】)」, 518~520쪽.
이순의 문목에 답하다 · 1564	13~23	『정본 퇴계전서』5, 「답이순문목(答李淳問目)」, 525~527쪽.
안동부관에게 답하다 · 1565	24~25	『정본 퇴계전서』6, 「답안동부관(答安東府官【乙丑】)」, 221~222쪽.
김우굉, 김우옹에게 답하다 · 1566	26~28	『정본 퇴계전서』6, 「답김경부숙부(答金敬夫肅夫【宇顒】)」, 251~253쪽.
	29~33	『정본 퇴계전서』6, 「답김경부숙부(答金敬夫肅夫)」,별지(別紙), 255~258쪽.
김우굉, 김우옹에게 답하다 · 1570	34~35	『정본 퇴계전서』6, 「답김경부숙부(答金敬夫肅夫【庚午】)」, 259~261쪽.
이문규에게 답하다 · 1567	36	『정본 퇴계전서』6, 「여이경소(與李景昭【文奎○丁卯】)」, 275쪽.
안동부사 윤복에게 보내다 · 1566	37	『정본 퇴계전서』6, 「여윤안동(與尹安東【復○乙丑】)」, 277쪽.
기대승에게 답하다 · 1564	38	『정본 퇴계전서』6, 「답기명언(答奇明彦【甲子】)」, 485쪽.
기대승에게 답하다 · 1565	39~43	『정본 퇴계전서』6, 「답기명언(答奇明彦【乙丑】)」별지(別紙), 489~494쪽.

문답	조목 번호	기재 위치
기대승에게 답하다 · 1567	44~45	『정본 퇴계전서』6,「답기명언(答奇明彦【丁卯九月二十一日】)」, 529~530쪽.
기대승에게 답하다 · 1569	46	『정본 퇴계전서』6,「답기명언(答奇明彦【己巳】)」, 571쪽.
이정에게 답하다 · 1560	47	『정본 퇴계전서』7,「답이강이문목(答李剛而問目【朱書】)」, 237~238쪽.
이정에게 답하다 · 1565	48~49	『정본 퇴계전서』7,「답이강이(答李剛而【乙丑】)」, 388쪽.
이정의 문목에 답하다 · 1566	50~52	『정본 퇴계전서』7,「답이강이문목(答李剛而問目【喪禮○丙寅】)」, 412~421쪽.
	53~57	『정본 퇴계전서』7,「답이강이(答李剛而),별지(別紙), 422~425쪽.
	58~60	『정본 퇴계전서』7,「답이강이문목(答李剛而問目)」, 434~435쪽.
	61	『정본 퇴계전서』7,「답이강이(答李剛而)」, 457쪽.
조목에게 답하다 · 1563	62	『정본 퇴계전서』8,「답조사경(答趙士敬)」, 91쪽.
	63	『정본 퇴계전서』8,「답조사경문목(答趙士敬問目)」, 155쪽.
정유일에게 답하다 · 1561	64~71	『정본 퇴계전서』8,「답정자중별지(答鄭子中別紙)」, 385~387쪽.
정유일에게 답하다 · 1564	72	『정본 퇴계전서』8,「답정자중(答鄭子中【甲子】)」, 433쪽.
	73	『정본 퇴계전서』8,「답정자중(答鄭子中)」, 448쪽.

문답	조목 번호	기재 위치
정유일에게 답하다 · 1567	74	『정본 퇴계전서』8, 「답정자중별지(答鄭子中別紙【丁卯】)」, 529쪽.
정유일에게 답하다 · 1569	75~77	『정본 퇴계전서』8, 「답정자중별지(答鄭子中別紙)」, 604~606쪽.
정유일의 별지에 답하다 · 1570	78~89	『정본 퇴계전서』8, 「답정자중별지(答鄭子中別紙【庚午】)」, 612~617쪽.
금응협, 금응훈에게 보내다 · 1563	90	『정본 퇴계전서』9, 「여금협지훈지(與琴夾之壎之【應壎○癸亥】)」, 119~120쪽.
김부륜에게 답하다 · 1553	91~98	『정본 퇴계전서』9, 「답김돈서(答金惇敘【癸丑】)」, 271~275쪽.
김부인, 김부신, 김부륜의 문목에 답하다 · 1555	99~113	『정본 퇴계전서』9, 「답김백영가행돈서문목(答金伯榮【富仁】 可行【富信】惇敘問目【喪禮○乙卯】)」, 279~295쪽.
김부륜에게 답하다 · 1557	114	『정본 퇴계전서』9, 「답김돈서(答金惇敘【丁巳】)」, 319~329쪽.
김부륜에게 답하다 · 1570	115~116	『정본 퇴계전서』9, 「답김돈서(答金惇敘【庚午】)」, 345~346쪽.
김취려에게 답하다 · 1561	117~168	『정본 퇴계전서』9, 「답김이정(答金而精)」문목(問目), 369~391쪽.
김취려에게 답하다 · 1565	169~170	『정본 퇴계전서』9, 「여김이정(與金而精)」별지(別紙), 459~461쪽.
	171~174	『정본 퇴계전서』9, 「여김이정(與金而精)」별지(別紙), 462~465쪽.
	175~176	『정본 퇴계전서』9, 「답김이정(答金而精)」별지(別紙), 471~473쪽.
김취려에게 답하다 · 1566	177~178	『정본 퇴계전서』9, 「답김이정(答金而精)」별지(別紙)(1), 477쪽.

문답	조목 번호	기재 위치
김취려에게 답하다 · 1566	179~187	『정본 퇴계전서』9, 「답김이정(答金而精)」별지(別紙), 477~484쪽.
	188	『정본 퇴계전서』9, 「답김이정(答金而精)」별지(別紙), 485쪽.
	189	『정본 퇴계전서』9, 「답김이정(答金而精)」별지(別紙), 489쪽.
	190	『정본 퇴계전서』9, 「답김이정(答金而精)」, 500쪽.
	191	『정본 퇴계전서』9, 「답김이정(答金而精)」별지(別紙), 509쪽.
우성전에게 답하다 · 1566	192~195	『정본 퇴계전서』10, 「답우경선문목(答禹景善問目)」, 83~89쪽.
우성전에게 답하다 · 1567	196	『정본 퇴계전서』10, 「답우경선(答禹景善)」별지(別紙), 110~111쪽.
우성전에게 답하다 · 1568	197	『정본 퇴계전서』10, 「답우경선(答禹景善【戊辰】)」별지(別紙), 113쪽.
	198	『정본 퇴계전서』10, 「답우경선(答禹景善)」, 116쪽.
	199~200	『정본 퇴계전서』10, 「답우경선문목(答禹景善問目)」, 119~120쪽.
우성전에게 답하다 · 1570	201~202	『정본 퇴계전서』10, 「답우경선별지(答禹景善別紙【庚午】)」, 130~132쪽.
	203~206	『정본 퇴계전서』10, 「답우경선(答禹景善)」별지(別紙), 130~137쪽.
	207~214	『정본 퇴계전서』10, 「답우경선(答禹景善)」별지(別紙), 139~144쪽.

문답	조목 번호	기재 위치
우성전에게 답하다 · 1570	215~218	『정본 퇴계전서』10, 「답우경선(答禹景善)」별지(別紙), 148~150쪽.
허봉에게 답하다 · 1570	219~222	『정본 퇴계전서』10, 「답허미숙(答許美叔【筍○庚午】)」문목(問目), 274~277쪽.
정곤수에게 답하다 · 1569	223	『정본 퇴계전서』10, 「답정여인(答鄭汝仁【己巳】)」, 290쪽.
	224~228	『정본 퇴계전서』10, 「답정여인문목(答鄭汝仁問目)」, 292~293쪽.
	229~241	『정본 퇴계전서』10, 「답정여인문목(答鄭汝仁問目)」, 294~301쪽.
김성일에게 답하다	242~248	『정본 퇴계전서』10, 「답김사순문목(答金士純問目)」, 314~317쪽.
	249~252	『정본 퇴계전서』10, 「답김사순문목(答金士純問目)」, 318~319쪽.
김성일에게 답하다 · 1568	253~260	『정본 퇴계전서』10, 「답김사순개장문목(答金士純改葬問目)」, 332~335쪽.
	261~263	『정본 퇴계전서』10, 「답김사순문목(答金士純問目)」, 336~338쪽.
김성일에게 답하다 · 1570	264~270	『정본 퇴계전서』10, 「답김사순문목(答金士純問目【庚午】)」, 347~350쪽.
김기에게 답하다 · 1569	271	『정본 퇴계전서』10, 「답김지숙(答金止叔【圻○己巳】)」, 361쪽.
이덕홍에게 답하다 · 1570	272~273	『정본 퇴계전서』10, 「답이굉중(答李宏仲【庚午】)」, 600~601쪽.
금난수에게 보내다 · 1561	274	『정본 퇴계전서』10, 「여금문원(與琴聞遠【辛酉】)」, 643쪽.

674

문답	조목 번호	기재 위치
금난수에게 보내다 · 1563	275~276	『정본 퇴계전서』10, 「여금문원(與琴聞遠【辛酉】)」, 643쪽.
류중엄에게 답하다 · 1569	277	『정본 퇴계전서』11, 「답류희범(答柳希范【己巳】)」별지(別紙), 39쪽.
	278~279	『정본 퇴계전서』11, 「답류희범(答柳希范)」, 40~41쪽.
권호문에게 답하다 · 1564	280~290	『정본 퇴계전서』11, 「답권장중상례문목(答權章仲喪禮問目)」, 64~71쪽.
이함형에게 답하다 · 1569	291~292	『정본 퇴계전서』11, 「답이평숙(答李平叔)」, 117~118쪽.
	293~294	『정본 퇴계전서』11, 「답이평숙(答李平叔)」, 125쪽.
	295~302	『정본 퇴계전서』11, 「답이평숙(答李平叔)」, 128~130쪽.
조진에게 답하다 · 1568	303~306	『정본 퇴계전서』11, 「답조기백문목(答趙起伯問目【戊辰】)」, 138~139쪽.
	307~311	『정본 퇴계전서』11, 「답조기백문목(答趙起伯問目)」, 145~148쪽.
정구에게 답하다	312~316	『정본 퇴계전서』11, 「답정도가문목(答鄭道可【述】問目)」, 203~205쪽.
	317~365	『정본 퇴계전서』11, 「답정도가문목(答鄭道可問目)」, 208~226쪽.
	366	『정본 퇴계전서』11, 「답정도가(答鄭道可)」, 227쪽.
	367~390	『정본 퇴계전서』11, 「답정도가문목(答鄭道可問目)」, 228~236쪽.

문답	조목 번호	기재 위치
한수에게 답하다 · 1564	391	『정본 퇴계전서』11, 「답한영숙(答韓永叔【甲子】)」, 179~180쪽.
김택룡에게 답하다 · 1568	392~394	『정본 퇴계전서』11, 「답김시보(答金施普【澤龍○戊辰】)」, 305~306쪽.
조카 녕, 교, 혜에게 답하다	395	『정본 퇴계전서』12, 「답녕교혜질(答寗喬惠姪)」, 200쪽.
아들 준에게 답하다 · 1565	396	『정본 퇴계전서』12, 「답자준(答子寯【乙丑】)」, 567~568쪽.
	397	『정본 퇴계전서』12, 「기자준(寄子寯)」, 569쪽.
종도에게 보내다 · 1559	398	『정본 퇴계전서』13, 「여종도(與宗道【己未】)」, 361~362쪽.
권대기에게 답하다	399	『정본 퇴계전서』5, 「답권경수(答權景受【大器】)」, 472쪽.
정유일에게 답하다	400	『정본 퇴계전서』8, 「답정자중(答鄭子中)」, 601쪽.
김부필에게 답하다	401	『정본 퇴계전서』9, 「답김언우(答金彦遇)」, 36~37쪽.
정윤희에게 답하다	402	『정본 퇴계전서』10, 「답정경석(答丁景錫)」, 227쪽.
	403	『정본 퇴계전서』10, 「답정경석(答丁景錫)」, 228쪽.
보본	보1	『지촌집(芝村集)』8, 「여이군보(與李君輔【壬辰】)」.
	보2	『퇴계선생언행록』, 「논례(論禮)」, 414쪽. 〔기록자 김성일(金誠一)〕

문답	조목 번호	기재 위치
보본	보3	『퇴계선생언행록』, 「논례」, 418쪽. 〔기록자 김성일〕
	보4	『퇴계선생언행록』, 「논례」, 415쪽. 〔기록자 김성일〕
	보5	『퇴계선생언행록』, 「논례」, 416쪽. 〔기록자 김성일〕
	보6~보7	『퇴계선생언행록』, 「논례」, 411~412쪽. 〔기록자 김성일〕
	보8	『퇴계선생언행록』, 「논례」, 415쪽. 〔기록자 김성일〕
	보9	『퇴계선생언행록』, 「논례」, 418쪽. 〔기록자 김성일〕
	보10	『퇴계선생언행록』, 「논례」, 413쪽. 〔기록자 이국필(李國弼)〕
	보11~보12	『퇴계선생언행록』, 「논례」, 408~409쪽. 〔기록자 김성일〕
	보13	『퇴계선생언행록』, 「봉선(奉先)」, 370쪽. 〔기록자 김성일〕
	보14	『퇴계선생언행록』, 「논례」, 415쪽. 〔기록자 김성일〕
	보15~보16	『퇴계선생언행록』, 「봉선」, 369쪽. 〔기록자 김성일〕
	보17	『퇴계선생언행록』, 「논례」, 413쪽. 〔기록자 김성일〕 『학봉집(鶴峯集)』5, 「퇴계선생언행록(退溪先生言行錄)」.
	보18	『퇴계선생언행록』, 「논례」, 411쪽. 〔기록자 김성일〕

문답	조목 번호	기재 위치
보본	보19	『퇴계선생언행록』, 「논례」, 417쪽. 〔기록자 김성일〕
	보20	『퇴계선생언행록』, 「봉선」, 369쪽. 〔기록자 김성일〕
	보21	『퇴계선생언행록』, 「논례」, 417쪽. 〔기록자 김성일〕
	보22	『퇴계선생언행록』, 「논례」, 410쪽. 〔기록자 김성일〕
	보23	『퇴계선생언행록』, 「거가(居家)」, 365~366쪽. 〔기록자 김성일〕
	보24	『퇴계선생언행록』, 「봉선」, 369쪽. 〔기록자 김성일〕
	보25	『퇴계선생언행록』, 「논례」, 414쪽. 〔기록자 김성일〕
	보26	『퇴계선생언행록』, 「논례」, 410쪽. 〔기록자 김성일〕
	보27	『학봉집』5, 「퇴계선생언행록」.
	보28	『퇴계선생언행록』, 「논례」, 411~412쪽. 〔기록자 김성일〕
	보29	『퇴계선생언행록』, 「논례」, 408쪽. 〔기록자 김성일〕
	보30	『퇴계선생언행록』, 「봉선」, 370쪽. 〔기록자 김성일〕
	보31	『학봉집』5, 「퇴계선생언행록」.
	보32	전거를 찾지 못함.
	보33	전거를 찾지 못함.

문답	조목 번호	기재 위치
노수신에게 답하다 · 1566	보34~보37	『정본 퇴계전서』5, 「답노이재문목(答盧伊齋問目)」, 196~198쪽.
	보38~보44	『정본 퇴계전서』5, 「답노이재문목(答盧伊齋問目)」, 201~205쪽.

부록 2 퇴계와 문답을 나눈 인물 소개

※ 가나다순

성명	조목	설명
권대기(權大器)	399	1523~1587. 자는 경수(景受), 호는 인재(忍齋), 본관은 안동(安東)이며, 안동에 거주하였다. 퇴계의 문인이다. 1552년 식년시 생원 3등 56위로 합격하고 성균관에 입학하였으나, 과거에 뜻을 두지 않아 관직에는 나아가지 않았다. 이계(伊溪)에 서당을 짓고, 많은 후진을 양성했다. 조목(趙穆), 구봉령(具鳳齡), 금난수(琴蘭秀) 등과 교유했다. 문집으로 『인재실기(忍齋實記)』가 있다.
권호문(權好文)	280~290	1532~1587. 자는 장중(章仲), 호는 송암(松巖), 본관은 안동이며, 안동에 거주하였다. 퇴계의 맏형 이잠(李潛)의 외손자이며, 퇴계에게 수학하였다. 1561년 진사시에 합격했으나, 1564년에 어머니 상을 당하자, 벼슬을 단념하고 청성산(靑城山) 아래에 무민재(無悶齋)를 짓고 그곳에 은거하였다. 동문인 류성룡(柳成龍), 김성일(金誠一) 등과 교분이 두터웠고, 이들로부터 학행을 높이 평가받았다. 문집으로 『송암집(松巖集)』이 있다.
금난수(琴蘭秀)	274~276	1530~1604. 자는 문원(聞遠), 호는 성성재(惺惺齋)·고산주인(孤山主人), 본관은 봉화(奉化)이며, 예안(禮安)에 거주하였다. 조목의 권유로 퇴계의 문인이 되었다. 1561년 사마시에 합격하였다. 1592년 임진왜란이 일어나자, 노모의 봉양을 위해 고향에 은거하다가, 1597년 정유재란 때 고향에서 의병을

성명	조목	설명

일으키니 많은 선비들이 호응해서 참가하고 지방민들은 군량미를 헌납했다. 그해 성주판관에 임명되었으나 부임하지 않았고, 1599년 고향인 봉화의 현감에 임명되었으나 1년 만에 사임하고 집으로 돌아왔다. 좌승지(左承旨)에 추증되고 예안의 동계정사(東溪精舍)에 제향되었다. 문집으로 『성재집(惺齋集)』이 있다.

금응협(琴應夾)　90　1526~1596. 자는 협지(夾之), 호는 일휴당(日休堂), 본관은 봉화이며, 예안에 거주하였다. 퇴계의 문인이다. 1555년 사마시에 합격하고, 1574년 행의(行義)가 조정에 알려져 집경전참봉을 제수받았다. 이후 경릉(敬陵)과 창릉(昌陵)의 참봉, 왕자사부에 제수되었으나 모두 부임하지 않았다. 1587년 조정에서는 유일(遺逸)로 뽑아서 6품직을 제수하고 하양현감(河陽縣監)으로 임명하였으나, 얼마 되지 않아서 부모님의 봉양을 이유로 사직하였다. 1595년 익찬에 제수되었으나 역시 부임하지 않았다. 문집으로 『일휴집(日休集)』이 있다.

금응훈(琴應壎)　90　1540~1616. 자는 훈지(壎之), 호는 퇴계가 직접 지어준 면진재(勉進齋)이며, 금응협의 동생이다. 퇴계의 문인으로, 류성룡, 조목과 교유하였다. 1570년 사마시에 합격하고, 1594년 학행(學行)으로 좌찬성 정탁(鄭琢) 등의 천거를 받아 종묘서부봉사에 제수되었다. 그 뒤 영춘현감과 제천현감 등을 역임하고, 1600년 의흥현감에 제수되었으나 류성룡과 조목의 요청에 따라 사직하고 『퇴계선생문집』 간행 실무자로 참여하였다.

기대승(奇大升)　38~46　1527~1572. 자는 명언(明彦), 호는 고봉(高峯)·존재(存齋), 본관은 행주(幸州)이며, 광주(光州)에 살았다. 1549년 사마시에 합격하고 1551년 알성시에 합격했으나, 당시 시험관이었던 윤원형(尹元衡)이 기묘사화 때 희생되었던 기준(奇遵)의 조카라는 이유로 낙방시켰다. 1558년 문과에 응시하기 위하여 서울로 가던 도중 김인후(金麟厚), 이항(李恒) 등과 만나 태극설(太極說)을 논하고 정지운(鄭之雲)의 「천명도설(天命圖說)」을 얻어 보았다. 그해 10월 퇴계를 처음으로 찾아가 「태극도설(太極圖說)」에 관한 의견을 나누었다. 퇴계와의 만남은 그의 사상 형성에 커다란 계기가 되었다. 이후 1570년까지 퇴계와 13년 동안 학문과 처세에 관한 많은 편지를 주고받았다. 그 가운데 1559년부터 1566년까지 8년에 걸쳐 이루어진 '사칠논변(四七論辨)'은 조선 유학사에 깊은 영향을 끼쳤다. 문집으로 『고봉집(孤峰集)』이 있고, 그의 아들 기효증(奇孝曾)이 그가 퇴계와 나눈 서신만 『양선생왕

성명	조목	설명
		복서(兩先生往復書)」로 별도로 묶어서 『고봉집』에 부록하였다. 시호는 문헌(文憲)이다.
김기(金圻)	271	1547~1603. 자는 지숙(止叔), 호는 북애(北厓), 본관은 광산(光山)이며, 예안의 오천촌(烏川村)에서 태어났다. 아버지는 김부인(金富仁)이며, 어머니는 이현보(李賢輔)의 딸이다. 퇴계의 문인으로, 1598년 도산서원의 산장(山長)이 되어 『퇴계전서』를 간행했다. 1602년 순릉참봉에 제수되었으나 곧 사임하고, 고향에 돌아와 퇴계가 남긴 학문을 강론하면서 후진양성에 전념하였다. 또한 고을의 풍속교화에도 힘써 『여씨향약』을 본뜬 향규를 만들어 향인들을 교도하였다. 문집으로 『북애문집(北厓文集)』이 있다.
김부륜(金富倫)	91~116	1531~1598. 자는 돈서(惇敍), 호는 설월당(雪月堂), 본관은 광산이며, 예안에 거주하였다. 퇴계의 문인이다. 1555년 사마시에 합격하였고, 1572년 유일(遺逸)로 천거되어 집경전참봉에 제수되었으나 부임하지 않았다. 1585년에 동복현감으로 부임하여 향교를 중수하고 봉급을 털어 서적 8백여 책을 구입하는 등 지방의 교육 진흥에 많은 공헌을 하였고, 또 학령(學令) 수십 조를 만들어 학생들의 교육에도 힘썼다. 1592년 임진왜란이 일어나자 가산을 털어 향병(鄕兵)을 도왔고, 봉화현감이 도망가자 임시 현감이 되어 선무에 힘썼다. 관찰사 김수(金睟)에게 적을 막는 세 가지 방책을 올렸는데, 충심이 지극한 내용이었다. 김성일(金誠一), 이발(李潑)과 도의를 강마하였으며, 만년에 관직에서 물러난 뒤 향리에 설월당이라는 정자를 짓고 후진을 양성하는 데 전념하였다. 문집으로 『설월당집(雪月堂集)』이 있다.
김부신(金富信)	99~113	1523~1566. 자는 가행(可行), 호는 양정당(養正堂)이며, 김부인의 아우이고 김부륜의 형이다. 퇴계의 문인이다. 1558년 식년시 생원 3등 24위로 합격하였다. 퇴계로부터 학문에 대한 뜻이 돈독하다는 칭찬을 들었다.
김부인(金富仁)	99~113	1512~1584. 자는 백영(伯榮), 호는 산남(山南)이며, 김부신과 김부륜의 형이다. 퇴계의 문인으로, 일찍부터 학문이 뛰어나다고 알려져 있었으나 문과 급제에는 실패하고, 1549년 무과에 급제한 후 여러 관직을 역임하였다. 선전관으로 있을 때 빈강청에서 『춘추좌전(春秋左傳)』을 막힘없이 풀이하여 그의 실력이 더욱 드러났으며, 창성부사로 있을 때 병마절도사 김수문(金秀文)과 함께 서해평 정벌에 공을 세웠다. 관직에서 물러나 경학(經學)에 힘쓰면서 장구(章句)의 분석보다 근본 원리를 종합적으로 통찰함을 학

성명	조목	설명
		문 연구의 토대로 삼았으며, 「자경편(自警編)」을 저술하여 실천을 중요하게 생각하였다. 문집으로 『산남집(山南集)』이 있다.
김부필(金富弼)	401	1516~1577. 자는 언우(彦遇), 호는 후조당(後凋堂), 본관은 광산이며, 예안에 거주하였다. 1537년에 사마시에 합격하였으나 관직에 뜻을 두지 않았고, 재랑(齋郎)에 세 번이나 제수되었으나 부임하지 않고 1556년 퇴계를 찾아가 학문에만 전념하였다. 『심경(心經)』에 대한 문목(問目)을 남겼고, 문집으로 『후조당유고(後凋堂遺稿)』가 있다.
김성일(金誠一)	242~270	1538~1593. 자는 사순(士純), 호는 학봉(鶴峰), 본관은 의성(義城)이며, 안동에 거주하였다. 1556년 동생 김복일(金復一)과 함께 도산으로 찾아가 퇴계의 제자가 되었으며, 1564년 진사가 되어 성균관에서 수학하였다. 그 후 다시 도산으로 돌아와 퇴계에게 수학하였고, 스승으로부터 요순(堯舜) 이래 성현이 전수한 심법(心法)을 적은 병풍을 받았다. 1568년 증광문과에 병과로 급제한 뒤 여러 관직을 역임하였다. 1584년 나주목사로 부임하여 금성산 기슭에 대곡서원(大谷書院)을 세워 김굉필(金宏弼), 정여창(鄭汝昌), 조광조(趙光祖), 이언적(李彦迪)과 함께 스승인 퇴계를 제향하고, 선비들을 학문에 전념하게 하였다. 1590년 통신부사(通信副使)로 일본에 파견되어 이듬해 돌아왔을 때, 정사 황윤길(黃允吉)은 일본이 반드시 침입할 것이라고 보고했으나, 그는 민심이 흉흉해질 것을 우려하여 군사를 일으킬 기색이 보이지 않는다고 보고하였다. 퇴계의 수제자 중 한 사람인 그는 퇴계의 학문을 계승하여 영남학파의 중추 구실을 했으며, 그의 학통은 장흥효(張興孝), 이현일(李玄逸), 이재(李栽), 이상정(李象靖)으로 전해졌다. 예학(禮學)에도 조예가 깊어 『상례고증(喪禮考證)』을 남겼고 그 밖의 저서로는 『해사록(海槎錄)』 등이 있으며, 문집으로 『학봉집(鶴峰集)』이 있다.
김우굉(金宇宏)	26~35	1524~1590. 자는 경부(敬夫), 호는 개암(開巖), 본관은 의성이며, 성주(星州)에서 살다가 상주(尙州)로 이주했다. 처음에는 조식(曺植)에게 배우다가 나중에 퇴계를 사사했다. 1542년 향시에 수석 합격하고, 1552년 진사시에도 수석으로 합격하였다. 1565년 경상도 유생을 대표해 여덟 차례에 걸쳐 보우(普雨)의 주살을 상소하였다. 이듬해 별시 문과에 을과로 급제해 예문 관검열이 되었다. 그 뒤 여러 관직을 두루 역임하여 대사간과 대사성에 이르렀으며, 1589년 관직에서 물러나 고향 성주로 돌아갔다. 문집으로 『개암집(開巖集)』이 있다.

성명	조목	설명
김우옹(金宇顒)	26~35	1540~1603. 자는 숙부(肅夫), 호는 동강(東岡), 본관은 의성이며, 김우굉의 아우이다. 1558년 진사가 되고, 1567년 식년문과에 병과로 급제하여 승문원 권지부정자에 임명되었으나 병으로 나가지 않았다. 1573년 홍문관 정자가 된 이후 여러 관직을 두루 거친 뒤 1594년 대사성이 되고, 이어서 대사헌과 이조참판을 거쳤다. 1597년 다시 대사성이 되었으며, 이어서 예조참판을 역임하였다. 1599년 사직하고 인천에서 한거하다가 이듬해 청주로 옮겨 그곳에서 세상을 떠났다. 문집으로 『동강집(東岡集)』이 있고, 『속자치통감강목(續資治通鑑綱目)』과 『경연강의(經筵講義)』 등을 편찬했다. 시호는 문정(文正)이다.
김취려(金就礪)	117~191	1526~1594. 자는 이정(而精), 호는 잠재(潛齋)·정암(整庵), 본관은 경주(慶州)[1]이며, 안산(安山)에 거주하였다. 천 리 길을 멀다 않고 도산까지 찾아와 퇴계에게 배움을 청하였을 뿐만 아니라, 퇴계와 수많은 편지를 주고받으며 가르침을 받았다. 학행(學行)으로 재랑(齋郎)에 제수되었으나, 나중에 과거에 급제하였다. 퇴계의 상에 이국필(李國弼)과 함께 연포건(練布巾)과 심의(深衣)로 성복(成服)을 하였으며, 한 달 동안 날마다 무덤 옆에 자리를 펴고 하루 종일 꼿꼿하게 앉아 있었다. 버슬은 지평을 지냈다.
김태정(金泰廷)	10~12	1541~1588. 자는 형언(亨彦)이고, 본관은 광산이며, 서울에 거주하였다. 퇴계의 문인들과 교유하였으며, 퇴계에게 상례(喪禮)에 관해 질문하였다. 관직은 전라도관찰사를 지냈다.
김택룡(金澤龍)	392~394	1547~1627. 자는 시보(施普), 호는 조성당(操省堂)·와운자(臥雲子), 본관은 의성이며, 예안에 거주하였다. 처음에는 조목에게 배웠고, 나중에 퇴계의 문하에서 수학하였다. 1576년 사마시에 합격하여 생원이 되고 이어 참봉을 거쳐, 1588년 식년 문과에 병과로 급제하고 문학을 역임하였다.
노수신(盧守愼)	보본34~44	1515~1590. 자는 과회(寡悔), 호는 소재(穌齋)·이재(伊齋), 본관은 광주(光州)이다. 김안국(金安國)과 이연경(李延慶)에게 인정을 받았으며, 퇴계뿐만 아니라 이언적, 김인후 등과 도학에 관하여 서신을 교환하였다. 「인심도

---

1 『변정록辨正錄』에는 본관을 안산(安山)으로 고쳐야 한다고 했다.

성명	조목	설명
		심변(人心道心辨)」을 저술하고, 『대학장구(大學章句)』와 『동몽수지(童蒙須知)』를 주석하고 사단칠정론(四端七情論)에 관하여 기대승과 토론하였다. 1568년에 직제학으로서 고향에 부모를 모시러 가려고 사직했으나, 이준경(李浚慶)의 진언으로 고향의 부모를 서울로 올라오게 했다. 부모가 돌아가시면 반혼(返魂)을 하지 말고 거려(居廬)해야 한다고 주장하였고, 예를 존중하고 선학(禪學)으로 비판받던 나흠순(羅欽順)의 사상에 대해서도 깊이 연구하였다. 이기(李芑)를 탄핵하였다가 이에 대한 보복으로 1545년 을사사화 때 파직되고, 순천(順天)으로 유배되었다. 양재역 벽서사건으로 다시 진도(珍島)로 옮겼다. 유배 중에 진도 사람들에게 혼례를 가르쳐서 풍속을 순화시켰다. 1567년 명종이 승하하자 유배에서 풀려나서 바로 기용되었고, 1573년에 우의정, 1578년에 좌의정, 1585년에 영의정이 되었다. 궤장(几杖)을 하사받았다. 시호는 처음에 문의(文懿)라 하였다가 이후에 문간(文簡)으로 고쳐졌다.
류중엄(柳仲淹)	277~279	1539~1571. 초명은 중련(仲漣), 자는 경문(景文)·희범(希范), 호는 파산(巴山), 본관은 풍산(豊山)이며, 안동에 거주하였다. 부친은 류공계(柳公季)이고, 생부는 류공석(柳公奭)이다. 퇴계의 문인으로, 자질이 순박하고 정숙하여 '퇴계 문하의 안자(顏子)'라고 불렸다. 류중엄이 과거 시험장에 갔을 때 사람들이 그를 가리키며, "오늘의 장원은 저 사람이다"라는 소리를 듣고는 답안을 제출하지 않고 시험장에서 나와 버렸다. 문집으로 『파산일고(巴山逸稿)』가 있다.
송언신(宋言愼)	4~9	1542~1612. 초명은 승회(承誨), 자는 과우(寡尤), 호는 호봉(壺峯), 본관은 여산(礪山)이며, 광주(廣州)에 거주하였다. 퇴계의 문인이며, 류희춘(柳希春), 허엽(許曄), 노수신의 문하에도 드나들었다. 1567년 사마시에 합격하고 1577년 알성문과에 병과로 급제한 뒤 여러 관직을 거쳐 대사간, 병조판서, 이조판서를 역임하였다. 저서에 『성학지남(聖學指南)』이 있다.
안동부관 (安東府官)	24~25	『퇴계선생문집고증』에 따르면, 당시 안동부(安東府) 판관(判官)이었던 우언겸(禹彦謙)일 수도 있고, 부사(府使)였던 윤복(尹復)일 수도 있다. 퇴계의 후손 이야순이 퇴계의 문헌에 대한 주석을 단 『요존록(要存錄)』에는 윤복을 지칭한다고 되어 있다.

성명	조목	설명
우성전(禹性傳)	192~218	1542~1593. 자는 경선(景善), 호는 추연(秋淵) · 연암(淵庵), 본관은 단양(丹陽)이며, 서울에 거주하였다. 생부는 우언겸이고, 양부는 우준겸(禹俊謙)이며, 허엽의 사위이다. 퇴계의 문인으로, 수원현감과 대사성을 역임하였고, 임진왜란 당시 의병장으로 활동하였다. 저서로는 『계갑록(癸甲錄)』과 「역설(易說)」, 「이기설(理氣說)」 등이 있다.
윤복(尹復)	37	1512~1577. 자는 원례(元禮), 호는 석문(石門) · 행당(杏堂)이며 본관은 해남(海南)이다. 1565년 안동대도호부사로 부임하였는데, 당시 예안에 거주하던 퇴계와 교유하였다.
이교(李㝯)	395	1531~1595. 자는 군미(君美), 호는 원암(遠巖)으로, 퇴계의 넷째 형 이해(李瀣)의 셋째 아들이다.
이녕(李寗)	395	1527~1588. 자는 노경(魯卿), 호는 만랑(漫浪)으로, 퇴계의 넷째 형 이해의 둘째 아들이다.
이담(李湛)	1~3	1510~1575. 자는 중구(仲久), 호는 정존재(靜存齋), 본관은 용인(龍仁)이며, 서울에 거주하였다. 처음에는 김굉필의 문인인 류우(柳藕)에게서 배웠고, 그 뒤에는 경세인(慶世仁)을 사사했다. 『주역(周易)』과 『황극경세서(皇極經世書)』 등에 심취하였다. 퇴계와 홍문관에서 함께 활동하였으며, 퇴계보다 아홉 살밖에 어리지 않았지만, 후학(後學)으로 자처하였다. 퇴계는 그에게 「정존재잠(靜存齋箴)」을 지어 주었다. 관직은 감사(監司)에 이르렀다.
이덕홍(李德弘)	272~273	1541~1596. 자는 굉중(宏仲), 호는 간재(艮齋), 본관은 영천(永川)이며, 예안에 거주하였다. 이현보(李賢輔)의 아우인 이현우(李賢佑)의 손자이다. 퇴계가 그의 이름과 자를 지어 주었다. 퇴계의 명으로 천체를 연구하는 기구인 선기옥형(璇璣玉衡)을 만들었는데, 이 기구는 지금도 도산서원에 보존되어 있다. 생전에 스승의 언행을 기록한 『계산기선록(溪山記善錄)』을 남겼으며, 『중용』, 『심경』, 『가례』 등에 관한 퇴계의 주석과 현토, 해석과 의문을 기록으로 남겼다. 문집으로 『간재집(艮齋集)』이 있다.
이문규(李文奎)	36	1513~?. 자는 경소(景昭), 호는 문곡(文谷), 본관은 진성(眞城)이며, 안동에 살았다. 퇴계의 문인이자 재종질(再從姪)이다. 효성이 지극하여 부모님 상에 3년 동안 여묘를 하였고, 국기(國忌)에는 늘 소식(素食)을 하고 서쪽을 향해 재배를 올렸다. 효행(孝行)으로 천거되어 참봉을 지냈다.

성명	조목	설명
이순(李淳)	13~23	1530~1606. 자는 자진(子眞), 호는 야로당(野老堂), 본관은 철성(鐵城)이며, 성주(星州)에 거주하였다. 이언명(李彦明)의 아들이자 퇴계의 문인으로, 김우옹, 정구(鄭逑) 등과 교분이 깊었다. 임진왜란 때 의병을 모집하여 적과 맞서 싸웠다.
이정(李楨)	47~61	1512~1571. 자는 강이(剛而), 호는 구암(龜巖), 본관은 사천(泗川)이며, 사천에 거주하였다. 할아버지는 이이번(李以蕃)이고, 아버지는 이담(李湛)²이다. 사천으로 귀양을 온 송인수(宋麟壽)에게 수학하였고, 영천군수로 부임한 뒤에 퇴계를 배알한 뒤 편지를 통해 많은 가르침을 받았다. 1536년 별시 문과에 장원, 성균관전적에 임명되었다. 다음 해 성절사의 서장관으로 명나라에 다녀왔다. 예조정랑을 거친 뒤 연로한 부모님을 봉양하기 위해 선산부사로 나갔다가 1552년 사성(司成), 이듬해 청주목사를 지냈다. 이때 선정을 베풀고 효행이 뛰어나 통정대부로 가자되었다. 1563년 순천부사에 부임하여 갑자사화 때 사사된 김굉필(金宏弼)을 위해 경현당(景賢堂)을 건립하고 그를 제사하게 하였는데, 경현당의 편액을 퇴계가 써주었다. 1568년 홍문관 부제학에 임명되었으나 취임하지 않고 고향에 구암정사(龜巖精舍)를 지어 동쪽에는 거경재(居敬齋), 서쪽에는 명의재(明義齋)를 만들어 후진양성에 힘썼다.
이종도(李宗道)	398	1535~1602. 자는 사원(士元), 호는 지간(芝澗)이다. 퇴계의 둘째 형 이하(李河)의 큰아들 이완(李完)의 큰아들로, 퇴계에게는 종손(從孫)이다. 퇴계의 문인인 권호문의 외육촌 아우이기도 하다. 1579년 사마시에 합격하였고, 임진왜란에 의병부장(義兵副將)으로 의병장 김해(金垓)의 휘하에서 활약하였다.
이준(李寯)	396~397	1523~1583. 퇴계와 부인 허씨(許氏) 사이의 아들로, 자는 정수(廷秀)이다.
이함형(李咸亨)	291~302	1550~1577. 자는 평숙(平叔), 호는 산천재(山天齋), 본관은 전주(全州)이며, 서울에 거주하였다. 처가인 순천에서 우거하던 1569년 5월에 도산으로 찾아와 퇴계의 제자가 되었다. 이덕홍과 함께 퇴계가 『심경』과 『주자서절요

---

2   정존재(靜存齋) 이담(李湛)과는 다른 사람이다.

성명	조목	설명

(朱子書節要)』의 의문들에 답한 내용을 모아서 『심경석의(心經釋疑)』와 『주자서강록(朱子書講錄)』으로 엮었다.

이혜(李憓) 395 1543~1578. 자는 여회(汝晦)로, 퇴계 이황의 넷째 형 이해의 막내아들이다. 『사례정변(四禮正變)』

정곤수(鄭崑壽) 223~241 1538~1602. 초명은 규(逵)이며, '곤수(崑壽)'는 선조(宣祖)가 내린 이름이다. 자는 여인(汝仁), 호는 백곡(栢谷)·경음(慶陰)·조은(朝隱), 본관은 청주(淸州)이며, 성주(星州)에 거주하였다. 정구(鄭逑)의 형이다. 종백부인 정승문(鄭承門)의 후사로 출계(出繼)하였다. 1565년 도산으로 퇴계를 찾아가 『심경』을 배웠다. 1555년 별거 초시를 거쳐 1567년 진사시에 합격하고, 1572년 성균관의 천거를 받아 의금부도사로 벼슬길에 들어선 이후 여러 관직을 두루 역임하였다. 1588년 서천군(西川君)에 봉해졌고, 죽은 뒤인 1604년 호성공신 1등에 녹훈되고, 서천부원군(西川府院君)에 추록되었으며, 영의정이 추증되었다. 시호는 처음에 충민(忠愍)으로 내려졌다가 나중에 충익(忠翼)으로 개정되었다. 문집으로 『백곡집(栢谷集)』이 있다.

정구(鄭逑) 312~390 1543~1620. 자는 도가(道可), 호는 한강(寒岡), 본관은 청주이며, 성주에 거주하였다. 어려서는 오건(吳健)에게 수학하였으며, 1563년에 퇴계를 배알했고, 1566년에는 조식을 스승으로 모셨다. 1563년 향시에 합격했으나 이후 과거를 포기하고 학문 연구에 전념하였다. 임진왜란이 일어나자 통천군수로 재직하면서 의병을 일으켜 활약하였으며, 전반적으로 중앙 관직보다는 지방의 수령으로 더 많이 활약하였다. 1603년 『남명집(南冥集)』을 편찬하는 과정에서 정인홍(鄭仁弘)이 퇴계와 이언적을 배척하자 그와 절교하였다. 성리학과 예학 분야에 큰 업적을 남겼으며, 이 이외에도 여러 방면에 걸쳐 박학하였다. 특히 예학에 조예가 깊어 1573년 『가례집람보주(家禮輯覽補註)』를 저술한 이래 『오선생예설분류(五先生禮說分類)』, 『심의제조법(深衣製造法)』, 『예기상례분류(禮記喪禮分類)』, 『오복연혁도(五福沿革圖)』 등 많은 예서를 편찬했다. 문집으로 『한강집(寒岡集)』이 있다.

정유일(鄭惟一) 64~89, 400 1533~1576. 자는 자중(子中), 호는 문봉(文峯), 본관은 동래(東萊)이며, 안동에 거주하였다. 퇴계의 문인이다. 1558년 문과에 병과로 급제한 뒤, 내외직을 두루 역임했다. 시부(詩賦)에 뛰어나 명망이 높았으며, 성리학에서도 뛰어난 업적을 남겼는데, 특히 주자학의 이기이원론(理氣二元論)과 이를

성명	조목	설명
		이어받은 퇴계의 이기호발설(理氣互發說)을 더욱 발전시켰다. 관직에서 물러난 뒤 『한중록(閑中錄)』, 『관동록(關東錄)』, 『송조명현록(宋朝名賢錄)』 등을 저술하였으나 임진왜란 때 소실되었다. 문집으로 『문봉집(文峯集)』이 있다.
정윤희(丁胤禧)	402~403	1531~1589. 자는 경석(景錫), 호는 고암(顧庵)·순암(順庵), 본관은 나주(羅州)이며, 원주(原州)에 거주하였다. 퇴계의 문인이다. 1552년 생원시와 진사시에 모두 수석으로 합격하였고, 1556년 알성문과에 장원하여 홍문관전적이 되었으며, 이듬해 정언에 이어 병조좌랑, 수찬, 지평, 부교리, 이조정랑을 역임하였다. 1566년 문과중시에 다시 장원하여 학문이 뛰어나다는 명성을 떨쳤다. 1588년 강원도관찰사로 나갔다가 이듬해 돌아와서 죽었다. 문집으로 『고암집(顧庵集)』이 있다.
조목(趙穆)	62~63	1524~1606. 자는 사경(士敬), 호는 월천(月川), 본관은 횡성(橫城)이며, 예안에 거주하였다. 1552년 생원시에 합격했으나 대과(大科)를 포기하고, 퇴계를 가까이에서 모시며 학문과 수양에만 전념하였다. 이후에도 여러 관직이 내려졌으나 모두 부임하지 않았다. 1576년 봉화현감에 제수되었을 때 사직소를 냈으나 허락되지 않아, 부임하여 직무를 수행하면서 향교를 중수하였다. 1580년 이후에도 여러 관직에 제수되었으나 모두 부임하지 않았고, 1594년 군자감주부로 잠시 있으면서 일본과의 강화를 강력하게 반대하였다. 그의 문집에는 퇴계와 관계된 글이 대부분을 이루고 있으며, 주된 업적은 퇴계에 대한 연구와 소개이다. 퇴계가 세상을 떠난 뒤 문집의 편찬과 간행, 사원(祠院)의 건립과 봉안 등에 힘썼다. 사후에 퇴계의 위패를 모시고 제사를 드리는 도산서원 상덕사(尙德祠)의 유일한 배향자가 되었다.
조진(趙振)	303~311	1543~1625. 자는 기백(起伯), 호는 농은(聾隱), 본관은 양주(楊州)이며, 서울에 거주하였다. 퇴계의 문인으로, 이덕홍(李德弘) 등과 도산서원 농운정사(隴雲精舍)에 머물면서 수학하였다. 『심경』과 『근사록(近思錄)』 등에 대해 질의하였는데, 퇴계는 "그 내용이 평온하고 정대한 데서 벗어나 험난하고 편벽된 데 빠졌다"라고 평하였다. 퇴계 사후에 공주목사로 있으면서 상제례에 관한 퇴계의 예설을 편찬하여 『퇴계선생상제례답문』을 간행했다.

성명	조목	설명
한수(韓脩)	391	1537~1588. 자는 영숙(永叔), 호는 석봉(石峯), 본관은 청주(淸州)이며, 서울에 거주하였다. 퇴계의 제자로, 율곡(栗谷) 이이(李珥)와는 외종간이다. 1567년에 경명행수(經明行修)로 추천되었고, 그 뒤에는 학행(學行)으로 지평에 제수되었다.
허봉(許篈)	219~222	1551~1588. 자는 미숙(美叔), 호는 하곡(荷谷), 본관은 양천(陽川)이며, 강릉에서 태어났고 서울에 거주하였다. 아버지는 허엽(許曄)이고, 형은 허성(許筬)이고, 동생은 허난설헌(許蘭雪軒)과 허균(許筠)이다. 류희춘과 퇴계에게 수학하였다. 퇴계에게는 '태극(太極)' '존양(存養)' '독서(讀書)' 등의 주제와 관련하여 질문한 편지가 남아 있다.

부록 3 문답 내용의 주제별 분류

　이 책의 자료들은 퇴계와 문답을 주고받은 인물에 따라 편집이
되어 있어서 특정 주제에 관한 내용을 찾는 데 불편함이 있다. 이
를 보완하기 위해 447개 조목을 『가례』의 체제에 따라 통례, 혼례,
상례, 제례, 기타 다섯 부문으로 분류하여 찾아볼 수 있게 하였다.
숫자는 조목의 번호이고, 숫자 앞에 있는 '보'는 '보본'을 뜻한다.

통례(通禮) 총 60조목

주제		조목 번호	개수
사당(祠堂)	사당의 제도	12 · 87 · 213 · 317 · 318 · 386 · 보44	7
	4대 봉사	6 · 40 · 245 · 303 · 보25	5
	기타	319 · 320 · 321 · 322 · 323 · 360 · 보3 · 보16	8
신주(神主)		294 · 352 · 395	3
종법(宗法)	왕실의 종법	44 · 45 · 46 · 74 · 191	5
	다른 사람의 후사가 된 경우	42 · 188 · 225 · 226 · 227 · 232 · 312 · 313 · 314 · 315 · 316 · 373 · 374 · 375 · 378 · 379 · 보1	17
	조천(祧遷)	342 · 353	2
	총부(冢婦)	4 · 41	2
기타		13 · 16 · 31 · 85 · 88 · 217 · 306 · 361 · 363 · 보30 · 보31	11

혼례(昏禮) 총 4조목

주제	조목 번호	개수
혼례와 상례가 겹쳤을 때	356 · 357 · 358 · 359	4

상례(喪禮) 총 278조목

주제		조목 번호	개수
초종(初終)	상주(喪主)	21 · 22 · 23 · 273 · 296 · 380	6
	후사가 없을 때	18 · 19	2
	고애(孤哀) 호칭	1 · 108 · 147	3

주제		조목 번호	개수
습(襲)	악수(握手)	38 · 43 · 51 · 192 · 264 · 305	6
	기타	65 · 117 · 118 · 119 · 196	5
상구(喪具)		82 · 83	2
염(斂)		50 · 120 · 121 · 122	4
성복(成服)	폭(幅)에 관하여	129 · 130 · 131 · 132 · 302	5
	질(絰)에 관하여	127 · 128 · 133 · 193 · 272	5
	형제상(兄弟喪)	268 · 269	2
	성복하지 않음	62 · 141	2
	서모, 서자	68 · 86 · 271 · 274	4
	추복(追服)	2 · 135 · 140 · 144 · 146 · 198 · 267 · 398	8
	기타	24 · 113 · 142 · 185 · 218 · 265	6
전(奠), 상식(上食)		77 · 104 · 123 · 125 · 150 · 153 · 154 · 155 · 156 · 169 · 172 · 194 · 210 · 211 · 228 · 266 · 280 · 281 · 307 · 309	20
조(弔)		76 · 89 · 115 · 116 · 124 · 311 · 365 · 367 · 보7	9
문상(聞喪), 분상(奔喪)		199 · 200 · 298	3
조조(朝祖)		105 · 126	2
장(葬)		35 · 55 · 56 · 57 · 58 · 59 · 106 · 110 · 112 · 148 · 149 · 166 · 168 · 229 · 230 · 231 · 278 · 282 · 283 · 284 · 287 · 297 · 399 · 400 · 보18 · 보34 · 보35 · 보36 · 보37	29
제주(題主)		9 · 26 · 52 · 53 · 60 · 75 · 78 · 102 · 145 · 151 · 162 · 184 · 187 · 263 · 292 · 304 · 보9	17
반곡(反哭)	여묘(廬墓)	10 · 36 · 54 · 139 · 143 · 157 · 158 · 159 · 183 · 186 · 301 · 보28	12

주제		조목 번호	개수
반곡(反哭)	기타	201 · 285 · 308 · 402 · 403	5
우제(虞祭)		81 · 109 · 240 · 241 · 376 · 377	6
졸곡(卒哭)		195 · 215 · 286 · 396 · 397	5
부(祔)		11 · 14 · 20 · 39 · 66 · 163 · 212 · 214 · 279 · 381 · 보43	11
연(練), 상(祥)		17 · 27 · 28 · 33 · 80 · 134 · 136 · 189 · 197 · 204 · 205 · 206 · 207 · 216 · 372 · 보38 · 보39	17
개제(改題), 체천(遞遷)		5 · 47 · 209 · 351 · 393 · 394 · 보40 · 보41	8
담(禫)		30 · 34 · 222 · 370 · 382 · 385 · 388	7
강복(降服)	아버지가 계실 때 어머니의 상	137 · 171 · 177 · 179 · 180 · 289 · 290 · 293 · 366	9
	출계(出繼)	98 · 223 · 224 · 391 · 보17	5
	기타	161 · 181	2
개장(改葬)		99 · 100 · 101 · 103 · 111 · 233 · 234 · 235 · 236 · 239 · 253 · 254 · 255 · 256 · 257 · 258 · 259 · 260 · 261 · 262 · 295 · 보10	22
국휼(國恤)		3 · 25 · 48 · 173 · 190 · 242 · 275 · 349 · 392 · 보11 · 보12 · 보29	12
기타		61 · 63 · 71 · 90 · 114 · 174 · 247 · 252 · 270 · 277 · 288 · 291 · 345 · 보6 · 보22 · 보26 · 보27	17

제례(祭禮) 총 99조목

주제	조목 번호	개수
시제(時祭)	64 · 79 · 164 · 167 · 178 · 182 · 237 · 328 · 330 · 331 · 335 · 383 · 384 · 보42	14
기일(忌日)	37 · 72 · 73 · 93 · 95 · 138 · 160 · 243 · 244 · 249 · 251 · 337 · 338 · 339 · 340 · 341 · 371 · 보2 · 보13 · 보14 · 보19 · 보20 · 보21	23
진설(陳設)	7 · 29 · 152 · 219 · 276 · 329 · 332 · 347 · 348 · 355 · 368 · 369 · 387 · 389 · 보5 · 보8	16
재계(齋戒)	220 · 221 · 246 · 250 · 310 · 346	6
묘제(墓祭)	15 · 208 · 238 · 354 · 보24	5
축문(祝文)	32 · 69 · 70 · 107 · 165 · 299 · 300 · 324 · 325 · 326 · 327 · 343 · 390	13
기타	8 · 49 · 67 · 84 · 91 · 92 · 94 · 96 · 97 · 170 · 202 · 203 · 248 · 333 · 334 · 336 · 344 · 350 · 362 · 364 · 401 · 보15	22

기타 총 6조목

주제	조목 번호	개수
기타	175 · 176 · 보4 · 보23 · 보32 · 보33	6

찾아보기

이 책은 대우재단의 지원을 받아 연구 및 출간되었습니다.

한재훈(韓在壎)

1971년 서울 출생. 서당(書堂)에서 15년 동안 한학(漢學)을 수학한 뒤, 고려대학교 철학과를 졸업하고 고려대학교 대학원에서 석사학위와 박사학위를 취득했다. (재)한국고등교육재단의 한학연수장학생(21기)과 동양학연구장학생(16기)으로 선발되었다. 고려대학교 강사와 겸임교수(2012년~2020년), 연세대학교 연구교수(2012년~2022년)를 역임했으며, 성공회대학교(2008년~현재)와 한국학중앙연구원 부설 청계서당에 출강하고 있다. 2023년부터는 강남서당 뇌화재(雷花齋)에서 다양한 동양고전 강좌를 진행하고 있다.

퇴계선생상제례답문

이황, 삶의 도리를 말하다

대우고전총서 060

1판 1쇄 찍음 | 2024년 5월 30일
1판 1쇄 펴냄 | 2024년 6월 26일

지은이 | 이황
엮은이 | 조진
옮긴이 | 한재훈
펴낸이 | 김정호
책임편집 | 김명준 임정우
디자인 | 이대응

펴낸곳 | 아카넷
출판등록 | 2000년 1월 24일(제406-2000-000012호)
주소 | 10881 경기도 파주시 회동길 445-3
전화 | 031-955-9510(편집) 031-955-9514(주문)
팩시밀리 | 031-955-9519
www.acanet.co.kr

ⓒ 한재훈, 2024

Printed in Paju, Korea

ISBN 978-89-5733-925-1 94140
ISBN 978-89-89103-56-1 (세트)